Rundfunk unter
kirchlicher Trägerschaft

Schriften zum

STAATSKIRCHENRECHT

Herausgegeben von
Axel Frhr. von Campenhausen
und Christoph Link

Band 3

PETER LANG
Frankfurt am Main · Berlin · Bern · Bruxelles · New York · Oxford · Wien

Reinald Willenberg

Rundfunk unter kirchlicher Trägerschaft

PETER LANG
Europäischer Verlag der Wissenschaften

Die Deutsche Bibliothek - CIP-Einheitsaufnahme

Willenberg, Reinald:

Rundfunk unter kirchlicher Trägerschaft / Reinald Willenberg. -
Frankfurt am Main ; Berlin ; Bern ; Bruxelles ; New York ;
Oxford ; Wien : Lang, 2001
(Staatskirchenrecht ; Bd. 3)
Zugl.: Erlangen, Nürnberg, Univ., Diss., 2000
ISBN 3-631-36949-2

D 29 (n 2)
ISSN 1437-3149
ISBN 3-631-36949-2

Meiner Mutter

Elisabeth Willenberg

Vorwort

Die vorliegende Untersuchung wurde im Sommersemester 2000 von der Juristischen Fakultät der Friedrich-Alexander-Universität Erlangen-Nürnberg als rechtswissenschaftliche Dissertation angenommen.

Für die Anregung zu ihrem Thema, die stete Diskussionsbereitschaft und die rasche Korrektur sage ich meinem Doktorvater, Herrn Professor Dr. Christoph Link, herzlichen Dank. Für die Erstattung des Zweitgutachtens innerhalb kürzester Zeit bin ich Herrn Professor Dr. Christian Hillgruber zu Dank verpflichtet.

Meinen ehemaligen Kollegen und Institutsmitarbeitern, Herren Pfr. Stefan Frewer, Dr. Michael Germann, Ass. jur. Andreas Grube, RRef. Axel Lehmann, Ass. jur. Götz Ulrich und Prof. Dr. Heiner de Wall verdanke ich manche Anregung. Ihre Gesellschaft während meiner Tätigkeit als wissenschaftlicher Angestellter am Hans-Liermann-Institut für Kirchenrecht in Erlangen habe ich sehr geschätzt. Besonderen Dank schulde ich Herrn Dr. Michael Germann, der mir insbesondere in technischen Fragen eine große Hilfestellung war.

Zu danken habe ich ferner Frau Bettina Große-Boymann sowie meinem Vater Herrn Hubert Willenberg für die Durchsicht von Teilen der Arbeit zur Korrektur.

Schließlich spreche ich meinen Dank allen denjenigen aus, die mir die notwendigen Tatsacheninformationen zur Verfügung gestellt haben. Namentlich hervorzuheben sind hier Frau Annika Eller (Radio Meilensteine), Herr Georg Borchard (Pfarrfunk Breitenberg), Herr Pfr. Dr. Richard Kocher (Radio Horeb, Radio Neues Europa), Herr Armin Salzmann (Ev. Fernsehen Augsburg) sowie Herr Uwe Schütz (Radio AREF). Schließlich möchte ich die freundliche Unterstützung von Seiten der Bayerischen Landesanstalt für Neue Medien würdigen und danke hierfür insbesondere Herrn Dr. Flieger und Herrn Lörz.

Die vorliegende Untersuchung wurde am 1.1.2000 abgeschlossen.

München, den 1.11.2000 Reinald Willenberg

Inhaltsverzeichnis

A. Einleitung

I. Christlicher Rundfunk in Gegenwart und Vergangenheit

Rund 1.500 Radiosender strahlen in den Vereinigten Staaten christliche Programme mit 15 und mehr Wochenstunden aus und erreichen wöchentlich ein Publikum von über 40 Millionen Hörern.[1] In Italien bestehen rund 450 christliche Privatsender, deren Spektrum vom Lokalfunk des Ortspfarrers über das international verbreitete Radio Maria bis zum katholischen Satellitenfernsehprogramm Sat 2000 reicht; in Frankreich sind nicht weniger als 40 diözesane Radios tätig[2] und in Polen überflügelt der katholische, weltweit vertretene Sender Radio Maria sogar den Staatsrundfunk.[3] Ganz anders stellt sich dagegen die Situation im dualen Rundfunksystem der Bundesrepublik Deutschland dar. Kirchliche Gruppen, die sich – allen finanziellen Schwierigkeiten und aller Kritik zum Trotz – mit eigenen Programmen im privaten Rundfunk behaupten wollen, zählen in der deutschen Medienlandschaft eher zu den Randerscheinungen.[4]

Verständlich wird dies erst, wenn man sich die historische Entwicklung des Kirchenfunks vergegenwärtigt.[5] Nicht daß die Kirchen den modernen Kommunikationstechniken ablehnend gegenübergestanden hätten – im Gegenteil haben sie das Potential des Rundfunks schon früh erkannt. Bereits 1924 rief der „Evangelische Preßeverband für Deutschland" eine Rundfunkstelle ins Leben, gefolgt von der „Evangelischen Reichsarbeitsgemeinschaft für Rundfunk" im Jahre 1927.[6] Ein Jahr später zog die katholische Kirche nach und gründete das Internationale Katholische Rundfunkbüro in Köln.[7] Unter dem nationalsozialistischen Regime unterdrückt, nahmen die Kirchen in der Nachkriegszeit alsbald einen festen Platz im öffentlich-rechtlichen Integrationsfunk ein. Dabei wirkte sich für ihre Position insbesondere der Umstand, daß sie während des Dritten Reiches dem Gleichschaltungsdruck weitgehend widerstanden hatten, vorteilhaft aus.[8] Der Ruf von Integrität und Respektabilität, in den die Kirchen hierdurch versetzt wurden, ihre vergleichsweise unbeschadet gebliebene Organisation und nicht zuletzt das Bedürfnis der Gesellschaft nach geistiger Neuorientierung führten bald zu einer starken Präsenz im öffentlich-rechtlichen Rundfunk[9], neben der die vereinzelten Versuche, im Nachkriegsdeutschland eigene Kirchensender zu errichten, in den Hintergrund traten. Aufgrund der bewährten Zusammenarbeit mit den öffentlich-rechtlichen Anstalten sahen die

---

[1] Medien aktuell Nr. 47/99 v. 27.10.1997 S. 23.
[2] Monatsrundbrief der Internationalen Christlichen Rundfunkgemeinschaft.
[3] *Spolar*, Radio Maria, in: Die Welt am Sonntag v. 26.7.1998, S. 4; ein Überblick über christliche Rundfunksender im Ausland findet sich bei *Biener*, Christliche Rundfunksender weltweit, S. 43 ff.
[4] Über Rundfunk ausgestrahlte Gottesdienste genießen allerdings großen Zuspruch. So erreichen in Bayern Gottesdienste jährlich etwa eine Million verschiedener Gemeindeglieder; im Hörfunk bringt es bereits die evangelische Morgenfeier allein auf 800.000. Quelle: *v. Loewenich*, Bericht von der Landessynode, S. 367.
[5] *Altmannsperger*, Rundfunk als Kanzel, S. 5 ff.
[6] *Weiß*, Kirche im Radio, in: epd Ausg. 95 v. 4.12.1996, S. 7.
[7] *Löw*, Himmlische Reichweiten; in: Tendenz 7/1997.
[8] *Redelfs*, Evangelische Kirche, S. 61; *Ridder*, Kirche - Staat - Rundfunk, S. 18 f.
[9] Vgl. *Weiß*, Kirche im Radio, in: epd Ausg. 95 v. 4.12.1996, S. 7; *Redelfs*, Evangelische Kirche, S. 61.

Kirchen auch nach dem „Urknall“ des Privatrundfunks keinen Anlaß, von dem bisher beschrittenen Weg abzuweichen.[10] Überhaupt wurde die Öffnung der Rundfunks für private Veranstalter tendenziell eher mit Sorge verfolgt. Für die Kirchen lag es deshalb näher, ihren Einfluß im privaten Rundfunk nach öffentlich-rechtlichem Vorbild durch Kontrolle der Programmverantwortlichen und Integration des kirchlichen Beitrags in die Programme der Privatsender wirksam werden zu lassen, anstatt sich eigenverantwortlich als Rundfunkveranstalter zu betätigen – zumal der Gesetzgeber den kirchlichen Belangen dadurch entsprochen hatte, daß er ihnen eine Fülle von Mitwirkungsmöglichkeiten eröffnete.

Hierzu gehört zunächst die Vertretung der Kirchen in Rundfunkgremien. Beide großen Kirchen entsenden im öffentlich-rechtlichen Rundfunk Vertreter in den Rundfunkrat[11], dem die Vertretung der gesamtgesellschaftlichen Interessen obliegt. Im privaten Rundfunk sehen die Mediengesetze die Beteiligung kirchlicher Vertreter im Medienrat[12] bzw. in der Anstaltsversammlung[13] vor, wodurch den Kirchen partiell Aufsichtsbefugnisse gegenüber privaten Veranstaltern vermittelt werden. Unabhängig hiervon fordert die die Veranstalter treffende Ausgewogenheitspflicht die Berücksichtigung kirchlicher Themen im allgemeinen Programm.[14] Darüber hinaus stellen landesgesetzlich und staatsvertraglich angeordnete Drittsendungsrechte das unmittelbare Zuwortkommen der Kirchen sicher[15]. Auch in offenen Kanälen erhalten kirchliche Gruppen die Möglichkeit, eigenproduzierte Fernseh- und Radiosendungen auszustrahlen.[16] Schließlich bestehen bei den Medienanstalten eigene Kirchenredaktionen, die sich aus Mitteln der Anstalten finanzieren.

Es kann angesichts dieser Vielfalt an Mitwirkungsmöglichkeiten nicht verwundern, daß die durch Rundfunkstaatsvertrag und Mediengesetze ausdrücklich vorgesehene Möglichkeit zur Veranstaltung eigener Programme lange Zeit ein Dornröschendasein fristete. Erst als in den letzten Jahren zunehmend private Veranstalter mit kirchlicher Zielsetzung auf der Bildfläche erschienen, sahen sich die Kirchen zu einer Auseinandersetzung mit dem Thema eigener Rundfunkveranstaltungen gezwungen. Daß eine Kirche, die Menschen erreichen will, an den modernen Massenmedien nicht mehr vorbeikommt, dürfte kaum mehr zweifelhaft sein. Drängender denn je stellt sich jedoch für beide Kirchen die Frage nach dem „wie“ des kirchlichen Medienengagements im nach wie vor wichtigsten Kommunikationsmittel des Rundfunks. Hier scheint sich allmählich die Erkenntnis durchzusetzen, daß die bisherigen Kommunikationsformen im Zeitalter der Deregulierung und Digitalisierung, der Entwicklung des Rundfunks hin zum Außenpluralismus und der zunehmenden Verspartung des Angebots nicht mehr ausreichen und neue Wege beschritten werden müssen.

---

[10] Der Anspruch, nötigenfalls auch selbst einen Sender zu betreiben, wurde gleichwohl nicht fallengelassen (*Holzamer*, Nachkriegsentwicklung, in: Essener Gespräche Band 13 (1978), S. 61).
[11] Vgl. Art. 6 Abs. 3 BR-Gesetz, § 5 HR-Gesetz, § 17 Abs. 1 NDR-Gesetz.
[12] Z.B. § 41 Abs. 1 Nr. 1, 2 LMG BW, Art. 13 Abs. 1 BayMG.
[13] Z.B. § 49 Abs. 1 Nr. 1, 2 HPRG, § 55 Abs. 1 Nr. 3, 4 LRG Nieders.
[14] BVerfGE 57, 295 [325]; BVerfGE 12, 205 [263]; näher hierzu S. 181 f.
[15] Näher hierzu S. 202 f.
[16] *EKD*, Publizistisches Gesamtkonzept 1997, S. 16 (6.9).

II. Gang und Ziel der Untersuchung

Die Darstellung gibt zunächst einen Überblick über das Spektrum kirchlicher und kirchennaher Veranstalter. Ein weiterer Abschnitt beschäftigt sich mit den Zielen und Beweggründen kirchlicher Rundfunkarbeit, insbesondere in bezug auf die Errichtung eigener Sender. In Anbetracht der vehementen öffentlichen Diskussion des Themas in jüngerer Zeit erschien es angezeigt, diesen ein eigenes Kapitel zu widmen. Anschließend soll der Frage nach der Durchführbarkeit solcher Vorhaben in wirtschaftlicher Hinsicht nachgegangen werden. Im Hauptteil werden die rechtlichen Probleme im Zusammenhang mit kirchlichen Rundfunkveranstaltungen behandelt, denen die Literatur bisher nur wenig Aufmerksamkeit zuteil werden ließ.[17] Im Blickpunkt stehen hier die in Kirchenverträgen, Mediengesetzen und Staatsverträgen enthaltenen Regelungen sowie verfassungsrechtliche Vorgaben. Anhand dieser sollen das Zugangsrecht, sodann die rundfunkrechtlichen Anforderungen an (zugelassene) kirchliche Veranstalter und schließlich die sich hieraus ergebenden Folgen für die Stellung der Kirche im Rundfunk untersucht werden. Deutlich wird dabei vor allem eines: Die gegenwärtigen Ordnungsmodelle des privaten Rundfunks sind auf einen kommerziellen, an ökonomischen Prinzipien orientierten Privatfunk zugeschnitten und lassen sich auf kirchliche Rundfunkveranstaltungen nur bedingt übertragen. Aufgrund der verfassungsrechtlichen Sonderstellung der Kirchen müssen die Vorschriften zur Sicherung der Rundfunkfreiheit auch im Licht der Kirchenfreiheit betrachtet werden. Das Ziel der Untersuchung besteht demgemäß darin, beide Freiheitsgewährleistungen in Bezug auf kirchlichen Rundfunk einander sinnvoll zuzuordnen.

III. Begriffsbestimmungen

1. Rundfunkbegriff

a) Definition

Rundfunkrechtlich relevant sind nur solche Darbietungen, die die Begriffsmerkmale des „Rundfunks" erfüllen. Im Verfassungstext selbst fehlt eine ausdrückliche Bestimmung des Rundfunkbegriffs.[18] § 2 Abs. 1 S. 1 RfStV liefert hierzu folgende Definition: „Rundfunk ist die für die Allgemeinheit bestimmte Veranstaltung und Verbreitung von Darbietungen aller Art in Wort, in Ton und in Bild unter Benutzung elektromagnetischer Schwingungen ohne Verbindungsleitung oder längs oder mittels eines Leiters." Die Begriffsbestimmungen der Staatsverträge und Rundfunkgesetze können allerdings nur im Sinne einer Konkretisierung des Begriffsbildes der Verfassung und des „normativen Funktionszwecks" Aufschluß geben.[19] In den Augen des Bundesverfassungsgerichts ist der Rundfunk „Medium" und „Faktor" des

[17] Zu kirchlichen Rundfunkveranstaltungen vgl. *Link/Pahlke*, Kirchen und privater Rundfunk, S. 22 f.; S. 30 f.; *Link*, Neue Medien, in: ZevKR 34, S. 134 f.; *Link*, Anspruch, S. 277 f.; *Heckel*, Die Kirchen im Medienrecht, S. 1017 f.

[18] Vgl. hierzu *Dittmann/Fechner/Sander [Hrsg.]*, Rundfunkbegriff im Wandel der Medien.

Prozesses öffentlicher Meinungsbildung[20]. Will der Staat die Freiheit dieses Prozesses sichern, so kann es nicht auf die Art der technischen Übertragung ankommen; entscheidend ist der Beitrag des Mediums zur öffentlichen Meinungsbildung. Das *„Schliersee-Papier"* der Rundfunkreferenten der Länder vom 29.4.1975 lehnt konsequent das Vorliegen einer „Darbietung" ab, wenn das Gesendete zur öffentlichen Meinungsbildung weder bestimmt noch geeignet ist bzw. es trotz solcher Eignung für die öffentliche Meinungsbildung irrelevant ist.[21] Die Relevanz fehlt danach grundsätzlich, wenn die Sendung „in einem unmittelbaren räumlichen und sachlichen Zusammenhang mit der Ausübung eines Berufs oder dem Betrieb eines Unternehmens steht oder eigentlicher Gegenstand der Berufsausübung oder des Unternehmenszwecks ist". Dies betrifft namentlich Übertragungen von Veranstaltungen, die zur Aufgabe bestimmter Einrichtungen (wie Krankenhäuser, Altersheime oder Strafvollzugsanstalten) gehören, einschließlich der Übertragung von Gottesdiensten als Ersatz für anstalteigene Gottesdienste.[22]

Neben das Kriterium einer für die Meinungsbildung relevanten „Darbietung" tritt das der „Allgemeinheit". Erst die allgemeine, für einen „unbestimmten und unabsehbaren"[23] Kreis von Adressaten eröffnete Empfangsmöglichkeit läßt den Rundfunk zu einem Massenmedium werden, welches institutioneller Sicherungen bedarf. Ein Einfluß auf die *öffentliche* Meinungsbildung ist daher nicht oder nur in begrenztem Umfang gegeben, wo die Adressaten von vornherein bestimmt sind und nur in einer bestimmten Beziehung angesprochen werden.[24] Die Bestimmung für die Allgemeinheit ist auch bei zielgruppenspezifischen und Programmen mit im wesentlichen gleichartigen Inhalten (Spartenprogrammen) gegeben[25]. Ebensowenig steht ihr der Umstand entgegen, daß der Zugang – wie beim „PayTV" – von einem Vertragsschluß abhängig gemacht wird; insoweit handelt es sich um bloße Nutzungsmodalitäten, es sei denn der Zugang würde auf bestimmte Teilnehmergruppen begrenzt.[26]

In bezug auf Sendungen in Einrichtungen wird die Bestimmung für die Allgemeinheit in der Ergänzung zum *Schliersee-Papier* vom 10.9.1981 verneint, wenn sich die Sendungen auf ein Gebäude oder einen zusammengehörigen Gebäudekomplex beschränken und in einem funktionelle Zusammenhang mit den dort zu erfüllenden Aufgaben stehen.[27] Ein funktioneller Zusammenhang besteht danach, wenn sich die örtlich begrenzten Sendungen „im Rahmen des

---

[19] OVG Münster, Urt. v. 24.9.1976, DÖV 1978, 519 [519].
[20] Vgl. BVerfGE 12, 205 [260]; 57, 295 [320].
[21] *Rundfunkreferenten*, "Schliersee-Papier" II c aa,cc.
[22] Ebd. II c cc Spiegelstrich 8.
[23] OVG Münster, DÖV 1978, 519 [521].
[24] OVG Münster, a.a.O.
[25] *Hoffmann-Riem*, PayTV, in: MP 2/1996 S. 75.
[26] *Hoffmann-Riem*, ebd., S. 75.
[27] *Rundfunkreferenten*, Ergänzung zum "Schliersee-Papier" vom 10.9.1981. Diese Erweiterung setzt sich nach *Ring* zu den §§ 2 Abs. 1, 20 Abs. 3 RfStV in Widerspruch (*Ring*, Medienrecht, Bd. 2 § 2 Rn. 8 RfStV), wonach auch Sendungen in Einrichtungen unter den Rundfunkbegriff fallen. Umgekehrt könnte freilich aus der Sicht der Freiheitsgrundrechte gefragt werden, weshalb eine Betätigung ohne Auswirkung auf die öffentliche

Zwecks der jeweiligen Einrichtung an die Empfänger nicht als Mitglieder der Allgemeinheit richten, sondern als Benutzer der jeweiligen Einrichtung, in der sie sich üblicherweise nur vorübergehend aufhalten".

Unter Berufung auf die Schlierseer Auslegungsgrundsätze zum Rundfunkbegriff wurde von Pfarrer Johann *van den Brule* in der Tat die Auffassung vertreten, daß ein kirchlicher Sender, der das Gemeindegebiet als „zusammengehörigen Gebäudekomplex" mit dem Sonntagsgottesdienst versorge, nicht als Rundfunk anzusehen sei.[28] Sicherlich besitzen Siedlungsstrukturen ohne funktionelle Verbindung nicht die Qualität eines zusammengehörigen „Gebäudekomplexes". Auf den dahinter stehenden Gedanken, die Gemeinde als Zuordnungseinheit für das Rundfunkrecht zu begreifen, wird noch zurückzukommen sein.[29]

Unter Rundfunk ist im Ergebnis die fernmeldetechnische Verbreitung von jedweden, für die Allgemeinheit bestimmten und zur Meinungsbildung geeigneten Darbietungen zu verstehen.[30] Dies trifft auf Hörfunk und Fernsehen gleichermaßen zu.

b) Abgrenzung gegenüber neuen Medien

Soweit Rundfunkveranstalter der Allgemeinheit Programminhalte auch über das Internet zugänglich machen[31], stellt sich die Frage nach dem Erfordernis einer rundfunkrechtlichen Zulassung. Einer solchen bedarf es nicht, wenn es sich hierbei um einen Tele- bzw. Mediendienst handelt. Anders als Rundfunkveranstaltungen bedürfen diese Dienste weder einer Zulassung noch einer Anmeldung.[32] Keinen Schwierigkeiten begegnet zunächst die Abgrenzung gegenüber Telediensten. Bei diesen handelt es sich ungeachtet der vielfältigen Erscheinungsformen um Individualkommunikationsmittel.[33] Beim Internet-Radio steht dagegen nicht individueller Leistungsaustausch und individuelle Kommunikation im Vordergrund; es richtet sich trotz einer begrenzten Zahl von Nutzern an die Allgemeinheit.[34]

Hingegen kommt eine Zuordnung zu den Mediendiensten in Betracht. Unter den Begriff des Mediendienstes fallen nach § 2 Abs. 1 und 2 des Staatsvertrages über Mediendienste zum einen Abrufdienste, d.h. Dienste, bei denen Darbietungen in Text, Ton oder Bild auf Anforderung aus elektronischen Speichern zur Nutzung übermittelt werden, zum anderen Verteildienste, d.h. die von einer Stelle ausgehende und zeitlich festgelegte Übermittlung von Inhalten an eine unbestimmte Vielzahl von Empfängern. Mediendienste sind demnach, soweit es sich um Verteildienste handelt, an die Allgemeinheit gerichtet und können, wie § 20 Abs. 2 RfStV und

---

Meinungsbildung unter einen Erlaubnisvorbehalt gestellt zu werden braucht. Zweifelhaft erscheint eher die Vereinbarkeit des 20 Abs. 3 RfStV mit der in § 2 Abs. 1 RfStV gegebenen Begriffsbestimmung.

[28] Zum Breitenberger Sender siehe S. 31.

[29] Siehe unten S. 173 ff.

[30] Vgl. *Hoffmann-Riem*, PayTV, in: MP 2/1996 S. 75.

[31] So auch die christlichen Sender Radio Paradiso und Evangeliumsrundfunk (ERF).

[32] Gem. § 4 Mediendienste-Staatsvertrag und § 4 des Teledienstgesetzes des Bundes.

[33] *Ring*, Rundfunk und Internet, in: ZUM 5/1998, S. 360. Teledienste sind z.B. Datendienste wie Verkehrs-, Wetter- oder Börsennachrichten, vgl. § 2 des Teledienstegesetzes v. 1.8.1997 (TDG, abgedr. bei *Ring*, Medienrecht, Bd. 3 C III 2.2).

[34] Vgl. *Ory*, Internet-Radio in: AfP 6/1997, S. 847.

§ 2 Abs. 1 S. 2 des Mediendienste-Staatsvertrags zeigen, rundfunkrechtlichen Vorschriften unterliegen. Ob die Voraussetzungen im Einzelfall vorliegen, stellt nach § 20 Abs. 2 RfStV die zuständige Landesmedienanstalt im Einvernehmen mit allen Landesmedienanstalten fest.[35] Hierbei handelt es sich um verfahrensrechtliche Regelungen.[36] Solange eine Entscheidung der Medienanstalt nicht erfolgt ist, besteht daher keine Verpflichtung des Anbieters, das rundfunkrechtliche Zulassungsverfahren zu betreiben.

Probleme bereitet freilich die Frage nach den Kriterien für die Abgrenzung, die hier nur kurz angesprochen werden soll. Ausweislich der Begründung zum Mediendienste-Staatsvertrag[37] „fehlt den Mediendiensten das Merkmal der „Darbietung", durch das die besondere Rolle des Rundfunks als Medium und Faktor der Meinungsbildung gekennzeichnet wird [...]. Wegen ihrer engen, inhaltlichen Begrenzung auf Angebote, die nur in geringem Maße der öffentlichen Meinungsbildung dienen (Nr. 1, 2) oder denen die Suggestivkraft bewegter Bilder fehlt (Nr. 3)", sollen solche Dienste nicht dem Rundfunk zuzuordnen sein. Was materiell als Rundfunk anzusehen ist, beurteilt sich letztlich aber nach dem Rundfunkstaatsvertrag, nicht nach dem Mediendienstestaatsvertrag. Nach der Begründung zum dritten Rundfunkänderungsstaatsvertrag[38] soll die Abgrenzung – unabhängig von der Art der technischen Verbreitung oder der Bezeichnung des Dienstes – nach inhaltlichen Kriterien erfolgen, entsprechend dem „funktionalen Rundfunkbegriff" der Rechtsprechung[39]. Dabei muß sich der Rundfunkbegriff an den jeweiligen tatsächlichen Gegebenheiten im Medienbereich orientieren; sein Inhalt läßt sich nicht im Sinne einer allgemein und zeitlos gültigen Definition festschreiben[40].

Geht man demgemäß von der Eignung des Angebotsinhalts zur Meinungsbildung als Abgrenzungskriterium aus, so treten die Grenzen der klassischen weiten Definition offen zutage. Die inhaltliche Bewertung der publizistischen Wirkung einer unübersehbaren Fülle von Internet-Angeboten ist praktisch kaum durchführbar und würde die Medienanstalten schlichtweg überfordern.[41] *Ring* schlägt daher vor, an die Verbreitungstechnik (rundfunkähnlich oder nicht) anzuknüpfen[42]: „Live-Übertragungen" von kompletten Radioprogrammen könnten sich zwar qualitativ durchaus mit dem Hörfunk messen lassen. Zeitgleich könne jedoch aus technischen Gründen nur eine begrenzte Anzahl von Übertragungen stattfinden. Da außerdem das Internet in vielfältiger Weise genutzt werde, übe Internet-Radio jedenfalls derzeit keinen nennenswerten Einfluß auf die öffentliche Meinungsbildung aus und sei in seiner massenkommunikativen Wirkung mit dem Hörfunk nicht vergleichbar. Aus

---

[35] Im Hinblick auf den Wesentlichkeitsvorbehalt, wonach wesentliche Angelegenheiten der Regelung durch Parlamentsgesetz bedürfen (vgl. BVerfGE 58, 257 [278]), stößt diese gesetzgeberische Zurückhaltung auf Bedenken. Zu Recht kritisch daher *Ory*, Internet-Radio in: AfP 6/1997, S. 847.

[36] *Ring*, Medienrecht, Bd. 2 § 14a.

[37] Abgedr. in Media-Perspektiven Dokumentation I/1997 S. 26 ff. [27] sowie bei *Ring*, Medienrecht, Bd. 3 C III 1.

[38] Abgedr. bei *Ring*, Medienrecht, Bd. 2 C.0.1 zu § 20.

[39] BVerfGE v. 24.3.1987/ 1 BvR 147, 478/86.

[40] Vgl. BVerfGE 74, 297 [350] sowie *Hoffmann-Riem*, PayTV, in: MP 2/1996 S. 75.

[41] *Ring*, Rundfunk und Internet, in: ZUM 5/1998, S. 359, 360.

demselben Grund hält auch *Ory*[43] das Internet-Radio für ungeeignet zur Beeinflussung der öffentlichen Meinung. Sicherlich läßt die fortschreitende Technik (verbesserte Datenkomprimierungsverfahren, leistungsfähigere Netze und Computer) und die wachsende Zahl der Internet-Nutzer erwarten, daß es in absehbarer Zeit zur Etablierung eines qualitativ brauchbaren Internet-Radios kommt. Für den gegenwärtigen Entwicklungsstand des Internet trifft jedoch die Feststellung zu, daß sich Audio-Übertragungen via Internet auf die öffentliche Meinung nur marginal auswirken und sie demgemäß nicht als Rundfunk zu qualifizieren sind.

2. Kirchliche Trägerschaft

a) Begriff der Programmveranstaltung

Die Tätigkeit des Veranstalters wird durch die „Steuerung des Kommunikationsinhalts und die Adressierung der Sendung" gekennzeichnet;[44] entscheidend ist, wer die Verantwortung für Auswahl und Gestaltung von Hör- oder Fernsehprogrammen und für deren Verbreitung trägt[45]. Wenn unter einem „Programm" nach dem Bundesverfassungsgericht[46] herkömmlich eine „auf längere Dauer angelegte, planmäßige und strukturierte Abfolge von Sendungen oder Beiträgen" verstanden wird, so ist als Veranstalter eines solchen Programms derjenige anzusehen, der „seine Struktur festlegt, die Abfolge plant, die Sendungen zusammenstellt und unter einer einheitlichen Bezeichnung dem Publikum anbietet, sei es als Einzelveranstalter oder im Rahmen einer Beteiligung an Anbieter- bzw. Veranstaltergemeinschaften. Durch diese auf das gesamte Programm bezogene Tätigkeit unterscheidet er sich vom bloßen Zulieferer einzelner Sendungen oder Programmteile. Nicht notwendig ist dabei, daß der Veranstalter das Programm selbst ausstrahlt oder die einzelnen Sendungen selbst produziert"[47].

In Bayern wird gemäß Art. 111 a Abs. 2 Bayerische Verfassung, Art. 2 Abs. 1 Bayerisches Mediengesetz (BayMG) vom 24.11.1992 privater Rundfunk „in öffentlicher Verantwortung und in öffentlich-rechtlicher Trägerschaft" [48] der Bayerischen Landeszentrale für neue Medien (BLM) betrieben.[49] Allerdings ist der Begriff der „öffentlich-rechtlichen Trägerschaft" nicht gleichzusetzen mit dem der Rundfunkveranstaltung. Denn die Regelung verpflichtet die Landeszentrale nicht, die Veranstaltung unmittelbar selbst vorzunehmen in der Weise, daß sie

---

[42] *Ring*, ebd., S. 361.
[43] *Ory*, Internet-Radio in: AfP 6/1997, S. 847.
[44] OVG Münster, DÖV 1978, S. 519 (520).
[45] § 4 Abs. 1 S. 1 E II-LRG (Entwurf eines Landesrundfunkgesetzes für Schleswig-Holstein der SPD-Fraktion, Landtagsdrucksachen 10/481), zit. nach *Stock*, Rundfunkgesetz für das Land Schl.-H., in: RuF 1984, S. 308 Anm. 46.
[46] BVerfG NJW 1998, 2659, [2660].
[47] BVerfGE a.a.O. ; *Hesse*, Rundfunkrecht, S. 263.
[48] Nach dem BVerfG (57, 295 [324]) obliegt es dem Gesetzgeber, über die Grundlinien der Rundfunkordnung zu entscheiden. Die Errichtung einer juristische Person des öffentlichen Rechts für die Veranstaltung von Rundfunk durch Gesetz ist eine der Gestaltungsformen, die das BVerfG als zur Gewährleistung von Rundfunkfreiheit dienlich anerkannt hat (BVerfGE 12, 205 [261]). Der Gesetzgeber ist nicht zur Einführung einer dualen Rundfunkordnung verpflichtet. Siehe dazu auch unten S. 101 f.
[49] Hierzu etwa *Hesse*, Rundfunkrecht, S. 260 ff.; *Meder*, Bayerische Verfassung, Art. 111a Rn. 2a, 8a.

sich der privaten Anbieter gewissermaßen als Erfüllungsgehilfen bedient.[50] Das von den Anbietern gestaltete Programm ist der Landeszentrale vor Ausstrahlung nicht einmal bekannt, geschweige denn von einer Genehmigung abhängig.[51] Die Landeszentrale beschränkt sich allein auf die Prüfung, ob die allgemeinen Programmgrundsätze, die Ausrichtung des Programms und das Programmschema eingehalten wurden.[52]

Die Programmanbieter treten vielmehr als eigenständige Wirtschaftsunternehmen auf[53], deren Tätigkeit zwar genehmigungpflichtig ist und der Aufsicht durch die Landeszentrale unterliegt[54], die aber dennoch in ihrer Programmgestaltung frei sind, solange sie sich im Rahmen der Genehmigung und der gesetzlichen Vorgaben halten.[55] Abzustellen ist mit dem Bundesverfassungsgericht[56] unabhängig von der gesetzlichen Terminologie auf die *tatsächlich* stattfindende Programmgestaltung, die allein bei den Anbietern liegt.[57] Ein Schutzbedürfnis besteht nämlich nur dort, wo faktisch eine Programmgestaltung gegeben ist. Wenn also im Geltungsbereich des BayMG Private Rundfunkprogramme anbieten und dem Publikum zugänglich machen, erfüllen sie die Begriffsmerkmale des Veranstalters.[58]

b) Abgrenzung gegenüber anderen Beteiligungsformen

Daß bei den hergebrachten Mitwirkungsformen der Kirche im Rundfunk, insbesondere der Entsendung von Kirchenvertretern in Aufsichtsgremien, keine Eigenverantwortung, sondern allenfalls eine Mitverantwortung begründet wird, bedarf keiner näheren Darlegung. Das sog. Drittsendungsrecht[59] vermittelt den Kirchen zwar das Recht auf eigenständige inhaltliche Gestaltung von Sendungen im Rahmen des Programms eines anderen Rundfunkveranstalters. Kennzeichnendes Element ist – neben der thematischen Begrenzung auf den Bereich der Kirche – die Verantwortlichkeit des Berechtigten für den Inhalt der Sendung, durch welche zugleich die Programmherrschaft des Veranstalters eingeschränkt wird[60]. Dadurch, daß dem Drittsendungsberechtigten die unmittelbare Nutzung des Rundfunks eröffnet wird, wird er

---

[50] BayVGH, Urt. v. 21.1.1998, BayVBl 1998, S. 496 (497) mit Verw. auf *Bornemann/Kraus/Lörz*, Bayerisches Mediengesetz, Art. 26 Rn. 22. Nach *Meder*, Bayerische Verfassung, Art. 111a Rn. 8a kann sich der öffentlich-rechtliche Rundfunkträger bei der Erstellung des Programms „Dritter bedienen".

[51] BVerfG NJW 1998, 2659, [2660].

[52] BVerfG a.a.O.; zu den faktischen Grenzen der Befugnisse der Landeszentrale *Piette*, Meinungsvielfalt im privaten Rundfunk, S. 182 f.

[53] BayVGH ZUM 11/1997, 844 [848].

[54] Art. 11 S. 2 Nr. 1 i.V.m. Art. 16 BayMG.

[55] BayVGH, Urt. v. 21.1.1998, BayVBl 1998, S. 496 (497).

[56] BVerfG NJW 1998, 2659 [2660].

[57] BVerfG a.a.O. Dies ist freilich im Hinblick auf die von der BLM durchgeführte Programmüberwachung nicht unbestritten. Andererseits geht das BayMG selbst von einer Programmverantwortung der Anbieter aus (vgl. Art. 3 Abs. 4 BayMG).

[58] Kritisch zur Entscheidung des BVerfG *Herrmann*, ZUM 1998, S. 306 f.; *Stettner*, in: ZUM 1998, S. 312 f.; vgl. auch BayVGH ZUM 11/1997 S. 844 f. Hierzu auch *Dörr/Eckl*, Entwicklung des Medienrechts, in: NJW 1999, S. 1934.

[59] Vgl. hierzu etwa *Lorenz*, Drittsendungsrecht, S. 1 ff; *Link/Pahlke*, Kirchliche Sendezeiten, in: AöR 108, S. 248 ff. sowie unten S. 202 f.

[60] *Dehnen*, Drittsendungsrecht, S. 18.

jedoch gleichwohl nicht zum „Veranstalter"[61]. Die Verantwortung für das Gesamtprogramm bleibt letztlich beim Verpflichteten, den auch für Drittsendungen eine modifizierte bzw. Rahmenverantwortung trifft.[62]

Vom Drittsendungsrecht zu trennen ist die Pflicht zur Einräumung von Sendezeit an unabhängige Fensterprogrammveranstalter. Hierbei handelt es sich um ein Instrument zur Sicherung der Meinungsvielfalt bei Veranstaltern, die mit ihren Programmen vorherrschende Meinungsmacht erlangt haben[63]; durch Fensterstrukturen soll dann unter Wahrung der Programmautonomie des Hauptveranstalters ein zusätzlicher Beitrag zur Vielfalt geleistet werden, insbesondere in den Bereichen Kultur, Bildung und Information.[64] Obwohl zum Drittsendungsrecht einige Parallelen bestehen[65], wird im Unterschied hierzu für Fensterprogramme eine eigenständige Genehmigung erteilt[66], die auch nicht bestimmten Institutionen oder gesellschaftlichen Gruppen vorbehalten ist. Schließlich ist von der Eigenveranstaltung die Lieferung von kirchlichen Beiträgen an private Veranstalter zu unterscheiden. So ist nach § 4 Abs. 1 S. 5 der bayerischen Hörfunksatzung[67] in den mit privaten Veranstaltern zu schließenden Anbieterverträgen vorzusehen, daß „auf Verlangen der Landeszentrale Zulieferungen aufzunehmen sind, soweit dies zur Erhöhung des Anteils an Beiträgen mit kulturellen, kirchlichen und wirtschaftlichen Inhalten [...] erforderlich ist." Die kirchliche Programmzulieferung wird somit Grundlage und Bestandteil der Lizenz; gleichzeitig wird die Programmgestaltungsbefugnis des Lizenzinhabers verkürzt. Allerdings erwirbt der Zulieferer hierdurch nicht wie bei einem „echten" Vertrag zugunsten Dritter[68] ein Recht auf Ausstrahlung der selbstgestalteten Beiträge gegenüber der Medienanstalt, denn die Regelung des § 4 Abs. 1 S. 5 Hörfunksatzung besteht, wie sich schon aus dem Wortlaut ergibt, allein im Interesse der Meinungsvielfalt und Ausgewogenheit des Programms. Die Auslegung vertraglicher Bestimmungen kann daher nicht zu einem Veranstaltungsrecht führen. Im übrigen bestimmt auch Art. 3 Abs. 4 BayMG, daß Zulieferungsprogramme in der medienrechtlichen Verantwor-

---

[61] *Ricker/Schiwy*, Rundfunkverfassungsrecht, S. 394.
[62] Vgl. *Dehnen*, Drittsendungsrecht, S. 19.
[63] Vgl. §§ 31, 30 Nr. 1, 26 Abs. 4 Nr. 3, 2 Abs. 2 RfStV.
[64] Vgl. § 31 RfStV.
[65] Auch die Einräumung von Drittsendungsrechten kann als vielfaltssichernde Maßnahme begriffen werden. In beiden Konstellationen ist überdies auf die Belange des (Haupt-) Programmveranstalters Rücksicht zu nehmen. So muß sich das Fensterprogramm in die Struktur und das Erscheinungsbild des (Haupt-) Programms einfügen (*Ring*, Medienrecht, Bd. 2 § 31 RfStV Rn. 4); in ähnlicher Weise werden der Ausübung des Drittsendungsrechts durch das Erfordernis der „Angemessenheit" Grenzen gesetzt (siehe dazu unten, S. 210).
[66] *Hartstein*, Rundfunkstaatsvertrag, § 2 Rn. 26.
[67] Satzung über die Nutzung von Hörfunkfrequenzen in Bayern nach dem Bayerischen Mediengesetz vom 25.6.1993 (Bay. Staatsanz. Nr. 26 v. 2.7.1993 / Nr. 27 v. 9.7.1993).
[68] Art. 54, 62 BayVwVfG, §§ 328 Abs. 1 BGB. Nach *Heinrichs* (in: *Palandt*, Bürgerliches Gesetzbuch, § 328 Rn. 1) sind die §§ 328 ff. BGB zwar nicht auf Verwaltungsakte, wohl aber auf öffentlich-rechtliche Verträge anwendbar. Ob im Anbietervertrag Rechte zugunsten Dritter begründet werden können, wenn die Vereinbarung an die Stelle eines Verwaltungsakts tritt (Art. 54 S. 2 BayVwVfG), erscheint allerdings zweifelhaft.

tung der Anbieter eingebracht werden. Programmzulieferung und Programmveranstaltung sind daher streng zu trennen.[69]

[69] Nach außen hin wird dieser Unterschied im bayerischen Modell selten deutlich – wenn überhaupt. So streuen auch manche Spartenanbieter ihre Beiträge in das Programm ihrer Frequenzsplittingpartner ein.

B. Bestandsaufnahme christlicher Rundfunkveranstalter

I. Hörfunksender in kircheneigener Trägerschaft

1. Pilotprojekte

Seit Bestehen des Rundfunks gab es auf evangelischer Seite Ansätze zum Aufbau eines eigenen evangelischen Senders. Bereits in der Rundfunkbesprechung vom 5.8.1924 wurde von Geistlichen der Inneren Mission ein derartiger Vorschlag geäußert.[70] Das Bestreben, der Oberflächlichkeit des unterhaltungsorientierten Programmangebots durch Bildungs- bzw. kulturelle Beiträge entgegenzusteuern, scheiterte aber nicht nur an technischen Fragen; die „Evangelische Arbeitsgemeinschaft für Rundfunk" (EAG) nahm letztlich bewußt von solchen Plänen Abstand, da man hierdurch die Plazierung von Verkündigungssendungen bei den Sendegesellschaften und damit die kirchliche Öffentlichkeitsmission als gefährdet ansah.[71] Der 1946 unternommene Versuch, mit Hilfe eines Kirchensenders eine „Entfremdung der Kulturschaffenden vom deutschen Volkstum" zu verhindern, blieb - dem Vorwurf des Deutschnationalismus ausgesetzt - ebenso chancenlos wie die Idee zur Errichtung eines internationalen Verkündigungssenders.[72]

a) Der Bamberger Diözesansender 1946

Mehr Erfolg versprachen die Versuche zur Errichtung eines kirchlichen Hörfunksenders durch den damaligen Erzbischof von Bamberg, Joseph Otto *Kolb*.[73] Mit der Unterstützung des Apostolischen Visitators für Deutschland, Bischof Aloisius *Münch*, und der Zustimmung der Frankfurter Oberpostdirektion beantragte dieser eine Sendegenehmigung für einen diözesanen Kurz- und Mittelwellensender in Bamberg, der die Kirchen für das staatlich oktroyierte Schweigen im Dritten Reich entschädigen und insbesondere durch Jugendarbeit zum Wiederaufbau im christlichen Geist beitragen sollte.[74] Der Antrag wurde im September 1946 von den amerikanischen Militärbehörden zunächst aus Gründen fehlenden Überwachungspersonals abgelehnt; ein weiterer im Einverständnis mit der bayerischen Militärbehörde gestellter Antrag wurde von der Information Control Division der Militärregierung mit dem Hinweis auf die bereits überbelegten Wellenbänder negativ verbeschieden.[75]

---

[70] *Altmannsperger*, Rundfunk als Kanzel, S. 196 ff.
[71] *Altmannsperger*, ebd., S. 197.
[72] *Altmannsperger*, ebd., S. 199 f.
[73] *Redelfs*, Evangelische Kirche, S. 62, *Vogt*, Kirche, S. 34 ff m. w. Nachw.; *Altmannsperger*, Rundfunk als Kanzel, S. 204 ff.
[74] *Eckert* an Communication Branch, IACD/OMGUS, Request of Catholic Broadcasting Station in Bamberg, U.S. Zone of Occupation vom 24.8.1946. BA Koblenz Z45 5/260-2/4, in: *Altmannsperger*, Rundfunk als Kanzel, S. 204, 205.
[75] *Altmannsperger*, Rundfunk als Kanzel, S. 206, 209.

b) Das Projekt des Bruderrats der EKD 1947/1948

Parallel dazu kam es zu einer Initiative des Bruderrats der EKD[76] mit dem Ziel der Errichtung eines kirchlichen Senders. Das Vorhaben, das beim katholischen „Christlichen Nachrichtendienst“ und bei der CDU Unterstützung fand, wurde alsbald in der EKD auch unter dem Gesichtspunkt einer Zusammenarbeit mit der katholischen Kirche diskutiert. Letztlich konkretisierte sich aber die ursprüngliche Idee eines evangelischen Rundfunksenders, dessen Träger-GmbH sich aus verschiedenen Landeskirchen, kirchlichen Einrichtungen und als eingetragene Vereine organisierten Rundfunkarbeitsgemeinschaften zusammensetzen sollte; die Mitgliedschaft hierin sollte auch den kirchlich interessierten Hörern – durch Mitwirkung und Ausübung von Kontrollbefugnissen – Einfluß auf das Programm verschaffen. Der im Januar 1948 gestellte Antrag auf Lizensierung eines Mittelwellensenders blieb allerdings unbeantwortet.

c) Der „Bamberger Sender“ 1948/1949

Ein weiterer Vorstoß des Erzbischofs *Kolb* zum Aufbau eines Kirchensenders ließ sich vielversprechend an. Es kam zu Verhandlungen beider Kirchen über eine gemeinsame Trägerschaft, an der sich insbesondere die evangelische Kirche interessiert zeigte.[77] Der sog. „Bamberger Sender“ sollte in der Rechtsform der Körperschaft des öffentlichen Rechts organisiert werden. Der gemeinsamen technischen und kaufmännischen Organisation sollte eine streng konfessionell getrennte Programmgestaltung unter der Verantwortung zweier Intendanten und eine Aufteilung der Sendezeit nach Wochentagen gegenüberstehen.[78] Die Konzeption des geplanten Senders ging zum einen dahin, gemeinsames Gedankengut des Christentums zu verbreiten, die Unabhängigkeit kirchlicher Publizistik im Rundfunk sowie die Erfüllung des Verkündigungsauftrags zu sichern; zum anderen war ein eigener Sender für die katholische Kirche auch als Sprachrohr zur Vermittlung eigener Standpunkte willkommen.[79] Hinzu traten Beweggründe, die auf der spezifischen gesellschaftlichen Situation der Nachkriegsjahre beruhten. So galt es, die Not leidende Bevölkerung durch das Evangelium aufzurichten[80] und ein Gegengewicht zu den im Osten zu beobachtenden religionsfeindlichen Tendenzen zu schaffen.

Bei der Programmgestaltung sollten Bildung und Unterweisung im Vordergrund stehen, da nach Auffassung der Arbeitsgemeinschaft des katholischen Kirchentages „echte Bildung“ nur in weltanschaulicher Gebundenheit existieren könne: Nehme der Rundfunk eine Bildungsfunktion für sich in Anspruch, so mache dies katholische oder jedenfalls christliche Sender erforderlich, da nur in solchen, vermöge der christlichen Orientierung, die notwendige inhaltliche Selektion

---

[76] ***Altmannsperger***, ebd., S. 206 f.
[77] ***Vogt***, Kirche, S. 34 Anm. 56; ***Holzamer***, Nachkriegsentwicklung, in: Essener Gespräche Band 13 (1978), S. 61.
[78] ***Altmannsperger***, Rundfunk als Kanzel, S. 218 f.; ***Vogt***, Kirche, S. 37.
[79] ***Vogt***, Kirche, S. 35 Anm. 59; S. 36 Anm. 73; S. 37 Anm. 76.
[80] ***Vogt***, ebd., S. 36 Anm. 74.

am Maßstab der Erziehungs- und Bildungsziele durchgeführt werden könne.[81] Daneben wurde dem Sender Bedeutung als Mittel zu Mission und zur Rechristianisierung Deutschlands und Europas zugemessen. Nicht nur in unmittelbar kirchlichen Sendungen sollte das Programm eine „neue Sicht der Zeit aus christlichem Geist" und eine „neue Sinndeutung des ganzen geschichtlichen Werdens" ermöglichen.[82] Letztlich scheiterte der Sender jedoch am Kopenhagener Wellenplan der Europäischen Funkkonferenz, der für Deutschland nur ein technisches „Minimum" vorsah.[83]

d) Katholische Diözesansender

Die Wellenkonferenz 1952 in Stockholm gab erneuten Anlaß zur Diskussion. Als der Bundesrepublik Deutschland eine Vielzahl von Wellen zugeteilt wurde, wurde eine Errichtung von „subsidiären" Kleinsendern für die Diözesen erwogen, die der Wahrnehmung derjenigen, insbesondere diözesanen, Aufgaben dienen sollte, denen die „zuständigen Mittelwellen- oder Landessender nicht im notwendigen Umfang nachkommen".[84] Defizite dieser Sender wurden vor allem im Bereich der Christenlehre erkannt; demgemäß sollte der inhaltliche Schwerpunkt auf die Glaubensunterweisung gesetzt werden.[85] Zu einer Verwirklichung dieser Pläne kam es wiederum nicht.

2. Radio Vatikan

In der Bundesrepublik tritt Radio Vatikan nicht als Programmveranstalter auf, sondern als Zulieferer von Programmbestandteilen. Als „offizieller" Sender der katholischen Kirche soll er jedoch in diesem Zusammenhang nicht unerwähnt bleiben. Die Idee zum Aufbau eines vatikaneigenen Senders geht auf Papst Pius XII. zurück. Durch die moderne Technik sollte dem Oberhaupt der katholischen Kirche zunächst die Möglichkeit eröffnet werden, „sich unabhängig von der politischen Willkür an die Katholiken in aller Welt zu wenden und sie im Notfall um Hilfe zu bitten". So ging am 11.2.1930 Radio Vatikan mit einer Botschaft des Papstes „an alle Welt" erstmals auf Sendung.[86] 1947 wurde ein Nachrichtendienst aus der Taufe gehoben, der täglich in sieben Sprachen sendete, und 1957 wurde die Sendeanlage in den vatikanischen Gärten durch weitere Sender mit größerer Reichweite ergänzt[87]. Anläßlich der Ansprache zu deren Einweihung ließ Papst Pius XII. vernehmen: „Wir haben uns zur Errichtung einer stärkeren Rundfunkstation entschlossen, um unsere *Stimme* in der ganzen Welt hören lassen zu können, um der ganzen christlichen Gemeinschaft unsere Ermahnungen,

---

[81] *Vogt*, ebd., S. 37, 38 mit Anm. 84-86.
[82] *Vogt*, ebd., S. 38 mit Anm. 88.
[83] *Altmannsperger*, Rundfunk als Kanzel, S. 218 f.; *Vogt*, Kirche, S. 35 Anm. 63, 64.
[84] *Vogt*, Kirche, S. 39 Anm. 98, 99.
[85] *Vogt*, ebd., S. 39 Anm. 101, 103.
[86] *v. Gemmingen*, Internet-Informationen zu Radio Vatikan.
[87] *Biener*, Christliche Rundfunksender weltweit, S. 149.

unsere Ermutigungen und unsere Wünsche mitzuteilen".[88] Heute steht für den Sender das Anliegen, „die Weltkirche mit ihrem Zentrum in Rom zu verbinden und Interessenten zu erläutern, was in der katholischen Welt los ist und was in ihr gedacht wird", im Mittelpunkt.[89] Die verschiedenen Redaktionen – Radio Vatikan sendet inzwischen täglich in ca. 30 Sprachen – gestalten die Sendungen in weitgehender redaktioneller Unabhängigkeit und orientieren sich an den Bedürfnissen des jeweiligen Zielpublikums. Im deutschen Sprachraum versteht sich der Sender nicht als geeignetes Instrument zu Missions- und Propagandazwecken, sondern „als Kommunikationsorgan für Menschen jedweder Konfession und Weltanschauung, die an der Kirche und ihrer Botschaft, am Urteil der Kirche über Politik, Gesellschaft, Ethik und Kultur interessiert sind".[90] In Deutschland setzt Radio Vatikan auf die Zusammenarbeit mit anderen katholischen Rundfunkveranstaltern. So werden bzw. wurden einzelne Sendungen, insbesondere Nachrichtensendungen, über die Frequenzen von Radio Campanile[91] und Radio Horeb[92] übertragen.[93] Sendungen von Radio Vatikan sind darüber hinaus zu bestimmten Tageszeiten (6.20, 16.00 und 20.20 Uhr) terrestrisch über die Kurzwellenfrequenzen 5880, 7250, 9654 KHz sowie die Mittelwelle 1530 KHz empfangbar und werden auch über die Satelliten Intel und Eutelsat F2 ausgestrahlt.

3. Bistumsradio K1

Die Diözese Eichstätt betreibt seit dem 1.1.1988 das Bistumsradio K1, das wöchentlich ein vierstündiges Spartenprogramm auf der Welle des Regionalsenders Radio IN (UKW und Kabel) ausstrahlt.[94] Als kirchliches Alternativangebot wendet es sich an ein Publikum, das an der Kirche interessiert, jedoch mit kirchlichen Äußerungsformen nicht vertraut ist und will in unaufdringlicher Weise einen Beitrag zur Missionierung leisten.[95] Unter bewußtem Verzicht auf Verkündigungssendungen will Radio K1 den Hörer mit „Primär- und Hintergrundinformationen" versorgen, damit dieser sich „kompetent an privaten und öffentlichen Diskussionen zu Fragen um Gesellschaft, Politik und Kirche" beteiligen kann.[96] Träger des Programms ist die Gesellschaft für kirchliches Lokalradio mbH, die als Einrichtung der Diözese der Abteilung Öffentlichkeitsarbeit zugeordnet ist.[97] Die Redaktionsaufgaben werden von zwei hauptberuflichen Kräften wahrgenommen. Programmbestandteile sind derzeit die „Gedanken zum Tag"[98],

---

[88] Osservatore Romano 11, 1981, 5 (30.1.1981) S. 6, zit. n. *Biener*, Christliche Rundfunksender weltweit, S. 149, 150.
[89] *v. Gemmingen*, Internet-Informationen zu Radio Vatikan.
[90] A.a.O.
[91] UKW, Kabel, Tonunterträger von DSF.
[92] Über Satellit Astra im Tonunterträgerverfahren von Pro 7 und ZDF, jeweils 16.00 und 18.00 Uhr.
[93] Auskunft von Radio Vatikan (Öffentlichkeitsarbeit) an Verf. (10.3.1999).
[94] *Gegenfurtner*, Kirche im privaten Hörfunk, S. 35.
[95] Donaukurier vom 13.2.1998 S. 24.
[96] Informationsfaltblatt Radio K1.
[97] Auskunft der Abteilung Öffentlichkeitsarbeit des Bistums Eichstätt an Verf (4.8.1999).
[98] Die Ausstrahlung erfolgt im wöchentlichen Wechsel mit der evangelischen Kirche, die allerdings nicht Anbieterstatus besitzt, sondern als Programmzulieferer auftritt (Auskunft des evangelischen Dekanats in Ingolstadt an Verf.).

das „Radio K1 für Kinder“, die Themensendung „Zum Nachdenken“ mit Schwerpunktthema, Reportagen und Nachrichten aus der Weltkirche, das Kulturmagazin „Das Feuilleton“, die Reportagesendung „Das Thema“ sowie die „Notizen der Woche“ mit Berichten und Meinungen.[99] Neben Information und Kultur bietet Radio K1 auch Lebenshilfe, Musik und Unterhaltung. Die einzelnen Beiträge werden nicht en bloc gesendet, sondern an verschiedenen Wochentagen in das umrahmende Musikprogramm eingestreut. Das Verbreitungsgebiet deckt sich etwa mit dem Diözesangebiet.[100]

4. Radio Bamberg

Das Erzbistum Bamberg ist Träger der „Mediengesellschaft für kirchliche Kabelkommunikation“ und seit 1987 als Spartenanbieter mit einer täglichen Sendezeit von ca. einer Stunde lizensiert.[101] Wie bei Radio K1 werden die Beiträge nicht im Zusammenhang ausgestrahlt, sondern vereinbarungsgemäß mehrmals täglich[102] in das Programm des Musiksenders Radio Bamberg integriert. Es handelt sich dabei um Wortbeiträge im üblichen „Zweieinhalbminuten-Format“ zu aktuellen Themen, Veranstaltungen und Projekten, die insbesondere von Pfarrern und Religionslehrern moderiert werden. Während die Morgensendung „In den Tag gesprochen“ eher zum Nachdenken anregen soll, legt der abendliche Beitrag den Schwerpunkt auf redaktionelle Themen und „features“. Auf diese Weise soll das Publikum mit einer Sprache erreicht werden, die von ihm verstanden wird. Koordiniert wird die Radioarbeit von einem durch das Bistum eingesetzten Theologen.

5. Pfarrfunk Breitenberg

Zu den aufsehenserregendsten Ereignissen in der Geschichte des kirchlichen Rundfunks gehört der Kampf um den „Pfarrfunk“ im Duderstädter Ortsteil Breitenberg. Um es kranken und älteren Leuten zu ermöglichen, den Gottesdienst von zuhause aus zu verfolgen, richtete Pastor Johann van der Brule 1983 hinter dem Altar der Kirche eine selbst konstruierte Sendeanlage ein und strahlte über eine im Kirchturm versteckte Antenne den Gottesdienst aus, der im Umkreis von einigen hundert Metern empfangen werden konnte.[103] Die Einholung einer rundfunkrechtlichen Genehmigung für den Betrieb des Senders kam nicht in Betracht, da die seinerzeitige Fassung des niedersächsischen Rundfunkgesetzes lokale Veranstaltungen nicht zuließ. Der Sender wurde 1988 beschlagnahmt, ebenso weitere drei Eigenbauten des gelernten Radiotechnikers van der Brules, die ungeachtet mehrerer Hausdurchsuchungen immer wieder aufs neue im Kirchengebäude angebracht wurden.[104] Die Verurteilung des Pastors zu einer

---

[99] Informationsfaltblatt Radio K1.

[100] Radio K1 ist im Raum Ingolstadt sowie den Landkreisen Eichstätt, Neuburg-Schrobenhausen und Pfaffenhofen empfangbar.

[101] Auskunft des Erzbistums Bamberg an Verf. (30.7.1999).

[102] Werktags 5.57 Uhr, 12.40 Uhr, 17.40 Uhr; Samstag 10.10 Uhr und Sonntag 11.10 bzw 12.10 Uhr.

[103] Auskunft der Kirchengemeinde Maria Verkündigung an Verf. (4.8.1999).

[104] Georg *Borchard*, Chronologische Niederschrift über die Ereignisse unseres Kleinsenders [...] v. 5.10.1994 S. 10

Geldstrafe wegen fortgesetzten Verstoßes gegen das Fernmeldeanlagengesetzes 1989 schlug hohe Wellen; Schlichtungsversuche der Zentralstelle Medien der Deutschen Bischofskonferenz blieben erfolglos, ebenso die politischen Bemühungen des Hildesheimer Generalvikariats.[105] Der Pfarrfunk Breitenberg blieb, getragen von breiter Zustimmung in der Öffentlichkeit, weiterhin auf Sendung.

Erst 1994 teilte die Niedersächsische Landesanstalt auf dem Boden des neuen Landesrundfunkgesetzes der Kirchengemeinde eine UKW-Frequenz (98,4 MHz) im Veranstaltungsfunk zu. Die Genehmigung ist gegenständlich auf die Ausstrahlung von Gottesdiensten und kirchlichen Feiern, örtlich auf das Gebiet der Kirchengemeinde und zeitlich auf die – nach niedersächsischem Recht höchstzulässige[106] – tägliche Sendedauer von 120 Minuten begrenzt.[107] Mit ihr ist die Auflage verbunden, Aufzeichnungen der ausgestrahlten Sendungen bei der Landesmedienanstalt einzureichen sowie über Programmablauf, Sendedauer und Inhalt der Übertragungen schriftlich Bericht zu erstatten.[108] Derzeit sendet der Pfarrfunk Breitenberg an Sonn- und Feiertagen sowie durchschnittlich zweimal in der Woche; bei besonderen Anlässen (z.B. Beerdigungs- und Hochzeitsfeiern) mitunter auch öfter. In Norddeutschland hat das Modell des Breitenberger Senders bereits Schule gemacht. So verfügen inzwischen auch die katholischen Kirchengemeinden Clarholz und Herzlake über eigene Sendeanlagen nach dessen Vorbild; in Aurich ist zudem ein evangelischer Sender in Planung.[109]

6. Katholikentagsradio, Kirchentagsradio

Für den Katholikentag vom 10. bis 14. Juni 1998 beantragte das bischöfliche Ordinat Mainz ein eigenes „Katholikentagsradio".[110] Die LPR Rheinland-Pfalz erteilte daraufhin eine zeitlich befristete Genehmigung auf der dem SWF zugewiesenen UKW-Frequenz 95,8 MHz in Bad Kreuznach. Die Gestaltung des vom Katholikentag verantworteten Programms übernahm die Arbeitsgemeinschaft der katholischen Privatfunkredakteure (KAPRI). Ausgestrahlt wurde ein ganztägiges Programm mit Nachrichten, Reportagen, Berichten und insbesondere Live-Gesprächen mit geistlichen und weltlichen Persönlichkeiten. Das Pendant hierzu, ein evangelisches Kirchentagsradio, wurde für die Zeit des Kirchentags 1999 von der württembergischen Landesanstalt für Kommunikation lizensiert. Das Programm konnte vom 16. bis 20. Juni auf der Frequenz 96,0 MHz empfangen werden; für seine Gestaltung zeichneten die in der Arbeitsgemeinschaft evangelischer Rundfunk e.V. (AER) zusammengeschlossenen evangelischen Privatfunkredaktionen verantwortlich.[111]

---

[105] A.a.O. In einer Presseerklärung bedauert das Generalvikariat, daß „unsere politischen Bemühungen, solche Gottesdienstübertragungen rechtlich möglich zu machen, bislang nicht Erfolg gehabt haben. Wir werden diese Bemühungen fortsetzen" (*Borchard*, a.a.O.).
[106] § 36 Abs. 1 Nr. 2 LRG Nieders.
[107] Schreiben des Breitenberger Kirchenvorstands an Verf. (5.9.1999).
[108] A.a.O.
[109] A.a.O.
[110] FK 25/1998 v. 19.6.1998 S. 32.
[111] www.KircheAnsNetz.de/aer/rubrik3.

II. Private Hörfunksender mit katholischer Ausrichtung

1. Radio Horeb und Radio Neues Europa

Mit Radio Horeb und Radio Neues Europa sind im Bundesgebiet zwei Sender empfangbar, die sich am Vorbild des italienischen Radio Maria orientieren.[112] Unter dem Namen „Radio Maria“ sind international insgesamt 25 christliche Radiosender aktiv, die ihre Sendetätigkeit nach einheitlichen Prinzipien gestalten. Die Koordination erfolgt durch den rechtsfähigen Verein Radio Maria mit Sitz in Rom. An seiner Spitze steht ein multinationaler Vorstand, dem auch der Programmverantwortliche für Radio Horeb und Radio Neues Europa, Pfarrer Dr. Richard *Kocher*, angehört.[113] Die über UKW ausgestrahlten Sendungen von Radio Maria Italien werden von annähernd zwei Millionen Menschen gehört.[114] Entsprechend hoch ist das Spendenaufkommen, das gemäß dem Selbstverständnis als „weltweite Familie“ insbesondere zur Unterstützung von finanziell schwächeren Sendern verwendet wird.[115] Auch Radio Horeb erhielt nach eigenen Angaben nicht unerhebliche Unterstützung durch finanzielle und Sachmittel[116] und ist durch eine Ausfallgarantie des Vereins Radio Maria gesichert.[117]

a) Organisation

Das Programm von Radio Neues Europa wird veranstaltet von der Internationalen Christlichen Rundfunkgemeinschaft (IRC) mit Sitz in Ingolstadt. Hierbei handelt es sich um einen gemeinnützigen, eingetragenen Verein, der 1978 von Siegfried *Dobretsberger* als Trägerverein für katholische Privatsender begründet wurde.[118] Programmträger von Radio Horeb ist die luxemburgische Aktiengesellschaft Eurociel S.A.[119], die eigens hierfür gegründet wurde. Beide Hörfunksender, obgleich rechtlich selbständig, verbindet das gemeinsame Ziel, die Idee von Radio Maria im deutschsprachigen Raum zu verwirklichen.[120] Auch organisatorisch sind sie in verschiedener Hinsicht miteinander verflochten. Eine Personalunion besteht insofern, als beide Sender durch den Programmverantwortlichen Pfr. Dr. *Kocher*[121] verbunden sind.[122] Zwischen

---

[112] Interne Ordnung für die Sendungen von Radio Horeb; Herder Korrespondenz 8/1998, S. 383. Ein gespaltenes Verhältnis hat das italienische Radio Maria zu dem nach seinem Vorbild errichteten Radio Maryja in Polen, von dem sich auch Radio Horeb distanziert (*v. Ehr*, "Gegrüßet seist Du Maria...", in: Die Rheinpfalz v. 8.12.1998). Der Sender wurde vom katholischen Missionsorden der Redemptoristen gegründet und erreicht 80 % der polnischen Haushalte. In die Schlagzeilen geriet Radio Maryja wegen seiner politischen Aktivitäten und seiner kompromißlosen Haltung zur Frage der Abtreibung (*Spolar*, Radio Maria, in: Die Welt am Sonntag v. 26.7.1998, S. 4, www.radiomaryja.pl).

[113] Monatsrundbrief der Internationalen Christlichen Rundfunkgemeinschaft 7/98.

[114] Richard *Kocher* in: Rundfunk im Dienst des Evangeliums, Deutsche Tagespost vom 4.7.1998.

[115] Monatsrundbrief der Internationalen Christlichen Rundfunkgemeinschaft 7/98.

[116] A.a.O. ; *Block*, "Hallo, Fulda", in: Bistum 38/1998 v. 20.9.1998 S. 17 So stellte Radio Maria 20 Übertragungsanlagen unentgeltlich zur Verfügung.

[117] Auskunft von Radio Horeb an Verf. (7.5.1999).

[118] *Neumann*, Lizenz zum Beten, in: SZ v. 23.8.1995.

[119] *Kocher*, Radio Horeb und Radio Neues Europa, BLM-Pressearchiv v. 15.10.1997, S. 1.

[120] Informationsfaltblatt Radio Horeb S. 4 (Bezugsadresse: Radio Horeb, Haus Nr. 2, 87538 Balderschwang).

[121] Zugleich Vorstandsvorsitzender der IRC und Initiator von Radio Horeb.

den Trägergesellschaften besteht ferner eine vertragliche Abrede dahingehend, daß die IRC von Eurociel mit der Durchführung des Programms von Radio Horeb beauftragt ist; d.h. Radio Neues Europa liefert Sonntags sein Programm Radio Horeb zu.[123] Die Finanzierung von Radio Horeb soll langfristig ausschließlich durch Spenden der Fördermitglieder und aus der Hörerschaft erfolgen. In personeller Hinsicht setzt der Sender auf ehrenamtliche Kräfte[124]; dabei werden die Aufgaben der Programmgestaltung von Theologen und Nichttheologen gleichermaßen wahrgenommen.[125]

b) Konzept

Zweck der Eurociel S.A. ist die Förderung christlicher Medienaktivität auf internationaler Ebene.[126] Radio Horeb versteht sich als katholischer Sender mit Schwerpunkt Wortverkündigung und Lebenshilfe.[127] Ziel des Senders ist es, „Menschen zu befähigen, ihr Leben aus dem Licht des Evangeliums zu reflektieren und zu bewältigen. Radio Horeb orientiert sich am Zweiten Vatikanischen Konzil und will der „Ausbreitung und Festigung des Gottesreichs" (*Inter mirifica* 2) dienen. Inhaltliche Richtschnur der Übertragungen ist das Lehramt der katholischen Kirche".[128]

Dies trifft auch für Radio Neues Europa zu. Vereinszweck des IRC ist „die Darstellung, Weitergabe und Vermittlung des katholischen Glaubens in Lehre und Praxis in Übereinstimmung mit dem Lehramt der katholischen Kirche durch die Kommunikationsmittel der modernen Zeit", namentlich durch „Erstellung und Verbreitung von Rundfunksendungen".[129] Zum Programmkonzept gehört es insbesondere, die Neuevangelisierung und die Erziehung des „neuen Menschen" zu fördern.[130]

Beide Sender halten sich im übrigen an die Grundsätze von Radio Maria, das sich als Sender „in der katholischen, aber nicht von der katholischen Kirche"[131] darstellt. Auf der Grundlage eines christlichen Weltbildes will Radio Maria ein umfassendes Radioprogramm bieten, „das die geschichtlichen, philosophischen, kulturellen und glaubenspraktischen Dimensionen des Christentums darstellt, erläutert und in Bezug zu den heute gesellschaftlich relevanten Themen

---

[122] *Kocher*, Radio Horeb und Radio Neues Europa, BLM-Pressearchiv v. 15.10.1997, S. 1.
[123] Auskunft von Radio Horeb an Verf. (7.5.1999).
[124] Kirche & Neue Medien 11/1997 S. 21. Entsprechendes gilt nach § 9 der Satzung der Internationalen Christlichen Rundfunkgemeinschaft e.V. für Radio Neues Europa.
[125] *Block*, "Hallo, Fulda", in: Bistum 38/1998 v. 20.9.1998 S. 17 .
[126] Auszug aus dem Handels- und Gesellschaftsregister Sektion B Nr. 51285 Tribunal D'Arrondissement de Luxembourg.
[127] Nr. 2 der Internen Ordnung für die Sendungen von Radio Horeb; Richard *Kocher*, in: Monatsrundbrief der Internationalen Christlichen Rundfunkgemeinschaft e.V. 12/98.
[128] *Kocher*, Radio Horeb und Radio Neues Europa, BLM-Pressearchiv v. 15.10.1997, S. 1.
[129] § 2 der Satzung der Internationalen Christlichen Rundfunkgemeinschaft e.V.
[130] *Fasel*, „Krieg mit strammen Sprüchen", in: Stern Nr. 21/93, S. 101.
[131] „Rundfunk im Dienst des Evangeliums", Deutsche Tagespost vom 4.7.1998; „Die Botschaft der Freude verkünden", Interview mit Pfr. Richard *Kocher*, in: Kirche heute 6/97 S. 10).

und Aufgabenstellungen bringt".[132] Anliegen der „Familie" ist es, eine „Präsentationsplattform für die einzelnen Gemeinschaften der Weltkirche zu schaffen[133] und insbesondere Partei für Minderprivilegierte zu ergreifen.[134] So heißt es in den *Grundlinien des Apostolats von Radio Maria*: „Besondere Aufmerksamkeit gilt den schwächsten Schichten der Bevölkerung, wie zum Beispiel den Kranken, den Einsamen, den Gefangenen, der Jugend; auf diese Weise soll es denjenigen, deren Stimme normalerweise nicht gehört wird, ermöglicht werden, ihre Meinung kundzutun". Nach den *Wesenselementen von Radio Maria III.* ist der Sender offen „für alle Gruppierungen [...] ohne jede Bevorzugung", allerdings mit dem Vorbehalt, daß „deren Wirken im Einklang mit der Kirche steht". Aus dem Gesamtzusammenhang erhellt, daß hiermit allein die katholische Kirche gemeint ist. Den „getrennten Brüdern" und ihren Überzeugungen wird zwar Respekt entgegengebracht, ein eben solcher Respekt soll aber auch der „Wahrheit" gezollt werden.[135] Diese klare katholische Ausrichtung von Radio Maria International hat letztlich auch zur Ablehnung des Programms durch die BLM geführt.[136]

Entsprechend den Grundsätzen von Radio Maria stellt sich auch Radio Horeb nicht in den Dienst von Parteien oder anderen (auch kirchlichen) Gruppierungen, sondern betont das Eintreten für Menschen.[137] Als „Forum für die Vielfalt christlichen Lebens, wie es in den verschiedenen Spiritualitäten und kirchlichen Gemeinschaften zum Ausdruck kommt"[138], will Radio Horeb „auch denen eine Stimme geben, die sonst kaum eine Lobby haben: Randgruppen, Kranken, Behinderten, Senioren und Kindern".[139] Wie bei Radio Maria wird jedoch eine Plattform nur für solche Gruppen geschaffen, „deren Wirken in Einklang steht mit der Lehre der katholischen Kirche."[140] Insbesondere setzt nach Nr. 2 der *Internen Ordnung für die Sendungen für Radio Horeb* die Teilnahme an Live-Übertragungen „die Zustimmung zum katholischen Glauben voraus, wie er vom Lehramt der Kirche vorgelegt wird".[141] In der Praxis werden diese Vorgaben jedoch nicht strikt gehandhabt. Radio Horeb spreche keineswegs „nur Katholiken an, sondern Christen aller Konfessionen", was Anrufe und die Mitwirkung evangelischer Christen bestätigten.[142] Mit der Sendung „Schalom" bietet Radio Horeb einmal monatlich „Informationen über das Judentum für Christen", in deren Rahmen die jüdischen

---

[132] *BLM*, IRC, Vermerk vom 24.5.1994, S. 2.
[133] A.a.O., S. 3.
[134] „Rundfunk im Dienst des Evangeliums", Deutsche Tagespost vom 4.7.1998; „Die Botschaft der Freude verkünden", Interview mit Pfr. Richard *Kocher*, in: Kirche heute 6/97 S. 10.
[135] Grundlinien des Apostolats von Radio Maria, Programmlinien, Nr. 1. Auch in bezug auf Privatoffenbarungen folgt der Sender den Richtlinien der Kirche. Bis zur Anerkennung durch die Kirche sollen diese unberücksichtigt bleiben (vgl. auch *v. Ehr*, "Gegrüßet seist Du Maria...", in: Die Rheinpfalz v. 8.12.1998).
[136] *BLM*, Radio Maria, Umdruck v. 26.9.1994, S. 9.
[137] Richard *Kocher*, in: Monatsrundbrief der Internationalen Christlichen Rundfunkgemeinschaft e.V. 1/99.
[138] *Kocher*, Radio Horeb und Radio Neues Europa, BLM-Pressearchiv v. 15.10.1997, S. 1.
[139] Informationsfaltblatt Radio Horeb S. 6.
[140] „Die Botschaft der Freude verkünden", Interview mit Pfr. Richard Kocher, in: Kirche heute 6/97 S. 10 f.
[141] Eine „live" gestellte Frage ist nach Nr. 14 der Internen Ordnung für die Sendungen für Radio Horeb „aus der Sendung zu nehmen, wenn sie Schaden anrichtet".
[142] Informationsfaltblatt Radio Horeb S. 6, Auskunft von Radio Horeb an Verf. (7.5.1999).

Wurzeln des christlichen Glaubens (von einem katholischen Pfarrer) erläutert werden; zudem wird eine halbe Stunde wöchentlich freikirchlichen Institutionen zur Verfügung gestellt.[143]

c) Übertragungswege

Die Ausstrahlung von Radio Horeb erfolgt seit Ende 1996 täglich von 6 bis 22 Uhr über Astra im Tonunterträgerverfahren über Pro 7 (analog) und ZDF (digital).[144] In Teilen Bayerns wird das Programm auch in das Kabelnetz eingespeist[145]; wie bei der Satellitenausstrahlung aufgrund luxemburgischer Lizenz (Weiterleitungsantrag).[146] Radio Neues Europa besitzt eine lokale Sendelizenz auf der UKW-Frequenz 89,0 MHz im Großraum München für die Zeit von sonntags 6 bis 12 sowie 19 bis 24 Uhr. Im Kabel ist der Sender in München und Umgebung (Pfaffenhofen, Landshut, Neuburg) vertreten.

d) Programm

Das Programmschema von Radio Horeb beruht auf vier Säulen: Als ein wichtiger Programmbestandteil wird die kirchliche Liturgie (Gottesdienst, Stundengebet, Rosenkranz) aus Pfarreien, Klöstern und kirchlichen Gemeinschaften übertragen.[147] Auf Verkündigung und Katechese liegt ein weiterer programmlicher Schwerpunkt.[148] Die dritte Säule bildet die Förderung des Menschen in seinen sozialen Bezügen, insbesondere durch Lebenshilfe im Alltag. Aktuelle gesellschaftliche Fragestellungen[149] sollen thematisiert und aus der Sicht des Glaubens betrachtet werden; hierbei ergeht an alle mit der Lehre der katholischen Kirche übereinstimmenden Gruppierungen die Aufforderung sich zu beteiligen.[150] Mittels ISDN und der Satelliten-Uplink-Technik soll der Hörer in das Geschehen eingebunden und eine „Live"-Atmosphäre erzeugt werden.[151] Die vierte Säule beinhaltet Diverses wie Nachrichten und Musik[152] sowie Kinder- und Jugendsendungen.[153]

---

143 Auskunft von Radio Horeb an Verf. (7.5.1999).

144 *Kocher*, Radio Horeb und Radio Neues Europa, BLM-Pressearchiv v. 15.10.1997, S. 1.
ASTRA Digital Radio (ADR) stellt 77 Kanäle bereit, in denen insgesamt nur 10 (!) inländische private Programme vertreten sind (Radio Horeb als „religiöses Spartenprogramm"). Eine Übersicht findet sich bei *Pohle*, Digitaler Satellitenempfang, in: MP 8/1997, S. 430; vgl. auch *Zimmer*, Fernsehempfang, S. 358, 359.

145 München, Augsburg, Regensburg, Rosenheim und Kempten. Auch im angrenzenden Ausland ist Radio Horeb im Kabel vertreten (z.B. in Wien, Kanton Thurgau, Weinfelden, Luxemburg (Stadt), Schwyz, Linz / Wels, Vöcklabruck).

146 *Hammann*, Christen-Hörfunk, Donaukurier vom 21.10.1997, S. 14; *Thull*, „Nur gut gemeint", in: FK 29/1998, S. 4.

147 *Kocher*, Radio Horeb und Radio Neues Europa, BLM-Pressearchiv v. 15.10.1997, S. 1.

148 Informationsblatt Radio Horeb; hierunter wird verstanden: Orientierungshilfe, Kurse und Vorträge, Credo-Sendung, Spiritualität, Quellgrund, Standpunkt, Heilige.

149 Als Themen nennt das Informationsblatt: Gesundheit, Familie, Beziehungen, Brauchtum, Randgruppen, Kranke und Behinderte, Senioren und Kinder.

150 *Kocher*, Radio Horeb und Radio Neues Europa, BLM-Pressearchiv v. 15.10.1997, S. 1.

151 Medien aktuell Nr. 43 v. 20.10.1997 S. 25; zur Beantwortung von Hörerfragen haben sich für die Sendungen auch Bischöfe zur Verfügung gestellt.

152 Informationsblatt Radio Horeb: Gregorianik, Klassik, Spirituals, Lobpreis, Instrumentals, Populäre Musik, Streiflicht, Wochenmagazin.

153 Programmfaltblatt Radio Horeb März 1999.

e) Bezug zur Kirche

In den *Wesenselementen von Radio Maria* wird unter den „Beziehungen zur katholischen Kirche und ihrer Hierarchie" klargestellt, daß die Tätigkeit von Radio Maria „in der kirchlichen Lehre und im Kirchenrecht" in Lumen Gentium Art. 25 e 33, Apostolica Actuositatem sowie in CIC 298, 327, 711 verankert ist. Radio Maria versteht sich „als unter der Aufsicht des Lehramts der Kirche stehend. Es ist ein Radio für die Kirche, mit der Kirche und in der Kirche" und weiß sich „dem pastoralen Dienst an den Diözesen der jeweiligen Reichweite seiner Sender verpflichtet". Die enge Anbindung an die katholische Kirche hat dem Sender auch das Wohlwollen von Papst *Johannes Paul II.* eingetragen, der Vertretern Radio Marias aus Polen und Deutschland 1994 sogar eine Generalaudienz gewährte:

„Ihr seid die Verkündiger dieses Wortes [...]. Schon heute kann ich sagen, wie wertvoll der Beitrag von Radio Maria ist, wie es schon die Neuevangelisation verwirklicht, wie es die in Gott starke Familie aufbaut, wie es die neue Generation in einer Zivilisation der Liebe erzieht [...]. Radio Maria hilft auch den kranken und den einsamen Menschen, und jenen, die reisen und arbeiten, sich mit diesem Gebet der ganzen Kirche zu verbinden. Durch eine tiefgehende Katechese bestärkt Radio Maria die Hörer im Glauben und lädt sie zu einer Vertiefung der heiligen Schrift und der religiösen Literatur ein [...]. Eure Aktivität ist vor allem ein Dienst an der Kirche in Polen. Verbreitet die gesunde Lehre in enger Zusammenarbeit und Einheit mit den Bischöfen [...]. Nur so wird euer spezifisches Apostolat zum Wachstum der Kirche [...] beitragen."[154]

Daß sich aufgrund der mit Radio Maria übereinstimmenden Zielsetzung auch in Radio Horeb und Radio Neues Europa ein Stück des Auftrags der katholischen Kirche verwirklicht, bestätigen des weiteren Stellungnahmen mehrerer (auch deutscher) Bischöfe, wonach hinsichtlich der Kirchlichkeit dieser Programme „keine Bedenken" bestünden.[155] Auch sonst finden Radio Horeb und Radio Neues Europa große Unterstützung bei den Bischöfen. So verdankt der Sender dem Einsatz des Wiener Erzbischofs Dr. Christoph *Schönborn*, der selbst eingeschriebenes Mitglied im Trägerverein von Radio Neues Europa ist[156], die Einspeisung in das Wiener Kabelnetz.[157] Für das Jahr 1999 haben nach Angaben des Senders bereits fünf

---

[154] Rede von Papst *Johannes Paul II.* anläßlich des Besuches der Radio Maria Familie bei einer Generalaudienz am 23.3.1994 im Petersdom. Nach Angaben des Senders hat der Papst anläßlich der Wallfahrt den Gründer des Senders und sein gesamtes Werk gesegnet (vgl. hierzu www.radiomaryja.pl, letzter Abruf 4.4.98). Auf dem Petersplatz im März 1995 soll Papst *Johannes Paul II.* sich ähnlich positiv über das Radio geäußert haben: „Täglich danke ich dem Herrn, daß es in Polen so ein Radio gibt und daß es Radio Maryja heißt" (zit. nach Neue Zürcher Zeitung v. 24.2.1998). Ob die Begeisterung für den Sender noch ungetrübt fortbesteht, kann allerdings bezweifelt werden. Nachdem der Sender durch seine unnachgiebige Haltung in der Frage der Abtreibung in das Visier der öffentlichen Kritik geraten war, soll der Papst das Episkopat aufgefordert haben, in bezug auf Radio Maryja „tätig zu werden". (*Vetter*, Radio Maryja, in: Handelsblatt v. 3.12.1997, S. 56).

[155] Empfehlungsschreiben des Erzbischofs von Wien v. 25.3.1997 (Radio Horeb und Radio Neues Europa), des Erzbischofs von Rottenburg-Stuttgart v. 13.11.1998 (Radio Horeb), des Erzbischofs von München und Freising v. 29.3.1996 (Radio Neues Europa), des Erzbischofs von Salzburg vom 19.9.1997 (Radio Horeb).

[156] Empfehlungsschreiben des Erzbischofs von Wien v. 25.3.1997.

[157] Richard *Kocher* in: Rundfunk im Dienst des Evangeliums, Deutsche Tagespost vom 4.7.1998.

amtierende Bischöfe ihre Mitwirkung in den Sendungen zugesagt.[158] Den Aktivitäten von Pfarrer Dr. *Kocher* im Rundfunk kam auch dessen Heimatbischof Viktor Josef *Dammertz* (Augsburg) entgegen, indem er ihm eine Pfarrstelle in Balderschwang, am Ort der Zentrale des Senders, übertrug, deren zeitliche Belastung die Ausübung von Nebentätigkeiten zuläßt.[159]

2. Radio Campanile

a) Organisation

Hinter dem Ludwigshafener Radio Campanile stand der 1995 gegründete Förderverein „Katholiken im Rundfunk" in Bonn mit 300 Mitgliedern[160]; in gewollter Analogie zum nordrhein-westfälischen Zwei-Säulen-Modell wurde als Trägergesellschaft und Lizenznehmerin die Radio Campanile GmbH & Co KG a.A. ins Leben gerufen.[161] Angaben des Senders zufolge belief sich das gezeichnete Kapital auf zwei Millionen Mark.[162] Der Sender unterhielt neun Mitarbeiter[163] und ging am 8.12.1996 erstmals auf Sendung. Die Übertragungen von Sonntagsgottesdiensten erfolgte teils in Zusammenarbeit mit Radio Horeb.[164] Beiträge wurden auch von Radio Vatikan, zu dem enge Verbindungen bestanden[165] sowie vom ERF geliefert.[166] Die Finanzierung sollte auf Dauer in einem Mischsystem[167] aus Mitgliedsbeiträgen, Spenden, Sponsoring und Werbung bestehen, wobei jedoch der Werbeanteil mit einem Jahresaufkommen von 35.000 DM ebenso wie die Mitgliedsbeiträge eine eher untergeordnete Rolle spielte.[168]

b) Konzept

Radio Campanile wurde konzipiert als „Gegengewicht zu vorhandenen Sendern, bei denen Christliches zu eng, verkürzt, und vor allem zu wenig gesendet wird."[169] Zur Gründung des Trägervereins 1987 führte die Erkenntnis, daß sich die katholische Amtskirche bereits im öffentlich-rechtlichen Rundfunk angemessen berücksichtigt fühle und sich von kirchlichen Sendern distanziere.[170] Hinzu kam die Unzufriedenheit mit den öffentlich-rechtlichen Rundfunkanstalten und den jeweiligen Kirchenredaktionen, die dem Medienverständnis

---

[158] Monatsrundbrief der Internationalen Christlichen Rundfunkgemeinschaft 12/98.

[159] Auskunft von Radio Horeb an Verf. (7.5.1999); vgl. auch „Die Botschaft der Freude verkünden", Interview mit Pfr. Richard *Kocher*, in: Kirche heute 6/97 S. 10.

[160] Kirche & neue Medien 14.Jg (95) 74/1 S. 27; Herder Korrespondenz 8/1998 S. 383.

[161] *Schmid*, Reine Richtungs- oder bloß Machtkämpfe?; in: FK 4/1998, S. 3.

[162] *Peters*, Radio Campanile darf weitersenden, in: Die Welt, 5.11.1997.

[163] Kirche & Neue Medien 8/98 S. 3.

[164] *Schmid*, Reine Richtungs- oder bloß Machtkämpfe?; in: FK 4/1998, S. 3; FK 4/97 S. 31.

[165] Insbesondere durch Übernahme von vorproduzierten Nachrichten aus der Weltkirche und sogar ganzen Sendeblöcken, *Schmid*, Synergieverbund Ludwigshafen-Rom, in: FK 4/1997, S. 32; *Peters*, Radio Campanile darf weitersenden, in: Die Welt, 5.11.1997.

[166] HK 8/98 S. 383. Die Kooperation wurde jedoch in der Zulassung auf wenige Programmelemente beschränkt.

[167] Medien aktuell Nr. 43 v. 20.10.1997 S. 25. Zu den ersten Werbekunden zählten etwa die Zeitschriften „Time Life", „Focus" sowie das Bischöfliche Weingut Trier.

[168] *Schmid*, Reine Richtungs- oder bloß Machtkämpfe?; in: FK 4/1998, S. 4.

[169] *Trost*, Radio Campanile, BLM Rundfunkkongress.

[170] A.a.O. *Trost*, Radio Campanile, BLM Rundfunkkongress

kirchlicher Amtsträger nicht nahekämen.[171] Es galt daher, sich vom bisherigen kirchlichen Medienengagement deutlich abzugrenzen.[172]

Unter dem Slogan „Sender des guten Wortes“ präsentierte sich Radio Campanile als katholisches, wortorientiertes und „informatives News-Talk-Programm“[173] aus christlicher Verantwortung.[174] In besonderem Maß fühlte sich der Sender der Wahrheit, der Objektivität und der strikten Beachtung der Grundwerte des Grundgesetzes (einschließlich der Meinungsfreiheit) verpflichtet.[175] Angesprochen werden sollten insbesondere diejenigen Hörer, die zwar der Kirche nicht nahestünden, jedoch an Welt und Kirche interessiert seien und sich „den Grundwerten verpflichtet“ fühlten.[176]

c) Übertragungswege

Von der rheinland-pfälzischen Landeszentrale erhielt die Radio Campanile Verwaltungsgesellschaft mbH eine auf zehn Jahre befristete Erlaubnis zur Verbreitung eines ganztägigen überregionalen Hörfunkprogramms über den Satelliten ASTRA 1B[177], das außerdem in 80 % der Kabelhaushalte empfangen werden konnte[178]. Zudem wurde das Programm in die Kabelnetze Hamburg-Mitte (96,15 MHz) und Hessen (105,2 MHz) eingespeist. Nach eigenen Angaben erreichte Radio Campanile im Durchschnitt 15.600 Hörer pro Stunde.[179] Darüber hinaus hatte Radio Campanile die Veranstaltung eines Regionalprogramms für das Saarland geplant und sich zu diesem Zweck für die Zuteilung eines vierstündigen Sendefensters auf der UKW-Frequenz von „DeutschlandRadio Berlin“ beworben; die Bewerbung wurde nach Auftreten von Finanzproblemen jedoch nicht weiterverfolgt.[180] Aus gleichem Grund wurde ein in Rheinland-Pfalz gestellter Antrag auf Zuteilung einer UKW-Frequenz obsolet.[181] Weitere Bewerbungen gingen nach Hessen für kleinere UKW-Frequenzen (Bad Hersfeld, Butzbach, Fulda; Frankfurt, Limburg) und nach Berlin.[182]

---

[171] *Thull*, „Nur gut gemeint“, in: FK 29/1998, S. 4.
[172] *Schmid*, Reine Richtungs- oder bloß Machtkämpfe?; in: FK 4/1998, S. 5.
[173] Pressemitteilung v. 1.8.1997, Kassel.
[174] Kirche & Neue Medien 14.Jg (95) 74/1 S. 27; 11/97 S. 20; HK 8/1998 S. 383.
[175] *Trost*, Radio Campanile, BLM Rundfunkkongress; Kirche & Neue Medien 11/1997 S. 20.
[176] Willy *Trost* (Initiator und Programmverantwortlicher), zit. nach Medien aktuell Nr. 43 v. 20.10.1997 S. 25; Faktisch rekrutierte sich die Hörerschaft allerdings überwiegend aus kirchentreuen, insbesondere älteren und katholischen Hörern (HK 8/1998 S. 383).
[177] Tonunterträger des DSF (Deutsches Sport-Fernsehen), FK 29/98 v. 17.7.1998; Pressemitteilung Nr. 43/98 vom 16.11.1998, a.a.O.
[178] Medien aktuell Nr. 43 v. 20.10.1997 S. 25; Pressemitteilung Nr. 43/98 vom 16.11.1998.
[179] *Trost*, Radio Campanile, BLM Rundfunkkongress.
[180] Tel. Auskunft der LAR Saarland an Verf. (22.3.1999).
[181] Tel. Auskunft der LPR Rheinland-Pfalz an Verf. (22.3.1999).
[182] FK 29/98 v. 17.7.1998.

d) Programm

Entsprechend der Devise „Mit Radio Campanile jederzeit über Gott und die Welt informiert“[183] wurde der Sender von der Landesmedienanstalt als „Informations- und Nachrichtenprogramm“ lizensiert.[184] Die Nachrichtensendungen umfaßten gesellschaftliche Themen aller Art, einschließlich Politik, Kultur, Wirtschaft und Sport. Längere Wortbeiträge aus allen Bereichen (Information, Bildung, Beratung und Unterhaltung), abwechselnd mit Passagen klassisch-geistlicher Musik, bildeten den Schwerpunkt des Programmschemas; insbesondere sollte Kirchen aller Konfessionen und ihren Einrichtungen durch feste Sendeplätze in gebührender Weise Raum gegeben und den Aktivitäten von Hilfsorganisationen ein Forum geboten werden.[185] Bei der Auswahl der Beiträge wurde bewußt auf „positive, lebensbejahende, aufbauende Nachrichten und Informationen“ gesetzt[186]; auf Verkündigungssendungen sollte jedoch verzichtet werden.[187] Eine Ausnahme hiervon machte die im Programmschema vorgesehene Morgenandacht.[188]

e) Bezug zur Kirche

Die Mitwirkung kirchlicher Stellen beschränkte sich bei Radio Campanile auf die Zulieferung von Beiträgen durch die diözesanen Hörfunkredaktionen Kirche im Privatfunk (KIP)[189] bzw. von Nachrichten durch die Agenturen epd und KNA.[190] Im übrigen erfolgte eine Unterstützung des Senders durch die Kirche weder direkt noch indirekt; eine solche wurde auch ausdrücklich nicht gewollt.[191]

f) Das „Aus“ für Radio Campanile

Kurze Zeit nach Sendebeginn geriet der Sender bereits in wirtschaftliche Schwierigkeiten. Dies bereitete 1997 den Boden für Spekulationen über eine – vom Sender dementierte[192] –

---

[183] *Löw*, Himmlische Reichweiten; in: Tendenz 7/1997.
[184] *Peters*, Radio Campanile darf weitersenden, in: Die Welt, 5.11.1997 bzw. als „Nachrichtensender“ (Kirche & Neue Medien 11/97 S. 20).
[185] Pressemitteilung Nr. 43/98 vom 16.11.1998, www.lpr-online.de/presse/Pres1611.htm (letzter Abruf: Februar 1999); *Peters*, Radio Campanile darf weitersenden, in: Die Welt, 5.11.1997; Herder Korrespondenz 8/1998 S. 383; *Trost*, Radio Campanile, BLM Rundfunkkongress. Bestandteil des Programms waren etwa Sendungen wie „Aus Kirche und Gesellschaft“, „Sport“, die „Presseschau“ oder „Aus Wissenschaft und Technik“ (*Schmid*, Synergieverbund Ludwigshafen-Rom, in: FK 4/1997, S. 31).
[186] *Trost*, Radio Campanile, BLM Rundfunkkongress.
[187] Willy *Trost*, zit. nach Medien aktuell Nr. 43 v. 20.10.1997 S. 25; Kirche und Neue Medien 11/1997 S. 20. Radio Campanile setze „auf Objektivität, nicht auf Verkündigung“, ders., zit. nach: Das Sonntagsblatt Nr. 44 v. 2.11.1997 S. 5.
[188] *Thomann*, Sündenfall vor Sendestart, in: FAZ v. 17.10.1996, S. 42.
[189] HK 8/98 S. 383.
[190] Kirche & Neue Medien 11/97 S. 20.
[191] *Peters*, Radio Campanile darf weitersenden, in: Die Welt, 5.11.1997; Immerhin aber soll zu den Sponsoren auch Kardinal Ratzinger gehört haben (*Thull*, „Nur gut gemeint“, in: FK 29/1998, S. 4).
[192] Radio Maria stehe mit dem Sender zwar in Verbindung, nehme jedoch keinen Einfluß auf das Programm; Herder Korrespondenz 8/1998 S. 383. Nach FK 29/98 erhielt Radio Campanile 1,5 Mio. DM aus dem Umfeld von Radio Maria.

„feindliche Übernahme" des Senders durch Radio Maria. Mit dessen Aufnahme als Neugesellschafter drohe die Umwandlung der Station vom Informationssender in einen „Verkündigungsfunk" und die Ausstrahlung religiöser Werbung.[193] Daraufhin erging im Oktober 1997 an den Trägerverein die Aufforderung der Landeszentrale für private Rundfunkveranstalter in Ludwigshafen, „detaillierte Angaben zu programmlichen, wirtschaftlichen, personellen und gesellschaftsrechtlichen Sachverhalten" zu machen[194], verbunden mit der vorsorglichen Mitteilung, daß „ein sogenannter Verkündigungsfunk nach lizenz- und rundfunkrechtlichen Maßstäben unzulässig" sei.[195] Gleichzeitig wurde ein Lizenzüberprüfungsverfahren eingeleitet, das jedoch durch die Versicherung, daß die Kommanditisten ausschließlich Privatpersonen seien[196], abgewendet werden konnte.

Gleichwohl konnte die finanzielle Situation nicht nachhaltig gesichert werden. Weil finanzielle Zusagen von Institutionen und aus der Wirtschaft nicht erfüllt worden seien und es an neuen Investoren fehlte, habe der Kostenaufwand (1997: Fünf Millionen Mark) nicht gedeckt werden können; zur Verbesserung der Werbechancen hätte es dringend weiterer (UKW-) Stützfrequenzen mit höherer Reichweite bedurft.[197] Nachdem auch von der katholischen Kirche eine Unterstützung mit Kirchensteuermitteln nicht in Betracht gezogen wurde[198], kam es 1998 zu einem erneuten Lizenzüberprüfungsverfahren, woraufhin mit der Landeszentrale ein Ruhen der Lizenz „bis zur Sicherung neuer finanzieller Möglichkeiten" bis Ende 1998 vereinbart wurde. Da jedoch laut der LPR „keine neuen finanziellen Mittel in Aussicht" gewesen seien, gab der Trägerverein im November 1998 der rheinland-pfälzischen Landeszentrale die Lizenz zurück.[199]

---

[193] *Peters*, Radio Campanile darf weitersenden, in: Die Welt, 5.11.1997.
[194] *Peters*, a.a.O. *Peters*, Radio Campanile darf weitersenden, in: Die Welt, 5.11.1997.
[195] *Weiske*, Eiferer am Werk, in: Journalist 1/1998, S. 71; begründet wurde dies mit dem Verbot weltanschaulicher Werbung im RfStV, epd Ausg. 52 v. 8.7.1998 S. 9, 10.
[196] *Peters*, Radio Campanile darf weitersenden, in: Die Welt, 5.11.1997. Zu diesen gehörte allerdings auch der Präsident von Radio Maria, Emmanuele Ferrario mit einer Beteiligung von 100.000 DM und weitere finanzstarke Personen aus dem Umfeld von Radio Maria, deretwegen auf der Mitgliederversammlung im Oktober 1997 die Aufhebung der auf lizenzrechtlichen Gründen beruhenden Aufnahmesperre für neue Mitglieder erfolgt sei. So halte Radio Maria bereits über 50 % des Kapitals und habe zugestanden, Radio Campanile finanzielle Unterstützung gewährt zu haben. Insgesamt hätten die Investoren um Radio Maria 1,5 Mio. DM in die Trägergesellschaft eingebracht (*Schmid*, Reine Richtungs- oder bloß Machtkämpfe?; in: FK 4/1998, S. 3; *Weiske*, Eiferer am Werk, in: Journalist 1/1998, S. 70).
[197] Willy *Trost*, Vorsitzender des Fördervereins laut Kirche & Neue Medien 8/98 S. 3 bzw. Herder Korrespondenz 8/1998 S. 383.
[198] Kirche & Neue Medien 8/98 S. 3.
[199] Pressemitteilung Nr. 43/98 vom 16.11.1998; Kirche & Neue Medien 12/1998 S. 4.

III. Private Hörfunksendermit evangelischer Ausrichtung

1. Evangeliumsrundfunk

a) Organisation

Nach Gründung des „Evangeliums-Rundfunk e.V." am 19.10.1959 nahm der ERF bereits am 5.2.1961 den Sendebetrieb über die Kurzwelle Radio Monte Carlo auf. Damit ist der ERF mit Hauptsitz in Wetzlar[200] nicht nur der älteste christliche Rundfunkveranstalter, sondern zugleich auch das erste Privatradio überhaupt.[201] Der Sender finanziert sich ausschließlich aus Spenden und Vermächtnissen von Privatpersonen, mit denen auch internationale Projekte im ehemaligen Ostblock, Südamerika und Afrika unterstützt werden.[202] Der ERF beschäftigt europaweit 246 Mitarbeiter, von denen allein in Deutschland 205 tätig sind und erreichte 1999 täglich 239.000 Hörer.[203]

b) Konzept

Der ERF versteht den Rundfunk als Medium zur missionarischen Einwirkung in einem säkularisierten Gemeinwesen, der das „Eigentliche" der christlichen Botschaft „unverkürzt" zum Empfänger bringen soll.[204] Unter dem Slogan „Glauben entdecken – Leben gestalten"[205] will er insbesondere zum christlichen Glauben hinführen, damit „Menschen Jesus Christus kennenlernen und das Leben mit ihm gestalten"[206], aber auch bestehenden Glauben festigen. Zweck des ERF-Trägervereins ist demgemäß „die Förderung des kulturellen und geistlichen Lebens, vornehmlich in Europa, sowie sozial-diakonischer Belange, vorwiegend durch Radio und Fernsehen, elektronische und Print-Medien, welche die Verkündigung des Evangeliums von Jesus Christus durch Wort und Bild zum Inhalt haben".[207] Dabei geschieht die Arbeit „im Sinne der Evangelischen Allianz[208] und der Lausanner Verpflichtung"[209] sowie „auf der Basis

---

[200] Weitere Standorte bestehen in Pfäffikon (Schweiz), Perchtoldshof (Österreich) und Meran (Südtirol), ERF Pressemappe S. 2.

[201] Medien aktuell Nr. 43 v. 20.10.1997 S. 25.

[202] Nr. X/1 Satzung des Evangeliumsrundfunks International e.V.; Medien aktuell Nr. 43/1997 v. 20.10.1997 S. 25; Medien aktuell Nr. 44/1997 v. 27.10.1997 S. 23. Das Spendenaufkommen für das Jahr 1999 betrug 29,5 Millionen Mark (Idea-Spektrum 30/31/1999 S. 26).

[203] Idea-Spektrum 30/31/1999. (Zum Vergleich: 1998 schalteten täglich 170.000, 1996 78.000 Hörer den ERF ein [Idea-Spektrum 19/1999 S. 29]).

[204] *EKD*, Denkschriften, S. 141 (Hervorhebung der Autoren).

[205] Medien aktuell Nr. 44/1997 v. 27.10.1997 S. 23.

[206] Jürgen *Werth*, Direktor des ERF International, zit. nach *Liesenfeld*, Gute Nachrichten, in: Rhein. Merkur v. 20.3.1998, S. 31.

[207] Nr. IV/1 Satzung des Evangeliums-Rundfunks International e.V.

[208] Hierbei handelt es sich um einen evangelikal geprägten Zusammenschluß von Mitgliedern verschiedener evangelischer Kirchen, der sich die Überwindung der konfessionellen Zersplitterung unter den Gläubigen zum Ziel gesetzt und hierzu gemeinsame Glaubensgrundsätze formuliert hat (Hans Jörg *Urban* in: *Buchberger*, Lexikon für Theologie und Kirche, Art. „Allianz, Evangelische" (S. 411).

[209] Die Lausanner Verpflichtung geht auf den Lausanner Kongreß für Weltevangelisation 1974 zurück. Die Teilnehmer, (evangelikale) Christen aus über 150 Ländern, stellen in ihr fest, daß die Aufgabe der

von Glaubensgrundsätzen, die für alle Mitglieder des Vereins, Mitarbeiter und Verkündiger verbindlich sind".[210] Trotz seines evangelikalen Programmprofils soll jedoch keine thematische Verengung auf den evangelikalen Bereich stattfinden.[211] Als unabhängiges Medienunternehmen fühlt sich der ERF keiner bestimmten Glaubensrichtung verbunden, sondern will die gesamte Breite des kirchlichen und gesellschaftlichen Lebens abdecken, von den beiden Großkirchen über die Freikirchen bis hin zu den vielen sozial-diakonischen Einrichtungen".[212]

c) Übertragungswege

Bedingt durch Lizensierungsschwierigkeiten in Deutschland sendete der ERF zunächst über eine in Tanger bzw. Monaco stationierte Kurzwellenfrequenz. Seit Ende 1994 wird das Programm analog über den Satellit Astra unter englischer[213] Lizenz verbreitet; ein zweiter Satellitenhörfunkkanal wurde Ende 1995 für ERF 2 eingerichtet.[214] Anfang 1996 erhielt der Sender mit der Zulassung für die Mittelwellenfrequenz 1539 kHz in Mainflingen/Hessen erstmals eine deutsche Lizenz für ein landesweites Programm. Mitte 1997 folgte eine Weiterverbreitungsgenehmigung im Kabel für Hessen und Teile Bayerns und Baden-Württembergs.[215] Auch in einzelnen UKW-Regionalprogrammen sind dem ERF kurze Sendeeinheiten zugewiesen.[216]

d) Hörfunkprogramm

Programmschwerpunkt des ERF, der von der Hessischen Medienanstalt für privaten Rundfunk als „Spartenprogramm Religion" lizensiert wurde[217], ist der Bereich Verkündigung. Dabei will sich der ERF jedoch nicht auf die Ausstrahlung von Gottesdienstübertragung und Ansprachen beschränken. Ausgestrahlt werden derzeit zwei eigenproduzierte Ganztagesprogramme, ERF 1 und 2, die jeweils auf unterschiedliche Altersgruppen ausgerichtet sind. ERF 1[218] ist als

---

Evangelisation unvollendet sei und verpflichten sich deshalb, zu deren Förderung zusammen zu beten, zu planen und zu wirken (*Stott*, Zur Lausanner Verpflichtung, S. 9 f.).

[210] Nr. V/1, 2 Satzung des Evangeliumsrundfunks International e.V.

[211] *Fischer*, Glauben entdecken - Leben gestalten.

[212] Informationsblatt Daten und Fakten TV.

[213] Medien aktuell Nr. 43/1997 v. 20.10.1997 S. 25; Kirche & Neue Medien 11/97 S. 20.

[214] Pressemappe ERF S. 15; Über ASTRA werden insgesamt 40 analoge Hörfunkprogramme abgestrahlt. Dabei erfolgt die Ausstrahlung von ERF 1/2 – im Gegensatz zu Radio Horeb – in verschiedenen Sprachen (*Zimmer*, Fernsehempfang, S. 358, 359).

[215] Medien aktuell Nr. 43/1997 v. 20.10.1997 S. 25; Kirche & Neue Medien 11/97 S. 20; *Liesenfeld*, Gute Nachrichten, in: Rhein. Merkur v. 20.3.1998, S. 31. Insgesamt ist der ERF in über 100 örtlichen Kabelnetzen in Bayern und Baden-Württemberg vertreten (Idea-Spektrum 30/31/1999 S. 26).

[216] *Liesenfeld*, Gute Nachrichten, in: Rhein. Merkur v. 20.3.1998, S. 31.

[217] Presseinformation ERF S. 1; vgl. auch *LfK Baden-W.*, Religiöse Satelliten-Hörfunkprogramme, S. 4.

[218] Üblicherweise beginnt das Programm mit dem „Wort zum Tag"; es schließen sich an der „Morgengruß" und die „Morgenmelodie", gefolgt von „Bibel heute" bzw. am Sonntag dem Gottesdienst, der Andacht und Sendungen wie „Apropos Bibel", „Blickpunkt Mission" oder „Für kranke Hörer". Das Abendprogramm leitet das Magazin „Feier-Abend" ein; es folgt eine christliche Themensendung, „Durch die Bibel" und das „Lesezeichen" (antenne 4/1999).

Einschaltprogramm konzipiert, das „zum intensiven Zuhören einlädt[219] und vom Hörer wegen der regelmäßigen Andachten, Seelsorge- und Ratgebersendungen zur Lösung von Problemen in Ehe, Erziehung und Familie bewußt genutzt wird.[220] Mit Sendungen wie „Frei raus!" eröffnet der Kanal ein Meinungsforum zur Diskussion aktueller Fragen; weitere Programmbestandteile sind Kommentare zum aktuellen Geschehen, stündliche Nachrichten, Unterhaltungssendungen und Musik (Chormusik, Klassik, Heilslieder).[221] Im übrigen enthält das Programm Musikbeiträge (einschließlich religiöser Lieder), stündliche Nachrichten sowie Textbeiträge wie Hörspiele, Magazine, Interviews und „Features", die sich auch an kirchenferne Hörer wenden sollen.[222] Seit November 1995 strahlt der ERF über Astra mit ERF 2 zusätzlich ein musikorientiertes Begleitprogramm aus, das sich vor allem an das jüngere Hörerpublikum (18-30 Jahre) richtet.[223] Auch wenn die kirchlichen Beiträge kürzer gehalten sind, prägt eine eindeutig christliche Zielsetzung das Programm, die z.B. in den „Nachrichten/Informationen rund ums Christsein" oder den Sendungen „Glaube erlebt" und „Denk-Mal!" sichtbar wird.[224] Weitere Programmbestandteile sind Reportagen, Diskussionen und Hitparaden; auch Themen aus Schule, Studium und Beruf kommen zur Sprache.[225]

e) ERF Fernsehen

Im Bereich des Fernsehens arbeitet der ERF als Programmanbieter mit Vollprogrammveranstaltern aus dem säkularen Bereich zusammen und gestaltet wöchentliche Sendungen, die in privaten Regionalprogrammen[226] ausgestrahlt werden. Zwar werde „im Zuge der fortschreitenden Digitalisierung des Fernsehangebots eine eventuelle Beteiligung an einem möglichen christlichen Spartenkanal [...] durchaus mit aktivem Interesse verfolgt"; Derzeit sei es jedoch „sowohl aus qualitativen Gründen als auch aus solchen der strategischen Planung attraktiver, wenn der ERF dazu beitragen kann, im Rahmen eines säkularen Vollprogramms dem christlichen Angebot – im Vergleich und in Konkurrenz zu anderen Sinnstiftungsangeboten – Stimme und Gesicht zu verleihen".[227] Außerdem würden die Überlegungen zur Veranstaltung eigener Programme auch durch finanzielle Gesichtspunkte bestimmt.[228]

---

219 www.erf.de.
220 *Fischer*, Glauben entdecken - Leben gestalten; *Liesenfeld*, Gute Nachrichten, in: Rhein. Merkur v. 20.3.1998, S. 31.
221 www.erf.de; *Liesenfeld*, a.a.O.
222 Kirche & Neue Medien 11/97 S. 20; ERF Pressemappe S. 4.
223 *Liesenfeld*, a.a.O.
224 ERF Programmzeitschrift antenne 4/1999.
225 www.erf.de.
226 Z.B. Berlin-Brandenburg, Mittelfranken, Oberfranken, nördliche Oberpfalz, Vorderpfalz, Osterzgebirge, Leipzig und Dresden (ERF Pressemappe S. 5).
227 Schreiben des ERF (Abteilung TV, Programmentw. u. -marketing) an Verf. (16.3.1999).
228 Auskunft des ERF TV an Verf. (13.4.1999).

f) Caritative und seelsorgerische Aktivitäten

Um dem Hörer in persönlichen Schwierigkeiten christliche Lebenshilfe zu geben, unterhält der Sender eine eigene aus zehn Mitarbeitern bestehende Seelsorgeabteilung, die beratend tätig ist und die Fragen der Hörer in Sendungen bündelt.[229] Für die persönlichen Probleme der Hörer steht darüber hinaus das ERF-eigene „Seelsorgekontaktnetz" mit über 1.900 Mitarbeitern einschließlich Pfarrern und Predigern bereit.[230] Des weiteren bietet der ERF Seelsorgefreizeiten an und ist Träger des Glaubenshofes Cyriaxweimar sowie einer Lebensgemeinschaft für sozialtherapeutische Seelsorge[231]; hinzu treten Seminarprogramme, Bibelkurse sowie besondere Angebote für Krankenhäuser und Altenheime.[232] Schließlich betreibt der ERF seit zwölf Jahren in Zusammenarbeit mit der internationalen evangelikalen Radiomission Trans World Radio (TWR) das sozial-diakonische Rundfunkprojekt „Afrika soll leben".[233] Durch das „weltmissionarisch" hochwirksame Medium des Radios soll in diesem Rahmen nicht nur das „geistliche Überleben" gesichert werden[234], sondern auch mit Ratschlägen im Bereich Gesundheit, Landwirtschaft, Mütter- und Kinderbetreuung und Ausbildung ein Beitrag zur praktischen Entwicklungshilfe geleistet werden.[235]

g) Bezug zur Kirche

Bezüge des ERF zur Amtskirche sind vorhanden, allerdings vergleichsweise schwach ausgeprägt. Der Vorstand des ERF International setzt sich hälftig aus Pfarrern und Laien zusammen.[236] Vorsitzender des Trägervereins ist ein Theologe aus dem freikirchlichen Bereich.[237] Die Mitarbeiter sind überwiegend evangelische Christen aus verschiedenen Landes- und Freikirchen.[238] An der Programmgestaltung wirken nach Senderangaben 1.400 Verkündiger ehrenamtlich mit.[239] Ansätze einer vertraglich geregelten Zusammenarbeit mit kirchlichen Agenturen finden sich darüber hinaus bereits in Württemberg und Baden.[240] Für

---

[229] Presseinformation ERF S. 2.

[230] ERF-Pressemappe S. 6.

[231] A.a.O. S. 6.

[232] A.a.O. S. 6.

[233] TWR ist eine internationale Radiomissionsgesellschaft, die unabhängig vom ERF besteht und deren Programm von Kirchen, Missionsgesellschaften, Gemeinden und Einzelpersonen unterstützt wird. Mit seinem Direktor und seinem Stellvertreter stellt der ERF zwei Vorstandsmitglieder von TWR und unterstützt dessen weltmissionarische Aktivitäten (ERF-Pressemappe S. 10). TWR verbreitet neuerdings über Mittelwelle (1350 kHz um 22 Uhr Ortszeit) christliche Radiosendungen in hebräischer Sprache, die in Israel von messianischen Juden produziert werden (Idea Spektrum Nr. 36/1998 S. 26, zur missionarischen Arbeit von TWR vgl. Idea-Spektrum Nr. 27/1999 S. 24).

[234] *Liesenfeld*, Gute Nachrichten, in: Rhein. Merkur v. 20.3.1998, S. 31.

[235] Idea Spektrum Nr. 36/1998 S. 13.

[236] ERF-Pressemappe S. 2.

[237] Idea Spektrum 27/1998 S. 28.

[238] www.erf.de.

[239] ERF Presseinformation S. 2.

[240] Markt und Mandat, Publizistisches Gesamtkonzept der EKD 1997 (6.4.1.); z.B. erfolgt die Einspeisung der ERF-Programme in das Internet in Zusammenarbeit mit der Christlichen Internet-Agentur (CINA), Idea Spektrum 3/1998 S. 26.

den Fall der Auflösung des Vereins soll dessen Vermögen den in der Satzung bezeichneten oder durch Entscheidung der Mitgliederversammlung bestimmten, gemeinnützigen Missionswerken zugute kommen.[241] Eine offizielle Unterstützung seitens der Kirche oder anderer kirchlicher Institutionen besteht nicht.[242] Immerhin aber hat die EKD die Arbeit des ERF im *Publizistischen Gesamtkonzept* von 1997 ausdrücklich gewürdigt.[243]

2. Radio Paradiso

a) Organisation

Seit dem 12.2.1997 sendet der Berliner Privatsender Radio Paradiso auf der UKW-Frequenz 98,2 MHz in Berlin-Brandenburg. Radio Paradiso wird im wesentlichen von kirchlichen und kirchennahen Institutionen getragen und besteht in der Rechtsform einer GmbH & Co KG. Zu den Gründungsgesellschaftern der geschäftsführenden Verwaltungs-GmbH zählte neben dem Evangelischen Presseverband Nord e.V Kiel (65,7 %) und dem Freundeskreis Radio Paradiso e.V. (12,5 %) die Nordelbische Evangelisch-Lutherische Kirche in Kiel (3,75 %)[244], die baptistische Evangelisch-Freikirchliche Gemeinde Berlin-Schöneberg (2 %), die Evangelische Landeskirche in Baden (2,5 %) und der Bund Evangelisch-Freikirchlicher Gemeinden in Bad Homburg (1 %) sowie das Moses-Mendelssohn-Zentrum für europäisch-jüdische Studien in Potsdam (0,05 %).[245] Hauptgläubiger des Senders war die Evangelische Darlehensgenossen-

---

241 Nr. XI Satzung des Evangeliumsrundfunks International e.V.

242 Medien aktuell Nr. 44/1997 v. 27.10.1997 S. 23.

243 Siehe S. 61.

244 Besondere Unterstützung wurde dem Sender durch deren Vizepräsidenten Gerd Heinrich zuteil (epd medien Nr. 75 vom 27.9.1997 S. 3).

245 § 4 Abs. 2 des Gesellschaftsvertrags der Radio Paradiso Verwaltungs- GmbH i.d.F.v. 11.8.1997. Weitere Gesellschafter waren danach: Evangelische Darlehensgenossenschaft eG Kiel (5 %), St. Elisabeth-Stiftung, Einrichtung der Inneren Mission in Berlin (2 %), die Widukind Medien GmbH, Minden (2,5 %) und mit Beteiligungen zu 1 % und weniger: Immanuel-Krankenhaus GmbH in Berlin, Theodor Fliedner Werk Brandenburg gGmbH in Potsdam, Norddeutsche Gesellschaft für Diakonie e.V, Diakonie-Hilfswerk Schleswig-Holstein (jeweils in Rendsburg), Bruderhilfe e.V. in Kassel, Hanseatisches Druck- und Verlagshaus GmbH in Hamburg. Nach § 4 Abs. 3 des Gesellschaftsvertrages hat der Evangelische Presseverband Nord e.V. Anteile auf die Nordelbische Kirche (insgesamt 7,5 %) sowie auf folgende Gesellschafter übertragen: Evangelische Kirche in Berlin-Brandenburg (0,5 %), Gemeinschaft der Siebenten-Tags-Adventisten (Landesverband Berlin, 1 %), Selbständige Evangelisch-Lutherische Kirche, Kirchenbezirk Berlin-Brandenburg (2,5 %), Diakonisches Werk Berlin-Brandenburg, Evangelischer Presseverband für Bayern e.V. in München, HUK Coburg, Evangelischer Presseverband für Deutschland e.V. in Frankfurt, Bruderhilfe Sachversicherung auf Gegenseitigkeit im Raum der Kirchen in Kassel, HKD Handelsgesellschaft für Kirche und Diakonie mbH in Hamburg. (Pressemitteilungen zufolge [Medien aktuell 8/1998 S. 18; Idea Spektrum 8/1998 S. 24; 5/1997; S. 28; 35/1998 S. 27; 39/1998 S. 9] sind weitere Gesellschafter eingetreten, z.B. die Stiftung Weltethos, Tübingen). § 4 Abs. 3 des Gesellschaftervertrags sieht auch eine mögliche Beteiligung der katholischen Kirche vor. Eine solche wurde vom Rundfunkbeauftragten des Bistums Berlin, Joachim *Ophale*, jedoch nicht in Erwägung gezogen, wenngleich man das Projekt nicht grundsätzlich ablehne (*Thomann*, Sündenfall vor Sendestart, in: FAZ v. 17.10.1996, S. 42).

Nach den Umstrukturierungsmaßnahmen stellen sich die Anteilsverhältnisse wie folgt dar:
Kommandisten sind: Evangelische Darlehnsgenossenschaft eG Kiel 45,21 %, Immanuel-Krankenhaus-GmbH 43,91 %, Cornelia Mahler 6,46 %, RA und Notar Rainer Papenfuß 0,86 %, Krankenhaus Bernau GmbH

schaft Kiel.[246] Die Programmgestaltung erfolgte in Zusammenarbeit mit dem Deutschen Allgemeinen Sonntagsblatt[247]; darüber hinaus war die Übernahme von Programmteilen des ERF geplant, der in Berlin eine eigene Geschäftsstelle unterhält.[248] Sendebeiträge werden derzeit von Radio M, Ern Kiel, Ern Hamburg, Erb Karlsruhe, Stimme der Hoffnung sowie der Com!Media zugeliefert.[249]

b) Konzept

Dem ursprünglich geäußerten Selbstverständnis nach versteht sich Radio Paradiso als Bürgerinitiative, als Bündnis für das bonum commune, an dem die Hörer auf allen Ebenen partizipieren sollen, angefangen von der Beteiligung am Programm bis hin zur Übernahme von Gesellschaftsanteilen und der Mitwirkung im Programmbeirat.[250] In Anbetracht des hohen Anteils an Konfessionslosen im Sendegebiet will der Sender christliche Werte vermitteln und Lebenshilfe leisten, wo der Bezug zur Kirche abhanden gekommen ist, und die Möglichkeit eines Neuanfangs schaffen.[251] Betont wird aber, daß es sich bei Radio Paradiso nicht um ein Radio „der Kirche", sondern um ein „christliches Radio" handeln soll.[252] Im Vordergrund steht insgesamt weniger die Darbietung christlicher Inhalte als vielmehr die Vermittlung eines christlichen Ansatzes zur Bewältigung von Alltagsproblemen.[253] Demgemäß werden als

---

0,86 %, Com!Media 0,65 %, Ev. Freikirchliche Gemeinde Schöneberg K.d.ö.R. 0,43 %, Gemeinschaft der Siebenten-Tags-Adventisten K.d.ö.R. 0,32 %, Evang. Kirche in Berlin-Brandenburg 0,22 %, Diakon. Werk Berlin-Brandenburg e.V. 0,22 %, Bund Ev.-Freikirchlicher Gemeinden 0,22 %, Berliner Stadtmission e.V. 0,22 %, Ev. Rundfunkdienst Baden gGmbH 0,16 %, Selbständige Ev.-luth. Kirche 0,11 %, HUK-Coburg 0,11 %, Moses Mendelssohn-Zentrum für europäisch-jüdische Studien e.V. 0,02 %, Theodor Fliedner Werk Brandenburg gGmbH 0,02 %, St. Elisabeth Stiftung 0,02 % (Quelle: www.alm.de; Abruf 7.4.1999). Als Treuhandkommanditist erwirbt, hält und verwaltet die Evangelische Darlehnsgenossenschaft eG Kiel Einlagen, die im Rahmen der Akquisition von Neugesellschaftern geleistet werden (§ 1 Abs. 1 des Standard-Treuhandvertrages).

Komplementäre sind: Ev. Presseverband Nord e.V., Kiel 35,56 %, Nordelbische Ev.-Lutherische Kirche, Kiel 10,67 %, Ev. Darlehnsgenossenschaft eG, Kiel 16 %, St. Elisabeth-Stiftung Berlin 2,84 %, Ev.-Freikirchl. Gemeinde Berlin-Schöneberg Berlin 2,84 %, Immanuel-Krankenhaus gGmbH, Berlin 0,71 %, Theodor Fliedner Werk Brandenburg gGmbH, Potsdam 0,36 %, Norddt. Gesellschaft für Diakonie e.V., Rendsburg 0,71 %, Diakonie-Hilfswerk Schleswig-Holstein, Rendsburg 0,71 %, Ev. Rundfunkdienst Baden gGmbH 3,56 %, Kirchenkreis Herford (K.d.ö.R.) 3,56 %, Bruderhilfe e.V., Automobil- und Verkehrssicherheitsclub für kirchliche Mitarbeiter, Kassel 0,36 %, Moses-Mendelssohn-Zentrum e.V., Potsdam 0,07 %, Bund Ev.-Freikirchlicher Gemeinden, Bad Homburg 1,42 %, Hansisches Druck- und Verlagshaus GmbH, Hamburg 1,42 %, Ev. Kirche in Berlin-Brandenburg, Berlin 0,71 %, Diakonisches Werk in Berlin-Brandenburg e.V., Berlin 0,71 % HUK-Coburg, Coburg 3,56 %, Ev. Presseverband für Bayern e.v., München 3,56 %, Ev. Presseverband für Deutschland e.V., Frankfurt/Main 2,13 %, Bruderhilfe Sachversicherung auf Gegenseitigkeit im Raum der Kirchen 1,07 %, Handelsgesellschaft für Kirche und Diakonie mbH 1,42 %, Gemeinschaft der Siebenten-Tags-Adventisten K.d.ö.R. 1,42 %, Selbständige Ev.- Lutherische Kirche, Kirchenbezirk Berlin-Brandenburg K.d.ö.R. 3,56 %, Familienfürsorge Lebensversicherung auf Gegenseitigkeit im Raum der Kirchen 1,07 % (Quelle: www.alm.de; letzter Abruf 7.4.1999).

246 Idea Spektrum Nr. 47/1998 S. 26; Idea Spektrum Nr. 45/1998 S. 28.

247 *Engelhardt*, Gottes Wort und Werbers, in: W & V, S. 88.

248 Idea Spektrum 5/1997 S. 28; epd Ausg. 22/23 v. 26.3.1997 S. 4-6.

249 Schriftliche Auskunft von Radio Paradiso an Verf. (7.4.1999).

250 *Thun*, „Radio zum Auftanken", BLM-Rundfunkkongress, S. 1.

251 Medien aktuell Nr. 43 v. 20.10.1997 S. 25; Kirche & Neue Medien 11/1997 S. 21.

252 Rainer *Thun*, zit. nach *Thomann*, Sündenfall vor Sendestart, in: FAZ v. 17.10.1996, S. 42.

253 FK 8-9/1998 v. 20.2.1998.

Zielgruppe diejenigen ins Visier genommen, die durch die traditionelle Kirchenarbeit nicht zu erreichen sind.[254] Dies waren nach Senderangaben 1997 immerhin 114.000 Hörer täglich und damit mehr Menschen als sonntags zur Kirche gehen.[255] Als „Radio zum Auftanken“ und „Oase der Ruhe [...] in der hektischen Radiowelt“[256] will der Sender seine Hörer mit Lebenshilfe, Service, Sinnorientierung und zeitgemäß aufbereiteter christlicher Verkündigung versorgen und nach den Worten von Pfr. Rainer *Thun* einen „Beitrag zur Qualifizierung der privaten Rundfunkszene“ leisten.[257] Radio Paradiso sei somit die „konsequente Weiterentwicklung“ des kirchlichen Medienengagements.[258] Erklärtes Ziel sei auf lange Sicht der Aufbau eines bundesweiten Netzes christlicher Sender.[259] Entgegen der ursprünglichen Zielsetzung, nach welcher das Programm gerade nicht Verkündigungszwecken diene sollte[260], will sich der Sender nach der Abwendung der drohenden Konkursgefahr im Einverständnis mit der Medienanstalt nun verstärkt auf christliche Inhalte konzentrieren[261] – entsprechend dem Gesellschaftsvertrag der Verwaltungs-GmbH, wonach diese der „Förderung christlicher Verkündigung und Publizistik“[262] dienen soll.

c) Programm

Radio Paradiso wurde als Spartenprogramm „christlicher Sender“ genehmigt und versteht sich als Begleitradio. Die Musikfarbe wird mit „Oldie-based Soft AC“[263] beschrieben; der Wortanteil liegt bei 25 %.[264] Ursprünglich als christlich ausgerichtetes, überkonfessionelles Programm mit Schwerpunkt sanfter Musik und Nachrichten eingeführt[265] bediente sich der Sender – um insbesondere den kirchenfernen Hörer für die Kirche zu gewinnen – eines „romantisch-melodiösen“ Pop-Formats[266] mit einem Wortanteil von etwa 30 %.[267] Die Umstruktuierungsmaßnahmen im Zuge der finanziellen Engpässe haben das Programm im wesentlichen unverändert gelassen.[268]

---

[254] Kirche & Neue Medien 11/1997 S. 21.
[255] *Löw*, Himmlische Reichweiten; in: Tendenz 7/1997.
[256] Informationsbroschüre Radio Paradiso.
[257] Pressemitteilung „Radio Paradiso“ und „Radio Campanile“: Experimente christlicher Hörfunkarbeit, 16.10.1997 (Panel 6: Christliche Radios – Möglichkeiten und Grenzen), www.blm.de/aktuell-presse/971016g.htm.
[258] epd medien Nr. 75 v. 27.9.1997 S. 3.
[259] Idea Spektrum Nr. 8/98 S. 24; *Willers*, „Vertreibung aus dem Paradies“, in: tz v. 17.11.1998, S. 22.
[260] „Für Verkündigung sind“ nach Auffassung von Pfr. *Thun* „die Medien nicht da“, zit. nach: Das Sonntagsblatt Nr. 44 v. 2.11.1997 S. 5; vgl. auch Kirche & Neue Medien 11/1997 S. 21.
[261] EVKOMM 1/1999 S. 56; Kirche & Neue Medien 1/1999, S. 3.
[262] § 3 Abs. 1 des Gesellschaftsvertrages der Radio Paradiso Verwaltungs-GmbH i.d.F.v. 11.8.1997.
[263] AC=Adult contemporary (zeitgemäße Musik für Erwachsene).
[264] Schriftliche Auskunft von Radio Paradiso an Verf. (7.4.1999).
[265] Vgl. Idea Spektrum Nr. 35/1998 S. 27; Idea Spektrum Nr. 28/1998 S. 28.
[266] Medien aktuell Nr. 43 v. 20.10.1997 S. 25; der Anteil geistlicher Musik wird auf weniger als ein Zehntel geschätzt, *Schmid*, Heil durch Kirchenmusik?, in: FK 40/1997, S. 21, 22.
[267] *Meißner*, Spirit als Sprit, in: FK 12/1997 v. 21.3.1997, S. 31.
[268] FK 48/98 S. 26.

Gegenwärtig wird das Programm bestimmt durch Musik[269], „News, Service, Unterhaltung. Und Gottes Wort".[270] Das Anliegen, christliche Verkündigung in zeitgemäßer Form darzubieten kommt in einer stündlich gesendeten zweiminütigen Andacht („Gedanken zum Auftanken") zum Ausdruck, durch die das Programm einen „Ruhepol" erhalten soll; das Programm enthält außerdem Bibelzitate, Literaturstellen, Kurzandachten und Kommentare.[271] Wochenends findet ein „Themenabend Kirche" und sonntags eine einstündige Gottesdienstübertragung statt.[272] Die Nachrichten werden mit besonderem Augenmerk auf christliche Inhalte ausgewählt.[273] Ein abendliches Schwerpunktthema greift Fragen aus Politik, Kirche, Kultur und Wissenschaft auf.[274] Mit zwei bis drei Beiträgen pro Woche werden die Anliegen von Minderheiten und im Rundfunk unterrepräsentierten Gruppen zur Sprache gebracht. Vier Beiträge wöchentlich widmen sich dem Thema Seelsorge; auf die vom Sender eingerichtete „Kummer-Nummer" wird täglich mehrmals hingewiesen.[275]

Unter Hinweis auf den universalen Verkündigungsauftrag der Kirche, der über Partikularinteressen hinausgehe, weiß sich das „Volksradio" Radio Paradiso insbesondere dem Dienst an der Gesellschaft und der Gemeinnützigkeit verpflichtet.[276] Jüdischen Gemeinden wird durch eigene Sendungen eine Plattform gegeben[277]. Zu Wort kommen auch freikirchliche Gemeinden.[278] Nach § 16 Abs. 1 des Gesellschaftsvertrag der Radio Paradiso Verwaltungs-GmbH wählt die Gesellschaft einen Programmbeirat; diesem sollen „Persönlichkeiten aus allen Bereichen des öffentlichen Lebens angehören, aus Kirche, Politik, Kultur, Kunst und Sport. Sie repräsentieren den Anspruch des Senders, dem Verkündigungsauftrag der Kirche universal zu dienen."

d) Finanzierung und Finanzierungsprobleme

Radio Paradiso finanziert sich durch Werbung, Spenden und Sponsoring. Eine Finanzierung durch Werbeeinnahmen konnte jedoch nur in Grenzen erfolgen[279], da die Lizenz nur eine nachrangige[280] Werbefinanzierung gestattete. Für die Übergangszeit sollten bis zu einem kostendeckenden Betrieb auch Darlehen aufgenommen werden.[281] Im Jahr 1998 geriet Radio Paradiso in Schwierigkeiten. So wurde ein Lizenzantrag in Sachsen abgelehnt[282] mit der Folge, daß die angestrebte Beteiligung der berlin-brandenburgischen Landeskirche ausblieb. Die

---

[269] Der Anteil christlicher Musik beträgt etwa 8 % (FK 8-9/1998 v. 20.2.1998).
[270] Informationsbroschüre Radio Paradiso.
[271] *Thun*, „Radio zum Auftanken", BLM-Rundfunkkongress, S. 2; epd medien Nr. 75 v. 27.9.1997. S. 4; *Meißner*, Spirit als Sprit, in: FK 12/1997 v. 21.3.1997, S. 31.
[272] epd Aus. 10/11 v. 15.2.1997 S. 23-24.
[273] *Thun*, „Radio zum Auftanken", BLM-Rundfunkkongress, S. 2.
[274] *Thun*, ebd., S. 2. *Thun*, „Radio zum Auftanken", BLM-Rundfunkkongress, S. 2.
[275] Schriftliche Auskunft von Radio Paradiso an Verf. (7.4.1999).
[276] *Thun*, „Radio zum Auftanken", BLM-Rundfunkkongress, S. 2.
[277] *Thun*, ebd., S. 3. *Thun*, „Radio zum Auftanken", BLM-Rundfunkkongress, S. 3.
[278] epd-Wochenspiegel 35/1998 S. 2.
[279] epd Meldung vom 16.1.1999 Ausgabe 3, S. 10.
[280] *Facius*, Die Medien der Kirchen, in: Die Welt v. 10.11.1998, S. 15.
[281] Pressemitteilung „Radio Paradiso" und „Radio Campanile", 16.10.1997.
[282] Medien aktuell 8/1998 S. 18.

nordelbische Kirche versagte dem Sender daraufhin den – nur für den Fall einer gleich hohen Beteiligung dieser Landeskirche und einer positiver Medienanalyse – in Aussicht gestellten Zuschuß von 600.000 DM.[283] Die Bewerbung des Senders um eine weitere Lizenz in Schleswig-Holstein wurde kurz vor der Vergabeentscheidung zurückgenommen.[284] Am 6.11.1998 meldete die Betriebsgesellschaft wegen Überschuldung Konkurs an, entließ 15 der insgesamt 21 Mitarbeiter, blieb jedoch vorerst auf Sendung.[285]

Nach Zustandekommen eines außergerichtlichen Vergleichs mit den Gläubigern wurde der Konkursantrag jedoch zurückgezogen[286] und das Verfahren zum Entzug der Sendeerlaubnis beendet.[287] Grundlage des Vergleichs war eine Kapitalaufstockung durch die Gesellschafter und neue freikirchliche Investoren.[288] Darüber hinaus erwarben auf einen entsprechenden Aufruf des Senders hin rund 120 Privatpersonen Anteile der Kommanditgesellschaft von Radio Paradiso.[289] Die Umstrukturierungsmaßnahmen im Gesellschafterkreis wurden von der Medienanstalt Berlin-Brandenburg gebilligt[290]. Unter der Leitung des ehemaligen Chefredakteurs, Matthias *Gülzow*, wurde der Sendebetrieb fortgesetzt; das neue Konzept des Senders sieht nun geringere Betriebskosten vor und setzt verstärkt auf freie Mitarbeit. Im Zuge dessen wurde, u.a. durch Auslagerung der Werbeabteilung, die Zahl der fest angestellten Kräfte drastisch reduziert.[291] An die Stelle langer Werbeblöcke soll ein auf Sponsoring und Patronatswerbung basierendes Finanzierungssystem treten.[292] Die Finanzierung des Senders erfolgt derzeit zu 70 % aus Werbung und zu jeweils 10 % aus Spenden, Sponsoring sowie kirchlichen Mitteln.[293]

e) Bezug zur Kirche

Nach Angaben des Senders wendeten Landeskirchen, Freikirchen und kirchliche Werke insgesamt sechs bis sieben Millionen Mark für Radio Paradiso auf[294]. Informationen über den

---

[283] Idea-Spektrum 39/1998 v. 23.9.98 S. 9; *Thomann*, „Im Paradies ...", in: FAZ v. 30.10.1998, S. 47; Idea Spektrum Nr. 47/1998 S. 26.
[284] epd-Wochenspiegel Nr. 39 v. 24.9.98. Dort war ein ganztägiges Mantelprogramm mit regionalen Fenstern geplant. Gespräche fanden darüber hinaus auch in Bayern und Niedersachsen statt (epd Ausg. 11 v. 16.2.1998 S. 25-26).
[285] epd-Wochenspiegel Nr. 47 v. 19.11.98, S. 16.
[286] epd-Wochenspiegel Nr. 49 / 1998 S. 22. Im Zuge des Vergleichs erließ der Hauptgläubiger, die Evangelische Darlehensgenossenschaft Kiel, dem Sender 60 % der Schulden und erklärte sich hinsichtlich des Restbetrags zu einer Ratenzahlung bereit.
[287] Kirche & Neue Medien 12/98 S. 4.
[288] epd-Wochenspiegel 47/1998 S. 23; insbesondere aus dem Baptisten-Landesverband Berlin-Brandenburg, Idea Spektrum 50/1998 S. 27; epd-Wochenspiegel, Ausgabe Ost 47/ 1998 S. 16.
[289] epd Meldung vom 16.1.1999 Ausgabe 3, S. 9. Die Einlagen (Gesamtbetrag: 200.000 DM) bedürfen bis zu einem Betrag von 10.000 DM nicht der Zustimmung der Medienanstalt und werden treuhänderisch von der Evangelischen Darlehensgenossenschaft eG in Kiel verwaltet.
[290] Kirche & Neue Medien 1/1999 S. 3; EVKOMM 1/1999 S. 56. Zu den neuen Geldgebern zählt insbesondere die Berliner Stadtmission.
[291] Kirche & Neue Medien 12/98 S. 4.
[292] Informationsbroschüre Radio Paradiso.
[293] Schriftliche Auskunft von Radio Paradiso an Verf. (7.4.1999).
[294] epd-Wochenspiegel Nr. 49 / 1998 S. 22.

kirchlichen Alltag erhält Radio Paradiso von den mit dem Sender im Programmaustausch stehenden kirchlichen Privatrundfunkredaktionen in Kiel, Karlsruhe und München.[295] Vor allem bei der katholischen Rundfunkarbeit im Erzbistum Berlin hat der Sender, gerade in seinen Krisenzeiten, große Unterstützung gefunden.[296] Auch in personeller Hinsicht bestehen enge Verbindungen zur Kirche und ihren Einrichtungen. So zählen derzeit mehrere Pfarrer zu den Mitarbeitern von Radio Paradiso.[297] Den Vorsitz im Beirat von Radio Paradiso führt der evangelisch-freikirchliche Pfarrer Michael *Noss*.[298] Schließlich wird durch die „Kummer-Nummer“ zu bestimmten Tageszeiten ein direkter Kontakt mit Seelsorgern hergestellt.[299]

Ob angesichts der mannigfaltigen Verbindungen zur Kirche von einer echten organisatorischen Zuordnung zur Kirche die Rede sein kann, ist bei alldem zweifelhaft. Auch wenn Radio Paradiso überwiegend von Landeskirchen und anderen evangelischen Institutionen getragen ist, bleibt deren tatsächlicher Einfluß auf die Programmgestaltung auf die Ausübung der Gesellschafterbefugnisse beschränkt und bestehen keine unmittelbaren Weisungsrechte der Landeskirchen. Hervorzuheben ist allerdings, daß die Betätigung des Senders trotz aller Querelen Anerkennung im *Publizistischen Gesamtkozept 1997* erfahren hat. Zwar wird Radio Paradiso, anders als der ERF, nicht ausdrücklich im Rahmen der publizistischen Ziele und Empfehlungen der Kommission genannt; diese bleiben insoweit eher allgemein und programmatisch. Immerhin aber spricht das Faktum der Aufnahme in das Grundsatzpapier unter einem eigenen Ordnungspunkt[300] dafür, daß der Sender als eine „Säule“ des evangelischen Medienengagements betrachtet wird.[301]

3. Freikirchliche Radiosender im Raum Nürnberg

Mit Radio Meilensteine, Radio AREF, Radio Pray und Radio Don Camillo existieren im Raum Nürnberg vier kirchlich gebundene Stationen, die sich mit dem Jugendsender Hit-Radio N1 die lokale UKW-Frequenz 92,9 MHz teilen und über verschiedene Frequenzen in den BK-Kabelnetzen des Sendegebiets vertreten sind. Entsprechend den Vorgaben des BayMG für ein Frequenzsplitting haben sich die Anbieter zur Zusammenarbeit verpflichtet.[302]

---

[295] *Thun*, „Radio zum Auftanken“, BLM-Rundfunkkongress, S. 3; Medien aktuell 8/1998 S. 18. Vorgesehen war auch eine Zusammenarbeit mit den Kirchenredaktionen in Berlin, Stuttgart, Minden, Hannover, Leipzig, Hamburg sowie mit freikirchlichen Arbeitsstellen für privaten Rundfunk sowie der katholischen Medienarbeit (*Thun*, „Radio zum Auftanken“, BLM-Rundfunkkongress, S. 2).
[296] FK 48/1998 S. 26-27. Das Erzbistum selbst habe sich zu der in Betracht gezogenen Einlage von 10.000 DM nicht durchringen können.
[297] Rundbrief des Freundeskreises Radio Paradiso e.V. 4/99.
[298] Idea Spektrum 3/1999 S. 27.
[299] Idea Spektrum 45/1997 S. 31; *Thun*, „Radio zum Auftanken“, BLM-Rundfunkkongress, S. 2.
[300] *EKD*, Publizistisches Gesamtkonzept 1997, S. 10, 11 Nr. 6.4.2.
[301] epd Ausg. 11 v. 16.2.1998 S. 25-26.
[302] Auskunft der AREF an Verf. (31.3.1999).

a) Radio Meilensteine

Das Projekt Radio Meilensteine ist ein Arbeitszweig der pfingstkirchlichen Freien Christengemeinde Nürnberg[303] und kam unter maßgeblicher Mitwirkung des gemeinnützigen Vereins Media-Vision e.V. zustande. Bei diesem handelt es sich um einen überregional tätigen Förderverein, der ebenfalls dem pfingstkirchlichen Bereich zuzurechnen ist.[304]. Ziel des Vereins ist „die Förderung religiöser Zwecke durch Verbreitung christlichen Gedanken- und Kulturguts als Lebens- und Glaubenshilfe über alle zur Verfügung stehenden Medienformen."[305]

Radio Meilensteine sendet von 9.00 Uhr bis 10.00 Uhr und leitet mit seinem Programm den Sendeblock am Sonntagmorgen bzw. an Feiertagen ein. Das Programm richtet sich in erster Linie an solche Menschen, die keinen Kontakt zur Kirche unterhalten. Es will zeigen „was lebendiger Glaube heute bedeuten kann" und den Hörer zum Nachdenken anregen".[306] Radio Meilensteine ist darüber hinaus Mitglied im AFK[307]-Verein Nürnberg und ist jeweils dienstags auf der lokalen AFK-Frequenz MAX 91,0 MHz von 20.00 bis 22.00 Uhr mit Musik und Beiträgen zur Lebenshilfe vertreten.

Sonntags werden in Magazinform christliche Themen aufgegriffen, die von aktueller Popmusik flankiert werden. Etwa ein Viertel der Sendezeit entfällt auf eine Rubrik für Kinder („Meilensteinchen"), in der christliche Inhalte in kindgerecht aufbereiteter Form präsentiert werden. Die Sendezeit auf der Frequenz 91,0 MHz teilen sich die Sendungen „MAXnach8" und „Helpline". Die erste wird von christlicher (Pop-) Musik bestimmt und hat unterhaltenden Charakter. „Helpline" ist eine „Live"-Sendung, die den Hörern die Möglichkeit bietet, zu ihren Problemen einen Seelsorger zu konsultieren.[308]

b) Radio AREF

Die Arbeitsgemeinschaft Rundfunk Evangelischer Freikirchen im Großraum Nürnberg bestreitet mit Radio AREF an Sonn- und Feiertagen ab 10 Uhr zwei Stunden Programm auf der Frequenz 92,9 MHz. Satzungsgemäßes Ziel der Arbeitsgemeinschaft ist es, „durch gemeinsam verantwortete Sendungen [...] die Verkündigung des Evangeliums im Lokalfunk zu ermöglichen und zu fördern"[309]; sie will in Verantwortung vor Gott Radio betreiben ohne dabei

[303] Körperschaft des öffentlichen Rechts. Die Trägerin gehört dem Bund freikirchlicher Pfingstgemeinden (BFP) an, der ebenfalls Körperschaftsstatus besitzt.

[304] Seine Gründung geht auf eine Initiative von Mitgliedern des Bundes freikirchlicher Pfingstgemeinden (Auskunft von Radio Meilensteine an Verf. vom 21.4.1999). Für den Fall der Auflösung des Vereins fällt dessen Vermögen dem Bund freikirchlicher Pfingstgemeinden (Körperschaft des öffentlichen Rechts) zu (§ 9.2 Satzung Media-Vision).

[305] § 2 Satzung Media-Vision.

[306] Radio Meilensteine Informationsblatt 3/99.

[307] Aus- und Fortbildungskanal.

[308] Radio Meilensteine Informationsblatt 3/99.

[309] § 1 Abs. 4 Arbeitsordnung der Arbeitsgemeinschaft Rundfunkarbeit der Evangelischen Freikirchen im Großraum Nürnberg.

Gottesdienstersatz oder Radiogemeinde sein zu wollen.[310] Entsprechend den Sendezeiten richtet sich das Programm an diejenigen, die nicht am Gottesdienst teilnehmen. Unter Verzicht auf "Insiderthemen“ sollen vielfach bestehende Vorurteile gegenüber Christen abgebaut, gesellschaftliche Grundwerte vermittelt und Lebensperspektiven aufgezeigt werden.[311] In der Erkenntnis, daß die Masse der Hörer das Radio nur als Begleitmedium zu Informationszwekken und zum Musikkonsum nutzt, soll dies in der Form des modernen Formatradios geschehen.[312]

Die Sendezeit am Sonntag entfällt zu gleichen Teilen auf die Sendungen „Gospel-Cocktail“ und „Lichtblicke“. Die Erstere bietet zeitgenössische christliche Musik („Contemporary Christian Music“) und soll die Zielgruppe der 20- bis 45-jährigen ansprechen. Daneben werden Hintergrundinformationen zu christlichen Interpreten, Textbetrachtungen, Musiker-Interviews, Konzertberichte und Veranstaltungstips (auch solche der Großkirchen) ausgestrahlt.[313] Das anschließende Radiomagazin „Lichtblicke“ hat einen Wortanteil von ca. 30 % und behandelt z.T. monothematisch christliche Themen im weiteren Sinne; hierzu wird das aktuelle Geschehen in Gesellschaft und Gemeinde anhand von Reportagen, Interviews, Straßenumfragen und Studiogesprächen dargestellt[314], in denen auch Vertreter der Amtskirchen zu Wort kommen. Im Zuge der Vorbereitung für das digitale Radio (DAB) in Bayern hat die AREF bereits ein Programmangebot abgegeben.

Die AREF mit Sitz in Nürnberg geht auf eine Initiative des dortigen Vereins für Gemeindewohl und Mission e.V., zugleich Gesellschafter der Mittelfränkischen Medienbetriebsgesellschaft mbH Region 7, zurück und besteht in der Rechtsform einer Gesellschaft Bürgerlichen Rechts. Mit je 20 % Kapital- und Stimmrechtsanteilen sind zwei evangelisch-freikirchliche Gemeinden (Baptisten sowie Brüdergemeinde), eine freie evangelische Gemeinde sowie zwei Gemeinden der evangelisch-methodistischen Kirche, Paulus- und Zionsgemeinde, beteiligt.[315] Die drei erstgenannten Gemeinden gehören dem als Körperschaft des öffentlichen Rechts organisierten Bund Freier Evangelischer Gemeinden an. AREF beschäftigt 30 Mitarbeiter, die allesamt auf ehrenamtlicher Basis tätig sind und überwiegend aus dem freikirchlichen Bereich stammen.[316] Zur Einrichtung eines eigenen Sendestudios stellte 1987 das Diakoniewerk Martha-Maria e.V. Nürnberg ein Landhaus zur Verfügung. Dementsprechend kommt Radio AREF mit einem Jahresetat von 12.000 DM aus und kann auf kommerzielle Werbung gänzlich verzichten.[317]

---

310 Auskunft der AREF an Verf. (31.3.1999).
311 Programmbeschreibung Radio AREF, *Schütz*, Lichtblicke, Informationsblatt Radio AREV.
312 *Schütz*, Lichtblicke, Informationsblatt Radio AREV.
313 *Schütz*; a.a.O.
314 *Schütz*; a.a.O.
315 Bewerbung der AREF um die Nutzung einer UKW-Frequenz für lokalen Hörfunk 1998.
316 Programmbeschreibung Radio AREF.
317 *Schütz*, Lichtblicke, Informationsblatt Radio AREV.

Nach den Bestimmungen der Arbeitsordnung fällt bei Auflösung der Arbeitsgemeinschaft vorhandenes Vermögen den beteiligten Gemeinden zu.[318]

c) Radio Pray

Radio Pray in Nürnberg gestaltet sonntags und feiertags die Sendezeit von 12.00 bis 13.00 Uhr. Träger des Programms ist die körperschaftlich verfaßte Gemeinschaft der Siebententags-adventisten Nordbayern, Adventgemeinde Nürnberg.[319] Dargeboten wird eine Magazinsendung mit einem Wortanteil von etwa 30 Prozent. Diese enthält Interviews, Reportagen und Kommentare aus dem Bereich des christlichen Alltags und zu allgemeinen Themen wie Gesundheit und Umwelt; dabei werden auch aktuelle Bezüge zum Großraum Nürnberg hergestellt. Das religiöse Profil ist anhand der Wortbeiträge mitunter nur undeutlich oder gar nicht erkennbar. Dagegen setzt das umrahmende Musikprogramm den Akzent erkennbar auf christliche Pop- und Rockmusik.

d) Radio Don Camillo

Ebenfalls auf der UKW-Frequenz des Senders Hitradio N1 92,9 MHz strahlt das Lokalradio Welle Don Camillo allwöchentlich drei zweistündige Programme aus[320]; nach Senderangaben nimmt es in der bundesweiten Statistik der christlichen Radiosender hinter Radio Paradiso bereits den zweiten Platz ein.[321] Ziel des Senders ist die Vermittlung von Glaube und Kirche in der Weise, daß „junge Leute von 14 bis 29 Jahren und Entkirchlichte es verstehen".[322]

Die im Magazinstil gehaltenen Sendungen behandeln im weiteren Sinne religiöse und soziale Themen und haben teils beratenden Charakter. Weitere Programmbestandteile sind Veranstaltungstips, Rubriken wie „Bibel on the rocks", „Nachtgedanken" und „Talkshows".[323] Das Musikprogramm besteht großenteils aus christlicher Pop-und Rockmusik; wobei sich die Musikfarbe deutlich an das Pop-Format von Hit-Radio N1 anlehnt. Für die Sendezeit montags von 22.00 bis 23.00 Uhr erhält Radio Don Camillo Sendungen vom ERF zugeliefert, in denen Veranstaltungstips über kirchliche, kulturelle und soziale Ereignisse gegeben werden.[324]

Getragen wird der Sender von dem unabhängigen und gemeinnützigen Verein Christliche Medienarbeit Franken e.V. in Fürth, dessen Zweck die Förderung der christlichen Medienarbeit, insbesondere die Verbreitung des christlichen Glaubens ist.[325]. Der Erwerb der Mitgliedschaft ist dabei an die Anerkennung der „Grundlagen der Evangelischen Allianz"

---

[318] § 9 Abs. 3 Arbeitsordnung der Arbeitsgemeinschaft Rundfunkarbeit der Evangelischen Freikirchen im Großraum Nürnberg.
[319] Auskunft von Radio Pray an Verf. (1.4.1999).
[320] Montag, Dienstag und Sonntag 21.00-23.00 Uhr.
[321] epd-Bayern Nr. 22 v. 9.6.99 S. 12; Idea-Spektrum 24/1999 S. 10.
[322] Zit. nach epd-Bayern Nr. 22 v. 9.6.99 S. 12.
[323] epd-Bayern Nr. 22 v. 9.6.99 S. 12.
[324] Verlängerungsbescheid der BLM vom 2.12.1994 S. 12.
[325] § 2 S. 1, 3, 4 Satzung Christliche Medienarbeit Franken e.V.

geknüpft.[326] Neben einigen Freikirchen sind auch die beiden großen Kirchen im Verein vertreten.[327] Mit der Herstellung der Sendebeiträge sind etwa 20 ehrenamtliche Mitarbeiter unterschiedlicher Konfession und zwei auf Honorarbasis arbeitende Moderatoren befaßt.[328]

IV. Beteiligung der Kirchen an säkularen Privatsendern

An vielen privaten Veranstaltern – auch im Fernsehbereich – sind Kirchen mit Minderheitsbeteiligungen beteiligt. Dabei übersteigen die Anteile der katholischen Kirche die der evangelischen Kirchen um ein Vielfaches. Gerade im katholischen Bereich werden die Aufgaben der Medienarbeit oft von privatrechtlich organisierten Verlagen wahrgenommen, die von den Diözesen getragen werden und sich an Veranstaltern privater Hörfunk- und Fernsehprogramme beteiligen.[329]

So hält in Bayern die katholische Diözese Augsburg Gesellschafteranteile an den Kabelgesellschaften Donau-Lech, Donau-Iller, Allgäu und Oberland.[330] Mit einem Anteil von ca. 3 % gehört ferner die von der Diözese Augsburg getragene Arbeitsgemeinschaft für Erwachsenenbildung e.V. zu den Mitgliedern der Anbietergemeinschaft von UnserRadio in Passau.[331] Das ursprünglich ebenfalls beteiligte Evangelische Bildungswerk Passau e.V. hat sich, bedingt durch die finanziellen Schwierigkeiten der Anfangsjahre, wieder auf den Zuliefererstatus zurückgezogen. Das kirchlich verantwortete Programm bei UnserRadio besteht aus dem „Feierabendtreff", der Kindersendung „Guten Morgen, Kinder" und dem „Treffpunkt Kirche".[332] Das Format ist musikorientiert, sonntags werden jedoch auch Verkündigungssendungen ausgestrahlt. Hinzu kommt wochentags das dreiminütige „Wort am Morgen" bzw. das „Wort am Abend" jeweils um 6.57 und 19.57 Uhr.

V. Christliche Fernsehsender

1. Ausländische kirchliche Fernsehprogramme

Mit Sat 2000 etablierte die italienische Bischofskonferenz im Februar 1998 ein eigenes Satellitenfernsehprogramm, das von der kirchlichen Stiftung Kommunikation und Kultur finanziert wird.[333] Unter dem Motto „Werte, die nicht zu kaufen sind" strahlt der werbefreie Sender in Italien Bibellesungen, Kultur- und Beratungssendungen sowie Sendungen mit sozialkritischer Thematik aus. Nachrichten, Musik- und Jugendsendungen runden das 15-

---

[326] § 3 b) Satzung Christliche Medienarbeit Franken e.V.
[327] Tel. Auskunft der Geschäftsführerin an Verf. (26.3.1999).
[328] epd-Bayern Nr. 22 v. 9.6.99 S. 12; Idea-Spektrum 24/1999 S. 10.
[329] Z.B. für die Diözese Augsburg der St. Ulrich Verlag (Auskunft des Evangelischen Fernsehens Augsburg v. 2.8.1999).
[330] *Gegenfurtner*, Kirche im privaten Hörfunk, S. 19.
[331] Auskunft des Katholischen Radio- und Kulturbüros Passau an Verf. (29.7.1999).
[332] Dienstag, Mittwoch, Donnerstag 18-20 Uhr / Sonntag 7-8 Uhr / Sonntag 8-10 Uhr
[333] Die Welt v. 5.5.1998 S. 11.

stündige Programm ab. Eine Verbreitung im Bundesgebiet ist, soweit ersichtlich, nicht beabsichtigt.

Noch im Planungsstadium befindet sich der katholische Fernsehkanal Eurema, dessen Programm europaweit über Satellit in mehreren Sprachen ausgestrahlt werden soll.[334] Die Initiative zu dem Sender mit Sitz in Locarno geht von schweizerischen und italienischen Geschäftsleuten um den Tessiner Fernsehproduzenten Dr. Duilio *Cassina* aus und will „das Evangelium mit den modernen Kommunikationsmitteln [...] verbreiten".[335] Es handelt sich dabei um ein katholisches, aber auch ökumenisches Projekt von Gläubigen und nicht der „institutionalisierten Kirche".[336] Als sechsstündiges TV Programm soll Eurema, finanziert durch Abonnementbeiträge von Zuschauern oder Kabelbetreibern[337], über Kabel und Satellit in sieben europäischen Ländern einschließlich der Bundesrepublik Deutschland verbreitet werden.[338] Die Sympathiewerbung der Verantwortlichen bei deutschen Bischöfen blieb jedoch bislang erfolglos. Die Publizistische Kommission unter Vorsitz des Bischofs Hermann Joseph *Spital* schloß eine Unterstützung des Vorhabens kategorisch aus.[339]

Ähnliche Pläne werden auch in England geschmiedet. So beabsichtigt der englische Satellitensender Christian Channel Europe die Öffnung eines deutschen Fensters.[340]

2. Christliches Fernsehen in Deutschland

In Deutschland sind durch die bevorstehende Digitalisierung des Rundfunks flächendeckende christliche Fernsehprogramme in greifbare Nähe gerückt. So hat die Telekom bereits signalisiert, einen von zehn digitalen Fernsehkanälen für einen christlichen Sender (Christ-TV) zu öffnen.[341] Geplant ist Christ-TV zunächst als Bezahlprogramm, das dem Zuschauer zusammen mit anderen Programmen als „Familien-Paket" angeboten werden soll; langfristig soll sich der Sender aus Werbeeinnahmen finanzieren und frei empfangbar sein.[342]

Im Verbreitungsgebiet Nordschwaben sind evangelische Kirchen schon seit über vier Jahren mit eigenem Programm im Kabelfernsehen vertreten.[343] Mit dem Anspruch, das Evangelium in gelebter Form auf dem Bildschirm zu präsentieren, haben sich Vertreter unterschiedlicher evangelischer Gruppierungen[344] auf der Basis der Evangelischen Allianz zu dem gemeinnützi-

---

334 www.kath.ch/km/jahresbericht/98fernsehen.htm.
335 Pierre *Marnie*, ehemaliger Präsident der schweizerischen Episkopalkonferenz, zit. nach: epd Ausg. 19 v. 14.3.1998 S. 27.
336 A.a.O.
337 www.kath.ch/km/jahresbericht/98fernsehen.htm.
338 epd Ausg. 19 v. 14.3.1998 S. 27.
339 FK 10/1998.
340 Auskunft des Vereins Evangelisches Fernsehen Augsburg e.V. an Verf. (21.6.1999).
341 A.a.O.
342 Auskunft des Vereins Evangelisches Fernsehen Augsburg e.V. an Verf. (2.8.1999).
343 Schreiben des Evangelischen Fernsehens Augsburg an Verf. vom 27.6.1999.
344 Hierzu gehören die Evangelisch-Lutherische Gesamtkirchengemeinde Augsburg, die Evangelische Allianz Augsburg, kirchliche Werke (Diakonisches Werk, CVJM), freikirchliche Gemeinden (Baptisten, Pfingstbewe-

gen Trägerverein Evangelisches Fernsehen Augsburg e.V. zusammengeschlossen.[345] Zweck des Vereins ist die „Förderung des kulturellen und geistlichen Lebens, sowie sozialdiakonischer Belange durch Verkündigung und Verbreitung des Evangeliums von Jesus Christus in den Medien wie Radio, Fernsehen, elektronische und Print-Medien in der Öffentlichkeit und in Versammlungsräumen".[346] Weitere Ziele des Vereins sind: Errichtung von Produktionsstätten für Medienerzeugnisse, Verbreitung unterschiedlicher Informationsträger mit christlichen Inhalten, Unterstützung bzw. Vermittlung von Hilfsangeboten für Behinderte und Bedürftige, Lebenshilfe sowie Aus- und Fortbildung.[347] Für die Erteilung der Genehmigung kam der Zusammensetzung des Vereins maßgebende Bedeutung zu, da die BLM hierin die Gewähr für ein komplettes evangelisches Programm sah.[348] Die Redaktion setzt sich aus Mitgliedern der beteiligten Gemeinden zusammen, die ehrenamtlich tätig sind[349]; drei der vier Vereinsvorstände sind Pfarrer. Der Verein finanziert sich ausschließlich aus Spenden und sonstigen Zuwendungen sowie durch Mitgliedsbeiträge.[350] Bei Auflösung des Vereins fällt dessen Vermögen an das Diakonische Werk Augsburg mit der Maßgabe einer Verwendung ausschließlich zu gemeinnützigen, mildtätigen und kirchlichen Zwecken.[351]

Gesendet wird derzeit die halbstündige Magazinsendung „Dimensionen".[352] Hierin soll anhand von unterschiedlichen Themen gelebter, authentischer Glaube dargestellt und sollen tragfähige Werte vermittelt werden, wobei Berichte über aktuelle Ereignisse oder Gottesdienste jeweils den Aufhänger liefern.[353] Ziel ist es, „Erstkontakte mit dem Evangelium zu schaffen".[354] Themenschwerpunkte sind Familie, Gemeindeleben, zwischenmenschliche Beziehungen, soziale Dienste und Lebenshilfe; auch den Belangen benachteiligter Bevölkerungsgruppen weiß sich der Sender in besonderer Weise verpflichtet.[355]

Entsprechend dem Augsburger Vorbild kam es auch in München und Kempten zur Gründung der christlichen Fernsehvereine „Christliches Fernsehen München e.V." und „Evangelisches Fernsehen Allgäu e.V.", die sich bereits um eine Lizenz für die ausgeschriebenen Frequenzen München II und TV Allgäu beworben haben; darüber hinaus wurde der Verein „Evangelischer

---

gung, Freie Evangelische Gemeinde Augsburg), das Christus-Zentrum Augsburg sowie der Kreis zur Einheit Augsburg.

[345] Auskunft des Vereins Evangelisches Fernsehen Augsburg e.V. an Verf. (21.6.1999).

[346] § 2 Abs. 1 Satzung des Vereins Evangelisches Fernsehen Augsburg.

[347] § 2 Abs. 2-8 Satzung des Vereins Evangelisches Fernsehen Augsburg.

[348] Auskunft des Vereins Evangelisches Fernsehen Augsburg e.V. an Verf. (21.6.1999).

[349] Strukturplan des Evangelischen Fernsehens Augsburg.

[350] § 3 Abs. 1 Satzung des Vereins Evangelisches Fernsehen Augsburg.

[351] § 11 Abs. 1 Satzung des Vereins Evangelisches Fernsehen Augsburg.

[352] Jeweils donnerstags um 19.30 Uhr. Einschließlich der Wiederholung um 21.30 Uhr und sonntags um 19.30 Uhr werden nach der Funkanalyse Bayern 1999 mit der Sendereihe über 15.000 Zuschauer erreicht (Angaben gem. Schreiben des Evangelischen Fernsehens Augsburg an Verf. vom 27.6.1999).

[353] Auskunft des Vereins Evangelisches Fernsehen Augsburg e.V. an Verf. (21.6.1999); Pressemeldung vom 18.6.1999.

[354] Pressemeldung vom 18.6.1999.

[355] Freundesbrief des Evangelischen Fernsehens 2/1999.

Rundfunk Bayern e.V.“ gegründet mit dem Ziel der Bewerbung um landesweite Hörfunk- und Fernsehfrequenzen.[356]

VI. Offene Kanäle und nichtkommerzieller Rundfunk

Auf dem Kabelkanal S 11des Senders Euronews im offenen Kanal Hannover ist das christliche Fernsehen ChristTV bereits seit Frühjahr 1997 mit einem festen Sendeplatz vertreten.[357] Im September 1996 wurde hierfür der unabhängige Arbeitskreis "Christliches Fernsehen im Offenen Kanal Hannover" gegründet, der aus ehrenamtlichen Mitarbeitern verschiedener freikirchlicher Gemeinden aus dem Raum Hannover besteht. Ziel ist es, „den Zuschauern [...] die befreiende Botschaft vom auferstandenen Jesus Christus anzubieten und das freikirchliche Umfeld im Raum Hannover bekannt zu machen“. Jeden letzten Dienstag im Monat wird von 18.00 bis 18.45 Uhr[358] das evangelikal ausgerichtete Magazin „X-Plus“ dargeboten, das unterschiedliche Beiträge, u.a. Erfahrungsberichte, Interviews, Kurzpredigten, Konzertausschnitte, Reportagen und Veranstaltungshinweise beinhaltet und den verschiedenen christlichen Gemeinden- und Einrichtungen aus dem Raum Hannover eine Plattform geben soll.

Weitere christliche Sendungen des Regionalfernsehens im offenen Kanal Hannover sind der monatlich an jedem zweiten Dienstag im Monat ausgestrahlte Gottesdienst aus der Jesus-Gemeinde Lehrte: "Jesus Christus live erleben" sowie die wöchentliche Sendung "Ermutigt (durch das lebendige Wort Gottes)“ des christlichen Fernsehens aus Burgdorf.[359] Mit dem Ziel, „Mut zu wecken zu einem glaubensvollen Alltagsleben mit Jesus Christus“ wird das Wort Gottes thematisiert und aus den Gemeinden sowie von christlichen Veranstaltungen oder Konzerten Bericht erstattet.[360]

VII. Internet-Angebote

Obgleich sie nicht unter den Rundfunkbegriff fallen[361], sollen auch Programme, die den Rezipienten via Internet zugänglich gemacht werden, nicht unerwähnt bleiben.[362] Hier finden sich mit dem Berliner Radio Paradiso und dem „Live-Radio-Programm“ des ERF immerhin auch zwei christliche Sender.[363] Inzwischen bietet eine Initiative landes- und freikirchlicher Christen unter der Federführung der württembergischen OASE-Gemeinde in Giengen/Brenz

---

[356] Schreiben des Evangelischen Fernsehens Augsburg an Verf. (27.6.1999).
[357] http://members.aol.com/ChristTV, http://members.aol.com/ummeecke/umme/ecke.html#ok (Abruf jeweils 27.6.1999).
[358] Wiederholung am gleichen Tag 21.05-21.50 Uhr sowie am darauffolgenden Wochenende.
[359] 18.00 Uhr, mit Wiederholung um 21.05 Uhr, sowie samstags um 21.00 Uhr / dienstags um 18.45 Uhr mit Wdh. um 21.50 Uhr sowie samstags um 21.45 Uhr; http://members.aol.com/ChristTV (Abruf 27.6.1999).
[360] A.a.O.
[361] Siehe oben S. 19 f.
[362] Siehe hierzu *Spitz-Jöst*, Verkündigung im Internet, in: DPfBl. 2/1999, S. 85 f.
[363] www.cina.de.

und dem dortigen Evangelischen Jugendwerk sogar „Online"-Übertragungen von Gottesdiensten, flankiert von künstlerischen Beiträgen und Gesprächsrunden.[364]

[364] Idea Spektrum 39/1998 v. 23.9.1998, S. 24; 15/1999 S. 10. Der Gottesdienst kann jeden dritten Donnerstag im Monat zwischen 19.30 und 21 Uhr unter der Adresse „www.skyline-online.de" abgerufen werden. Sogar eine interaktive Beteiligung durch elektronische Post ist vorgesehen (live@skyline-online.de).

C. Privater Rundfunk aus Sicht der Kirche

I. Stellungnahmen der Kirchen zum Rundfunk

1. Katholische Kirche

a) Rundfunk als Mittel zur Förderung der Kommunikation

Das Engagement der katholischen Kirche im Rundfunk findet zum einen seinen Ausgangspunkt in der katholischen Soziallehre als Teildisziplin der christlichen Heilslehre.[365] Durch den Heilsauftrag erhalte die Kirche die Aufgabe, die Menschen Gott nahezubringen. Auf gesellschaftlicher Ebene müsse dem durch die Förderung der sozialen Kommunikation entsprochen werden. Hierdurch verwirkliche sich das Gemeinwohl als zentraler Punkt der katholischen Soziallehre.[366] Von daher brachte die katholische Kirche den Errungenschaften des Funkwesens schon frühzeitig große Wertschätzung entgegen. In seiner 1955 an den 3. Internationalen Kongreß für Verbindungswesen gerichtete Radiobotschaft lobte Papst *Pius XII.* deren „soziale Wohltat“.[367] Durch den Rundfunk werde nach dem Plan der Vorsehung[368] der Abstand zwischen den Menschen überwunden.[369] Indem sie sich besser kennenlernten und neue Verbindungen schüfen – so die Pastoralinstruktion *Communio et Progressio*[370]–, würden Liebe und Einheit gefördert.[371] Durch die brüderliche Verbindung untereinander wirkten die Menschen am Heilswerk Gottes mit[372] und die Gemeinschaft der Christen rücke enger zusammen.[373] Es sei daher das Anliegen der Kirche, durch die Kommunikationsinstrumente unter den Menschen Gemeinschaft und Gemeinschaftssinn zu schaffen[374] und auf ein für alle Gruppen offenes „Forum“ als Basis eines gesellschaftlichen Gedankenaustauschs hinzuwirken.[375]

---

[365] Vgl. *Vogt*, Kirche, S. 14.
[366] *Vogt*, Kirche, S. 15.
[367] „Die Technik des Funkwesens im Dienste der Menschheitsfamilie“ in: AAS 47 [1955], S. 733-736; dt.: *Utz / Groner*, Aufbau, S. 3056 ff. (3058). Die fast überschwengliche Begrüßung der technischen Neuerungen mag das Schlußwort der Ansprache verdeutlichen. Danach soll „auf den Flügeln der Ätherwellen (...) die Fülle der göttlichen Gnade den Höhen des Himmels als Ansporn und Belohnung auf (...) Sie (Anm.: die Wissenschaftler) herabkommen“.
[368] *Utz/Groner*, Aufbau, S. 3057.
[369] *Utz/Groner*, Aufbau, S. 3056.
[370] AAS 63 (1971), S. 593 ff.; dt.: Pastoralinstruktion *Communio et Progressio* über die sozialen Kommunikationsmittel, kommentiert von Wagner, Nachkonziliare Dokumentation, Bd. 11.
[371] *Wagner*, Communio et Progressio, S. 161 Nr. 12.
[372] *Wagner*, ebd., S. 151 Nr. 2.
[373] *Wagner*, ebd., S. 253 Nr. 128.
[374] *Wagner*, ebd., S. 157 Nr. 8.
[375] *Gemeinsame Synode der Bistümer*, Arbeitspapiere der Sachkommissionen 1977, S. 218 ff., 223 [1.5.5.1.] (vgl. Anm. 384); *Marnach*, Kirche und Neue Medien, S. 18.

b) Rundfunk als Instrument der Verkündigung

Zum anderen wird bereits in der Radiobotschaft Papst *Pius' XII.* von 1955[376] die Eignung des Rundfunks als „unmittelbare(r) und wirkungsvolle(r) Träger der Botschaft Christi“ betont.[377] Anders als in früheren Zeiten könne nun „der Ruf Gottes im gleichen Augenblick Millionen von Menschen erreichen“.[378] Dem Heilsauftrag entspreche auf seiten der Staatsgewalt die Verpflichtung, der Kirche den Zugang zu den Medien zu eröffnen.[379] Um ihrem Verkündigungsauftrag gerecht zu werden, müsse der Kirche daher das Recht zum Einsatz eigener Kommunikationsmittel zugestanden werden.[380] Christus habe den Aposteln und ihren Nachfahren den Auftrag erteilt, „alle Völker zu lehren“ (Mt 28, 19), „das Licht der Welt zu sein“ (Mt 5, 19) und das Evangelium überall und zu jeder Zeit zu verkünden und sich selbst als Meister der Kommunikation erwiesen.[381] Bedienten sich schon die Apostel der zu ihrer Zeit gebräuchlichen Kommunikationsinstrumente, so müsse das apostolische Amt heutzutage mit Hilfe der modernen Kommunikationsinstrumente verwaltet werden.[382] Die Erfüllung der Gebote Christi sei kaum möglich, wenn man die durch die Medien eröffneten Chancen, eine „außerordentlich große Zahl von Menschen mit den Lehren und Geboten des Evangeliums“ in Kontakt zu bringen, ungenutzt verstreichen ließe.[383] Insbesondere könne der Rundfunk Gottes Wort nun auch zu Kranken, Gefangenen, Reisenden, Missionaren oder Heiden gelangen lassen.[384] Zwar könne die persönliche Teilnahme an einer Messe hierdurch nicht ersetzt

---

376 „Die Technik des Funkwesens im Dienste der Menschheitsfamilie“ in: AAS 47 [1955], S. 733-736; dt.: *Utz / Groner*, Aufbau, S. 3056 ff. (3058).

377 *Utz/Groner*, Aufbau, S. 3060.

378 A.a.O.

379 Rundschreiben „Miranda Prorsus“, AAS 49 [1957], S. 765 ff.; *Utz/Groner*, Aufbau, S. 3106.

380 *Inter mirifica*, Konzilsdekret über die sozialen Kommunikationsmittel, AAS 56 (1964), S. 145 ff.; dt. bei *Rahner/Vorgrimler*, Kompendium, S. 95 ff. (dazu später ausführlich).

381 Pastoralinstruktion *Communio et Progressio* über die sozialen Kommunikationsmittel, AAS 63 (1971), S. 593 ff.; die Aussagen in *Inter mirifica* werden hier gleichwohl relativiert; *Wagner*, Communio et Progressio, S. 251 Nr. 126.

382 *Wagner*, Communio et Progressio, S. 251 Nr. 126.

383 *Wagner*, ebd., S. 252 Nr. 126.

384 Ansprache an die Teilnehmer der Generalversammlung der europäischen Rundfunkvereinigung vom 21.10.1955, AAS XLVII [1955] 775-780 „Soziale Aufgabe des Fernsehens“ in: *Utz/Groner*, Aufbau, S. 3143. Vgl. auch die Ansprache an die Teilnehmer der zweiten Internationalen Rundfunkkonferenz vom 5.5.1950 „Kirchen und Rundfunk“ in: *Utz/Groner*, Aufbau, S. 1095 ff. (1097, 1098): „Doch welch eine Hilfe ist er für das oberste Haupt der Kirche und für die anderen Seelenhirten, denen er erlaubt, unmittelbar zu ihren geistlichen Söhnen und Töchtern zu sprechen und mit ihnen zu beten! Welche innere Kraft kann ein Mikrophon vermitteln, das für viele oft der einzige Trost, die einzige Stütze ist, die sie von außen erhalten können. Denken Sie nur an die Tausende von Kranken, die an ihr Bett gefesselt sind, an die Völker, die weder Kirche noch Priester haben. Wenigstens durch das Radio können sie noch in einer Verbindung mit den Quellen des Glaubens und der Gnade leben.“ In dem Bestreben, die Aussagen von „*Communio et Progressio*“ für den deutschen Raum fruchtbar zu machen, wurde 1975 von der Gemeinsamen Synode der Bistümer ein (letztlich nicht verabschiedetes) Arbeitspapier mit dem Titel „Kirche und gesellschaftliche Kommunikation“ entworfen (in: *Gemeinsame Synode* der Bistümer in der Bundesrepublik Deutschland, Bd. 2, Arbeitspapiere der Sachkommissionen. Freiburg i. B., Basel, Wien, 1977, S. 218 ff.; hierzu auch *Marnach*, Kirche und Neue Medien, S. 17, 18; *Link*, Anspruch, S. 256). Auch hierin werden die Massenmedien als Chance zu einer zeitgemäßen Evangeliumsverkündigung begriffen, insbesondere im Hinblick auf diejenigen, die der Kirche fernstehen.

werden; Fernseh- und Hörfunkübertragungen böten aber eine wertvolle Hilfe für die Erfüllung des Sonntagsgebots.[385]

c) Die „wache Sorge" um die Medien

Im Hinblick auf den großen Einfluß der Medien auf Denken und Handeln des Menschen müsse die Annahme dieser Gabe Gottes[386] jedoch „mit wacher Sorge" erfolgen.[387] Maßgebend für die massenmediale Entwicklung dürfe nicht das technisch Machbare sein, sondern was sittlich vertretbar und dem Menschen dienlich sei.[388] Es komme darauf an, daß die Medien die Wahrheit sowie die sittlichen Werte förderten[389], was insbesondere die Verbreitung der christlichen Lehre beinhalte.[390] Die Arbeit der Rundfunksender müsse daher im Dienst der Wahrheit, der Heiligkeit von Leben und christlicher Sittlichkeit sowie der Liebe und Gerechtigkeit stehen.[391] Ein verantwortungsvoller Umgang mit den Massenmedien sei insbesondere deshalb gefordert, weil diese gleichermaßen als Werkzeuge der Verständigung wie zur Vermittlung eines verzerrten Bildes der Wirklichkeit benutzt werden könnten[392] und zunehmend in der Gefahr stünden, „zerstörerischen Antiwerten" Vorschub zu leisten.[393] Die Kirche müsse daher im Medienbereich eine aktive Rolle einnehmen und das öffentliche Interesse verteidigen.[394] Weil die Kirchen sich als „Anwalt der Menschen" verstünden, müsse im Blickfeld des kirchlichen Medienengagements namentlich die Sorge um sozial Schwächere stehen. Der Kirche falle die Aufgabe zu, die Berücksichtigung dieser Gruppen in den Massenmedien zu sichern.[395] Daneben müsse insbesondere das Fernsehen Völkerverständigung, Familienleben und Bildung fördern[396], zur Bekämpfung des Analphabetismus beitragen und Gleichheit durch unterschiedslosen Zugang zu kulturellen Gütern herstellen.[397]

---

[385] Apostolisches Schreiben des Papstes *Dies Domini* vom 31.5.1998, in: Monatsrundbrief 10/98 der Internationalen Christlichen Rundfunkgemeinschaft.

[386] Rundschreiben *Miranda Prorsus*, AAS 49 [1957], S. 765 ff., dt. bei *Utz/Groner*, Aufbau, S. 3097 ff [3098].

[387] *Miranda Prorsus*, *Utz/Groner*, Aufbau, S. 3099; vgl. auch CIC Can. 823.

[388] Stellungnahme der damaligen Landesbischöfe Oscar *Saier* und Georg *Moser* (zum Entwurf des baden-württembergischen Landesmediengesetzes 1983), abgedr. in: FK 31 [1983], Nr.27, S. D 2 ff.; dazu *Link*, Anspruch, S. 256, 257;*Marnach*, Kirche und Neue Medien, S. 19 ff.; HK 1983, S. 442 ff.

[389] *Wagner*, Communio et Progressio, S. 161 Nr. 13; *Utz/Groner*, Aufbau, S. 3106.

[390] *Utz/Groner*, Aufbau, S. 3104, 3105; vgl. auch die Ansprache an die italienische Rundfunkgesellschaft „Macht und Möglichkeit des Rundfunks" vom 3.12.1944 in: *Utz/Groner*, Aufbau, S. 1086 ff. (1088).

[391] Ansprache vom 5.9.1945 (s.o.), ebd., S. 1089; siehe auch die Radioansprache des Papstes „Katholischer Rundfunk im Dienste des Volkes" anläßlich der feierlichen Eröffnung eines neuen Senders der katholischen Rundfunkstation Suatenza in Kolumbien vom 11.4.1953, AAS 45 [1953] S. 293-295; ebd., S. 1099.

[392] Pastoralinstruktion *Aetatis novae* über die soziale Kommunikation vom 17.3.1992, AAS 84 [1992]; HK 1992, S. 154; *Link*, Anspruch, S. 255.

[393] Papst *Johannes Paul II.* vor der Vollversammlung des Päpstlichen Medienrats im Vatikan, zit. nach Kirche & Neue Medien 4/1999 S. 7.

[394] HK 1992, S. 154; *Link*, Anspruch, S. 256.

[395] Stellungnahme der damaligen Landesbischöfe Oscar *Saier* und Georg *Moser*, in: FK 31 [1983], Nr.27, S. D 2 ff.; *Marnach*, Kirche und Neue Medien, S. 19.

[396] „Soziale Aufgabe des Fernsehens", Ansprache an die Teilnehmer der Generalversammlung der europäischen Rundfunkvereinigung vom 21.10.1955, AAS XLVII [1955] 775-780 in: *Utz/Groner*, Aufbau, S. 3137 ff.

[397] *Wagner*, Communio et Progressio, S. 169, Nr. 20; S. 191, Nr. 48, 49; 171, Nr. 20.

d) Rundfunkorganisation

Um sicherzustellen, daß es nicht zu staatlichen Eingriffen und zu einem Überhandnehmen wirtschaftlicher Interessen kommt, wird in *Communio et progressio* die Einrichtung von Gremien mit Vertretern aller Gruppen der Gesellschaft postuliert.[398] Auch die Bedenken, die von den Bischöfen *Saier* und *Moser* an den außenplural ausgerichteten Gesetzesentwurf herangetragen werden, zielen auf eine Favorisierung des binnenpluralen Systems.[399] Erkannt wird aber auch, daß die Kirche „neue und ungewohnte Wege gehen [muß], um mit Menschen in Kontakt zu treten".[400]

2. Evangelische Kirchen

a) Das Wächteramt der Kirche

Die Frühphase des evangelischen Engagements im Rundfunk ist bestimmt durch eher skeptische Töne; hervorgehoben wird das „Wächteramt" der Kirche.[401] Schon durch die ersten Versuche zur Erschließung lokaler Rundfunkfrequenzen im Saarland sah das *Sachverständigengutachten der Kammer der EKD für publizistische Arbeit* 1968 die Grundrechte der Meinungs- und Pressefreiheit, insbesondere durch Meinungskonzentration gefährdet.[402] Für den Erhalt dieser Grundrechte müsse sich auch die Kirche einsetzen.[403] Es bestehe daher ein vitales gesellschaftliches Interesse[404] an einer am Gemeinwohl ausgerichteten Gesamtkonzeption der öffentlichen Kommunikation unter Einbeziehung der Presse.[405] Auch die *Kundgebung der Synode vom 7.11.1980*[406] rief die Kirche in ihre Wächterfunktion. Einer mißbräuchlichen Mediennutzung sei durch die Vertretung der gesellschaftlich relevanten Gruppen – und damit auch der Kirchen – in den Aufsichtsorganen vorzubeugen. Nur so könnten die Kirchen integrierend wirken.[407] Von diesem Gedanken ließen sich auch die Studien der *Kammer der*

---

[398] *Wagner*, ebd., S. 223 Nr. 88.
[399] Vgl. *Link*, Anspruch, S. 257.
[400] Bischof Hermann *Spital*, Vorsitzender der Publizistischen Kommission der Deutschen Bischofskonferenz, zit. nach: *Kaiser*, Mehr als ein Wort zum Sonntag, in: Die Welt vom 1.3.1994.
[401] *EKD*, Publizistischer Gesamtplan, S. 15 der Evangelischen Kirche in Deutschland. Anfang der Siebziger Jahre wurde diese Formulierung jedoch wieder aufgegeben, da sie offenbar als mißverständlich empfunden wurde, *Marnach*, Kirche und Neue Medien, S. 24.
[402] Sachverständigengutachten der Kammer der EKD für publizistische Arbeit „Gesellschaft und öffentliche Kommunikation in der Bundesrepublik Deutschland" (1968), in: Die Denkschriften der Evangelischen Kirche in Deutschland, S. 18 ff. (S. 21); Gutachten des Rates der Evangelischen Kirche in Deutschland „Informations- und Meinungsfreiheit in einer freien Gesellschaft" (1974), ebd., S. 43 ff., das sich außerdem gegen eine weitere Ausdehnung von Werbezeiten wendet (S. 44).
[403] *EKD*, Denkschriften, S. 21
[404] A.a.O., S. 25.
[405] A.a.O., S. 26, 49.
[406] Kundgebung der Synode der Evangelischen Kirche in Deutschland zur Medienpolitik – Kirche und Rundfunk vom 7.11.1980, ABl. EKD 1980, 518 ff.
[407] Kundgebung (Anm. 406), Nr. 5; vgl. auch *GEP*, Zur Ordnung des Rundfunkwesens in der Bundesrepublik, in: epd-Dokumentation 51/1980, S. 7 f.. Dort werden die Aufgaben des Rundfunksystems in folgenden Punkten gesehen: Soziale Integration aller Gruppen und Schichten, Abbau von Abhängigkeiten, Förderung von

EKD für soziale Ordnung sowie der *Kammer für publizistische Arbeit* leiten.[408] In ihnen wurden Grundsätze für privatveranstaltetes Fernsehen aufgestellt, wonach sich der private Rundfunk – entsprechend den Vorgaben des Bundesverfassungsgerichts – an dem für den öffentlich-rechtlichen Rundfunk geltenden und umfassend zu kontrollierenden Vielfaltsstandard orientieren müsse und nicht dem Einfluß von Werbeinteressen untergeordnet werden dürfe.[409]

b) Vom Wächteramt zur Stellvertretung

Eine gegenläufige Entwicklung wurde durch die Vollversammlung des Ökumenischen Rates in *Uppsala* 1968[410] eingeleitet. Obwohl auch hier eine sorgenvolle Perspektive bestimmend blieb, wurde doch die in der modernen Welt unverzichtbare Mittlungsfunktion der Medien anerkannt. Im Hinblick darauf forderte die Vollversammlung die Kirchen auf, ihr Mißtrauen gegenüber den Medien aufzugeben und eine engagierte Partnerschaft mit den am Kommunikationsprozeß Beteiligten zu suchen.[411] Der – wohl auch durch den Verlust des in früheren Zeiten bestehenden kirchlichen „Kommunikationsmonopols" gehegte – Argwohn gegenüber den meinungspluralen Medien dürfe nicht dazu führen, daß sich die Kirche ihrer Verantwortung entledige.[412] Vielmehr müsse die Kirche bei ihrer Beteiligung an den Medien „sich selbst Maßstäbe für Qualität und Integrität setzen können, die als Ermutigung und Beispiel für die Kommunikationsindustrie ihres Landes dienen können".[413] Darüber hinaus weist die Erklärung den Medien die Funktion zu, gemeindeferne Christen an ihren Glauben zu erinnern und sie darin zu bestärken, wenngleich eine Mediengemeinde das tatsächliche Gemeindeleben nicht ersetzen könne.[414] Eminente Bedeutung wird auch der missionarischen Aufgabe beigemessen, als deren „potentielle Werkzeuge" die Medien gesehen werden können.[415] Im Verkündigungs- und Öffentlichkeitsauftrag der Kirche sah denn auch der *Publizistische Gesamtplan 1979*[416] die Grundlage für das publizistische Handeln der Kirche.[417] Es gelte, das Eigeninteresse der Kirche

---

Aufklärung und Gewissensschärfung, Öffnung des Rundfunks für alle Gruppen, Eindämmung von Machtpositionen, Förderung von Vielfalt anstelle von Verdrängungswettbewerb, Gewinnstreben und ökonomischer Rentabilität.

[408] Die neuen Informations- und Kommunikationstechniken (Die Studie von 1985), in: *EKD*, Denkschriften, S. 57 ff. (121).

[409] *EKD*, Denkschriften, S. 121. Zum verantwortungsvollen Umgang mit der Funkwerbung: Ebd. S. 123.

[410] *Goodall*, Bericht aus Uppsala 1968, S. 408.

[411] *Goodall*, ebd., S. 408.

[412] *Goodall*, ebd., S. 412.

[413] *Goodall*, ebd., S. 412. Dabei wird bemängelt, daß die Kirchen dort, wo sie als Produzenten oder Eigentümer von Medien auftreten, ihre Kanäle meist als Verlängerung von Kanzel und Gemeindeblatt verwendeten und das Gesendete oft inhaltlich und technisch „wertlos" sei.

[414] *Goodall*, Bericht aus Uppsala 1968, S. 413.

[415] *Goodall*, ebd., S. 416, 417.

[416] Publizistischer Gesamtplan der Evangelischen Kirche in Deutschland, vorgelegt von der Kammer der EKD für publizistische Arbeit und im Auftrag des Rates der EKD, hrsgg. von der Kirchenkanzlei, Gütersloh 1979.

[417] *EKD*, Publizistischer Gesamtplan, S. 25, 30; siehe auch *Link*, Anspruch, S. 258. Vgl. ferner den Beschluß der Generalsynode der VELKD vom 25.6.1980 (Prot. S. 510, abgedr. bei Martin *Lindow*, Recht und Verlautbarungen der Vereinigten Evangelisch-Lutherischen Kirche Deutschlands, Nr. 825). Danach soll die Kirchenleitung geeignete Schritte unternehmen, um die sachgemäße Präsenz evangelischer Verkündigung in den Massenmedien sicherzustellen. „Den Vorrang verdienen insbesondere gemeindebezogene Bildungspro-

an ungehinderter Verkündigung , freier diakonischer Arbeit und weltweiter Zusammenarbeit in der Ökumene in den Blick zu nehmen[418] und auch kirchenferne Kreise über die Medien zu erreichen.[419] Das kirchliche Eigeninteresse werde dabei jedoch durch den Auftrag, benachteiligte Gruppen zu repräsentieren, überlagert.[420] Für ein kirchliches Engagement, so die Studien der *Kammer der EKD 1985 für soziale Ordnung* sowie der *Kammer für publizistische Arbeit*[421], biete sich insbesondere der Bereich des lokalen Hörfunks an.[422] Vorrangiges Ziel müsse es dabei sein, das Gemeindeleben zu beleben und der zunehmenden Vereinsamung und Entfremdung durch Förderung sozialer Integration entgegenzuwirken. Gleichzeitig müsse die christliche Botschaft in geeigneter Form vermittelt werden. Die Produktionskosten der kirchlichen Programme sollen nach den Vorstellungen der Kammern zu einem „erheblichen Teil" mit staatlichen Zuschüssen bestritten werden.[423]

c) Publizistisches Gesamtkonzept und Grundsatzpapier des GEP

Wegweisend für das heutige Medienengagement der evangelischen Kirche ist das *Publizistische Gesamtkonzept* von 1997.[424] Hierin wird der Kirche, entsprechend den Aussagen des *Publizistischen Gesamtplans*, die Aufgabe zugewiesen, „im Rahmen ihres gesellschaftlichen Auftrags für eine gerechte, gesellschaftsverträgliche und demokratiefördernde Medienordnung einzutreten", aber auch „die elektronischen Medien [...] zur Vermittlung der christlichen Botschaft zu nutzen".[425] Ziel sei es, über die elektronischen Medien allen Menschen die Teilnahme an Gottesdienst und Andacht zu ermöglichen und auch kirchenferne Gruppen zu erreichen.[426] Dies müsse mit Rücksicht auf die aktuelle Situation der Medien geschehen, die durch eine Tendenz zur Zielgruppenorientierung, Verspartung und – beim Hörfunk – zum Begleitradio gekennzeichnet sei. Durch diese Entwicklung drohe eine Marginalisierung christlicher Themen. Denn die durch zunehmende Konkurrenz notwendig werdende Ausrichtung an Zielgruppen bringe formatierte „Fließprogramme" hervor, die längere Wortbeiträge an den Rand dränge.[427] Der Beitrag der Kirche müsse sich den Programmformaten deshalb anpassen.[428] Die Einführung des digitalen Radios lasse eine weitere Diversifizierung und Zielgruppenspezifität des Programmangebots erwarten, worauf die evangelische Kirche

---

gramme, die in medienspezifischer Weise christliches Grundwissen und exemplarisches christliches Leben in Gegenwart und Geschichte vermitteln."

418 *EKD*, Publizistischer Gesamtplan, S. 27.

419 In diesem Sinn schon Uppsala 1968; *Link*, Anspruch, S. 258.

420 *EKD*, Publizistischer Gesamtplan, S. 30.

421 „Die neuen Informations- und Kommunikationstechniken (Die Studie von 1985)", in: *EKD*, Denkschriften, S. 57 ff. (121).

422 *EKD*, Denkschriften, S. 139.

423 A.a.O., S. 140, 141.

424 *EKD*, Publizistisches Gesamtkonzept 1997, S. 1 f.; hierzu *Weiß*, Kirche im Radio, in: epd Ausg. 95 v. 4.12.1996, S. 5 f sowie Will *Teichert*, EKD-Publizistikpapier: Eine Replik auf Johannes *Weiß*, in: epd Ausg. 81 v. 18.10.1997 S. 8 f.

425 *EKD*, Publizistisches Gesamtkonzept 1997, S. 3.

426 A.a.O., S. 4, 5.

427 A.a.O., S. 3, 5.

„rechtzeitig mit eigenen Angeboten reagieren" müsse.[429] Hieran anknüpfend soll nach dem *Grundsatzpapier der Kommission für privaten Rundfunk im GEP* eine verstärkte programmliche Ausrichtung am nichtkirchlichen Publikum der Privatsender – statt an institutionellen Interessen der Kirche – erfolgen; dabei bestehe das Hauptproblem naturgemäß darin, ein deutliches Profil erkennen zu lassen.[430] Ausdrücklich hebt der *Publizistische Gesamtplan* die Institution des offenen Kanals hervor, der als „Medium der Basis" begriffen wird, welches die Gruppenkommunikation fördere und ein lokales kommunikatives Forum eröffne.[431] Den Kirchenmitgliedern wird daher empfohlen, sich auf lokaler und regionaler Ebene „in Medienwerkstätten [zu] engagieren, die die Beteiligung von Gemeinden in offenen Kanälen anregen und fördern.[432]

d) Rundfunkorganisation

(1) Präferenz des öffentlich-rechtlichen Rundfunks

In seiner Stellungnahme zur Entwicklung des Kabelfernsehens ließ der *Rat der Evangelischen Kirchen in Deutschland* 1977[433] keinen Zweifel daran, daß der öffentlich-rechtliche Rundfunk die einzig geeignete Organisationsform des Rundfunks darstelle. Zu derselben Feststellung gelangte wenig später der *Publizistische Gesamtplan*. Gefordert sei eine grundsätzliche Zugangsmöglichkeit für jedermann. Gerade die Chancen für unorganisierte Gruppen und Minderheiten würden so zum Prüfstein für eine öffentliche Kommunikation, die das Gemeinwohl fördere.[434] Insbesondere dürfe eine Privilegierung einzelner Gruppen nicht erfolgen[435]; eben diese Konsequenz habe jedoch eine Privatisierung des Rundfunks, weshalb der öffentlich-rechtlichen Organisationsform der Vorzug einzuräumen sei.[436] Die durch den öffentlich-rechtlichen Rundfunk gewährleistete breite Mitwirkung gesellschaftlicher Gruppen, so die Synodenkundgebung von 1992, rechtfertige es auch künftig, diesem „einen hervorragenden Platz zu erhalten".[437] Äußerungen dahingehend, daß die drittsendungsberechtigte und in Gremien vertretene Kirche sich als „eine Art Miteigentümer des öffentlichen Rundfunks" betrachte[438], kommen daher nicht von ungefähr. Auch im *Publizistischen Gesamtkonzept* von

---

[428] A.a.O., S. 4, 5, 7.
[429] A.a.O., S. 16 (6.8).
[430] *Kommission f. priv. Rundfunk im GEP*, Grundsatzpapier, Abs. I Nr. 2.
[431] *EKD*, Publizistisches Gesamtkonzept 1997, S. 16 (6.8).
[432] A.a.O., S. 17 (6.8).
[433] „Stellungnahme des Rates der Evangelischen Kirchen in Deutschland zur künftigen Entwicklung eines Breitbandkommunikationssystems (Kabelfernsehen) unter Berücksichtigung einer kirchlichen Beteiligung", 1977, in: *EKD*, Denkschriften, S. 52 ff. (53). Vgl. auch *Marnach*, Kirche und Neue Medien, S. 44.
[434] *EKD*, Publizistischer Gesamtplan, S. 26.
[435] Stellungnahme der Kammer der Evangelischen Kirche in Deutschland für publizistische Arbeit zum Abschlußbericht der „Kommission für den Ausbau der technischen Kommunikationsmittel" (KtK), 1976, in: *EKD*, Denkschriften, S. 46 ff. (47).
[436] *EKD*, Denkschriften, S. 49.
[437] Kundgebung (Anm. 406), Nr. 10.
[438] So Jens *Wendland* (Sender Freies Berlin), zit. nach Medien aktuell Nr. 43 v. 20.10.1997 S. 25.

1997 wird der Programmauftrag des öffentlich-rechtlichen Rundfunks nach wie vor als förderungswürdig anerkannt.[439] Allerdings werde durch die neuere Entwicklung hin zum „Pay-TV“ die Grundversorgung gefährdet, da es in wachsendem Umfang zum Aufkauf von Programmsegmenten komme.[440] Durch die Einstrahlung außerhalb Deutschlands lizensierter Satellitenprogramme werde zudem die Rundfunkhoheit der Länder zunehmend unterlaufen.[441] Die Förderung eigener christlicher Sender bedeute indessen nicht, daß die öffentlich-rechtlichen Programme verzichtbar geworden seien. Die umfassende Aufgabe der öffentlich-rechtlichen Anstalten könne letztlich „von niemand anderem übernommen werden“.[442]

(2) Binnenpluralismus

Öffentlich-rechtliche Rundfunkordnung und Binnenpluralismus stehen aus evangelischer Sicht in engem Zusammenhang. Vor dem Hintergrund des als vorzugswürdig erkannten öffentlich-rechtlichen Integrationssystems werden für den Privatfunk auf evangelischer Seite gleichfalls solche Gestaltungen favorisiert, die sich am binnenpluralen Modell orientieren. Das außenplurale Modell werde den Vielfaltsanforderungen nicht gerecht, zumal die Eigenfinanzierung finanziell schwache Minderheiten vor große Probleme stelle.[443] Nach den ersten Erfahrungen habe sich gezeigt, daß das duale System nicht die Vielfalt leiste, die man sich von ihm erhofft hatte, sondern – im Gegenteil – die Einförmigkeit in der Medienlandschaft unter dem Einfluß des Wettbewerbs eher noch verstärke.[444] Der private Rundfunk müsse daher zu „Vielfalt und Qualität“ verpflichtet und auf deren Einhaltung bei Lizenzvergabe und -erneuerung überprüft werden.[445]

II. Stellungnahmen zu kirchlichen Eigenveranstaltungen

1. Errichtung eigener Sender

a) Katholische Kirche

Aus katholischer Sicht erwächst der katholischen Kirche aus dem von Christus erteilten Mandat „die Pflicht, die Heilsbotschaft auch mit Hilfe der sozialen Kommunikationsmittel zu verkündigen“.[446] Hieraus leite sich für die Kirche das originäre Recht zur zweckentsprechenden Benutzung und zum Besitz von Medien ab, die von der Kirche auch selbst betrieben werden

---

[439] *EKD*, Publizistisches Gesamtkonzept 1997, S. 6.
[440] A.a.O., S. 3.
[441] A.a.O., S. 3.
[442] A.a.O., S. 10.
[443] *Link/Pahlke*, Kirchen und privater Rundfunk, S. 5.
[444] Kundgebung der Synode der Evangelischen Kirche in Deutschland „Die Kirche in der Mediengesellschaft“ vom 6.11.1992 in: ABl. EKD 1992, S. 460 ff.
[445] Kundgebung (Anm. 444), S. 461, 462.
[446] *Inter mirifica*, Dekret über die sozialen Kommunikationsmittel, AAS 56 (1964), S. 145 ff.; dt. bei *Rahner/Vorgrimler*, Kompendium, S. 95 ff. (96).

könnten[447]: „Die Kirche, der Christus der Herr das Glaubensgut anvertraut hat, damit sie [...] die geoffenbarte Wahrheit [...] treu verkündige [...], hat die Pflicht und das angeborene Recht, auch unter Einsatz der ihr eigenen sozialen Kommunikationsmittel, unabhängig von jeder menschlichen Gewalt, allen Völkern das Evangelium zu verkündigen".[448] Weder soll der Öffentlichkeitsauftrag des Verkündigungsamtes auf den räumlichen Bereich der Kirche beschränkt sein, noch durch die traditionellen Formen der Verkündigung.[449] Zur Erfüllung der kirchlichen Aufgaben sollen die „Hirten der Kirche [...] das der Kirche eigene Recht wahrnehmen, die sozialen Kommunikationsmittel anzuwenden".[450] Katholische Sender seien „wohlüberlegt" und dort ins Leben zu rufen, „wo es angebracht erscheint"[451], wobei auf Qualität und Reichweite zu achten sei. Auch in *Communio et progressio* wird das mediale Betätigungsfeld der Kirche nicht allein im Zugang zu fremden Kommunikationsmitteln gesehen, sondern auch in der Errichtung eigener Kommunikationsmittel.[452] Im Hinblick auf die erforderlichen großen Anstrengungen und Geldmittel ergeht der Aufruf an die Gläubigen zu finanzieller Unterstützung.[453] Es erfordere „große Anstrengungen und beträchtliche Geldmittel, wenn die Katholiken ihren vielfältigen Aufgaben auf diesem Gebiet wirklich nachkommen wollten, nämlich dem Gebot des Evangeliums folgend am menschlichen Fortschritt mitzuarbeiten, ihren Beitrag für die Gestaltung der sozialen Kommunikation zu leisten und zur Erfüllung ihres spezifisch christlichen Auftrags diese gottgewollten Mittel entschlossen in den Dienst zu nehmen. Die Gläubigen werden aufgerufen, sich diese Verantwortung immer wieder bewußt zu machen und ihr auch durch großzügige finanzielle Unterstützung gerecht zu werden. Denn es sei „ein unwürdiger Zustand, wenn es von den Gliedern der Kirche untätig hingenommen wird, daß das Wort des Heils gefesselt und gehindert bleibt (*Inter mirifica* Art. 17)". Namentlich dem Vatikansender wird ausdrücklich die Unterstützung der gesamten katholischen Kirche zugesichert.[454]

---

[447] *Marnach*, Kirche und Neue Medien, S. 14, 15; *Link*, Anspruch, S. 254. S.u. (Anm. 451).
[448] CIC Can. 747 § 1.
[449] *Mussinghoff* in: *Lüdicke*, Münsterischer Kommentar zum Codex Iuris Canonici, Can. 747 Rn. 4.
[450] CIC Can. 822 § 1.
[451] *Rahner/Vorgrimler*, Kompendium, S. 101.
[452] *Wagner*, Communio et Progressio, S. 255, Nr. 132, 133. Gegenüber *Inter mirifica* werden in der Pastoralinstruktion *Communio et Progressio* von 1971 die auf Indienststellung der Medien gerichteten Ansprüche der Kirche freilich abgeschwächt. Eine Vereinnahmung der eigenen Gesetzmäßigkeiten folgenden Medien soll nicht stattfinden. Vielmehr soll durch ihren verantwortungsvollen Gebrauch in erster Linie die Gemeinschaft unter den Menschen gefördert werden.
[453] *Wagner*, Communio et Progressio, S. 257 Nr. 133, 134.
[454] *Utz/Groner*, Aufbau, S. 3130; im Wortlaut: „Ein besonderes Wort der Ermunterung möchten Wir an die Leiter und Mitarbeiter der katholischen Rundfunkstationen richten. Wir wissen um die zahllosen Schwierigkeiten, die hier zu überwinden sind. Doch vertrauen Wir darauf, daß sie dieses von Uns so hochgeschätzte Apostolat mutig und mit vereinten Kräften weiterführen. Wir selbst haben Uns bemüht, den um die katholische Sache verdienten Vatikansender zu erweitern und zu verbessern. Sein segensreiches Wirken entspricht in hohem Maße – wie Wir den durch ihre großzügige Freigebigkeit sich auszeichnenden Katholiken der Niederlande versicherten – dem 'brennenden Wunsch und dem dringenden Bedürfnis der ganzen katholischen Welt'."

Trotz des in Anspruch genommenen, originären Rechts zur Benutzung eigener Kommunikationsmittel muß aber bezweifelt werden, daß die Kirche sich über die weltliche Mediengesetzgebung hinwegsetzen will. So forderte zwar die *Fuldaer Bischofskonferenz* 1955 für die Kirchen das Recht zu Errichtung eigener Sender ein, stellte dieses jedoch unter den Vorbehalt der „sonst üblichen Lizenzbedingungen".[455] In welchem Maß das in *Inter mirifica* Art. 3 in Anspruch genommene „ursprüngliche(n) Recht(s), jedes dieser sozialen Kommunikationsmittel zu benutzen und zu besitzen", geltend gemacht werden könne, hänge letztlich von der Mediengesetzgebung der Staaten ab.[456]

b) Evangelische Kirchen

Bereits im *Sachverständigengutachten der Kammer der EKD für publizistische Arbeit* 1968 wurde eine eigenständige Beteiligung der Kirchen am lokalen Rundfunk nicht ausgeschlossen.[457] In seiner Stellungnahme zur Entwicklung des Kabelfernsehens[458] befürwortete der *Rat der Evangelischen Kirchen in Deutschland* 1977 eine Einbeziehung der Kirche als gesellschaftlich relevante und medienerfahrene Gruppe in die Modellversuche.[459] Ausdrücklich appellierte später der *Osnabrücker Beschluß* vom 6.11.1980 an die Gliedkirchen, sich an geplanten Pilotprojekten als „Programmveranstalter" zu beteiligen.[460] Auch der *Publizistische Gesamtplan 1997* forderte die evangelischen Fernsehproduktionsfirmen auf, sich in Absprache mit dem Rundfunkbeauftragten der EKD als Fensterprogrammveranstalter zu bewerben.[461] Dabei besteht unter den Rundfunkbeauftragten Einigkeit darüber, daß eine betonte Glaubenswerbung im Fernsehen nicht stattfinden soll.[462]

2. Privatinitiativen aus Sicht der Kirchen

a) Katholische Kirche

Mit der fortschreitenden Lizensierung „inoffizieller Kirchensender" sind beide Kirchen in Zugzwang geraten. Insbesondere innerhalb der katholischen Kirche wird die Betätigung kirchlich orientierter Privatsender kontrovers beurteilt. Nach offiziellen Verlautbarungen bestünden gegen die privaten Initiativen zwar keine Bedenken; als „durchaus interessante"[463] und „wertvolle journalistische Ergänzung zum bestehenden Programmangebot" seien diese

---

[455] Fuldaer Bischofskonferenz 1955, abgedr. in: Herder Korrespondenz 10 (1955/56) S. 3 f.
[456] *Mussinghoff* in: *Lüdicke*, Münsterischer Kommentar zum Codex Iuris Canonici, Can. 822 Rn. 2.
[457] *EKD*, Denkschriften, S. 25.
[458] „Stellungnahme des Rates der Evangelischen Kirchen in Deutschland zur künftigen Entwicklung eines Breitbandkommunikationssystems (Kabelfernsehen) unter Berücksichtigung einer kirchlichen Beteiligung", 1977, in: *EKD*, Denkschriften, S. 52 ff. (53).
[459] *EKD*, Denkschriften, S. 54.
[460] Beschluß der Synode der Evangelischen Kirche in Deutschland zur kirchlichen Medienarbeit, ABl. EKD 1980, S. 517 ff., Nr. 4.
[461] *EKD*, Publizistisches Gesamtkonzept 1997, S. 9.
[462] epd Ausg. 85 v. 31.10.1998 S. 16.
[463] *Schmid*, Reine Richtungs- oder bloß Machtkämpfe?; in: FK 4/1998, S. 3 f.

ihrem Charakter nach unterstützungswürdig. Die katholische Kirche, so die Position von Medienbischof Hermann Josef *Spital* und dem Leiter der Zentralstelle Medien der Deutschen Bischofskonferenz Reinhold *Jacobi*, begrüße die Initiativen zur Gründung solcher Sender, denen ein „rundfunkpolitischer Wert sui generis zuzumessen sei" und bringe ihnen Interesse und Wohlwollen entgegen[464]. Dies gelte allerdings nur solange, als die Veranstaltung auf privater Initiative beruhe. Eine „kirchenamtliche Patronage" oder Beteiligung soll „grundsätzlich" ausgeschlossen sein[465], zumal der publizistische Wert von Verkündigungsradios im Stil von Radio Maria in Italien und Polen als fragwürdig anzusehen sei.[466] Den Programmen von Radio Campanile und Radio Horeb könne daher nicht mehr als „kritische Solidarität" bzw. die Begleitung mit „politischer und pastoraler Sympathie" zuteil werden.[467] Die Auswahl von Radio Neues Europa könne, wie das Erzbischöfliche Ordinariat in München verlauten ließ, „nicht beanspruchen, das Katholische zu repräsentieren"; der Sender habe gar „ein gestörtes Verhältnis zur Offenheit".[468] Die katholische Rundfunkarbeit müsse statt einer Ausweitung des Angebots in quantitativer Hinsicht die Weiterqualifizierung kirchlicher Programme in den Blick nehmen.[469]

Demgegenüber mehren sich die Stimmen, die ein Engagement als Rundfunkveranstalter befürworten. Nicht einzusehen sei, so der österreichische Kardinal *Schönborn*, weshalb es in einem zu 75 % katholischen Land wie Österreich „immer noch nicht möglich sei, eigene kirchliche Radios zu haben".[470] Angesichts ähnlicher Stellungnahmen ausländischer Bischöfe und sogar des Papstes selbst, der namentlich Radio Maria ein „spezifisches Apostolat zum Wachstum der Kirche und zur ständigen Heiligung der Kirche"[471] zuerkennt, wird sich auch die katholische Kirche in Deutschland den privaten katholischen Sendern nicht auf Dauer verschließen können. Erste Schritte zu einer Koordination privater und kirchenamtlicher Medienbetätigung sind bereits getan.[472]

---

[464] Herder Korrespondenz 8/1998 S. 383; *Jacobi*, BLM-Rundfunkkongress 15./16.10.1997, S. 1.
[465] *Jacobi*, BLM-Rundfunkkongress 15./16.10.1997, S. 1.
[466] Reinhold *Jacobi* (Leiter der Zentralstelle Medien der Deutschen Bischofskonferenz) auf dem B.L.M.-Rundfunkkongress 1997, Pressemitteilung „Radio Paradiso" und „Radio Campanile": Experimente christlicher Hörfunkarbeit, 16.10.1997 (Panel 6: Christliche Radios – Möglichkeiten und Grenzen), www.blm.de/aktuell/presse/971016g.htm.
[467] *Jacobi*, BLM-Rundfunkkongress 15./16.10.1997, S. 1; Kirche & Neue Medien 8/98 S. 3; epd-Wochenspiegel 29/1998 S. 21. Auch durch den Zusammenbruch des katholischen Radio Campanile 1998 sah sich die Amtskirche nicht zu Unterstützungsmaßnahmen veranlaßt.
[468] *Fasel*, „Krieg mit strammen Sprüchen", in: Stern Nr. 21/93, S. 102. Wenig später bestätigte freilich der Erzbischof von München und Freising *Wetter*, daß an der Kirchlichkeit ebendieses Programmes „keine Bedenken" bestünden (Empfehlungsschreiben vom 29.3.1996).
[469] *Jacobi*, BLM-Rundfunkkongress 15./16.10.1997, S. 1.
[470] Monatsrundbrief Radio Horeb 7/98.
[471] Rede von Papst *Johannes Paul II.* anläßlich des Besuches der Radio Maria Familie bei einer Generalaudienz am 23.3.1994 im Petersdom (s.o.).
[472] Z.B. kam es im Frühjahr 1999 bereits zu ersten Kontaktaufnahmen der Zentralstelle Medien der Deutschen Bischofskonferenz mit Radio Horeb.

b) Evangelische Kirchen

Auf evangelischer Seite wurden unter dem Eindruck der kontinuierlichen Rundfunkarbeit des ERF christliche Privatinitiativen zunächst positiv beurteilt: „Die evangelikalen Rundfunksendungen stärken zweifellos Identität und Zusammengehörigkeitsbewußtsein der Hörergemeinde. Der Erfolg der Sendungen hat auch kirchliche Kreise, die dem evangelikalen Bereich nicht zuzurechnen sind, auf sie aufmerksam gemacht".[473] „Mit seiner missionarisch und seelsorgerlich geprägten Arbeit", so das *Publizistische Gesamtkonzept 1997*, leiste der Sender „einen besonderen Beitrag zur christlichen Rundfunkpublizistik".[474] Sein Programmangebot solle „als Teil der evangelischen Rundfunkpublizistik akzeptiert und entsprechend publizistisch behandelt werden. Die kirchliche Rundfunkarbeit und der Evangeliumsrundfunk sollen verstärkt zusammenarbeiten. Im Fernsehbereich soll die EKD den ERF zu den evangelischen Produktionseinrichtungen zählen. Hier soll es zu regelmäßigen Planungsgesprächen kommen".[475] Anerkannt wird nicht zuletzt der Verzicht auf Zielgruppenorientierung und die Ansprache kirchenferner Kreise; der ERF thematisiere, „was Christen verschiedener Konfessionen verbindet".[476]

Zu einem Prüfstein der evangelischen Medienpolitik wurde das Berliner Radio Paradiso, an dem sich aufgrund der erstmaligen Beteiligung von evangelischen Landeskirchen heftige innerkirchliche Kontroversen entzündeten.[477] Insbesondere gab die nur schwache Ausprägung des Christlichen im Programm Anlaß zur Kritik.[478] Radio Paradiso zerstreue statt Mündigkeit zu schaffen.[479] Im „Ghetto" eines Kirchensenders könne die Kirche ihre „Grundversorgungsaufgaben" im übrigen nicht erfüllen.[480] Auf der Seite der Verteidiger wurde darauf hingewiesen, daß Radio Paradiso die medienpolitische Grundhaltung der Kirche nicht

---

[473] *EKD*, Denkschriften, S. 141.

[474] *EKD*, Publizistisches Gesamtkonzept 1997, S. 10 (6.4.1).

[475] A.a.O., S. 10 (6.4.1).

[476] Idea Spektrum 20/1998 S. 24.

[477] vgl. hierzu *Bockhorst*, Rundfunkarbeit der Kirchen, in: Frankfurter Rundschau v. 16.10.1996, S. 11

[478] Vor dem Hintergrund einer negativen Media-Analyse im August 1998 sprach der Vorsitzende des Medienausschusses der nordelbischen Kirche bei deren Synode 1998 von einem „klassischen Fehlstart" und bemängelte die dürftige Finanzdecke sowie die nur „vage" hervortretenden christlichen Programmziele (epd Wochenspiegel Nr. 39 v. 24.9.98). Im gleichen Ton bezeichnete der Geschäftsführer der Konferenz Evangelikaler Publizisten (KEP) Wolfgang *Baake* das Vorhaben als den „Flop von Berlin", der das Vertrauen der Lizenzbehörden in die Leistungsfähigkeit christlicher Radioprogramme zerstört habe, worunter Neubewerber zu leiden hätten. Die Initiatoren seien mit den Spendengeldern, Kirchensteuermitteln und Kapitalanlagen in unverantwortlicher Weise umgegangen. Der Sender habe ein „eindeutig christliches Profil" vermissen lassen, was letztlich seinen Niedergang herbeigeführt habe (Idea Spektrum Nr. 47/1998 v. 18.11.1998 S. 26). Die Konferenz Evangelikaler Publizisten warf dem Sender eine „gewisse Beliebigkeit" vor, mit der das Ziel evangelischer Rundfunkarbeit verfehlt werde (*Facius*, Die Medien der Kirchen, in: Die Welt v. 10.11.1998, S. 15). Schließlich habe der Sender mit der Glaubwürdigkeit der kirchlichen Botschaft Sponsorenwerbung betrieben (Angelika *Obert*, Rundfunkbeauftragte der Evangelischen Kirche in Berlin-Brandenburg nach *Quiring*, „Die Seele streicheln", in: Idea Spektrum 8/1997, S. 25).

[479] Angelika *Obert*, Rundfunkbeauftragte der Evangelischen Kirche in Berlin-Brandenburg (*Engelbrecht*, „Die Seele streicheln", in: überkreuz Info 4/1997, S. 6).

[480] Michael *Kluck*, Rundfunkbeauftragter beim SWF und Saarländischen Rundfunk, zit. nach: *Neidhart*, Journalist 11/1996, S. 58.

verändere. In Reaktion auf die schwindende Bedeutung der Kirche im privaten Hörfunk sei Radio Paradiso als „Experiment“ auf regionaler Ebene anzusehen, das im Hinblick auf das sonstige Medienangebot der Kirche komplementär angelegt sei und aus Kirchensteuermitteln lediglich eine Starthilfe erhalte.[481] Dies entspricht den Aussagen des *Publizistischen Gesamtkonzepts* der EKD in bezug auf Radio Paradiso. Die Entwicklung im privaten Rundfunk, die zunehmend auf eine „Marginalisierung kirchlicher Beiträge“ hinauslaufe, könne die Form eigener christlicher Hörfunksender notwendig machen, denen vor allem eine Kompensations- und Ergänzungsfunktion zukomme.[482] Auch das Grundsatzpapier zu den Chancen und Risiken kirchlicher Rundfunkarbeit der Kommission für privaten Rundfunk im GEP[483] sieht christliche Spartensender als unverzichtbaren Bestandteil und „logische Konsequenz“ des zielgruppenspezifischen Radiomarkts an.[484] Durch eine eigene Programmphilosophie und ganzheitlich gestaltete Programme (wie bei Radio Paradiso) könne einem breiten Publikum rund um die Uhr der Zugang zu christlichen Inhalten eröffnet werden; während der Beitrag der Kirche in den übrigen Privatradios eher zufällig zur Kenntnis genommen werde, habe ein christlicher Spartenkanal den besonderen Vorteil der „ständigen Auffindbarkeit“.[485]

Die EKD empfiehlt daher eine „kirchenpolitische Unterstützung“ und eine „ausreichende Kapitalisierung“ solcher Unternehmen.[486] Ein kirchlich orientiertes Programm müsse „im Wettbewerb um breite Hörerschaften konkurrenzfähig sein. Nur so kann es seinen Auftrag erfüllen und hat die Chance, sich über Werbeeinnahmen zu finanzieren“.[487] Die Veranstaltung christlicher Programme müsse wegen ihrer großen Bedeutung auf der Ebene der EKD diskutiert werden. Auch regionale Initiativen mit großer Tragweite müßten „gesamtkirchlich bedacht, verantwortet und abgesichert“ werden.[488] Ziel der Kirche sei es dabei nicht, das Angebot christlicher Programme insgesamt zu vermehren[489]; es liege aber im Interesse der Kirche, die Sender journalistisch zu qualifizieren: Gefragt sei „Qualität, nicht Propaganda“.[490] Um sich mit kirchlichen Programmen behaupten zu können, müsse deshalb die erforderliche

---

[481] Hans Norbert *Janowski*, Direktor des GEP, epd Ausg. 82 v. 22.10.1997 S. 11-12.
[482] *EKD*, Publizistisches Gesamtkonzept 1997, S. 10, 11 (6.4.2).
[483] Frankfurt/Main, 26./27.10.1998.
[484] *Kommission f. priv. Rundfunk im GEP*, Grundsatzpapier, Abs. 3 Nr. 1, in dem Radio Paradiso gleichwohl lediglich als „Experimentierfeld“ betrachtet wird. So hält auch der Vorstandsvorsitzende des GEP, Eckhart *v. Vietinghoff* die Forderung nach einer medienpolitischen Trendwende hin zu eigenen Sendern für „erheblich verfrüht“ (*v. Vietinghoff*, Kirchliche Medienpolitik, in: epd Ausg. 79 v. 10.10.1998, S. 11).
[485] *Kommission f. priv. Rundfunk im GEP*, Grundsatzpapier, Abs. III Nr. 1.
[486] *EKD*, Publizistisches Gesamtkonzept 1997, S. 11 (6.4.2). Auch das Grundsatzpapier fordert die Gewährleistung der Qualität des Programms in finanzieller und personeller Hinsicht (*Kommission f. priv. Rundfunk im GEP*, Grundsatzpapier, Abs. III Nr. 1).
[487] *EKD*, Publizistisches Gesamtkonzept 1997, S. 10, 11 (6.4.2).
[488] Johanna *Haberer*, Rundfunkbeauftragte des Rates der EKD zu Radio Paradiso, zit. nach epd Ausg. 88 v. 11.11.1998 S. 8-9.
[489] So hat sich die EKD-Kirchenkonferenz im Frühjahr 1997 gegen eine bundesweite Verbreitung entschieden (epd Ausg. 82 v. 22.10.1997 S. 11-12).
[490] Johanna *Haberer*, Rundfunkbeauftragte des Rates der EKD, nach Kirche & Neue Medien 11/1997. S. 21.

Kompetenz erworben werden.[491] Christliche Hörfunksender dürften bei alldem nicht als Konkurrenz- oder Alternativangebot zum traditionellen Medienangebot der Kirche verstanden werden; als Ergänzung hierzu hätten sie nur Sinn, solange durch sie das Drittsendungsrecht der Kirchen nicht in Frage gestellt werde.[492] Gefahren für den Fortbestand des Rechts auf eigene Sendezeiten werden beim GEP dagegen nicht gesehen. Nicht zuletzt durch das Drittsendungsrecht erhielten die öffentlich-rechtlichen Anstalten eine „zentrale Berechtigungsgrundlage" für den Gebühreneinzug.[493]

III. Übereinstimmungen beider Kirchen

Über die Grundlegung ihres Anspruchs auf Medienbeteiligung stimmen die beiden Kirchen im wesentlichen überein. Ihrem Selbstverständnis gemäß beruht er auf zwei Leitprinzipien[494]; zum einen auf ihrem Auftrag zur öffentlichen Evangeliumsverkündigung, zum anderen auf der „aus ihrem Seelsorge- und Diakonieauftrag folgenden Verantwortung für eine menschenwürdige Gesellschaft", die in ihrer „Wächterfunktion"[495], aber auch in dem Einsatz für Schwache und Entmündigte[496] ihren Ausdruck findet. In der gemeinsamen Erklärung *Chancen und Risiken der Mediengesellschaft* haben die Kirchen jüngst ihre übereinstimmenden Positionen dargelegt: Entgegen den überwiegend positiven Äußerungen der neueren Zeit wird hierin die Medienentwicklung eher skeptisch beurteilt. Die fortschreitende Diversifizierung des Angebots berge die Gefahr einer Aufsplitterung der kulturellen Identität und einer Entfremdung von der eigenen Lebenswelt. Ein Übermaß an Vielfalt führe zu Manipulierbarkeit und erschwere die Orientierung in der Welt, zu der gerade die Medien beitragen sollten.[497] Die Aufgabe der Kirchen bestehe darin, Bildung, Kultur und soziale Kommunikation zu fördern und damit dem Menschen zu dienen; zu diesem Zweck sollten die Kirchen die neuen technischen Möglichkeiten nutzen und den Menschen „öffentlich zum Glauben einladen".[498]

Nach wie vor stellt in den Augen beider Konfessionen der öffentlich-rechtliche Rundfunk die tragende Säule des kirchlichen Engagements im Rundfunk dar. Christliche Spartenprogramme werden dagegen in der gemeinsamen Erklärung der Kirchen von 1997 unter der Überschrift „Risiken" und in der Sache als „Rückzug ins Ghetto" behandelt.[499] Angesichts der zeitnahen

---

[491] *Kommission f. priv. Rundfunk im GEP*, Grundsatzpapier, Abs. 3 Nr. 1.

[492] A.a.O., Abs. 3 Nr. 1.

[493] Hans Norbert *Janowski*, Direktor des GEP, epd Ausg. 82 v. 22.10.1997 S. 11-12.

[494] *Link/Pahlke*, Kirchliche Sendezeiten, in: AöR 108, S. 253, 254.

[495] So nahmen die Rundfunkbeauftragten beider Kirchen mit ihren Anmerkungen zum Entwurf des Vierten Rundfunkänderungsstaatsvertrags (15.6.1998) zu der neueren (durch jugendgefährdende Inhalte, aggressive Werbung und pluralismusfeindliches Bezahlfernsehen gekennzeichneten) Entwicklung im Rundfunkbereich gemeinsam Stellung und forderten Mechanismen zur Sicherung des Jugendschutzes und der Meinungsvielfalt (*Haberer/Jacobi*, Anmerkungen, in: epd Ausg. 51, S. 28 f.).

[496] Für den evangelischen Bereich vgl. *Kommission f. priv. Rundfunk im GEP*, Grundsatzpapier, Abs. I Nr. 1.

[497] *Rat der Ev. Kirchen/ Bischofskonferenz*, Chancen und Risiken der Mediengesellschaft, in: epd Medien Nr. 33/1997, S. 16 (1.2.3.), S. 27 (2.2.1.).

[498] A.a.O., S. 6 (1.1.), S. 24 (1.2.6.), S. 41 (3.5.), S. 42 (4.1.).

[499] A.a.O., S. 23 (1.2.6.). In diesem Punkt bleibt die Erklärung kurz und schwammig: Die Entscheidung für solche Programme müsse „behutsam" getroffen werden, „weil die Kirchen angesichts der wirtschaftlichen und

und öffentlichkeitswirksamen Beteiligung von evangelischen Kirchen an Radio Paradiso darf diese Aussage jedoch nicht überbewertet werden, da hiermit ein Präzedenzfall geschaffen wurde, dessen Fernwirkungen auch die in den Medien besonders stark präsente katholische Kirche treffen können, namentlich im Hinblick auf das Drittsendungsrecht. Demgemäß geben sich beide Kirchen nach außen abwartend, betrachten aber intern die Möglichkeit zur Veranstaltung eigener Programme mit zunehmendem Interesse. In der Finanzierungsfrage stimmen beide Kirchen darin überein, daß die Verkäuflichkeit nicht maßgebliches Kriterium sein könne; einem übermäßigen Einfluß von Profit- und Werbeinteressen müsse entgegengewirkt werden.[500] Die Gestaltung der evangelischen Publizistik habe sich am Verkündigungsauftrag zu orientieren und sei nicht auf die Verkäuflichkeit der publizistischen Erzeugnisse abzustellen. Eine kostendeckende verkaufs- und werbefinanzierte Medienarbeit wird „aus funktionalen und inhaltlichen Gründen" ausgeschlossen.[501]

IV. Zusammenfassung und Bewertung

1. Christliche Rundfunksender als Politikum

Zur Würdigung der medienpolitischen Position der Kirchen gilt es zunächst, die gesellschaftlichen und politischen Rahmenbedingungen in den Blick zu nehmen. Zwangsläufig ist das Verhältnis beider Großkirchen zu den privaten Veranstaltern kirchlich orientierter Programme in hohem Maße von der vehement geführten öffentlichen Diskussion über das Für und Wider christlicher Hörfunksender geprägt. In deren Mittelpunkt stand der Sender Radio Paradiso, der sogar bei den öffentlich-rechtlichen Anstalten in die Kritik geriet. So handelt es sich nach Ansicht des Hörfunkdirektors des SFB, Jens *Wendland*, bei Radio Paradiso um ein „Mainstreamprogramm" mit christlichem Dekor, welches in unmittelbarer Konkurrenz zu den SFB/ORB-Programmen stehe und das gute Verhältnis der Kooperation zwischen den ARD-Anstalten und der Kirche trübe".[502] Die Verbindung von christlicher Botschaft mit Kommerz und die Finanzierung aus Kirchensteuern und Werbeeinnahmen sei in sich widersprüchlich.[503] Durch Radio Paradiso werde die weitere Übertragung von Verkündigungssendungen durch

---

programmlichen Kräfteverhältnisse im elektronischen Markt und im Hinblick auf die begrenzten Ressourchen auf Verhältnismäßigkeit zu achten haben."

[500] Für die evangelische Kirche vgl. *Redelfs*, Evangelische Kirche, S. 42 (Eigenwerbung soll nach dem *EKD*, Publizistischer Gesamtplan, S. 213 f. freilich zulässig sein); für die katholische Kirche: Pastoralinstruktion *Aetatis novae* über die soziale Kommunikation vom 17.3.1992, AAS 84 [1992], S. 447; dt.: Arbeitshilfen des Sekretariats der Dt. Bischofskonferenz, Bonn 1992, vgl. HK 1992, S. 154.

[501] *EKD*, Publizistischer Gesamtplan, S. 31.

[502] BLM Rundfunkkongress 1997, Pressemitteilung „Radio Paradiso" und „Radio Campanile": Experimente christlicher Hörfunkarbeit, 16.10.1997 (Panel 6: Christliche Radios – Möglichkeiten und Grenzen); www.blm.de/aktuell/presse/971016g.htm. Dieselbe Auffassung äußerte SFB-Intendant Günther *von Lojewski* beim 2. Privatfunkforum am 23.9.1997 in Karlsruhe (*Engelbrecht*, „Die Seele streicheln", in: überkreuz Info 4/1997, S. 6. Mit ähnlicher Formulierung mahnt auch der Ratsvorsitzende des EKD, Manfred *Kock*, zu einem „eigenen bewußten Standpunkt" (zit. nach epd-Wochenspiegel 24/1999 S. 4).

[503] SFB-Intendant Günther *von Lojewski* (*Engelbrecht*, „Die Seele streicheln", in: überkreuz Info 4/1997, S. 6).

den SFB in Frage gestellt[504] und es müsse über die Sonderstellung der Kirche nachgedacht werden.[505]

Daß umgekehrt christliche Radios nicht minder heftig attackiert werden, wenn sie ihren Auftrag in den Vordergrund rücken, zeigt das Beispiel von Radio Horeb und Radio Neues Europa, deren „erzkonservative" Position den Printmedien immer wieder Stoff für Polemik liefert.[506] Diese Vorbehalte werden zumeist gespeist von der Angst vor „Verkündigungssendern" nach dem Vorbild des nationalsozialistischen Propagandafunks.[507] Befürchtet wird insbesondere von Seiten der öffentlich-rechtlichen Anstalten eine kirchliche Lobbyarbeit, die „amtskirchlichen Belangjournalismus" und „unterschwellige Programminfiltration" zutage treten lasse.[508] Der Betrieb kirchlicher Sender stellt sich daher als eine heikle Gratwanderung dar.[509]

2. Resümee

Die Position der Kirchen wird damit im wesentlichen durch zwei äußere Einflußfaktoren bestimmt: Zum einen besteht die nicht von der Hand zu weisende Sorge um vorhandene Besitzstände, insbesondere das Drittsendungsrecht, dessen Legitimation gerade im öffentlich-rechtlichen Rundfunk angezweifelt wird.[510] Zum anderen sollen im Hinblick auf kirchlichen „Propagandafunk" keine Angriffsflächen geboten werden. Die vielfach anzutreffenden Vorbehalte gegenüber christlichen Sendern erklären sich nicht zuletzt aus dem Umstand, daß christliche Sender ungewollt eine Vorreiterrolle für andere, weniger erwünschte Glaubensgemeinschaften oder Sekten spielen könnten. Man wird unterscheiden müssen zwischen den verhältnismäßig geringfügigen Beteiligungen der Kirchen an größeren Fernseh- und Hörfunksendern und den im wesentlichen von der Kirche getragenen kleineren Veranstaltern. Bei den ersteren liegt das Hauptaugenmerk darauf, eine angemessene Vertretung der kirchlichen Interessen, eine hinreichend ausführliche Berichterstattung über kirchliche Ereignisse und nicht zuletzt das positive Erscheinungsbild der Kirche in der Öffentlichkeit sicherzustellen.[511] Zur Instrumentalisierung des Rundfunks zur Erfüllung der vom kirchlichen Verkündigungsauftrag vorgegebenen Aufgaben reicht der durch die Beteiligung vermittelte Einfluß nicht aus. In derartigen Minderheitsbeteiligungen manifestiert sich vielmehr die Forderung der Kirchen nach Teilhabe aller gesellschaftlichen Gruppierungen am Rundfunk

---

[504] SFB-Intendant Günther *von Lojewski* (*Thomann*, „Im Paradies ...", in: FAZ v. 30.10.1998, S. 47).

[505] Jens *Wendland*, Hörfunkdirektors des SFB (epd Ausg. 82 v. 22.10.1997 S. 11-12)

[506] *Kotteder*, „Hier spricht der Fundamentalist", in: SZ v. 22.03.1996, S. 25; *Weiske*, Eiferer am Werk, in: Journalist 1/1998, S. 70. Danach sei Radio Horeb entstanden, als das italienische Radio Maria 1994 keine Sendelizenz für die Bundesrepublik erhalten hatte. Der Verdacht, dem italienischen Radio Maria ein deutsches Standbein verschaffen zu wollen, wurde auch gegenüber Radio Campanile gehegt.

[507] Das Sonntagsblatt Nr. 44, v. 2.11.97 S. 5.

[508] *Haprat*, Katholische Kirche auf privaten Radiowellen, S. 19, 20.

[509] *Thull*, „Nur gut gemeint", in: FK 29/1998, S. 5; *Schmid*, Reine Richtungs- oder bloß Machtkämpfe?; in: FK 4/1998, S. 4; *Schmid*, Synergieverbund Ludwigshafen-Rom, in: FK 4/1997, S. 31 f.

[510] Siehe oben Anm. 504, 513.

nach öffentlich-rechtlichem Vorbild und das nach wie vor zu versehende Wächteramt der Kirchen.

Dem Bild des „Anwalts" der gesamtgesellschaftlichen Kommunikation dürfte die Errichtung selbständiger Kommunikationsorgane unter dem Dach der Kirchen eher entsprechen. Das bislang eher verhaltene Interesse der Kirchen an „echten" eigenen Rundfunkveranstaltungen erklärt sich in erster Linie aus der Sorge um die gefestigte Stellung bei den öffentlich-rechtlichen Anstalten: Befürchtet wird, „daß bei einer eventuellen Unterstützung [...] durch einzelne Personen oder Institutionen offizieller kirchlicher Provenienz die Stellung der katholischen Kirche im Rundfunk im dualen System unglaubwürdig, angreifbar und mittelfristig unhaltbar werden könnte".[512] Insbesondere betrifft dies den Fortbestand des Drittsendungsrechts und der Verkündigungssendungen beim öffentlich-rechtlichen Rundfunk, die durch das Engagement der Kirchen im Privatfunk ohnehin schon als „überstrapaziert" gelten und verschiedentlich in Frage gestellt werden.[513] Ein Tätigwerden als Veranstalter auf breiter Front forderte die Frage, ob die Kirchen die ihr eingeräumten Möglichkeiten überhaupt benötigen, geradezu heraus.[514] Dem entgehen die Kirchen (insbesondere die katholische Kirche) indem sie kirchlich ausgerichtete Rundfunkveranstaltungen nur befürworten, soweit es sich um kirchenunabhängige Träger handelt, die ohne Gefahr für vorhandene Besitzstände das kirchliche Spektrum im Rundfunk verbreitern. Das distanzierte Verhältnis zu jenen Veranstaltern ist auch insofern nachvollziehbar, als durch eine Beteiligung an Privatsendern Fakten geschaffen würden, die künftige Vorhaben zum Aufbau „offizieller" Kirchensender erschweren könnten.[515] Andererseits laufen die Kirchen Gefahr, sich ihrer Einflußmöglichkeiten zu begeben und riskieren, daß das Bild der Kirche in der Öffentlichkeit von Dritten bestimmt wird. Die innerkirchlichen Diskussionen über die Zukunft des partnerschaftlichen Verhältnisses zu den öffentlich-rechtlichen Anstalten in einem zunehmend „versparteten" Rundfunkmarkt zeigen, daß das Problem durchaus ernst genommen wird und über neue Wege nachgedacht wird. Eine

---

[511] Etwa in der Weise, daß die Auswahl der in Unterhaltungssendungen auftretenden Pfarrer der Kirche selbst überlassen bleibt.

[512] *Thull*, „Nur gut gemeint", in: FK 29/1998, S. 5.

[513] *Schmid*, Reine Richtungs- oder bloß Machtkämpfe?; in: FK 4/1998, S. 4; Auskunft des Referats Hörfunk/Fernsehen der Zentralstelle Medien an Verf. (30.3.1999). So werde im SFB das Engagement der Kirchen bei den Privaten aufmerksam beobachtet (*Hammann*, Christen-Hörfunk, Donaukurier vom 21.10.1997, S. 14).

Im Hinblick auf Radio Paradiso warnte der SFB-Intendant Günther *von Lojewski* die Kirchen: „Wenn konkurrierende Programme entstehen und eine verwechselbare Ware angeboten wird, dann muß über die Sonderrechte der Kirchen nachgedacht werden, die aus einer anderen Zeit stammen." (epd medien Nr. 75 v. 27.9.1997 S. 5). Vereinzelt wird bereits eine Aufteilung der Drittsendezeiten gefordert (*Engelbrecht*, Kirchenmonopol, in: Frankfurter Rundschau v. 26.2.1999, S. 13 f.). Durch die Zuwanderung von Ausländern sei eine religiöse und weltanschauliche Homogenität nicht mehr gegeben. Nach einem „Gemeinsamen Wort" der EKD, der Deutschen Bischofskonferenz und der Arbeitsgemeinschaft Christlicher Kirchen 1997 müßten auch in den Medien „ interkulturelle Aspekte" berücksichtigt werden. Hiergegen läßt sich freilich anführen, daß das bloße Faktum bestimmter zahlenmäßiger Verhältnisse nicht zwangsläufig zu einer entsprechenden Berücksichtigung im Rundfunk führen muß (dies zeigt etwa das Beispiel der rundfunkrechtlichen Sonderstellung Jüdischer Kultusgemeinden).

[514] HK 8/98 S. 384.

[515] „Bedenken gegen frommes Radio Maria aus Luxemburg", KNA ID Nr. 38 v. 22.9.1994 S. 5.

wenig beachtete Alternative[516] zum bisherigen Engagement im Rundfunk könnte zukünftig im offenen Kanal und im nichtkommerziellen Rundfunk liegen. Hier wäre ein direktes Zuwortkommen der Kirche gesichert, ohne daß die Stellung der Kirchen bei den öffentlich-rechtlichen Anstalten Schaden nähme. Durch den lokalen Bezug könnte in Entsprechung zum Parochialsystem ein unmittelbarer Bezug zur Gemeinde hergestellt werden. Für die Übertragung von Gottesdiensten und Feierlichkeiten der Ortsgemeinden bietet sich schließlich der Veranstaltungsfunk an.[517]

---

[516] So zeigte sich Wolfgang *Thaenert*, Direktor der hessischen Landesanstalt für privaten Rundfunk, verwundert darüber, daß die Großkirchen – anders als die Freikirchen – von dieser Möglichkeit kaum Gebrauch machen, epd Ausg. 80 v. 12.10.1996 S. 19-20.

[517] Siehe S. 31 f.

D. Kirchlicher Rundfunk aus wirtschaftlicher Sicht

I. Kirche und privates Formatradio

Die von den Kirchen zu treffende Entscheidung zwischen Integration, insbesondere durch eigene Sendezeiten, und Koordination im Wege eigener Veranstaltungen hat auch eine wirtschaftliche Dimension, die – wie die Schwierigkeiten christlicher Veranstalter zeigen – nicht vernachlässigt werden darf. Die Einbindung des Kirchlichen in den Rahmen säkularer Programme hat unbestreitbare Vorteile für die Kirche. Denn die Quotenorientierung kommerzieller Sender gewährleistet zugleich eine Breitenwirkung, die es der Kirche ermöglicht, eine maximale Anzahl von Hörern anzusprechen und auch kirchenferne Kreise zu erreichen. Erschwert wird die Eingliederung des kirchlichen Beitrags in kommerzielle Programme allerdings durch den Umstand, daß sich im werbefinanzierten Rundfunk mehr und mehr die Darbietungsform des „Formatrundfunks" durchsetzt, also der Zuschnitt des Gesamtprogramms auf bestimmte Hörerschichten in bezug auf Musik, Information und Präsentation.[518] Da Privatsender dem Gebot der Massenattraktion gehorchen, steht im Fall der Integrationslösung indirekt auch die Kirche unter dem Zwang, durch Anpassung an das Programmformat ein möglichst gutes „Werbeumfeld" abzugeben, um nicht auf abgelegene Sendezeiten verwiesen zu werden. Dementsprechend sind die evangelischen Privatfunkredaktionen bemüht, kirchliche Themen formatgerecht zu präsentieren und durch eine „zeitgemäße Sprache" von möglichst Vielen verstanden zu werden.[519] Die Vertreter der Integrationslösung müssen sich freilich fragen lassen, was die Kirche in einem „auf Unterhaltung, Show und Schnelligkeit gründenden Programmumfeld" verloren habe.[520] Der Versuch, den kirchlichen Beitrag nahtlos in ein weltliches Programmumfeld einzufügen[521] kann allzu leicht dazu führen, daß er als gleichwertiger Bestandteil des Programms, ja als ein Ausdruck der übergreifenden weltlichen „Programmphilosophie" mißdeutet wird. Hierdurch würde der kirchliche Verkündigungsauftrag in seiner Besonderheit nivelliert und in seiner Glaubwürdigkeit beeinträchtigt.[522] Außerdem riskiert eine Kirche, die gewaltsam „alle" ansprechen will, daß sich von ihr niemand mehr angesprochen fühlt.[523] Tritt die Kirche dagegen als Veranstalter eigener Programme auf, so ist sie in der Festlegung des „Programmformats" frei. Die Trennung von „weltlichem" und kirchlichem Rundfunk eröffnet ihr die Möglichkeit einer echten Profilierung,

---

[518] *Gegenfurtner*, Kirche im privaten Hörfunk, S. 9.

[519] *Kommission f. priv. Rundfunk im GEP*, Grundsatzpapier, Abs. 2 Nr. 4 b.

[520] Vgl. *Haprat*, Katholische Kirche auf privaten Radiowellen, S. 20.

[521] Nach den Worten des Vorsitzenden der Bischofskonferenz, Karl *Lehmann*, dürfe im Rahmen von „Wort zum Sonntag" die Freiheit des Evangeliums nicht „verschleiert" werden. Anpassung sei „tödlich". Die Rede sei vielmehr „immer unangepaßt und provokativ". Zit. nach *Thull*, „Modernes Fossil", in: HK 3/1999, S. 138.

[522] Anders beim „Wort zum Sonntag". Die „Ritualisierung" der Sendung gewährleistet eine hohe Wiedererkennbarkeit und schärft das Profil der Kirche, *Thull*, „Modernes Fossil", in: HK 3/1999, S. 137.

[523] *Spitz-Jöst*, Verkündigung im Internet, in: DPfBl. 2/1999, S. 86.

die freilich mit dem Nachteil behaftet ist, daß nur ein Bruchteil an Zuschauer- bzw. Hörerzahlen zu erwarten ist.

II. Einschalt- oder Begleitradio?

1. Begriffe

Wird im Radiobereich der Weg der Eigenveranstaltung beschritten, so muß entschieden werden, in welcher Weise die Darstellung der Kirche erfolgen soll. Mit dem „Einschaltradio" und dem „Begleitradio" haben sich hier unterschiedliche Kategorien herausgebildet, die für den Publikumserfolg und damit auch für die Erfüllung des kirchlichen Auftrags von erheblicher Bedeutung sind. Unter den Begriff des „Einschaltradios" (bzw. „Kulturradios") werden zusammenfassend anspruchsvolle Hörfunkprogramme, die sich durch ihren hohen Wortanteil auszeichnen und vom Rezipienten ein höheres Maß an Aufmerksamkeit erfordern, gebracht, unabhängig vom inhaltlichen Schwerpunkt.[524] Als Richtwert wird hierfür ein Wortanteil von über 30 % angenommen; jedenfalls aber ab 50 % wird das Programm „die Funktion eines Begleit- und Entspannungsmediums" kaum mehr erfüllen können.[525] Die Programmcharakteristik von Kulturradios zeichnet sich durch mehrere Faktoren aus, die z.T. auf subjektiven Eindrücken beruhen: Hierzu gehören z.B. längere Wortstrecken ohne Musikteppich gemäßigtes Sprechtempo und modulierende Sprechweise, gehobene Ausdrucksweise, Ausführlichkeit, Hintergrundinformationen und kommentierende Bewertung statt Dauerberieselung und „Infotainment". Die Darbietungsform des Einschaltradios wird heutzutage nur von einem relativ kleinen Kreis „kultivierter" Hörer genutzt. Für die Masse der Hörer besitzt der Hörfunk dagegen lediglich die Qualität eines „Nebenbei-Mediums", das ihn auf unkomplizierte Weise und in den verschiedensten Lebenssituationen mit aktuellen Informationen und Unterhaltung versorgt, ohne ihn jedoch dabei von anderen Tätigkeiten abzuhalten.[526] Durch die verminderte Häufigkeit, die Kürze und den „Unterhaltungscharakter" der Wortbeiträge trägt das Begleitradio der geteilten Aufmerksamkeit des Hörers Rechnung.

2. Unterschiedliche Konzepte christlicher Sender

Die innerkirchlichen Meinungsverschiedenheiten im Zusammenhang mit dem Aufbau eigener Sender erklären sich nicht zuletzt aus der Unsicherheit in bezug auf die geeignete Darbietungsform. Den privaten Initiativen, die die Vorreiterrolle übernommen haben, liegen gänzlich verschiedene Konzepte zugrunde. So trägt Radio Paradiso deutliche Züge des Begleitradios, während etwa Radio Horeb als Einschaltradio in Erscheinung tritt. Der ERF vereint gar beide Modelle in sich: „ERF 1 ist ein Einschaltprogramm. Es lädt zum intensiven Zuhören bei längeren Ansprachen und Beiträgen ein. Chormusik, Klassik und Heilslieder umrahmen die

---

[524] *Volpers/Schnier*, Öff.-rl. Kulturradios, S. 534; *Holznagel/Vesting*, Sparten- und Zielgruppenprogramme, S. 32.
[525] *Volpers/Schnier*, Öff.-rl. Kulturradios, S. 536.

Wortbeiträge. ERF 2 ist ein Programm zum Nebenbei-Hören mit viel Musik und kurzen Beiträgen aus Kirche und Gesellschaft. Live-Programme, kontroverse Diskussionen, christliche Popmusik aus Deutschland, England und Amerika runden das Angebot ab".[527]

3. Bewertung

Die vorläufige Erfolgsbilanz kirchlicher Veranstalter scheint dafür zu sprechen, daß diejenigen Sender, die sich mit Einschaltprogrammen unmißverständlich als christlich zu erkennen geben, sich eher besser behaupten als diejenigen, deren Programm „marktgerecht" als Begleitprogramm gestaltet ist. Dies mag daran liegen, daß das kirchliche Programm sein unverwechselbares Profil („unique selling proposition") erst durch die Botschaft des Evangeliums erhält.[528] Wo diese Botschaft im Vordergrund steht, kann sich der Veranstalter der Unterstützung durch die christliche Hörerschaft relativ sicher sein. Andererseits kann es der Kirche nicht nur darum gehen, ihr mediales Erscheinungsbild im Hinblick auf eine genau bestimmte Zielgruppe von christlichen Hörern maßzuschneidern. Schließlich soll ihre Botschaft möglichst viele Menschen erreichen. Die Frage nach dem Programmformat ist nicht zu trennen von der Frage, ob sich das Programm vorwiegend an diejenigen wenden soll, die der Kirche nahestehen, oder die breite Masse der kirchlich Distanzierten[529] angesprochen werden soll. Was die letztere Gruppe anbelangt, so erzeugen die säkularen Begleitprogramme, in denen die Kirche mit eigenen Sendezeiten vertreten ist, eine für eigene kirchliche Sender kaum erreichbare Breitenwirkung. Die Kirche erhält hierdurch die Möglichkeit, ein Erstinteresse an Glauben und Kirche zu wecken. Der so hergestellte Bezug zur Kirche bedarf dann der weiteren Pflege und Vertiefung, die sich am besten durch die Brücke eigener kirchlicher Einschaltprogramme bewirken läßt. Denn das kirchliche Wort in Begleitprogrammen, säkularen wie kirchlichen, wird meist nicht hinreichen, um den Hörer aus seiner Anonymität heraus in den Gottesdienst zu bewegen. Vielfach dürfte es aber ein „Einschaltinteresse" hervorrufen, dem die Kirche durch eine authentische und umfassende Selbstdarstellung in eigenen christlichen Kanälen entsprechen kann.

III. Finanzierung durch Werbung?

Wie das Bundesverfassungsgericht[530] treffend konstatiert, stellt sich das Rundfunkprogramm aus dem Blickwinkel der werbenden Wirtschaft in erster Linie als Umfeld von Werbesendungen dar. Die Vorstellung eines ausschließlich werbefinanzierten kirchlichen Rundfunks

---

[526] Vgl. *Haprat*, Katholische Kirche auf privaten Radiowellen, S. 20.
[527] www.erf.de.
[528] I.d.S. Johannes *Rau* anläßlich einer Berliner Podiumsdiskussion am 24.2.1999 (epd-Wochenspiegel 9/1999 S. 6): Wolle die Kirche im Medienbereich bestehen und nicht der Beliebigkeit anheimfallen, so müsse ihre Botschaft im Vordergrund stehen. Dagegen befürchten andere (*Schmid*, Heil durch Kirchenmusik?, in: FK 40/1997, S. 22) bei fortgesetzter Ausstrahlung von Gottesdiensten und Kirchenmusik die Entstehung von „Gesinnungsghettos".
[529] Vgl. *Haprat*, Katholische Kirche auf privaten Radiowellen, S. 20.
[530] BVerfGE 83, 238 [311].

erscheint daher wenig realistisch.[531] Die wettbewerbsorientierte und in stetigem Veränderungsprozeß stehende Werbeindustrie wird sich von einem Sender, dessen Träger Werte mit absolutem Geltungsanspruch vermitteln will, wenig erhoffen. Je nach Nähe des jeweiligen Programmbestandteils zur christlichen Botschaft, fiele die eingefügte Werbung mehr oder weniger als Kontrastpunkt und unerwünschter Fremdkörper negativ auf. Auch den Kirchen selbst kann hieran nicht gelegen sein[532], zumal Werbung zur Erzielung größerer Wirkung regelmäßig in provozierender Weise an menschliche Bedürfnisse appelliert und insbesondere im Fernsehbereich Anreize schafft, die sich mit christlichen Grundsätzen vielfach nicht vereinbaren lassen. Die Folge wären Glaubwürdigkeitsverluste und Interessenkollisionen im Zusammenhang mit der Darstellung der Themen.[533] Gefahr besteht auch insofern, als regelmäßig fließende Werbeeinnahmen leicht zur Kalkulationsgrundlage gemacht werden und dadurch Abhängigkeitsverhältnisse entstehen können. Um bei dünner Finanzdecke den Betrieb aufrecht erhalten zu können, könnten sich Veranstalter dazu veranlaßt sehen, die Werbung sowie ihre Kompatibilität mit dem Programmumfeld weniger kritisch zu beobachten. Ein sinkendes Werbungsniveau hätte aber mit hoher Wahrscheinlichkeit einen Rückgang der Einschaltquote zur Folge, was wiederum den Preis der Werbeminute schrumpfen ließe, so daß eine neuerliche Erhöhung des Werbeanteils zur Deckung des Finanzbedarfs erforderlich würde. Schließlich wären Rückwirkungen auf die Rechtsposition der Kirche in Programmen Dritter zu besorgen. So wäre beispielsweise der Schutz gottesdienstlicher Sendungen vor Unterbrecherwerbung[534] nicht mehr ohne weiteres zu rechtfertigen, wenn sich abzeichnet, daß die jeweilige Kirche in ihren eigenen Programmen solche Werbeformen gleichermaßen einsetzt.

Für die Werbeindustrie kann kirchlicher Rundfunk freilich gerade durch die Ernsthaftigkeit seines Anliegens attraktiv sein. Der Werbeerfolg hängt nicht nur vom Werbeinhalt, sondern auch vom Renommee des Werbeträgers sowie von der Qualität des Rahmenprogramms ab.[535] Namentlich die öffentlich-rechtlichen Programme genießen bei den Zuschauern ein hohes Ansehen und werden in der Regel für seriös und glaubwürdig befunden.[536] Ein kirchlicher Sender läßt durch seine Zielsetzung ein dem öffentlich-rechtlichen Rundfunk vergleichbares

---

[531] Vgl. *Link/Pahlke*, Kirchen und privater Rundfunk, S. 25; kritische Beiträge zur Werbung finden sich in: *Evangelische Konferenz für Kommunikation* [Hrsg.], Der tägliche Sündenfall: Fernsehen und Werbung, Medium-Dokumentation, Frankfurt/M. 1972.

[532] Für die evangelische Kirche aber *EKD*, Publizistisches Gesamtkonzept 1997, S. 10, 11 (6.4.2).

[533] Vgl. Margot *Käßmann* in: epd-Wochenspiegel 18/1999 S. 4.

[534] Z.B. § 44 Abs. 1 RfStV, Art. 14 Abs. 5 ERÜ (Europäisches Übereinkommen über das grenzüberschreitende Fernsehen und Richtlinie des Rats zur Koordinierung bestimmter Rechts- und Verwaltungsvorschriften der Mitgliedstaaten über die Ausübung der Fernsehtätigkeit), Art. 11 Abs. 5 EG-Fernsehrichtlinie vom 3.10.1989, § 9 IX Deutsche-Welle-Gesetz (DWG).

[535] Frankfurter Thesen zur Werbung im Rundfunk, in: Media Perspektiven Heft 8/98 S. 436 ff., 438.

[536] A.a.O., S. 437.

Maß an Glaubwürdigkeit erwarten.[537] Dadurch bringt der Rezipient auch der mit dem Programm transportierten Werbung einen gewissen Vertrauensvorschuß entgegen.[538]

Die Frage nach der Finanzierbarkeit kirchlichen Rundfunks muß letztlich ergebnisoffen bleiben. Ein völliger Verzicht auf Werbeeinnahmen würde dem kirchlichen Anliegen ebensowenig gerecht wie ein rückhaltloses Sich-Einlassen auf den Werbemarkt und dessen Eigengesetzlichkeit. Die Kirche muß hier einen Mittelweg einschlagen und das ihr zur Ausstrahlung unterbreitete Werbematerial nach Inhalt und Form sorgfältig auf seine Vereinbarkeit mit der christlichen Botschaft und dem christlichen Weltbild prüfen. Werbung wird in einem kirchlichen Programm insbesondere dann erfolgreich sein, wenn das werbende Unternehmen in ähnlicher Weise wie die Kirche Vertrauen in Anspruch nimmt und für Werte wie Beständigkeit oder Gemeinschaft eintritt. In erster Linie wird das z.B. für Kreditinstitute, insbesondere für öffentlich-rechtliche zutreffen, aber auch für Versicherungsunternehmen (Prinzip der Solidargemeinschaft), Krankenkassen etc. Dabei muß sich der Veranstalter stets klar machen, daß der „Imagetransfer"[539] auch in umgekehrter Richtung erfolgt und die Kirche mit der Werbebotschaft in Verbindung gebracht wird.[540]

Noch unvermittelter treffen kirchliche und kommerzielle Interessen dort aufeinander, wo Kirchen und Wirtschaftsunternehmen unter gemeinsamer Verantwortung Rundfunk betreiben. Denn „zwischen kommerziellen Investoren und den Kirchen, die einen kirchlich orientierten Rundfunk tragen, müßte ein Zielkonflikt entstehen, der [...] nicht überwindbar wäre und früher oder später entweder zu einer radikalen Veränderung des Programms führen müßte [...] oder zu einer von den wirtschaftlichen Gegebenheiten ausgehenden Konfliktslage. Ins Allgemeinere gewendet, bedeutet dies, daß eigene kirchliche oder kirchennahe Anbieter nur äußerst begrenzt werbefinanziert sein könnten, sondern sich entweder auf direkte kirchliche Finanzzuwendungen oder auf Sponsoring oder andere Formen von Spenden stützen müßten, bei denen eine Einflußnahme auf das Programm ausgeschlossen ist".[541]

Der kommerziellen Werbung wird man in kirchlichen Programmen letztlich nur eine ergänzende Funktion zumessen können. Näherliegend erscheint eine Finanzierung durch

---

[537] Die oft anzutreffende Favorisierung des öffentlich-rechtlichen Rundfunks durch die Kirchen beruht auch auf Gegenseitigkeit: So betrieb der Mitteldeutsche Rundfunk (MDR) 1998 Eigenwerbung durch Herausstellung seiner kirchlicher Beiträge (aus Idea-Spektrum 39/1998 v. 23.9.1998, S. 24).

[538] Kirchliche Veranstalter dürften jedoch gut beraten sein, von diesen Vorteil nur zurückhaltend Gebrauch zu machen. So wurde Radio Paradiso vorgeworfen, es habe Sponsorenwerbung mit der Glaubwürdigkeit der kirchlichen Botschaft betrieben. Diese unterstreiche die Glaubwürdigkeit der Werbebotschaft, vgl. *Quiring*, „Die Seele streicheln", in: Idea Spektrum 8/1997, S. 25.

[539] Frankfurter Thesen zur Werbung im Rundfunk, in: Media Perspektiven Heft 8/98 S. 436 ff. (437); *Heckel*, Die Kirchen im Medienrecht, S. 1024.

[540] Dies gilt insbesondere für das sog. „Sponsoring" als Sonderform der Werbung, bei dem es dem Sponsor gerade darauf ankommt, eine Verbindung zwischen seinen Produkten und dem Sendeinhalt zu schaffen.

[541] *Benda*, Mehr Kanäle - weniger Sinn?, S. 7 f.; Für *Herzog* (in: *Maunz-Dürig*, GG, Art. 5 Abs. 1, 2 Rn. 239 c) ist die Finanzierung durch Spenden, wie vom ERF jahrzehntelang erfolgreich praktiziert, freilich ein „einmaliger oder doch ganz seltener Ausnahmefall."

Abonnementbeiträge oder freiwilligen Zuwendungen; neben Spenden kommen insoweit auch Privatvermächtnisse und Beiträge von Fördervereinsmitgliedern in Betracht.

E. Rundfunkveranstalter als „kirchliche Einrichtung"

„Kirchlichen" Rundfunkveranstaltern können die den Religionsgemeinschaften eingeräumten Rechte unter drei Gesichtspunkten zustehen. Zum einen als eigenständigen Religionsgemeinschaften, zum anderen als Teilen oder Arbeitszweigen der Kirche, drittens als verselbständigten Einrichtungen, die der Kirche zuzurechnen sind. Im folgenden soll die Rechtsstellung formal eigenständiger Veranstalter einer näheren Betrachtung unterzogen werden.

I. Qualifizierung als religiöse Vereine

Der Begriff der Religionsgemeinschaft, hier synonym mit dem verfassungsrechtlichen Terminus der „Religionsgesellschaft" verwendet, bezeichnet eine auf gewisse Dauer begründete Vereinigung mehrerer Personen im Geltungsbereich des Grundgesetzes, deren Anlaß und Zweck die gemeinsame Religion ihrer Mitglieder ist[542] und die als solche eindeutig und erkennbar identifizierbar sein muß.[543] Dabei muß die Vereinigung darauf gerichtet sein, die durch diesen Konsens vorgegebenen Aufgaben umfassend zu bezeugen.[544] Im Hinblick auf die Maßgaben des jeweiligen „Konsenses" lassen sich allgemeingültige Feststellungen über die Bandbreite der hierzu erforderlichen Betätigungen nicht treffen.[545] Jedenfalls aber ist die Vornahme kultischer Handlungen ein Wesenselement praktisch aller Religionsgemeinschaften. Betätigen sich Vereinigungen lediglich in Teilen der von der übereinstimmenden Anschauung beanspruchten Lebensbereiche, sind sie also gerade nicht auf die umfassende Bezeugung des Konsenses ihrer Mitglieder gerichtet, so kommt nur eine Qualifikation als religiöse Vereine in Betracht.[546]

Daß die Wahrnehmung einer umfassenden religiösen Aufgabenstellung durch Rundfunkveranstalter erfolgen *kann* (der Veranstalter also selbst die Rechtsqualität einer Religionsgemeinschaft besitzt), zeigen die US-amerikanischen Fernsehkirchen, mit denen regelrechte „Nebenkirchen"[547] entstanden sind. Für die katholische und evangelische Kirche in Deutschland, sowie auch für die meisten Freikirchen dürfte dagegen eine solche Komplettsurrogation des kirchlichen Lebens durch mediale Darstellungsformen ausscheiden. Die umfassende bekenntnismäßige Zielsetzung äußert sich bei den großen christlichen Kirchen in Gottesdienst, Lehre, Seelsorge, Mission und Diakonie.[548] Mit der Ausstrahlung von Gottesdiensten, katechetischen und Lebenshilfesendungen sowie mit Seelsorgeangeboten können Rundfunk-

---

[542] *Jurina*, Die Religionsgemeinschaft, S. 690 f.
[543] *v. Campenhausen*, Staatskirchenrecht, S. 126 f.
[544] *Obermayer* in: BK, Art. 140 Rn. 41.
[545] *Obermayer*, a.a.O.
[546] *Jurina*, Die Religionsgemeinschaft, S. 693; *Obermayer* in: BK, Art. 140 Rn. 41, 48 f. Der Begriff des „Vereins" entspricht im vorliegenden Zusammenhang nicht der Legaldefinition des § 2 Abs. 1 Vereinsgesetz (v. 5.8.1964, BGBl. I S. 593), sondern wird in einem umfassenderen Sinn gebraucht.
[547] Zu den sog. „electronic churches" siehe *Schmied*, Kanäle Gottes, S. 11 ff.
[548] *Obermayer* in: BK, Art. 140 Rn. 41.

sender zwar zentrale Wirkbereiche im Sinne des kirchlichen Auftrags abdecken. Doch besteht allseitige Übereinstimmung darüber, daß der Rundfunk als Massenkommunikationsmittel den persönlichen Kontakt nicht ersetzen kann und soll[549], sondern Ergänzungs- und Mittlerfunktion hat. So findet insbesondere bei der Übertragung von Gottesdiensten die kultische Handlung nicht im Studio statt, sondern in der Kirche; durch den Rundfunk wird sie lediglich medial vermittelt. Es bleibt kirchennahen Rundfunkveranstaltern indessen unbenommen, sich die partielle Pflege des jeweiligen Bekenntnisses zur Aufgabe zu machen. Bei entsprechender satzungsmäßiger Zielsetzung sind ihre Träger ebenso wie die der kirchlichen Krankenhäuser, Schulen und caritativen Einrichtungen als religiöse Vereine anzuerkennen.

II. Religiöse Vereine und kollektive Religionsfreiheit

1. Schutz freier Gründung durch Art. 9 GG

Die freie Bildung von Religionsgemeinschaften wird durch Art. 4 GG und Art. 137 Abs. 2 WRV gewährleistet.[550] Als kollektives Freiheitsrecht umfaßt die Religionsfreiheit „auch die Freiheit des organisatorischen Zusammenschlusses zum Zwecke des gemeinsamen öffentlichen Bekenntnisses, insbesondere die Freiheit der Kirchen in ihrer historisch gewordenen Gestalt zum Bekenntnis gemäß ihrem Auftrag".[551] Der in Art. 9 GG gewährleisteten Vereinigungsfreiheit geht sie als spezielle Regelung vor.[552] Dagegen steht die Bildung und der Bestand von religiösen Vereinen unter dem Schutz des Art. 9 Abs. 1 GG. Im Unterschied zu Religions- und Weltanschauungsgemeinschaften sind religiöse „Vereine" auch nicht vom Anwendungsbereich des Vereinsgesetzes (§ 2 Abs. 1, Abs. 2 Nr. 3) ausgenommen und können daher nach Art. 9 Abs. 2 GG, §§ 3 ff. Vereinsgesetz verboten werden.[553] Hinsichtlich der Organisationsstruktur kommt insbesondere die Rechtsform des eingetragenen Vereins nach §§ 21 ff. BGB in Betracht. Die Vereinigung kann jedoch auch eine andere Rechtsform wählen, z.B. die der (gemeinnützigen) GmbH.[554]

2. Schutz der Betätigung nach Art. 4 GG

Gleichwohl wird die Betätigung religiöser Vereine durch das Grundrecht des Art. 4 GG gewährleistet.[555] Unter seinen Schutz fallen dabei nicht nur die verfaßten Kirchen und Religionsgemeinschaften, sondern nach der Rechtsprechung des Bundesverfassungsgerichts auch ihnen gegenüber verselbständigte Vereinigungen, „die sich nicht die allseitige, sondern nur die partielle Pflege des religiösen oder weltanschaulichen Lebens ihrer Mitglieder zum Ziel

---

[549] Siehe oben S. 62, 65.
[550] *Muckel*, Kirchliche Vereine, S. 828.
[551] BVerfGE 42, 312, 323; 53, 366 [387].
[552] Löwer in: *v. Münch/Kunig*, GG, Bd. 1, Art. 9 Rn. 31; *v. Mangoldt/Klein/v. Campenhausen*, GG, Art. 140 Abs. 2 Rn. 17.
[553] Vgl. *Muckel*, Kirchliche Vereine, S. 829.
[554] Vgl. *Muckel*, Kirchliche Vereine, S. 828.
[555] *Muckel*, a.a.O.; *Jurina*, Die Religionsgemeinschaft, S. 693.

gesetzt haben. Voraussetzung dafür ist aber, daß der Zweck der Vereinigung gerade auf die Erreichung eines solchen Ziels gerichtet ist".[556] Dies gilt ohne weiteres bei „organisatorisch oder institutionell mit der Kirche verbundenen Vereinigungen wie kirchlichen Orden, deren Daseinszweck eine Intensivierung der gesamtkirchlichen Aufgaben enthält. Es gilt aber auch für andere selbständige oder unselbständige Vereinigungen, wenn und soweit ihr Zweck die Pflege oder Förderung eines religiösen Bekenntnisses oder die Verkündigung des Glaubens ihrer Mitglieder ist. Maßstab für das Vorliegen dieser Voraussetzungen kann das Ausmaß der institutionellen Verbindung mit einer Religionsgemeinschaft oder die Art der mit der Vereinigung verfolgten Ziele sein".[557]

3. Abstufung nach gesellschaftlicher Relevanz

Die Übereinstimmung mit dem Bekenntnis der Kirche rechtfertigt allerdings noch nicht die Berufung des Vereins auf die gesellschaftliche Stellung und Bedeutung der Kirche. Vielmehr spricht der Verein zunächst nur für seine Mitglieder. Dies ist insofern von Bedeutung, als der Staat, soweit privatrechtlichen Religionsgemeinschaften aus Art. 4 GG das Recht zur öffentlichen Verkündigung und zur öffentlichen Glaubenswerbung zuwächst, die soziale Relevanz der Gesellschaft in der Öffentlichkeit berücksichtigen und entsprechend gewichten darf.[558] Der Gleichheitsgrundsatz, aus dem auch nicht- bzw. teilrechtsfähige Personengruppen berechtigt werden, bewirkt keine vollkommene Parität im Sinne einer Egalisierung[559], sondern erlaubt und erfordert Differenzierungen, die auf tatsächlichen Unterschieden beruhen.[560] Wenn aber die gesellschaftliche Relevanz bei Religionsgemeinschaften Abstufungen zuläßt, so muß dies erst recht für Vereinigungen gelten, die die vom jeweiligen Bekenntnis festgelegten Aufgaben nur partiell erfüllen wollen. Dementsprechend kann – und muß – auch im Bereich des Rundfunks eine Gewichtung nach Maßgabe der gesellschaftlichen Relevanz der Vereinigung erfolgen. Durch die Betätigung religiöser Vereine kann somit die Repräsentationsbasis der Kirche insgesamt nicht beliebig verbreitert werden kann. Tritt ein religiöser Verein berechtigtermaßen mit dem Anspruch auf, als Rundfunkveranstalter die Kirche zu vertreten, so ist sein Wirken unabhängig von formellen Gesichtspunkten als kirchlicher Beitrag zu werten und bei künftigen Zulassungsentscheidungen zu berücksichtigen. Dabei stellt sich zwangsläufig die nachfolgend behandelte Problematik, unter welchen Umständen ein privater Veranstalter als Teil der verfaßten Kirche anzusehen ist.

III. Teilhabe am Selbstbestimmungsrecht der Kirche?

Die Regelungs- und Verwaltungsbefugnis nach Art. 137 Abs. 3 WRV ist nur den Religionsgemeinschaften gewährleistet und wird anderen religiösen Vereinigungen daher erst durch die

---

[556] BVerfGE 24, 236, [246 f.] („Lumpensammler-Entscheidung" vom 16.10.1968).
[557] BVerfGE 24, 236 [246f.].
[558] *Jurina*, Die Religionsgemeinschaft, S. 699, 700.
[559] *Heckel*, Parität, S. 593, 599 f.
[560] *v. Campenhausen*, Staatskirchenrecht, S. 151; BVerfGE 19, 1 [8].

Zuordnung zu einer Religionsgemeinschaft mit umfassender religiöser Zielsetzung vermittelt.[561] Nach der Rechtsprechung[562] „sind nicht nur die organisierte Kirche und die rechtlich selbständigen Teile dieser Organisation, sondern alle der Kirche in bestimmter Weise zugeordneten Einrichtungen ohne Rücksicht auf ihre Rechtsform Objekte, bei deren Ordnung und Verwaltung die Kirche grundsätzlich frei ist, wenn sie nach kirchlichem Selbstverständnis ihrem Zweck oder ihrer Aufgabe entsprechend berufen sind, ein Stück Auftrag der Kirche in dieser Welt wahrzunehmen und zu erfüllen".[563] Die Zugehörigkeit zur Kirchenverwaltung sei nicht maßgebliches Kriterium; für die Zuordnung zur Kirche genüge es, wenn die Einrichtung der Kirche „so nahe steht, daß sie teilhat an der Verwirklichung eines Stücks Auftrag der Kirche im Geist christlicher Religiosität, im Einklang mit dem Bekenntnis der christlichen Kirche und in Verbindung mit den Amtsträgern der Kirche".[564] Die ständige Rechtsprechung des Bundesverfassungsgerichts wird auch von der Literatur gebilligt.[565]

IV. Zuordnungskriterien

1. Organisatorische Verbundenheit

Die institutionelle Verbindung mit der Kirche folgert das Gericht aus verschiedenen Kriterien. In personeller Hinsicht kommt insoweit in Betracht die ausschließliche oder überwiegende Mitgliedschaft kirchlicher Bediensteter[566], die Verpflichtung auf das Bekenntnis[567], die statutsgemäße Betrauung von kirchlichem Personal mit den Aufgaben der Einrichtung[568] und die Zuständigkeit für dessen Anstellung und Entlassung.[569] Zu berücksichtigen ist auch die Zusammensetzung leitender Gremien[570]; der Mitwirkung hieran in amtlicher Eigenschaft[571]

---

[561] *v. Campenhausen*, ebd., S. 136; *Jurina*, Die Religionsgemeinschaft, S. 693 f.

[562] BVerfGE 46, 73 ff [LS 1, 85 ff.].

[563] Zur Begründung führt das Gericht Art 138 Abs. 2 WRV an. Würden dort die „Anstalten, Stiftungen und sonstigen Vermögen" als den Religionsgesellschaften zugehörig bezeichnet („an ihren"), so müsse derselbe Begriff der Religionsgesellschaft auch dem Art. 137 Abs. 3 WRV zugrunde gelegt werden; BVerfGE 46, 73 [86].

[564] BVerfGE 53, 366 [392] unter Bestätigung von BVerfGE 46, 73ff.

[565] Etwa *Robbers*, Kirchliche Einrichtungen, S. 182; *Isensee*, karitative Betätigung, S. 680 f.; *Muckel*, Kirchliche Vereine, S. 828; *Faltin*, Freigemeinnützige Krankenhausträger, S. 34; *v. Campenhausen*, Staatskirchenrecht, S. 193 f.

[566] BVerfGE 46, 73 [87 ff.].

[567] BVerfGE 53, 366 [397].

[568] BVerfGE 46, 73 [87 ff.].

[569] BVerfGE 46, 73 [87 ff.].

[570] Z.B. des Vorstands, des Aufsichtsrats oder des Kuratoriums. So legte das Gericht im Fall BVerfGE 46, 73 [87 ff.] Wert auf die Feststellung, daß auch nach der Erweiterung der Mitgliederzahl des verwaltenden Kuratoriums der bestimmende Einfluß der Geistlichkeit erhalten blieb (S. 92 ff.), und zwar derart, daß sich regelmäßig die Geistlichkeit durchsetzt. Soweit es sich bei den Bürgern um „Laien" handelt, sei das Laienverständnis nach dem 2. Vatikanischen Konzil zugrunde zu legen. Danach sei der Laie nicht „kirchenfremd", sondern „Organ der Kirche", die in ihm gegenwärtig sei (S. 93). An anderer Stelle wird ein Übergewicht von Klerikern nicht verlangt (dafür jedoch das katholische Bekenntnis), BVerfGE 53, 366 [394].

[571] BVerfGE 46, 73 [87 ff.]. Es handelte sich um die in der Rechtsform eines nichtrechtsfähigen Vereins organisierte „Vereinigung katholischer ländlicher Jugend Deutschlands", die aufgrund wettbewerbsrechtlicher

sowie das Bestehen von Aufsichts[572]- Genehmigungs[573]- und Weisungsrechten[574] der Kirche gegenüber der Einrichtung. Weiterhin spricht für die Zuordnung zur Kirche die uneigennützige Überschußverwendung[575] und der Anfall des Vermögens an die Kirche bei Auflösung der Einrichtung mit der Maßgabe der Verwendung ausschließlich zu mildtätigen Zwecken.[576] Im Bereich des Rundfunks verdient vor allem die personelle Verbundenheit mit der Kirche Beachtung, da das religiöse Proprium des Programms im wesentlichen durch die redaktionelle programmgestaltende Tätigkeit bestimmt wird. Die Zugehörigkeit zur Kirche wird mithin durch die Personalunion zwischen kirchlichem Personal und Mitarbeitern, namentlich im Bereich der Programmgestaltung, der Programmverantwortung, der Auswahl und der Aufsicht über redaktionelle Mitarbeiter indiziert.

2. Bekenntnismäßige Verbundenheit

a) Verfolgung kirchlicher Ziele

Die Teilnahme an kirchlichen Aufgaben wird regelmäßig durch den satzungsgemäßen Zweck des Trägers der Einrichtung bekundet.[577] bzw. durch die „religiöse Gesinnung" seiner Begründer als dem Leitmotiv ihres Handelns.[578] Dabei kommt dem Umstand Bedeutung zu, ob und inwieweit sich die Tätigkeit der Einrichtung nach Maßgabe des kirchlichen Selbstverständnisses als Religionsausübung darstellt.[579] Für die Wahrnehmung kirchlicher Grundfunktionen spricht etwa die Anerkennung der Tätigkeit in Kirchenverträgen und Konkordaten.[580]

b) Anerkennung durch die Kirche

In der Frage der bekenntnismäßigen Zugehörigkeit zur Kirche bezieht sich das Bundesverfassungsgericht im wesentlichen auf die von der Einrichtung verfolgte Zielsetzung. Der förmlichen Anerkennung durch die Kirche wird für die institutionelle Verflechtung lediglich eine Indizfunktion zugemessen.[581] Dennoch genügt die kirchliche Zielsetzung allein nicht, um die

---

Vorschriften zur Unterlassung des Aufrufs zur Teilnahme an caritativ motivierten Altmaterialsammlungen durch Kanzelabkündigung verurteilt wurde.

[572] BVerfGE 53, 366 [398].

[573] Insbesondere in Fragen, die Bestand und Zweckbestimmung des Vereins betreffen. So bedurfte bei BVerfGE 46, 73 [87 ff.] jede Statusänderung der Genehmigung des Bischofs.

[574] BVerfGE 53, 366 [398].

[575] BVerfGE 53, 366 [396].

[576] BVerfGE 53, 366 [396].

[577] BVerfGE 24, 236, 247;46, 73 [87 ff.]; 53, 366 [392]; 70, 138 [163].

[578] Ausführlich hierzu BVerfGE 46, 73 [87 ff.].

[579] Nach BVerfGE 53, 366 [393] trifft dies im Hinblick auf das caritative Wirken des Trägervereins zu.

[580] BVerfGE 53, 366 [393].

[581] *Isensee*, karitative Betätigung, S. 680, 681. Allerdings stand bei den vom BVerfG zu entscheidenden Fällen das dem Selbstverständnis der Kirche entsprechende Handeln der Einrichtungen außer Frage und konnte stillschweigend als gegeben vorausgesetzt werden. Bei den auf privater Grundlage beruhenden „Kirchensendern" ist dagegen problematisch, ob und inwieweit deren Betätigung dem kirchlichen Selbstverständnis entspricht, wie aus den Unsicherheiten der verfaßten Kirche im Umgang mit den privaten Initiativen und den heftig geführten Diskussionen hervorgeht (s.o.).

bekenntnismäßige Verbundenheit mit der Kirche herzustellen. Immerhin wird durch Art. 137 Abs. 3 WRV hinsichtlich der Einrichtung die Kirche selbst berechtigt.[582] Unabhängig von der Frage, ob es sich bei der Rechtsstellung des Vereins um eine abgeleitete handelt[583], erschiene es jedenfalls fragwürdig, der Kirche Rechte hinsichtlich solcher Einrichtungen „aufzudrängen", deren Zugehörigkeit zum kirchlichen Bereich von ihr abgelehnt wird. Zudem bestünde für die Kirche die Gefahr einer Aushöhlung ihrer Lehre, wenn Vereinigungen partiell kirchliche Zwecke verfolgen, ohne jedoch im übrigen mit dem kirchlichen Auftrag übereinzustimmen.[584] Man wird daher ein beidseitiges Näheverhältnis fordern müssen, d.h. eine Anerkennung der Einrichtung durch die Kirche. Für eine solche bedarf es eines Erklärungstatbestands der intern für entsprechende Organisationsmaßnahmen zuständigen Stelle, aus dem der Wille der Religionsgemeinschaft hervorgeht, das Wirken der Einrichtung entspreche ihren Zielen. Entbehrlich ist eine ausdrückliche Willensäußerung nur dann, wenn die Voraussetzungen einer organisatorischen Zuordnung vorliegen, da die partielle Wahrnehmung kirchlicher Aufgaben in diesem Fall „konkludent" zum Ausdruck gebracht wird.

c) Anerkennung nach katholischem Kirchenrecht

Das kanonische Recht unterscheidet zwischen öffentlichen und privaten Vereinen. Für die Errichtung öffentlicher Vereinigungen ist nach Can. 312 § 1 auf gesamtkirchlicher und internationaler Ebene der Heilige Stuhl, auf nationaler Ebene die Bischofskonferenz und für diözesane Vereinigungen der jeweilige Diözesanbischof (bzw. die in einem päpstlichen Privileg genannte Stelle mit dessen Genehmigung [Can. 312 § 2]) zuständig. Mit der Errichtung erlangt gem. Can. 313 die Vereinigung uno actu und automatisch die öffentliche Rechtssubjektqualität (als persona iuridica) und erhält den Sendungsauftrag (missio).

Das Recht zur gemeinsamen Verfolgung kirchlicher Ziele durch private Initiativen (incepta, Can. 216) und in Vereinen (consociationes, Can. 299 § 2) steht allen Gläubigen zu. Sind die Ziele einer Vereinigung auf die Förderung des amtlichen Gottesdienstes, der christlichen Lehre, der Evangelisierung oder der Caritas gerichtet oder wollen sie „die zeitliche Ordnung mit christlichem Geist beleben" (Can. 298 § 1), so kann eine Belobigung, eine Empfehlung oder eine Anerkennung (recognitio) durch die kirchliche Autorität erfolgen (Can. 299 § 2 und 3). Dabei setzt die letztere eine Überprüfung (recognitio) der Statuten durch die zuständige Stelle voraus, die auf eine „Unbedenklichkeitsentscheidung" hinausläuft.[585] Zur Führung des Attributs „katholisch" bedarf darüber hinaus jede Vereinigung der Zustimmung der zuständigen kirchlichen Autorität, die nach Can. 312 für die Gründung zuständig ist. Von alldem bleibt jedoch der private Rechtsstatus der Vereinigung unberührt. Zum Erwerb der Rechtspersonalität ist gem. Can. 322 § 1 ein förmliches Dekret der in Can. 312 § 1 bezeichneten Stellen

---

[582] BVerfGE 46, 73 ff [LS 1, 85 ff.].
[583] In diesem Sinn *Muckel*, Kirchliche Vereine, S. 833, 834, *v. Campenhausen*, Staatskirchenrecht, S. 195.
[584] *Muckel*, Kirchliche Vereine, S. 834.
[585] *Schulz* in: *Lüdicke*, Münsterischer Kommentar zum Codex Iuris Canonici, Can. 299 Rn. 6.

erforderlich. Voraussetzung hierfür ist die Billigung (probatio) durch die kirchliche Autorität (Can. 322 § 2), die von der recognitio zu trennen ist.

Die Erstreckung des weltlichen Selbstbestimmungsrechts auf kirchliche Vereinigungen findet zwar kirchenrechtlich ihre Entsprechung in dem statusrechtlichen Akt der Zuerkennung der öffentlichen Rechtspersönlichkeit nach Kirchenrecht; sie setzt eine solche jedoch nicht notwendigerweise voraus, da es allein um die bekenntnismäßige Verbundenheit mit der Kirche geht. Für eine Anerkennung genügt daher eine formalisierte „kirchenamtliche Erklärung, aus der sich unzweideutig ergibt, daß die Arbeit des Vereins kirchlichen Zielen entspricht und von der Kirche anerkannt wird".[586] Auch der förmlichen Belobigung oder Empfehlung durch die zuständige Stelle (Papst, Bischofskonferenz oder Diözesanbischof) wird man einen solchen Erklärungsinhalt zumessen dürfen.[587]

d) Anerkennung nach evangelischem Kirchenrecht

Eine allgemeine Kodifikation des Verhältnisses der evangelischen Kirchen zu ihnen nahestehenden Vereinigungen besteht auf evangelischer Seite nicht. In Betracht kommt jedoch die Einstufung der Einrichtung als kirchliches „Werk". Hierbei handelt es sich um Vereinigungen von Menschen mit gliedschaftlicher Struktur[588], die als kirchliche Vereine Träger des Selbstbestimmungsrechts sind[589]. Für den Bereich der VELKD läßt es das Werkegesetz[590] neuerdings zu, daß nunmehr auch kirchliche Werke mit publizistischem Charakter auf Antrag zum „Werk der VELKD" erklärt werden können, sofern sie die in Art. 1 bis 3 der Verfassung der VELKD niedergelegten Grundlagen bejahen. Die Anerkennung bedarf eines Beschlusses der Bischofskonferenz und der Kirchenleitung, der im Amtsblatt der VELKD zu veröffentlichen ist.[591] Im Bereich der ELKiB regelt die Anerkennung das Anerkennungs- und Zuwendungsgesetz.[592] Voraussetzung ist nach § 2 Abs. 2 ein kirchliches Interesse an der Tätigkeit der Vereinigung sowie die Bindung an das Bekenntnis und die Ordnungen der ELKiB in ihrer Satzung oder Ordnung und ihrer tatsächlichen Geschäftsführung. Wo es an ausdrücklichen Regelungen fehlt[593], bedarf es einer einzelfallbezogenen Prüfung.[594] Aus Gründen der Rechtssicherheit wird man jedoch ein Mindestmaß an Formalisierung fordern müssen.[595]

---

[586] *Muckel*, Kirchliche Vereine, S. 834 m.w.N.
[587] Vgl. *Muckel*, Kirchliche Vereine, S. 835.
[588] *Liermann*, Diakonisches Werk, in: ZevKR 16, S. 160.
[589] *Muckel*, Kirchliche Vereine, S. 835.
[590] Kirchengesetz der VELKD über die Stellung lutherischer kirchlicher Werke zur Vereinigten Kirche – Werkegesetz in der Fassung vom 6.11.1997 (abgedr. Amtsbl. Bd. 7, Stück 6, S. 50 ff. sowie bei Martin *Lindow*, Recht und Verlautbarungen der Vereinigten Evangelisch-Lutherischen Kirche Deutschlands, Nr. 600.
[591] § 2 Abs. 1 Werkegesetz der VELKD.
[592] Kirchengesetz über die Anerkennung und die finanzielle Förderung von rechtlich selbständigen Einrichtungen und Diensten vom 11.5.1998 (KABl. S. 162, abgedr. in Jost *Heinzel*, Rechtssammlung der Evangelisch-Lutherischen Kirche in Bayern, München Nr. 5).
[593] Die Ordnung der Evangelischen Kirche der Union i.d.F. der Bekanntmachung vom 22.7.1994 (ABl. EKD S. 405) spricht in Art. 5 Abs. 1 nur von der Förderung missionarischer und diakonischer Werke in ihrer Mitte. Die EKU ist Trägerin einzelner Einrichtungen, regelt jedoch die Anerkennungsvoraussetzungen nicht. Auch im Recht der Evangelischen Kirche Deutschlands (EKD) finden sich hierzu keine Regelungen.

V. Erstreckung auf Veranstaltergemeinschaften

Auch Anbieter- bzw. Veranstaltergemeinschaften können nach den oben genannten Grundsätzen den Status einer kirchlichen Einrichtung erhalten. So bejahte das Bundesverfassungsgericht im Fall St. Marien[596] die Zugehörigkeit einer GmbH zur Kirche, an deren Stammkapital die Kirchengemeinde neben anderen Institutionen nur prozentual (zu 75 %) beteiligt war. Entscheidend war der Umstand, daß die Einrichtung unter dem maßgeblichen Einfluß der Religionsgemeinschaft stand und deren Zwecken zu dienen bestimmt war. Sicherlich könnte bei einer beliebigen Aufsplitterung der Verantwortlichkeit – auch aus Sicht der Religionsgemeinschaft – kaum mehr von „ihrer" Einrichtung i.S.d. Art. 138 Abs. 2 WRV gesprochen werden. Bei Rundfunkveranstaltungen, an denen mehrere Religionsgemeinschaften beteiligt sind, deren jeweiliger Einfluß für sich genommen nicht ausreicht, um eine Zuordnung zu ermöglichen, entfällt indessen die religiöse Zielsetzung nicht deshalb, weil die beteiligten Religionsgemeinschaften punktuell unterschiedliche Vorstellungen haben. Sie zu überbrücken ist Sache ihres Selbstverständnisses.[597] Die Entscheidung darüber, ob eine interkonfessionelle Zusammenarbeit möglich ist, kann, weil sie das jeweilige Bekenntnis in seinem Kern berührt, nur von der Religionsgemeinschaft selbst getroffen werden. Der Umstand, daß eine Zusammenarbeit faktisch stattfindet, ist Grund genug, auf die Überwindbarkeit der Unterschiede zu schließen. Voraussetzung ist freilich in jedem Fall, daß dem Zusammenschluß überhaupt ein gemeinsamer religiöser Zweck vorausliegt.

VI. Erfüllung der Kriterien

1. Organisatorische Zuordnung

Eine kirchenamtliche Beteiligung blieb katholisch orientierten, privaten Veranstaltern bisher versagt. Allenfalls finden sich in einzelnen Bereichen Bezüge zur Kirche, etwa dergestalt, daß Leitungsgewalt oder Programmgestaltung in den Händen von Klerikern liegen[598] oder die Zulieferung von Programmbestandteilen oder Nachrichten durch kirchliche Stellen erfolgt.[599] Auf evangelischer Seite haben sich bisher allein an Radio Paradiso Landeskirchen und mehrere kirchliche Werke beteiligt. In Anbetracht der Vielzahl der Gesellschafter sind die evangelischen Kirchen zwar zur Ausübung eines beherrschenden Einflusses außerstande, so daß durch die Beteiligung allein noch keine institutionelle Zuordnung zustande kommt. Sie läßt aber immerhin auf eine kirchliche Anerkennung schließen.

---

[594] *Muckel*, Kirchliche Vereine, S. 835.
[595] *Muckel*, ebd., S. 834.
[596] BVerfGE 53, 366 ff.
[597] Vgl. hierzu OVG Berlin, DVBl. 1999, 554 [556], wonach auch ein ökumenisches (im zugrundeliegenden Fall auf Koran und Sunna basierendes) Selbstverständnis als Ausdruck eines religiösen Selbstverständnisses zu respektieren sei.
[598] Z.B. bei Radio Horeb, Radio Neues Europa.
[599] Zusammenarbeit von Radio Campanile mit der KNA und dem epd.

2. Auftrag der Kirche

a) Ziele der Veranstalter

In den Satzungen und Erklärungen der behandelten Veranstalter ist weitgehend übereinstimmend die Vermittlung christlicher Glaubensinhalte als wesentliches Ziel und Gründungsmotiv des Senders enthalten. Soweit die Kirche das caritative Engagement als eine ihrer grundlegenden Funktionen ansieht, haben die genannten Veranstalter durch Angebote zu Lebenshilfe, Beratung und Seelsorge daran teil.

b) Anerkennung durch die verfaßte Kirche?

Von beiden Kirchen wird anerkannt, daß die Aktivitäten christlicher Privatveranstalter in grundsätzlicher Übereinstimmung mit den kirchlichen Zielen stehen. Diesen Grundkonsens überdeckende und oftmals in den Vordergrund gestellte Vorbehalte gegenüber den Privatinitiativen betreffen vielfach und in erster Linie die Art und Weise der medialen Darstellung. Sicherlich: In der Öffentlichkeit hat die katholische Kirche in Deutschland bisher die Aktivitäten christlicher Sender mit deutlicher Distanz verfolgt und jede offizielle Beteiligung abgelehnt.[600] In bezug auf Radio Horeb und Radio Neues Europa stehen dem allerdings die bischöflichen und päpstlichen Äußerungen gegenüber, in denen die Kirchlichkeit dieser Programme ausdrücklich bestätigt wird. Ein unbehebbarer Widerspruch zu der Position der Bischofskonferenz dürfte hierin nicht zu erblicken sein. Die kritischen Stellungnahmen zwingen nicht zu dem Schluß, daß überhaupt jede Zugehörigkeit der privaten Veranstalter zur Amtskirche ausgeschlossen sein soll. Immerhin wird diesen das Prädikat „wertvoll" verliehen und eine gewisse Solidarität zugesichert. Im übrigen sieht das kanonische Recht gerade differenzierte Abstufungen vor, die von der Belobigung bis hin zur Verleihung der öffentlichen Rechtssubjektsqualität reichen. Infolgedessen ist von einer Anerkennung von Radio Horeb und Radio Neues Europa auszugehen. Leichter läßt sich die Zugehörigkeit der evangelisch ausgerichteten Initiativen zur Kirche begründen. Daß diese aus protestantischer Sicht mit größerer Unbefangenheit als Chance für die Kirche begriffen werden[601], wird durch die tatsächliche Beteiligung an Sendern bestätigt. Indem die evangelische Kirche im *Publizistischen Gesamtkonzept 1997* das Wirken christlicher Veranstalter als Ergänzung des kirchlichen Programmangebots ausdrücklich würdigt und in ihre Planung einbezieht, erkennt sie ihnen zugleich die Teilhabe am Auftrag der Kirche zu. Demnach ist auch von einer Anerkennung der Sender ERF und Radio Paradiso auszugehen.

---

[600] *Jacobi*, BLM-Rundfunkkongress 15./16.10.1997, S. 1.
[601] Johanna *Haberer*, zit. nach Kirche & Neue Medien 11/1997 S. 21.

VII. Zusammenfassung

1. Bei satzungsgemäß religiöser Zielsetzung sind kirchlich orientierte Rundfunkveranstalter als religiöse Vereine zu qualifizieren.

2. In dieser Eigenschaft wird ihre Tätigkeit durch Art. 4 GG geschützt. Abstufungen im Hinblick auf Gewicht und Bedeutung der Vereinigung in der Öffentlichkeit sind möglich.

3. Private Rundfunkveranstalter nehmen als kirchliche Einrichtungen am Selbstbestimmungsrecht der Kirche teil, wenn sie der verfaßten Kirche institutionell zugeordnet sind oder ihre religiöse Zielsetzung förmlich anerkannt wird. Die Kirchlichkeit der Programme von Radio Horeb und Radio Neues Europa ist mehrfach kirchenamtlich bestätigt worden. Die Ziele des ERF und des Senders Radio Paradiso haben förmliche Anerkennung im *Publizistischen Gesamtkonzept 1997* der EKD gefunden.

F. Veranstaltungsrecht auf kirchenvertraglicher Grundlage

I. Ausdrückliches Veranstaltungs- und Beteiligungsrecht

Ein Zugangsrecht der Kirchen zum Rundfunk kommt in den neuen Bundesländern bereits auf kirchenvertraglicher Grundlage in Betracht. Nahezu gleichlautend formulieren die dort mit den Evangelischen Kirchen geschlossenen Verträge, daß „das Recht der Kirchen, privaten Rundfunk nach Maßgabe der landesrechtlichen Vorschriften zu veranstalten oder sich an Rundfunkveranstaltern des privaten Rechts zu beteiligen, [...] unberührt" bleibe.[602] Durch ihre gesetzesförmige Transformation in staatliches Recht werden Konkordate und Kirchenverträge zu Bestandteilen der Rechtsordnung der Staates, d.h. den Kirchen eingeräumte subjektive Rechtspositionen können gerichtlich eingefordert werden.[603] Klärungsbedürftig ist, ob den Kirchen mit der o.g. Vertragsbestimmung ein eigenes Veranstaltungsrecht eingeräumt werden soll, oder es sich lediglich um die Bestätigung einer bestehenden Rechtslage handelt. Für die Zuerkennung einer eigenen Rechtsposition spricht zwar einerseits die Formulierung als „Recht" der Kirchen.[604] Demgegenüber stellt der Maßgabevorbehalt des Landesgesetzes klar, daß eine etwaige Anspruchsposition nur in dem gesetzlich festgelegten Rahmen ausgeübt werden können soll. Genau genommen gilt diese Einschränkung in Sachsen-Anhalt und Brandenburg jedoch nur für die Veranstaltung von Rundfunk, so daß bei wörtlichem Verständnis Beteiligungen an privaten Veranstaltern in unbegrenztem Umfang, d.h. ohne Rücksicht auf die gesetzlichen Konzentrationsbestimmungen, möglich wären. Gegen ein Redaktionsversehen ließe sich immerhin der ausdrückliche Hinweis auf die Gesetzesgebundenheit des Veranstaltungsrechts im gleichen Satz anführen. Andererseits legt es die Formulierung („bleibt unberührt") nahe, von einem bloß deklaratorischen Charakter auszugehen.[605] Bestätigt wird diese Annahme durch den Systemzusammenhang der Bestimmung. Im jeweils vorausgehenden Abs. 1 der Vertragsbestimmung sichern die Länder der Kirche hinsichtlich ihrer Stellung im Rundfunk nichts zu, was nicht ohnehin bereits geltendes Recht wäre. Gleiches wird deshalb für das grundsätzliche Veranstaltungsrecht der Kirchen selbst anzunehmen sein. Sinn und Zweck des Regelungskomplexes ist es, den gegenwärtigen status quo der Kirche festzuschreiben. Aus ihm kann nicht der Wille der Vertragsparteien gewonnen werden, die Kirchen von den allgemein geltenden Konzentrationsbestimmungen generell auszunehmen. Die kirchenvertraglichen Bestimmungen sind daher so zu interpretieren, daß kein materiell-rechtliches Zugangs- und Beteiligungsrecht geschaffen, sondern nur die geltende Rechtslage bestätigt werden soll.

---

[602] Vgl. Art. 21 Abs. 2 Evang. Kirchenvertrag Brandenburg; entsprechend die Regelungen der Evangelischen Kirchenverträge Art. 25 Abs. 2 Meckl.-Vorp., Art. 22 Abs. 2 Sachsen-Anhalt; Art. 23 Abs. 2 Sachsen; Art. 23 Abs. 4 Thüringen.

[603] *Pirson* in: *EvStL*, Vertragskirchenrecht, Sp. 3822, 3823.

[604] In den Mediengesetzen der Länder findet diese keine Parallele, s.u. S. 103 ff.

[605] *Link*, Mitwirkung, S. 288 kommt durch Auslegung der Schlußprotokolle zu demselben Ergebnis.

Die einfachgesetzliche Zulassung der Kirchen im Wege der Gegenausnahme wird im Grunde lediglich positiv gewendet, ohne daß sich inhaltlich etwas verändern würde.

II. Der Öffentlichkeitsauftrag in den Kirchenverträgen

1. Öffentlichkeitsauftrag aus kirchlicher Sicht

Das Verhältnis von Kirche und Öffentlichkeit hat mehrere Facetten: Einerseits schafft die Kirche durch ihre Botschaft und ihr Wirken Öffentlichkeit, andererseits ist sie eben durch dieses Handeln selbst Gegenstand des öffentlichen Interesses. Drittens nimmt sie eine Mittlerstellung zwischen Öffentlichkeit und benachteiligten Gruppen ein, indem sie deren Anliegen an die Öffentlichkeit bringt.[606] Im Sinne dieser Trias kirchlicher Öffentlichkeit gehören insbesondere der Verkündigungsauftrag und die Vermittlungsfunktion im Rahmen der gesellschaftlichen Kommunikation zu den wesentlichen Aufgaben kirchlich-öffentlichkeits-bezogenen Handelns.[607] Aus dem Gebot Gottes, „daß allen Menschen geholfen werde und sie zur Erkenntnis der Wahrheit kommen“[608], erhalte die Kirche ihren Verkündigungsauftrag, kraft dessen sie „in die Welt, in der Welt und für die Welt“ wirke.[609] Um deutlich zu machen, daß es der Kirche nicht um Herrschaft, sondern um den Dienst am Menschen geht, wurde der ursprünglichen Formulierung als „Öffentlichkeitsanspruch“[610] der Begriff des „Öffentlichkeitsauftrags“ zunehmend vorgezogen. Gleichwohl wollen die Kirchen den Öffentlichkeitsauftrag nicht auf den innerkirchlichen Bereich begrenzt verstanden wissen; dieser soll vielmehr in der gesamten Rechtsordnung wirksam werden.[611] Insofern besitzt der Öffentlichkeitsauftrag die Qualität eines gegen Staat und Gesellschaft gerichteten Öffentlichkeitsanspruchs, d.h. eines Anspruchs auf öffentliches Wirken.[612]

Hinsichtlich des Verkündigungsauftrags als „Grundfunktion“ der Kirche[613] stimmen beide Kirchen darin überein, daß die personale Verkündigung des Evangeliums nicht durch mediale Formen surrogiert werden darf. Ein ausbalanciertes Ergänzungsverhältnis zwischen traditioneller und medialer Verkündigung wird aber beiderseits, unter mehr oder weniger starker Betonung des Primats menschlicher Begegnung, befürwortet. Nach dem Verständnis beider Kirchen findet die Verkündigung ihre Grundlage im Bereich der Parochialgemeinde als traditionellem Ort des öffentlichen Wirkens der Kirche. Dort findet Verkündigung in ihrer Reinform, nämlich durch direkte, personale Kommunikation statt. Dem Parochialprinzip kommt daher der lokale Rundfunk am nächsten, der es z.B. alten, gebrechlichen oder kranken

---

[606] *EKD*, Denkschriften, S. 136; *Marnach*, Kirche und Neue Medien, S. 23 ff.
[607] Vgl. *Heckel*, Die Kirchen im Medienrecht, S. 1020.
[608] 1. Timotheus 2,4.
[609] Zur Begründung einer christlichen Publizistik, in: *EKD*, Publizistischer Gesamtplan, S. 25.
[610] Nicht zuletzt im Hinblick auf die Versäumnisse im Dritten Reich haben sich die Kirchen die Pflicht auferlegt, den kirchlichen Standpunkt öffentlich kundzutun. Näher dazu *Redelfs*, Evangelische Kirche, S. 39 ff.
[611] Mikat, Rechtsprobleme des Rundfunks, S. 464.
[612] *Schlaich*, Öffentlichkeitsauftrag, S. 132 m.w.N.
[613] Vgl. *Isensee*, karitative Betätigung, S. 665.

Gemeindemitgliedern ermöglichen kann, den Gottesdienst „ihres Pfarrers" via Rundfunk zu verfolgen.[614]

2. Rechtsqualität des Öffentlichkeitsauftrags?

In staatskirchenrechtlichem Zusammenhang begegnet der Begriff des Öffentlichkeitsauftrags[615] der Kirche erstmals in der Präambel des Loccumer Vertrags. In diesem bezeugen die Vertragsparteien Einigkeit über die Eigenständigkeit der Kirchen und über deren „Öffentlichkeitsauftrag". In der Folgezeit haben Länder und Kirchen mehrere Vertragswerke „in Übereinstimmung über den Öffentlichkeitsauftrag der Kirchen und ihre Eigenständigkeit" beschlossen.[616]

Ob sich hieraus eine Verpflichtung des jeweiligen Landes ergeben kann, das kirchliche Wirkens in der Öffentlichkeit zu schützen und den Zugang der Kirchen zum Rundfunk sicherzustellen, hängt entscheidend davon ab, welche Rechtsqualität der Präambel einerseits und dem Begriff des Öffentlichkeitsauftrags andererseits beizumessen ist. Wesensmerkmal einer Präambel ist es, die dem eigentlichen Vertragsinhalt vorausliegenden Absichten, Zielsetzungen oder Programmsätze in sich aufzunehmen, den Zweck der Regelung erläuternd, ohne dabei selbst rechtlich verbindlich zu sein.[617] Daß die Auslegung der Loccumer Formel auch zu einem anderen Ergebnis führen kann, zeigt *Wunschel* auf, der aus der Verwendung des („Rechts-") Begriffes der „Übereinstimmung" auf den Rechtsgehalt des betreffenden Teils der Präambel schließt.[618] Weil der Öffentlichkeitsauftrag nur aus dem kirchlichen Selbstverständnis erklärbar und die staatliche Rechtsordnung nicht von theologischen Erwägungen bestimmt sei, könne die „Übereinstimmung" nur in rechtlichen, nicht aber in theologischen Kategorien gesehen werden. Hiergegen kann freilich eingewandt werden, daß die Präambel gerade der Ort für unverbindliche Bekundungen über die übereinstimmenden Ziele und Absichten der Vertragspartner ist. Auch spricht die Verwendung von Begriffen, die mit dem kirchlichen Selbstverständnis zusammenhängen, nicht notwendigerweise für eine Ausnahme von der fehlenden Rechtsqualität.

Die Ableitung konkreter Anspruchspositionen aus der Präambel verbietet sich jedenfalls dann, wenn bereits dem Öffentlichkeitsauftrags die Rechtsqualität abzusprechen ist. In der Literatur

---

[614] Siehe oben S. 31 (Pfarrfunk Breitenberg).
[615] *Schlaich*, Öffentlichkeitsauftrag, S. 131 ff.; *Redelfs*, Evangelische Kirche, S. 39 ff.; *Huber*, Kirche und Öffentlichkeit, S. 511 f.
[616] Hierzu *Link*, Mitwirkung, S. 287; im einzelnen, jeweils vor Art. 1: Niedersächsischer Kirchenvertrag, sog. Loccumer Vertrag, vom 19.3.1955 (in: *Listl*, Konkordate, Bd. 2 S. 110); KV vom 23.4.1957 Schleswig-Holstein (ebd. S. 666); Rheinland-Pfälzischer KV vom 31.3.1962 (ebd. S. 488); HessKV v. 18.2.1960 (ebd. Bd. 1, S. 803); Sächs.-Anh. KV, SächsKV; ThürKV (dort im Zusammenhang mit der Religionsfreiheit); vgl. auch das abschließende Protokoll über Besprechungen zwischen Vertretern des Evangelischen Konsistoriums in Berlin [West] der Evangelischen Kirche in Berlin-Brandenburg bzw. des Bischöflichen Ordinariats Berlin und des Senats von Berlin über die Regelung gemeinsam interessierender Fragen, Abschnitt XVI Nr. 2 u. XIII Nr. 2 (in: *Listl*, Konkordate, Bd. 1 S. 696 / 641).
[617] Vgl. auch *Creifelds*, Rechtswörterbuch, S. 873.
[618] *Wunschel*, Sendezeiten, S. 255.

wird z.T. aus der staatlichen Anerkennung des Öffentlichkeitsauftrags gefolgert, daß die publizistische Tätigkeit der Kirche nicht auf den privaten Bereich beschränkt werden dürfe, sondern die Kirche als „wichtiger Faktor des öffentlichen Lebens im Staate, klar unterschieden von bloßen Interessengruppen und politischen Gruppierungen" zu respektieren sei.[619] Den Kirchen dürfe es deshalb nicht verwehrt werden, sich an die „Öffentlichkeit" im umfassenden Sinn zu wenden und einen nicht näher abgegrenzten Kreis von Adressaten anzusprechen.[620] Angesichts der mannigfaltigen Tätigkeitsfelder der Kirchen im öffentlichen Raum erscheint es jedoch zweifelhaft, ob der „Öffentlichkeitsauftrag" zu einem hinreichend klar umrissenen Rechtsbegriff verdichtet werden kann; die Bezugnahme auf den Öffentlichkeitsauftrag ist in erster Linie die „Beschreibung einer Lage, Ausdruck eines Programms und das Ergebnis rechtlicher Wertungen".[621] Soweit Normen des Verfassungsrechts den Zugang der Kirchen zur Öffentlichkeit sichern (Art. 4 GG; Art. 140 GG i.V.m. Art. 137 Abs. 3 und 5 WRV), ist der Öffentlichkeitsauftrag zwar in diesen Rechten angelegt.[622] Um in der staatlichen Rechtsordnung wirksam zu werden, bedarf die geltend gemachte Anspruchsposition vielmehr der Bestätigung durch eine gesetzgeberische Entscheidung[623], die im Fall kirchlicher Rundfunkveranstaltungen bereits mit der einfachrechtlichen und staatsvertraglichen Anerkennung des Veranstaltungsrechts der Kirchen getroffen wurde. Der Öffentlichkeitsauftrag kann daher nicht als eigenständige rechtliche Kategorie begriffen werden, so daß aus der Präambel der Kirchenverträge letztlich keine unmittelbaren Rechtsfolgen hergeleitet werden können.

3. Öffentlichkeitsauftrag als Auslegungsmaßstab

Dagegen ist die staatliche Anerkennung des Öffentlichkeitsauftrags für die Vertragsauslegung durchaus bedeutsam. So hat *Wunschel*[624] die Loccumer Formel als Auslegungsmaßstab für die Angemessenheit von Drittsendezeiten herangezogen, die durch eine Abwägung zwischen staatlichem und kirchlichem Interesse zu ermitteln sei. Dabei müsse die Verbreitung kirchlicher Beiträge als „legitimer Ausdruck kirchlicher Selbstbestimmung" mit Erfordernissen der Ausgewogenheit und der Objektivität in Einklang gebracht werden. Allein vorausgesetzt werde ein vertraglicher Bezugspunkt über den Rundfunk, da wegen der Abstraktheit der Formel und der Gestaltungsfreiheit des Gesetzgebers keine bestimmte Form der kirchlichen Beteiligung vorgezeichnet sei. Dieser Ansatz verdient Zustimmung. Die in der Präambel zutagetretenden Absichten begründen keine unmittelbaren Anspruchspositionen, sie dürfen bei der Vertragsauslegung und der Gewichtung der beiderseitigen Interessen aber nicht vernachlässigt werden.

Im Hinblick auf kircheneigene Veranstaltungen wird der erforderliche Bezug zum Rundfunk durch das ausdrücklich bestätigte Veranstaltungsrecht hergestellt. Nicht anders als das

---

619 *Scheuner*, Schriften zum Staatskirchenrecht, S. 322.
620 *Schlaich*, Öffentlichkeitsauftrag, S. 166.
621 *Schlaich*, ebd., S. 161; vgl. auch *Pirson* in: *EvStL*, Öffentlichkeitsanspruch, Sp. 2283.
622 *Schlaich*, Öffentlichkeitsauftrag, S. 160.
623 *Pirson* in: *EvStL*, Öffentlichkeitsanspruch, Sp. 2282.
624 *Wunschel*, Sendezeiten, S. 256 ff.

Drittsendungsrecht ist auch das Veranstaltungsrecht der Kirchen im Licht des Öffentlichkeitsauftrags zu betrachten und einer inhaltlichen Ausfüllung und Konkretisierung zugänglich.[625] Sehen die Mediengesetze eine Zulassung kirchlicher Träger vor, so hat das vertraglich gebundene Land den Zugang der Kirchen mit Rücksicht hierauf zu gewährleisten und ihnen angemessene Sendefrequenzen zuzuteilen.

---

625 *Wunschel*, ebd., S. 255.

III. Zusammenfassung

1. Die kirchenvertraglichen Regelungen über das „Veranstaltungsrecht" der Kirchen verschaffen diesen kein materiell-rechtliches Zugangsrecht zum Rundfunk.
2. Aus der staatlichen Anerkennung des Öffentlichkeitsauftrags der Kirchen lassen sich kein unmittelbaren Rechtsfolgen für die Rechtsstellung der Kirchen im Rundfunk ableiten.
3. Bei der Auslegung der einfachgesetzlichen Zugangsregelungen ist der Öffentlichkeitsauftrag jedoch zu beachten.

G. Veranstaltungsrecht nach Landesrecht und Staatsverträgen

Für den Zugang der Kirchen zum Rundfunk als Veranstalter sind Rundfunkstaatsvertrag, Teilstaatsverträge und die Landesmediengesetze maßgebend. Wie kaum ein anderes Rechtgebiet wurde das Rundfunkrecht von der Rechtsprechung des Bundesverfassungsgerichts geprägt. Die Zulassungsschranken für private Rundfunkveranstalter stellen sich demgemäß als Konkretisierung der Judikatur des Gerichts zu Art. 5 Abs. 1 S.2 GG dar, die im folgenden kurz nachgezeichnet werden soll.

I. Die Grundlinien der Rechtsprechung

Die herausragende gesellschaftliche Bedeutung des Rundfunks hat das Bundesverfassungsgericht seit jeher betont. Gemäß dem ersten Rundfunkurteil vom 28.2.1961[626], das sich mit der Gründung der Deutschland-Fernsehen-GmbH durch die Bundesregierung befaßte, „gehört der Rundfunk ebenso wie die Presse zu den unentbehrlichen, modernen Massenkommunikationsmitteln, durch die Einfluß auf die öffentliche Meinung genommen und diese öffentliche Meinung mitgebildet wird. Der Rundfunk ist nicht nur „Medium", sondern auch „Faktor" der öffentlichen Meinungsbildung".[627] Da seine meinungsbildende Kraft in vielfältiger Form, namentlich in der Tendenz eines jeden Programms zum Ausdruck gelange, müsse die „institutionelle Freiheit" des Rundfunks ebenso gesichert werden wie die der Presse. Im Unterschied zur Presse bestehe für den Rundfunk allerdings eine Sondersituation, die besondere Vorkehrungen zur Verwirklichung und Aufrechterhaltung der Rundfunkfreiheit notwendig mache. Dies habe seinen Grund darin, daß „innerhalb des deutschen Pressewesens eine relativ große Zahl von selbständigen [...] konkurrierenden Presseerzeugnissen existiert, während im Bereich des Rundfunks sowohl aus technischen Gründen als auch mit Rücksicht auf den außergewöhnlichen Aufwand für die Veranstaltung von Rundfunkdarbietungen die Zahl der Träger solcher Veranstaltungen verhältnismäßig klein bleiben" müsse.[628]

Die Rundfunkfreiheit könne aber auch bei privater Veranstaltung als gesichert angesehen werden, wenn nach der Organisation des Veranstalters die Gewähr dafür bestehe, daß alle gesellschaftlich relevanten Kräfte in seinen Organen Einfluß haben und zu Wort kommen.[629] Art. 5 GG verlange, daß der Rundfunk als „Instrument der Meinungsbildung weder dem Staat noch einer gesellschaftlichen Gruppe ausgeliefert wird".[630] Ferner fordere Art. 5 GG für den Inhalt des Gesamtprogramms Leitgrundsätze, die u.a. ein Mindestmaß an inhaltlicher

[626] BVerfGE 12, 205 ff.
[627] BVerfGE 12, 205 [260]; 59, 231 [257]; 73, 118 [152]; 74, 297 [323]; 83, 238 [296].
[628] BVerfGE 12, 205 [261]; 31, 314 [326].
[629] BVerfGE 12, 205 [262, 263]; 31, 314 [326].
[630] BVerfGE 12, 205 [262]; 31, 314 [325] 57, 295 [322].

Ausgewogenheit gewährleisten; er gebe dem Gesetzgeber auf, diese organisatorischen und sachlichen Grundsätze durch Gesetz allgemein verbindlich zu machen.[631]

Nach den Feststellungen des Gerichts im dritten Rundfunkurteil ermächtige (und verpflichte) der Auftrag an den Gesetzgeber nicht zu einer – allein nach Art. 5 Abs. 2 GG zulässigen – Grundrechtsbeschränkung, sondern zur Ausgestaltung des Grundrechts; dies folge aus der dienenden Funktion der Rundfunkfreiheit.[632] Dabei werde die freie Meinungsbildung nicht schon durch die Abwehr staatlicher Beherrschung sichergestellt. Es bedürfe hierzu vielmehr „einer positiven Ordnung, welche sicherstellt, daß die Vielfalt der bestehenden Meinungen im Rundfunk in möglichster Breite und Vollständigkeit Ausdruck findet".[633] Hierzu seien „materielle, organisatorische und Verfahrensregeln" erforderlich, die eine „hinreichende Wahrscheinlichkeit" für eine gleichgewichtige Vielfalt böten.[634] Die bloße Möglichkeit eines vielfältigen Gesamtangebots genüge hierfür nicht; die inländischen Programme müßten die Vielfalt der Meinungen im wesentlichen auch tatsächlich widerspiegeln.[635] Wegen ihrer Grundrechtsrelevanz sollen die ausgestaltenden Gesetze dem Parlamentsvorbehalt unterliegen.[636] Zu den regelungsbedürftigen, wesentlichen Fragen gehöre zunächst die Entscheidung über die Grundlinien der Rundfunkordnung und damit über die Einführung des privaten Rundfunks überhaupt.[637] Wie er im übrigen seine Aufgabe erfüllen wolle, bleibe –solange die freie, umfassende und wahrheitsgemäße Meinungsbildung gewährleistet sei – seiner Entscheidung überlassen. Insbesondere wird dem Gesetzgeber die Wahl der geeigneten Form der Rundfunkorganisation freigestellt[638]; er könne sich zwischen den zulässigen Ausgestaltungsformen des „binnenpluralistischen" und des „außenpluralistischen" Modells entscheiden.[639] Gegebenenfalls müsse der Gesetzgeber Zugangsregelungen treffen; dies beinhalte auch am Gleichheitssatz orientierte Auswahlregelungen für den Fall der Frequenzknappheit.[640] Die Notwendigkeit ausgestaltender Gesetze bestehe – unabhängig von der Aufgabenerfüllung durch den öffentlich-rechtlichen Rundfunk[641] – auch bei einem Wegfall der beschriebenen Sondersituation fort. Es könne „nicht mit hinreichender Sicherheit erwartet werden, daß das Programmangebot in seiner Gesamtheit kraft der Eigengesetzlichkeit des Wettbewerbs den

---

[631] BVerfGE 12, 205 [263]; 31, 314 [326]; 73, 118 [153].
[632] BVerfGE 57, 295 [319, 321]; 74, 297 [323]; 83, 238 [295, 323].
[633] BVerfGE 57, 295 [320]; 73, 118 [152, 153]; 74, 297 [324]; 83, 238 [296, 332]; 87, 181 [198], BVerfG NVwZ-RR 1999, S. 376 f. [377].
[634] BVerfGE 73, 118 [153]; 57, 295 [324]; 83, 238 [296].
[635] BVerfGE 57, 295 [325].
[636] BVerfGE 57, 295 [321].
[637] BVerfGE 57, 295 [325]; 73, 118 [153].
[638] BVerfGE 57, 295 [321]; 83, 238 [296], BVerfG NVwZ-RR 1999, S. 376 f. [377].
[639] BVerfGE 57, 295 [325]. Im einen Fall wird „der Einfluß der in Betracht kommenden Kräfte intern, durch Organe des jeweiligen Veranstalters vermittelt"(z.B. mit Mitteln des Gesellschaftsrechts oder eines Beirats, BVerfGE 74, 264 [330], im anderen die Rundfunkfreiheit durch externe Vielfalt hergestellt, ohne daß der einzelne Veranstalter zur Ausgewogenheit verpflichtet wäre; vgl. auch BVerfGE 73, 118 [153, 199].
[640] BVerfGE 57, 295 [326; 327]; 73, 118 [153, 154]; 83, 238 [322 f.].
[641] BVerfGE 57, 295 [324].

Anforderungen der Rundfunkfreiheit entsprechen werde", zumal Fehlentwicklungen kaum rückgängig gemacht werden könnten.[642]

Träger der Ausgestaltungsaufgabe sind der nach grundgesetzlichen Kompetenzverteilung die Länder[643], die sich sämtlich zur Einführung des privaten Rundfunks entschieden haben.[644] Dabei handelt es sich überwiegend um ein Mischmodell, das ab dem Überschreiten einer Mindestzahl von Veranstaltern einen Übergang zum Außenpluralismus zuläßt.[645]

II. Allgemeine persönliche Voraussetzungen

1. Zulassungsfähigkeit kirchlicher Träger

Die Regelung des Zugangs erfolgt nach den Mediengesetzen durch das Instrument des Verbots mit Erlaubnisvorbehalts.[646] Die Länder fordern für den Zugang zum privaten Rundfunk daher eine Zulassung bzw. Sendeerlaubnis.[647]

a) Kreis der Veranstaltungsberechtigten

Nach den Mediengesetzen sind wegen der zu wahrenden Staatsfreiheit des Rundfunks grundsätzlich nur natürliche und juristische Personen des privaten Rechts veranstaltungsberechtigt, nicht jedoch juristische Personen des öffentlichen Rechts. Das Veranstaltungsrecht öffentlich-rechtlich verfaßter Religions- und Weltanschauungsgemeinschaften wird jedoch ausdrücklich – in der Regel im Wege der Gegenausnahme zur Nichtzulassung öffentlich-rechtlicher Stellen – anerkannt.[648] Ebenso zählen die Teilstaatsverträge der Länder Berlin, Hamburg, Niedersachsen, Schleswig-Holstein sowie Bremen, Hessen, Nordrhein-Westfalen und Saarland über Satellitenrundfunk die Kirchen zum Kreis der Veranstaltungsberechtigten.[649]

---

[642] BVerfGE 57, 295 [322].
[643] Art. 70 Abs. 1 GG.
[644] Zum bayerischen Sonderweg siehe oben S. 23 f.
[645] Dazu näher unten S. 181 ff.
[646] Vgl. *Hesse*, Rundfunkrecht, S. 222 f.
[647] § 12 Abs. 1 LMG BW, § 24 Abs. 1 StV BB, § 7 Abs. 1 BremLMG, § 22 Abs. 1 HmbMedienG, § 4 Abs. 1 HPRG, § 5 Abs. 1 LRG Nieders., § 4 Abs. 1 LRG NW, § 5 Abs. 1 LRG Rh.-Pf., § 48 Abs. 1 LRG Saarland, § 9 Abs. 1 LRG Schl.-H., § 8 Abs. 1 RGMV, § 5 Abs. 1 SächsPRG, § 4 PRG LSA, § 4 Abs. 1 TRG.
[648] § 8 Abs. 4 Nr. 2 BremLMG, § 6 Abs. 2 Nr. 1 HPRG, § 7 Abs. 1 Nr. 2 LRG Nieders. (ausdrücklich), § 5 Abs. 2 Nr. 1 LRG NW, § 6 Abs. 1 Nr. 1 b) LRG RPf., § 48 Abs. 2 LRG Saarland (danach gelten die Vorschriften für Veranstalter privaten Rechts für Kirchen und öffentlich-rechtliche Religionsgemeinschaften entsprechend); § 9 Abs. 2 Nr. 1 RGMV, § 6 Abs. 1 Nr. 3 a SächsPRG, § 6 Abs. 1 Nr. 2 PRG LSA, § 6 Abs. 2 Nr. 1 TRG, § 13 LMedG BW. § 10 Abs. 1 LRG Schl.-H. a.F. beschränkt den Zugang auf Veranstaltergemeinschaften aus mindestens drei Beteiligten (dieses Erfordernis entfällt bei § 10 Abs. 1 LRG Schl.-H. n.F.) in Privatrechtsform, ermöglicht aber durch § 10 Abs. 3 Nr. 1 LRG Schl.-H. eine Beteiligung von Kirchen. Weiter erhalten nach § 28 Abs. 2 StV BB juristische Personen, an denen eine solche des öffentlichen Rechts beteiligt ist, nur unter der (materiellen) Voraussetzung eine Sendeerlaubnis, daß von ihr im Rahmen einer besonderen Aufgabenstellung Gebrauch gemacht werden soll und die Gefahr staatlicher Einflußnahme ausgeschlossen ist.
[649] Art. 1 Abs. 2 S. 2, Art. 3 Abs. 1 Nr. 2 Sat.-StV Berlin-Hbg.-Nieders.-Schl.-H., Art. 3 Abs. 2 Nr. 1 Sat.-StV Bremen-Hessen-NW-Saarl.

Schließlich können auch in Bayern öffentlich-rechtliche Religions- oder Weltanschauungsgemeinschaften wie jeder andere als Anbieter auftreten.[650]

Teils wird in den Zulassungsregelungen jedoch Abweichendes bestimmt. So werden nach § 23 Abs. 1 HmbMedienG *nur* Personen des Privatrechts als Veranstalter zugelassen. Andere Interessenten, ausgenommen staatliche Stellen und Parteien, werden auf die Möglichkeit zur Beteiligung an einer Anbietergemeinschaft verwiesen. Auch § 10 Abs. 1 LRG Schl.-H. n.F. und der Satellitenstaatsvertrag der Länder Baden-Württemberg, Bayern und Rheinland-Pfalz beschränken die Vergabe und Nutzung eines Kanals für Fernsehzwecke auf private Anbieter.[651] Ob die Staatsfreiheit des Rundfunks im Hinblick auf die öffentlich-rechtlich verfaßten Kirchen solche Einschränkungen wirklich erfordert, bleibt zu klären.

b) Staatsfreiheit des Rundfunk und Korporationsstatus der Kirche

Der Grundsatz der Staatsfreiheit verlangt, daß der Rundfunk staatlichem Einfluß entzogen bleibt.[652] Dem weltanschaulich neutralen Staat ist es insbesondere verwehrt, sich mit bestimmten religiösen oder weltanschaulichen Überzeugungen zu identifizieren.[653] Juristische Personen des öffentlichen Rechts kommen daher grundsätzlich als Veranstalter nicht in Betracht. Anderes gilt nur für Einrichtungen, die „selbst frei von staatlichem Einfluß sind und denen Rechte gegenüber dem Staat zustehen, wie die [...] öffentlich-rechtlichen Religions- oder Weltanschauungsgemeinschaften".[654] Durch die Verleihung der Korporationsrechte werden die Kirchen anderen öffentlich-rechtlichen Körperschaften zwar formal gleichgestellt; sie werden dadurch aber nicht zu inkorporierten Untergliederungen des Staates.[655] Ihre Aufgaben, Befugnisse und Zuständigkeiten sind originärer Art, nicht vom Staat abgeleitet[656] und unterliegen keiner besonderen, staatlichen Aufsicht.[657] Vielmehr soll der öffentlich-rechtliche Status „die Eigenständigkeit und Unabhängigkeit der Kirche vom Staat sowie ihre originäre Kirchengewalt bekräftigen".[658] Endlich liegt auch in dem Umstand, daß sich die Kirche der Mitwirkung des Staates bei der Erhebung der Kirchensteuer bedient[659], kein Verstoß gegen die Staatsfreiheit des Rundfunks. Dem Staat werden hierdurch keinerlei Einflußmöglichkeiten auf die kirchliche Willensbildung eingeräumt, sondern lediglich Inkassofunktionen übertragen.[660]

---

[650] Art. 24 Abs. 1 Nr. 5 BayMG.
[651] Art 1 Sat.-StV Bayern-BW-Rh.-Pf.
[652] BVerfGE 57, 295 [320]; 73, 118 [152].
[653] *Gersdorf*, Staatsfreiheit S. 111; VGH Mannheim NVwZ 1989, 279 [280]; 878 [879].
[654] BVerfGE 73, 118 [191]; 68, 193 [207].
[655] BVerfGE 19, 129 [133]; 42, 312 [321].
[656] BVerfGE 42, 312 [321]; vgl. auch 53, 366 [387]; 18, 385 [386].
[657] *Link/Pahlke*, Kirchen und privater Rundfunk, S. 23; *Gersdorf*, Staatsfreiheit S. 111. Dies trifft auch für die Bereiche zu, in denen die Kirchen caritative Einrichtungen betreiben, die sonst der Sozialstaat bereitstellen müßte.
[658] BVerfGE 30, 415 [428]; *v. Campenhausen*, Staatskirchenrecht, S. 140.
[659] Vgl. z.B. das bayerische Gesetz über die Erhebung von Steuern durch Kirchen, Religions- und weltanschauliche Gemeinschaften (Kirchensteuergesetz) i.d.F. der Bekanntmachung vom 21.11.1994 GVBl. S. 1026, BayRS 2220-4-K.
[660] Vgl. *v. Campenhausen*, Staatskirchenrecht, S. 281.

Im Ergebnis wird die Staatsfreiheit des Rundfunks durch Veranstaltungen der öffentlich-rechtlich verfaßten Kirchen nicht berührt und kann kirchlichen Veranstaltern der Zugang aus diesem Grund nicht versagt werden.[661]

c) Keine Benachteiligung aufgrund des Öffentlichkeitsstatus

Demnach ist der Ausschluß der Kirchen bei gleichzeitiger Zulassung von privatrechtlich organisierten Religionsgemeinschaften, wie *Link* mit Recht konstatiert[662], verfassungsrechtlich nicht haltbar; die fraglichen Bestimmungen erweisen sich nicht als verfassungsgebotene Ausgestaltung der Rundfunkfreiheit. Da der Körperschaftsstatus somit auch keinen rechtfertigenden Grund für eine Ungleichbehandlung abgeben kann, berührt die Regelung das Recht der verfaßten Kirchen auf chancengleichen Zugang zum Rundfunk. Gerade in der Anerkennung der Kirchen als Körperschaften des öffentlichen Rechts liegt die Bestätigung ihres Rechts auf öffentliche Wirksamkeit, das auch den Bereich des Rundfunks erfaßt.[663] Umso weniger dürfen die Kirchen aufgrund dieser Rechtsposition benachteiligt werden.[664] Sicherlich wird die Diskriminierung aufgrund der öffentlich-rechtlichen Rechtsform durch die Möglichkeit relativiert, zur Veranstaltung von Rundfunk privatrechtlich organisierte Institutionen zu schaffen. Eine Umgehung des Regelungszwecks wäre hierin auch insofern nicht zu sehen, als die Sicherung der Staatsfreiheit auch indirekte Einwirkungen erfaßt.[665] Für die Kirchen, die im Medienbereich bereits über eine leistungsfähige Organisation verfügen, sind jedoch mit der notwendigen Gründung zulassungsfähiger Träger Mehraufwendungen verbunden, die gegenüber den unmittelbar zulassungsberechtigten privaten Veranstaltern eine Schlechterstellung bedeuten. Der Ausschluß der körperschaftlich verfaßten Kirchen von der Trägerschaft verstößt daher gegen Art. 3 GG.

---

[661] Auch in der Literatur wird das Veranstaltungsrecht der Kirche meist uneingeschränkt bejaht *v. Campenhausen*, Staatskirchenrecht, S. 355; *Dehnen*, Drittsendungsrecht, S. 18; *Link*, Anspruch, S. 277; *Link*, Neue Medien, in: ZevKR 34, S. 134; *Link/Pahlke*, Kirchen und privater Rundfunk, S. 22, 23; *Lorenz*, Drittsendungsrecht, S. 16 ff.; *LfK Baden-W.*, Religiöse Satelliten-Hörfunkprogramme, S. 3; *Hendriks*, Verfassungsrechtliche Probleme, in: MP 6/1984, S. 436 sieht auch in diesem Zusammenhang „verfassungsrechtliche Probleme", die aber in bezug auf die Kirchen nicht weiterverfolgt werden.

[662] *Link*, Mitwirkung, S. 292, Anm. 29.

[663] *Schlaich*, Öffentlichkeitsauftrag, S. 166, 167.

[664] *Schlaich*, ebd., S. 166.

[665] BVerfG NJW 1994, 1942 [1944]; *Ricker/Schiwy*, Rundfunkverfassungsrecht, S. 238.

2. Zugang zum nichtkommerziellen Rundfunk

a) Offene Kanäle

(1) Offener Kanal als Kulturforum

In fast allen Bundesländern sind inzwischen sog. offene Kanäle ins Leben gerufen worden, die als „Kommunikations- und Kulturforen"[666] prinzipiell von jedermann zur Verbreitung eigener, selbstgestalteter Sendebeiträge durch Hörfunk und Fernsehen genutzt werden dürfen.[667] Als „dritte Rundfunkform neben öffentlich-rechtlichem und kommerziellen Rundfunk" richtet sich diese Institution an diejenigen Personen und Gruppierungen, die nicht in der Lage sind, Vollprogramme zu veranstalten, bzw. in anderen Medien nicht zu Wort kommen.[668] Zu den Wesensmerkmalen des offenen Kanals gehören dementsprechend Zugangsoffenheit, Nichtkommerzialität, Lokalbezug und Gemeinnützigkeit.[669]

(2) Kirchen als Träger

Die einzelnen Bundesländer sehen für die Trägerschaft offener Kanäle unterschiedliche Konzepte vor. Meist liegt diese bei der Landesanstalt selbst[670]; teils werden aber auch anstaltsfreie offene Kanäle bereitgestellt, die von privaten Dritten betrieben werden können[671] und sich somit als mögliches Betätigungsfeld kirchlicher Medienarbeit erweisen. Zulassungsfähig sind z.B. in Niedersachsen juristische Personen oder nicht rechtsfähige Vereinigungen des

---

[666] Satzung der Landesanstalt für das Rundfunkwesen für den offenen Kanal im Saarland v. 29.11.1988 (Amtsbl. S. 40, abgedr. in *Ring*, Medienrecht, Bd. 3 C-VI- 10.2.3.

[667] Bereits 1996 bestanden neben freien Radio-Initiativen und Universitätsradios 13 offene Radiokanäle und 42 Fernsehkanäle (*Hickethier*, Rundfunkprogramme in Deutschland, S. 207). Inzwischen werden im offenen Kanal über 5,7 Millionen Kabelhaushalte erreicht, wobei allein auf Berlin 1,6 Millionen entfallen (*Breunig*, Offene Fernseh- und Hörfunkkanäle, in: MP 1998, S. 236 ff.).
Die Zugangsregelungen im einzelnen: § 43 StVBB, Satzung über den Zugang zum offenen Kanal Berlins v. 13.9.91 (Berliner ABl. S. 2271 / *Ring*, Medienrecht, Bd. 3 C-VI 3.2.3), § 26 BremLMG, § 34 HmbMedienG, § 3 Satzung der Hamburgischen Anstalt für neue Medien für den „Offenen Kanal Hamburg" vom 10.6.1987 (Amtl. Anz. S. 1298 / *Ring*, Medienrecht, Bd. 3, C-VI 5.2.3), §§ 38 ff. HPRG, §§ 46 ff. LRG Nieders., §§ 34 ff. LRG NW i.V.m. der Satzung der Landesanstalt für Rundfunk Nordrhein-Westfalen über die Förderung Offener Kanäle in Kabelanlagen (GVBl. S. 6 / *Ring*, Medienrecht, Bd. 3 C-VI 8.2.4), § 57 LRG Rh.-Pf. i.V.m. der Satzung der Landeszentrale für privaten Rundfunk für offene Kanäle vom 29.11.1988 (St.Anz. Nr. 47 v. 19.12.1988 / *Ring*, Medienrecht, Bd. 3 C-VI 9.2.3), § 72 LRG Saarland i.V.m. der Satzung der Landesanstalt für das Rundfunkwesen für den offenen Kanal im Saarland v. 29.11.1988 (Amtsbl. S. 40 / *Ring*, Medienrecht, Bd. 3 C-VI 10.2.3), § 35 LRG Schl.-H., §§ 38 ff. RGMV, §§ 35 ff. TRG.

[668] VG Bremen, ZUM 8/9 1996 S. 717 [719]; *Breunig*, Offene Fernseh- und Hörfunkkanäle, in: MP 1998, S. 236.

[669] *Breunig*, Offene Fernseh- und Hörfunkkanäle, in: MP 1998, S. 236.

[670] Anstaltseigene Kanäle sind vorgesehen in: § 43 StV BB, § 1 Abs. 1 OK-Satzung Bremen, § 34 Abs. 1 HmbMedienG, § 38 HPRG, § 72 LRG Saarland (§ 3 Abs. 1 S. 1 OK-Satzung Saarland), § 34 Abs. 1 LRG Schl.-H. (§ 1 Abs. 1 OK-Satzung Schl.-H.), § 38 RGMV.

[671] § 26 BremLMG, § 46 LRG Niedersachsen, § 34 LRG NW i.V.m. der Satzung der Landesanstalt für Rundfunk Nordrhein-Westfalen über die Förderung offener Kanäle in Kabelanlagen, § 57 LRG Rh.-Pf. i.V.m. § 3 OK-Satzung Rh.-Pf., § 35 Abs. 2 TRG nach (im Regelfall vorgesehener) Übertragung des Nutzungsrechts durch die Landesanstalt.

Privatrechts, in Nordrhein-Westfalen juristische Personen oder auf Dauer angelegte Personenvereinigungen (sog.„Arbeitsgemeinschaften“) und nach § 2 der rheinland-pfälzischen Satzung der Landeszentrale für offene Kanäle als gemeinnützig anerkannte eingetragene Vereine („Trägervereine“).

Die Beschränkung der Trägerschaft auf juristische Personen und Vereinigungen des Privatrechts, wie sie das niedersächsische Recht vorsieht[672], begegnet ähnlichen Bedenken wie § 23 Abs. 1 HmbMedienG.[673] Zwar besteht im offenen Kanal insofern eine andere Situation, als die für eine „Rundfunkveranstaltung“[674] charakteristische Programmverantwortung im Sinne der zugrundegelegten Begriffsdefinition nur sehr eingeschränkt besteht. Weder ist der Träger für den Inhalt der Beiträge verantwortlich – es haftet jeweils der Nutzer[675] – noch kommen ihm hinsichtlich des Programmablaufs wesentliche Entscheidungsbefugnisse zu. Insbesondere kann er auf die Reihenfolge der Beiträge nur begrenzt Einfluß nehmen, da diese regelmäßig durch satzungsmäßige Vorschriften weitgehend vorgegeben ist.[676] Das Prinzip der Warteschlange schließt es indes nicht aus, daß Wünsche einzelner Nutzer berücksichtigt werden können[677] (solange die übrigen Nutzer nicht widersprechen) und thematisch vergleichbare Beiträge zu Sparten mit festgelegten Sendezeiten zusammengefaßt werden können. Dies ist schon deshalb geboten, weil ein konsequentes Durchhalten des „Schlangenprinzips“ den Programmfluß und damit die Publikumsakzeptanz des offenen Kanals merklich beeinträchtigen würde. Im übrigen spricht auch die Verweisung des § 46 Abs. 1 S. 3 LRG Nieders. auf § 11 Abs. 1 (Erteilung der Erlaubnis für eine bestimmte Programmkategorie und für ein bestimmtes Programmschema) dafür, daß der Träger durchaus ein gewisses Maß an Programmverantwortung innehat. Diese zeitliche Disposition über das Programm (mag dieses auch der Sache nach vorgegeben sein) läßt den Träger angesichts der tageszeitbedingt stark variierenden Nutzungsgewohnheiten der Rezipienten nicht als bloßes Vollzugsorgan, sondern als Kommunikationsmittler mit veranstalterähnlichen Befugnissen erscheinen. Gründe, die einen Ausschluß von Kirchen von der Trägerschaft ausschließen, sind nicht ersichtlich. Im Gegenteil: Die Nichtkommerzialität, die Sprachrohrfunktion und der Lokalbezug des offenen Kanals korrespondiert offenkundig mit

---

[672] Öffentlich-rechtliche Körperschaften können sich nach § 46 Abs. 3 S. 1 LRG Nieders. allenfalls mit bis zu 25 % der Kapital- und Stimmrechtsanteile an der Trägergemeinschaft beteiligen.

[673] Siehe oben S. 103 f.

[674] Nach dem VG Bremen (ZUM 8/9 1996 S. 720) ist „Rundfunkveranstalter“ der Offene Kanal (Anführungsstriche im Originaltext).

[675] § 43 Abs. 5 StV BB,§ 2 Abs. 1 S. 2 OK-Satzung Berlin, § 2 Abs. 3 OK-Satzung Bremen, § 26 Abs. 5 BremLMG, § 34 Abs. 6 HmbMedienG, § 39 Abs. 3 HPRG, § 47 Abs. 2 LRG Nieders., § 34 Abs. 6 LRG NW, § 36 Abs. 2 LRG Schl.-H., § 40 Abs. 3 RGMV,§ 36 Abs. 3 S. 2 TRG. Abweichend § 57 Abs. 3 S. 1 LRG Rh.-Pf., wonach zur Nutzung des offenen Kanals eine Einzelgenehmigung erforderlich ist.

[676] Die Abfolge der Sendungen richtet sich in Nordrhein-Westfalen nach dem Eingang der Beiträge, wobei die Landesanstalt Abweichendes durch Satzung bestimmen darf (§ 35 Abs. 8 Nr. 3 LRG NW), nach genehmigungsbedürftiger Satzung des Betreibers (§ 47 Abs. 4 Nieders.) bzw. nach zustimmungsbedürftiger Nutzungsordnung (Rheinland-Pfalz), die vorsehen soll, daß die Verbreitung der Beiträge in der Reihenfolge des Eingangs erfolgt.

[677] Ausdrücklich hierzu § 4 Abs. 4 OK-Satzung Bremen, § 9 Abs. 2 OK-Satzung Schl.-H. [anstaltseigene Kanäle].

dem kirchlichen Medieninteresse. Ein Ausschluß der Kirchen von der Trägerschaft ist daher mit dem Gleichbehandlungsgrundsatz unvereinbar.

(3) Die Kirchen als Nutzungsberechtigte

Unbeschadet dessen steht es den Kirchen frei, den offenen Kanal als „Meinungsforum" für die Ausstrahlung einzelner Beiträge zu nutzen. Zugang hierzu erhalten neben natürlichen Personen auch Organisationen und Institutionen, sofern sie durch ihren Wohnsitz oder Sitz im jeweiligen Land den notwendigen Lokalbezug aufweisen. Im übrigen wird regelmäßig auf die für die Veranstaltung von Rundfunk geltenden Bestimmungen verwiesen.

Einige Mediengesetze schließen solche Interessenten aus, die bereits selbst als Rundfunkveranstalter oder Anbieter vertreten sind.[678] In diesem Fall könnte es zu einer „unzulässigen" Mehrfachpräsenz der Kirche kommen, wenn man die Veranstaltereigenschaft auch auf nachgeordnete Gliederungen der veranstaltenden Stelle bezöge. Dann nämlich würde etwa mit der Veranstaltung eines Programms durch eine Landeskirche sämtlichen Gemeinden der Zugang zum offenen Kanal abgeschnitten, was letztlich dazu führen würde, daß die Funktion des offenen Kanals, der ja „Kulturforum" sein soll, nur unzureichend erfüllt würde.

Sachgerecht erscheint allein eine formale Betrachtungsweise in dem Sinne, daß die Gemeinden als eigenständige juristische Personen zu behandeln sind. Für eine enge Auslegung spricht die systematische Überlegung, daß die fraglichen Bestimmungen nicht auf die Zurechnungsgrundsätze der Konzentrationsregeln verweisen. So verstanden kommt ein Ausschluß von Gemeinden vom offenen Kanal nur ausnahmsweise in Betracht, wenn diese nämlich das konkurrierende Programm in eigener Verantwortung gestalten.

Noch weitergehend klammert die nordrhein-westfälische Satzung[679] über die Nutzung offener Kanäle diejenigen Gruppen aus, die bei der Gründung von Veranstaltergemeinschaften im lokalen Rundfunk[680] nach § 26 Abs. 1 S. 1 LRG NW zur Entsendung von Vertretern berechtigt sind. Als entsendungsberechtigte Gruppen sind hiervon auch die Kirchen betroffen. Grund für den (in § 3 Abs. 2 S. 2 der Satzung ausdrücklich bestätigten) Zugangsausschluß ist, daß die Programmbeiträge zum offenen Kanal nach §§ 34, 24 Abs. 4 LRG NW in die von der Veranstaltergemeinschaft veranstalteten lokalen Programme einbezogen werden. In der Frage der verfassungsrechtlichen Zulässigkeit[681] dieses Modells ist zu berücksichtigen, daß die Sendezeit, die für die nach § 24 Abs. 4 LRG NW einzubeziehenden Beiträge vorgesehen ist, äußerst knapp bemessen ist und im offenen Kanal in Kabelanlagen eine Nutzungsbefugnis der Kirchen durchaus besteht (vgl. § 35 Abs. 7 LRG NW). Zudem sind ihnen auch im lokalen Rundfunk nach § 24 Abs. 3 S. 2 LRG NW auf Wunsch angemessene Sendezeiten einzuräu-

---

678 Z.B. § 26 BremLMG, § 34 Abs. 2 HmbMedienG, § 47 Abs. 1 S. 2 LRG Nieders.; vgl. auch § 1 Abs. 3 OK-Satzung Berlin, § 2 Abs. 2 Nr. 1 OK-Satzung Schl.-H.

679 § 3 Abs. 1 S. 1, Abs. 2 S. 2 OK-Satzung NW.

680 Die Zulassung für lokale Rundfunkprogramme wird nach § 25 Abs. 1 LRG NW nur Veranstaltergemeinschaften erteilt.

men. Weder unter Vielfaltsgesichtspunkten, noch aus dem Blickwinkel des kirchlichen Verkündigungsinteresses erschiene es deshalb bedenklich, wenn als gründungsberechtigte Stellen und als Drittsendungsberechtigte doppelt präsente Gruppen aus einem maximal zweistündigen lokalen Sendefenster herausgehalten würden. Nach dem oben Gesagten sind die jeweiligen Ortsgemeinden als eigenständige Rechtsträger von alldem jedoch nicht betroffen. Diese sind nicht *selbst* entsendungsberechtigt und daher wie jeder andere nutzungsbefugt.

b) Lokaler nichtkommerzieller Rundfunk

Wie beim offenen Kanal soll durch lokalen nichtkommerziellen Rundfunk[682] ein öffentliches Forum für unterschiedliche gesellschaftliche Gruppen und sonst wenig beachtete Themen geschaffen werden, unter Verzicht auf jede Form von kommerzieller Werbung. Im Vordergrund stehen Gegenöffentlichkeit, lokale Identität und Bürgernähe.[683] Dabei soll es insbesondere „ortsbezogenen Gruppen und Gemeinschaften ermöglicht werden, kulturelle Aktivitäten zu fördern und zur Meinungsbildung über Fragen des jeweiligen örtlichen Geschehens beizutragen".[684] Im Unterschied zum offenen Kanal handelt es sich beim nichtkommerziellen Rundfunk allerdings nicht um einen „Popularfunk"[685] mit gleichberechtigtem Zugang für jedermann und dementsprechend unkontrollierbarem Programmablauf. Vielmehr verfolgt der Träger ein eigenes Sendekonzept, dem sich die zu beteiligenden Gruppen anzupassen haben.[686]

Als Veranstalter kommen nach § 42 Abs. 1 S. 1 LRG Niedersachsen, § 40 Abs. 2 HPRG nur Personen des Privatrechts in Betracht.[687] Allerdings verweisen § 40 Abs. 1 S. 2 HPRG, § 42 Abs. 1 S. 2 LRG Niedersachen zugleich auf die allgemeinen Zulassungsregelungen. Soweit dies in Niedersachsen nur „im übrigen" gilt, stehen die Normen im Verhältnis der Subsidiarität. Dies hat zur Konsequenz, daß die korporierten Kirchen vom nichtkommerziellen Hörfunk abgeschnitten sind, obwohl ihr Anliegen gerade darin besteht, Gruppen mit ideeller Zielsetzung Gehör zu verschaffen. Da die an sich gebotene kirchenfreundliche Auslegung an der Wortlautgrenze scheitert, erweist sich die Bestimmung aus den gleichen Gründen wie oben (offener Kanal) als verfassungswidrig. Ebenso liegt es im Fall des § 40 Abs. 2 HPRG. Dieser besitzt auch über den Ausschluß öffentlich-rechtlich verfaßter Antragstellern hinaus einen Regelungsgehalt, indem er natürliche Personen von der Trägerschaft ausschließt. Die Vorschrift stellt demnach gegenüber der allgemeinen Zulassungsregelung in § 6 Abs. 2 HPRG eine echte Spezialregelung dar.

---

681 Zweifelnd *Link*, Mitwirkung, S. 310 Rn. 133.
682 § 20 Abs. 1 S. 2 LMG BW, §§ 35 ff. HmbMedienG, § 42 ff. LRG Nieders., § 40 HPRG.
683 *Merz*, Bürgerfunk, in: MP 5/1998, S. 250.
684 So z.B. § 35 HmbMedienG.
685 *Kirschnek*, Landesmediengesetz Baden-Württemberg, S. 207.
686 *Hesse*, Rundfunkrecht, S. 257 f.
687 Nach § 40 Abs. 2 HPRG kann die Zulassung nur „einer juristischen Person oder einer nicht rechtsfähigen Vereinigung des Privatrechts erteilt werden". Das Erfordernis der privaten Rechtsform bezieht sich offenkundig auch auf die erste Alternative.

c) Aus- und Fortbildungskanal

Für Zwecke der Aus- und Fortbildung werden in von der Landeszentrale bestimmten Gebieten Bayerns besondere, werbefreie[688] Aus- und Fortbildungskanäle errichtet.[689] Im Unterschied zum offenen Kanal fehlt beim Aus- und Fortbildungskanal die Zugangsberechtigung für jedermann. Vielmehr bedarf es einer Genehmigung der Landeszentrale, die nur einem eingetragenen Anbieterverein erteilt wird, der seinen Sitz im Versorgungsgebiet hat und der Anbieter im Sinne des BayMG ist.[690] Hinsichtlich der Mitglieder unterscheidet § 9 AFK-Satzung solche, die sich in besonderer Weise der Aus- und Fortbildung im Rundfunk widmen (Abs. 1) und deren Beteiligung obligatorisch ist, sowie weitere Mitglieder aus den Bereichen Kultur, Bildung, Wissenschaft und den Kirchen, die am Aus- und Fortbildungskanal beteiligt werden „sollen". Im Hinblick auf die bildungs- und kulturpolitischen Zielsetzungen der Kirchen hätte es nahegelegen, sie zum Kreis der „Pflichtmitglieder" zu rechnen. Andererseits erfordert die spezifische Zielsetzung des Kanals die Beteiligung spezialisierter Institutionen. Eine Regelbeteiligung der Kirche erscheint daher ausreichend, zumal kirchliche Bildungseinrichtungen ohnehin zu den obligatorischen Mitgliedern gezählt werden müssen.

d) Lokaler Rundfunk in Nordrhein-Westfalen

Unter den Organisationsmodellen der Landesmediengesetze nimmt das nordrhein-westfälische „Zwei-Säulen-Modell" eine Sonderstellung ein.[691] Der dem Gemeinwohl verpflichtete[692] lokale Rundfunk vollzieht sich im Zusammenspiel zwischen Betriebsgesellschaften und Veranstaltergemeinschaften. Zum Aufgabenbereich der Betriebsgesellschaften gehört dabei die technische und finanzielle Abwicklung, während die Programmverantwortung allein von der Veranstaltergemeinschaft getragen wird.[693] Durch die Funktionenteilung zwischen einem publizistischen und einem wirtschaftlich-technischen Bereich soll letztlich der Einfluß von Kapitalinteressen auf das Programm eingedämmt werden.[694] Nach § 25 Abs. 1 LRG NW wird die Zulassung nur einer Veranstaltergemeinschaft in der Rechtsform des eingetragenen nichtwirtschaftlichen Vereins (§ 21 BGB) erteilt, die sich aus mindestens acht natürlichen Personen zusammensetzt. Die Bestimmung der Gründungsmitglieder erfolgt durch ausdrücklich bezeichnete Stellen, zu

---

688 Nach § 7 Abs. 2 AFK-Satzung ist Werbung nur im Rahmen des Aus- und Fortbildungszwecks und nach Genehmigung der Landeszentrale zulässig.

689 Satzung über die Nutzung von Sende- und Übertragungskapazitäten für Zwecke der Aus- und Fortbildung nach dem Bayerischen Mediengesetz (AFK-Satzung) vom 9.10.1998, erlassen aufgrund der Satzungsermächtigung des Art. 27 Abs. 4 BayMG a.F.

690 § 8 AFK-Satzung.

691 Das „Zwei-Säulen-Modell" orientiert sich an den Strukturprinzipien des öffentlich-rechtlichen Rundfunks (*Liegmann*, Zugang, S. 128) und ist verfassungsrechtlich zulässig (BVerfGE 83, 238 [324 ff.]).

692 § 24 Abs. 1 S. 1 LRG NW.

693 § 25 Abs. 1 S. 4 und 5 LRG NW; vgl. auch *Liegmann*, Zugang, S. 127.

694 *Link*, Mitwirkung, S. 297. Gleichzeitig soll sie die Unabhängigkeit von der Presse sichern, die weder von lokalen Werbemärkten verdrängt werden, noch multimediale Meinungsmacht ausüben darf, BVerfGE 83, 238 [327].

denen auch die katholische Kirche und die evangelischen Kirchen gehören.[695] Mit deren Einbeziehung trägt der Gesetzgeber dem kirchlichen Öffentlichkeitsinteresse hinreichend Rechnung.[696]

3. Fensterprogramme

Fensterprogramme sind zeitlich begrenzte Rundfunkprogramme im Rahmen eines weiterreichenden Programms (Hauptprogramm).[697] Bundesweit über Satellit verbreitete Fernsehvollprogramme bzw. Informations-Spartenprogramme sind nach § 26 Abs. 5 RfStV verpflichtet, unabhängigen Dritten Sendezeit nach § 31 RfStV, einzuräumen, wenn sie im Jahresdurchschnitt einen Zuschaueranteil von 10 % erreichen.[698] Daneben sehen auch die landesrechtlichen Vorschriften Fensterprogrammstrukturen vor.[699] Für die Zulassung ergeben sich – abgesehen von dem Erfordernis eines „Mantelprogramms" – de lege lata keine Besonderheiten. In bezug auf kirchliche Veranstalter stellt sich aber die Frage, ob eine Zulassung als Fensterprogrammveranstalter auch dann in Betracht kommt, wenn die Kirche zugleich das Drittsendungsrecht für sich in Anspruch nimmt.[700] Leitet man das Drittsendungsrecht nämlich aus dem Vielfaltsgebot ab, so liegt es nahe, hierin eine Doppelberechtigung der Kirche einerseits und eine doppelte Verpflichtung des Mantelprogrammveranstalters andererseits aus ein- und demselben Grund zu sehen. Eine „Überrepräsentation" der Kirche kommt jedoch nicht bereits durch die bloß formale Kumulation kirchlicher Senderechte auf einer Frequenz zustande. Während nämlich Drittsendezeiten Teil des Programmzusammenhangs sind, steht die dem Fensterprogrammveranstalter bei Erreichen eines bestimmten Zuschaueranteils zur Verfügung zu stellende Sendezeit außerhalb desselben; d.h. es kommt zu einem Frequenzsplitting. Eine andere Frage ist es, ob das Nebeneinander von Fensterprogramm und Drittsendung auf derselben Frequenz zu einer ungerechtfertigten Vervielfachung in materieller, d.h. programminhaltlicher Hinsicht bedeutet. Diese Problematik stellt sich nicht anders als in dem Fall, in dem das kirchliche Programm auf einer anderen Frequenz ausgestrahlt wird[701] und soll an anderer Stelle näher behandelt werden.[702] Infolgedessen richtet sich die Zulassung kirchlicher Sender auch dann nach den allgemeinen Zugangsregelungen, wenn es sich um ein Fensterprogramm handelt.

4. Minderheitenprogramme

Durch Satzung des Medienrats können auf der Grundlage des § 45 StV BB Rahmenbedingungen für Programmversuche auf einem Fernsehkanal und einer UKW-Hörfunkfrequenz geringer

---

695 § 26 Abs. 1 Nr. 1 und 2 LRG NW.

696 Vorbehaltlich originärer Zugangsansprüche unmittelbar aus der Verfassung (dazu S. 139 f.).

697 § 2 Abs. 2 Nr. 3, 4 RfStV.

698 *Ring*, Medienrecht, Bd. 2 § 31 Rn. 3. 1997 waren hiervon allein RTL und SAT1 betroffen.

699 Z.B. §§ 26 Nr. 1, 27 LMG BW, § 17 Abs. 2, 3 LRG Nieders., § 3 Abs. 1 SächsPRG.

700 Zur Abgrenzung gegenüber dem Drittsendungsrecht der Kirchen siehe oben S. 24 f.

701 Eine unterschiedliche Betrachtung käme nur in Betracht, wenn der Mantelprogrammveranstalter zur Gewährleistung innerer Programmvielfalt verpflichtet wäre.

702 Vgl. Kapitel J.

Leistung festgelegt werden, in denen die Interessen von Minderheiten besonders berücksichtigt werden. Eine Satzung für Minderheitenprogramme wurde zwar – im Hinblick auf die Lizensierung des Berliner „Radio Multikulti“ – nicht erlassen[703]; immerhin aber läßt der Staatsvertrag hierdurch deutlich werden, daß der Rundfunk auch die Sprachrohrfunktion wahrzunehmen hat, die von den Kirchen seit jeher postuliert wurde.

III. Zulassung im vereinfachten Verfahren

Eine Reihe von Landesmediengesetzen sieht für Sendungen, die im Zusammenhang mit einer öffentlichen Veranstaltung in deren örtlichem Bereich und in zeitlichem Zusammenhang mit dieser veranstaltet werden, ein vereinfachtes Erlaubnisverfahren vor.[704] Unter den Begriff der öffentlichen Veranstaltungen fallen zum einen kirchliche Veranstaltungen wie Kirchentage und Katholikentage[705], zum anderen aber auch Gottesdienste. Auch diese sind der Allgemeinheit zugänglich und damit öffentlich. Im vereinfachten Verfahren wurde z.B. die Kirchensender in Breitenberg, Clarholz und Herzlake genehmigt.[706] Die Bedeutung des vereinfachten Verfahrens liegt darin, daß die für das reguläre Zulassungsverfahren geltenden, insbesondere die Vielfaltssicherung betreffenden Vorschriften nur eingeschränkt zur Anwendung gelangen.[707]

IV. Voll- oder Spartenprogramm?

Die Qualifizierung kirchlicher Programme als Voll- bzw. Spartenprogramme ist in mehrfacher Hinsicht bedeutsam. Im Bereich der Zulassung bildet die Programmkategorie bei der im Fall der Frequenzknappheit zu treffenden Auswahlentscheidung einen wesentlichen Bewertungsfaktor.[708] Zugleich gibt sie den Maßstab für die Beurteilung der Vielfaltsanforderungen an das Programm vor.

1. Abgrenzung

Nach der Definition des Rundfunkstaatsvertrages (§ 2 Abs. 2 Nr. 1) und den gleichlautenden landesgesetzlichen Bestimmungen ist ein Vollprogramm ein „Rundfunkprogramm mit vielfältigen Inhalten, in welchem Information, Bildung, Beratung und Unterhaltung einen wesentlichen Teil des Gesamtprogramms bilden“. Voraussetzung ist dabei, daß die einzelnen Bereiche zusammen einen wesentlichen Teil des Gesamtprogramms bilden[709] und innerhalb dieser Bereiche unterschiedliche Themen behandelt werden, die Auswahl der Themen also

[703] Auskunft der MABB an Verf.
[704] § 36 Abs. 1 Nr. 2 LRG Nieders., § 42 Abs. 1 Nr. 1 HmbMedienG, § 10 Abs. 2 Nr. 1 HPRG, § 32 Abs. 1 a LRG NW, § 11 Abs. 1 Nr. 1 RhPf, § 70 Abs. 1 Nr. 1 LRG Saarland, § 18 Abs. 1 Nr. 1 LRG Schl.-H.
[705] Siehe oben S. 32.
[706] Schreiben des Breitenberger Kirchenvorstands an Verf. (5.8.1999).
[707] Siehe oben Anm. 704.
[708] Dazu sogleich S. 117 f.
[709] Begründung zu § 2 des RfStV, abgedr. in *Hartstein*, Rundfunkstaatsvertrag, § 2. „Wesentlich“ ist jedenfalls der 50 % übersteigende Anteil (ebd., Rn. 24); so auch *Link*, Spartenprogramme, Rechtsgutachten IV 1.

nicht an einem bestimmten Schwerpunkt ausgerichtet ist.[710] Ein Spartenprogramm ist dagegen auf ein bestimmtes Publikumsinteresse ausgerichtet.[711] Es deckt nicht die gesamte Breite des Programmspektrums ab, sondern beschränkt sich auf eine oder mehrere Angebotsgruppen[712] und wird durch die wesentliche Gleichartigkeit der Inhalte gekennzeichnet. Hierhin gehören typischerweise Sportkanäle, Musikkanäle oder Nachrichtenkanäle[713], nicht aber Zielgruppenprogramme wie Kinderkanäle.[714] Weist das Programm trotz Schwerpunktsetzung die ein Vollprogramm qualifizierenden Elemente auf, so kommt es für die Abgrenzung darauf an, wodurch das Programm seine Prägung erhält, ob durch die Beschränkung auf eine Programmrichtung oder die Breite des Programmspektrums[715]. Dabei wird die verfolgte „Programmphilosophie" meist schon daran deutlich, unter welcher Bezeichnung das Programm im Markt positioniert wird.[716]

2. Beurteilung kirchlicher Sender in der Praxis

Die Lizensierungspraxis der Medienanstalten tendiert dazu, kirchliche Programme als Spartenprogramme zu qualifizieren. So ging die BLM bei dem von der ICR geplanten Rundfunkprogramm Radio Maria International aufgrund des vorgelegten Programmschemas von einer Abdeckung der Bereiche Information, Unterhaltung und Beratung aus und ließ die Frage nach der Einordnung als Voll- oder Spartenprogramm offen.[717] Während der Arbeitskreis Recht ohne weiteres ein Spartenprogramm annahm[718], gelangte der Bereich Programm der BLM zu der Einschätzung, daß sämtliche für ein Vollprogramm nötigen Programmelemente vorhanden seien, es aber an der Breite des Themenspektrums fehle, da etwa die Beratung der Hörer – gleiches gelte für Kinder- und Jugendsendungen – vor dem Hintergrund des christlichen Weltbildes der katholischen Kirche erfolge.[719] Dieser Auffassung schloß sich der Grundsatzausschuß des Medienrats in seiner Sitzung am 6.10.1994 an.[720] Das

---

[710] *Hartstein*, Rundfunkstaatsvertrag, § 2 Rn. 24.
[711] *Holznagel/Vesting*, Sparten- und Zielgruppenprogramme, S. 33.
[712] *Ring*, Medienrecht, Bd. 2, § 2 Rn. 28.
[713] *Hartstein*, Rundfunkstaatsvertrag, § 2 Rn. 25.
[714] Entscheidend sind nicht adressatenbezogene, sondern allein sachlich-inhaltliche Kriterien. Ein verläßliches Urteil darüber, ob und inwieweit bestimmte Personengruppen willens oder fähig sind, sich eine Meinung zu der Thematik des ausgestrahlten Beitrags zu bilden, ist schlechterdings nicht möglich. Im übrigen müßte oft eine mehr oder wenige willkürliche Gruppeneinteilung vorgenommen werden.
[715] Vgl. *Ring*, Medienrecht, Bd. 2, § 2 Rn. 28.
[716] *Ring*, Medienrecht, Bd. 2, § 2 Rn. 28.
[717] *BLM*, IRC, Vermerk vom 24.5.1994, S. 6.
[718] A.a.O., S. 1 f.
[719] *BLM*, Vermerk des Bereichs Programm vom 28.7.1994, S. 2 f. Wegen der untergeordneten Rolle nichtgeistlicher Beiträge ging auch die baden-württembergische Medienanstalt von einem Spartenprogramm aus (*LfK Baden-W.*, Religiöse Satelliten-Hörfunkprogramme, S. 2 f.).
[720] *BLM*, "Radio Maria", Sitzung des Grundsatzausschusses vom 6.10.1994, S. 5 f. Im einzelnen wurde der Bereich Information durch die Ausstrahlung von Nachrichtensendungen, deren Zulieferung zum Teil durch Radio Vatikan erfolgen sollte, der Bereich Bildung durch Vorträge und der Bereich Unterhaltung durch Musik-Kinder- und Jugendsendungen als ausgefüllt betrachtet. Die Verengung des Themenspektrums dadurch, daß das Programm zum größten Teil (auch in punkto Beratung und Unterhaltung) durch Liturgie und ein christliches Menschenbild gekennzeichnet sei, lasse indessen die Qualifizierung als Vollprogramm nicht zu.

Programm des Radio-Maria-Ablegers Radio Horeb sah die Landesanstalt für Kommunikation Baden-Württemberg trotz vorhandener Elemente der Information, Bildung, Beratung und Unterhaltung als Spartenprogramm an[721], da innerhalb dieser Bereiche geistliche Inhalte, insbesondere die Übertragung von gottesdienstlichen Handlungen, Andachten und kirchlichen Informationen deutlich im Vordergrund stünden und Themen aus anderen Lebensbereichen sowie unterhaltende Programmteile eher am Rande behandelt würden. Gleichfalls als Spartenprogramme lizensiert wurden die Programme des ERF[722] und von Radio Paradiso[723].

3. Kirche als Sparte?

Ausschlaggebender Gesichtspunkt für die Zuordnung ist das materielle Kriterium der Gleichartigkeit der Inhalte. Soweit sich kirchliche Programme ihrem Gegenstand nach vorwiegend auf den engeren Bereich der Religionsausübung beschränken, sind sie als Spartenprogramme zu qualifizieren, soweit sie vielfältige Inhalte bieten, als (Zielgruppen-) Vollprogramme. Mit Recht wird festgestellt, daß es an der wesentlichen Breite des Programmspektrums fehlt, „wenn die Ausstrahlung religiöser Sendungen (Übertragung gottesdienstlicher Handlungen und Feierlichkeiten, religiöse Betrachtungen und Vorträge, Informationen aus dem kirchlichen Bereich, Lebensberatung, religiöse Musik usw.) [...] im Vordergrund steht und andere Programmteile eine nur untergeordnete Rolle spielen".[724] Wird rein äußerlich die Palette Information, Bildung, Beratung und Unterhaltung dargeboten, so erhebt sich allerdings die weitere Frage nach den Kriterien, die an die thematische Breite innerhalb der einzelnen Bereiche anzulegen sind.

Hierfür besagt das Faktum der Trägerschaft nichts; auch erklärte Tendenzunternehmen[725] sind nicht per se zu einem thematisch vielfältigen Programmangebot außerstande.[726] Die Begründung der Sparteneigenschaft mit dem christlichen Weltbild knüpft nicht an den Programminhalt an, sondern an die Tendenz des Veranstalters. Diese aber stellt für sich genommen keinen geeigneten Gradmesser für die Beurteilung der Programmkategorie dar, da bei solcher Betrachtung Rundfunkprogramme mit christlicher Zielsetzung stets als Spartenprogramme gelten müßten, was einem faktischen Ausschluß der Kirchen von der Veranstaltung von Vollprogrammen gleichkäme. Themen von allgemeinem Interesse fallen nicht schon deswegen in die Sparte „Kirchliches", weil ihre Behandlung aus der Sicht des Glaubens erfolgt. Die religiöse Ausrichtung allein begründet daher noch nicht die Annahme eines Spartenprogrammes.[727]

---

[721] *LfK Baden-W.*, Religiöse Satelliten-Hörfunkprogramme, S. 3 f.
[722] Presseinformation ERF S. 1.
[723] Schreiben der Geschäftsleitung an Verf. vom 7.4.1999.
[724] *LfK Baden-W.*, Religiöse Satelliten-Hörfunkprogramme, S. 3.
[725] Vgl. hierzu *Ory*, Tendenzunternehmen, in: AfP 1991, S. 721.
[726] So auch *Starck*, Konstruktionsprinzipien, in: JZ 1983, S. 409.
[727] Vgl. *BLM*, IRC, Vermerk vom 24.5.1994, S. 6. Vgl. hierzu die Stellungnahme von Johanna *Haberer*, Rundfunkbeauftragte des Rates des EKD, zit. nach Kirche & Neue Medien 11/1997 S. 21: Christliche

Notwendig ist vielmehr eine am am Einzelfall orientierte Betrachtung des dargebotenen Themenspektrums. Hierfür mag die Ausrichtung des Programms auf einen begrenzten Teilnehmerkreis Indizien liefern.[728] Angesichts der erheblichen an die Programmkategorie geknüpften Folgen, erscheint ein solches – praeter legem eingeführtes – Kriterium allerdings für sich genommen zu unbestimmt.[729] Man wird deshalb die Veranstaltung kirchlicher Vollprogramme nicht als ausgeschlossen ansehen können.[730]

V. Auswahl bei Frequenzknappheit

1. Verbreitungsarten und Übertragungskapazitäten

Infolge der immer dichteren Frequenzaufteilung zur Schaffung zusätzlicher Kapazitäten stößt der erdgebundene Rundfunk mehr und mehr an seine Grenzen und bereitet der Empfang von UKW-Hörfunkprogrammen zunehmend Schwierigkeiten.[731] Nicht weniger eng sind die Frequenzbereiche im Fernsehbereich.[732] Der Satellitenempfang in Deutschland wird von den Systemen ASTRA und – mit einigem Abstand – Eutelsat/Hotbird dominiert. ASTRA allein erreicht bereits 99 % der Empfangsanlagen in Deutschland und stellt insgesamt 64 Kanäle sowohl für Fernsehen als auch für Hörfunk zur Verfügung, die jedoch zur Befriedigung der Nachfrage ebenfalls nicht ausreichen.[733] In Kabelanlagen ist die Kapazität auf derzeit bis zu 33 analoge Fernsehprogramme und 30 Hörfunkkanäle im UKW-Standard begrenzt[734]. Schwerpunktmäßig handelte es sich bei den Hörfunkprogrammen um regional verbreitete Programme, die ohne besondere technische Vorrichtungen empfangen werden können.[735] Um die knappen Kabelplätze ist nach anfänglichem Überangebot ein heftiger Konkurrenzkampf entbrannt, der eine Vielzahl von Verwaltungsgerichtsprozessen nach sich gezogen hat.[736]

Die durch die Knappheit an Übertragungsfrequenzen bewirkte Sondersituation des Rundfunks im Vergleich zur Presse besteht also auch in neuerer Zeit fort. Zwar ist abzusehen, daß mit der flächendeckenden Einführung digitaler terrestrischer Rundfunksysteme[737] mit besserer

---

Programme müßten vielmehr den Standardanforderungen für beide Programmkategorien gerecht werden. Es hieße, „das Christliche [zu] reduzieren, wenn man es als Sparte definiert".

[728] Vgl. BVerfGE 74, 297 [345 f.]; *Link*, Spartenprogramme, Rechtsgutachten IV 1.

[729] Siehe oben Anm. 714. Angesichts der Verbreitung des christlichen Glaubens würde nach diesem Maßstab jedes an „christliche", aber auch jedes an „evangelische" oder „katholische" Empfänger gerichtete Programm per se als Spartenprogramm gelten.

[730] In der Literatur wurde die Veranstaltung von Vollprogrammen durch Kirchen als eine wenig realistische Möglichkeit angesehen, vgl. *Link/Pahlke*, Kirchen und privater Rundfunk, S. 25, *Heckel*, Die Kirchen im Medienrecht, S. 1022 f.

[731] *Müller-Römer*, Rundfunkversorgung, S. 170.

[732] *Müller-Römer*, ebd., S. 170, 171.

[733] *Zimmer*, Fernsehempfang, S. 355, 356, 357.

[734] *Zimmer*, ebd., S. 360, *Ring*, Medienrecht, Bd. 2, § 20 Rn. 7.

[735] *Pohle*, Digitaler Satellitenempfang, in: MP 8/1997, S. 427.

[736] *Betz*, Kanalbelegung, in: MP 8/1997, S. 431.

[737] Die Entwicklung digitalen Rundfunks ist bereits im Gange. Ausführlich zum digitalen Hörfunk und Fernsehen (DAB = Digital Audio Broadcasting/DVB-T) *Müller-Römer*, Rundfunkversorgung, S. 171 ff.

Frequenzausnutzung die bestehenden Frequenzengpässe bald überwunden sind. Bis dahin macht es der Bewerberüberhang – insbesondere für die begehrten terrestrischen Frequenzen – aber noch erforderlich, entweder Auswahlregelungen zu treffen oder die beantragten Sendezeiten anteilig zu kürzen. Während das Frequenzsplittingmodell ein größtmögliches Maß an Chancengleichheit verbürgt, gewährleistet das Auswahlmodell die Sicherstellung wirtschaftlich tragfähiger Programme Rechnung.[738] Diesen Konflikt haben die meisten Mediengesetze zugunsten des Auswahlmodells entschieden.[739]

2. Auswahlkriterien im terrestrischen Rundfunk

a) Meinungsvielfalt als Auswahlkriterium

Bei der im Fall der Frequenzknappheit von der Landesanstalt zu treffenden Auswahlentscheidung[740] ist nach den Landesmediengesetzen das Maß an gleichgewichtiger Vielfalt, das durch den Bewerber gewährleistet wird, das entscheidende Auswahlkriterium.[741] Damit tragen die Mediengesetze der Rechtsprechung des Bundesverfassungsgerichts Rechnung, wonach der Gesetzgeber, indem er die Auswahl zwischen mehreren Bewerbern um eine Lizenz von dem Grad der von dem zuzulassenden Programm zu erwartenden Meinungsvielfalt abhängig macht, „die Annäherung an das Normziel gleichgewichtiger Vielfalt im privaten Rundfunk" fördere.[742] In den Landesmediengesetzen findet sich das Vielfaltskriterium in unterschiedlicher Ausformung. So genießen in manchen Ländern Veranstaltergemeinschaften allein aufgrund ihrer pluralen Struktur unbedingten Vorrang gegenüber anderen Bewerbern.[743]

Innerhalb der Anbieter- bzw. Veranstaltergemeinschaft wird häufig als Beurteilungskriterium die Verschiedenartigkeit der politischen, weltanschaulichen und gesellschaftlichen Kräfte herangezogen.[744] So erhält bei Frequenzengpässen dasjenige Programm den Vorrang, das die beste Gewähr für kulturelle und Meinungsvielfalt bietet[745], bzw. voraussichtlich am meisten

---

[738] *Hesse*, Rundfunkrecht, S. 251 f.

[739] Als Ausnahme von dem Grundsatz, daß für jede Frequenz eine Anbietergemeinschaft zu bilden ist, läßt das bayerische Modell ein Frequenzsplitting zu (Art. 27 Abs. 3 S. 4, 5 BayMG), allerdings unter dem Vorbehalt der wirtschaftlichen Tragfähigkeit (Art. 27 Abs. 3 S. 1 BayMG) und unter der Voraussetzung, daß die einzelnen Anbieter sich zur Zusammenarbeit verpflichten (vgl. die amtl. Begr. zu Art. 27 BayMG, abgedr. in: *Bornemann/Kraus/Lörz*, Bayerisches Mediengesetz, Art. 27). Der StV BB sieht einen sog. Mischkanal vor, durch den bei hoher Nachfrage mehreren voneinander unabhängigen Veranstaltern Übertragungskapazitäten für die zeitlich aufgeteilte Nutzung von Kanälen zur Verfügung gestellt werden können, (§ 44 StV BB).

[740] Regelmäßig geht der Auswahlentscheidung ein Einigungsverfahren voraus.

[741] § 34 Abs. 2 StV BB, § 21 Abs. 1 Nr. 2, 3 Abs. 4, 5 LMG BW, § 27 HmbMedienG, § 9 Abs. 2 HPRG, § 9 Abs. 2 LRG Nieders., § 7 Abs. 2 LRG NW, § 12 Abs. 1 LRG Rh.-Pf., § 12 RGMV, § 10 Abs. 2 SächsPRG, § 9 Abs. 2 TRG

[742] BVerfGE 83, 238 [320].

[743] Z.B. § 12 Abs. 1 S. 1 LRG Rh.-Pf., § 13 Abs. 2 Nr. 2 BremLMG, vgl. auch *Link*, Mitwirkung, S. 292.

[744] § 13 Abs. 2 BremLMG, § 9 Abs. 2 Nr. 1 HPRG, § 17 Abs. 2 LRG Schl.-H.; vgl. auch § 7 Abs. 2 S. 2 LRG NW, § 12 Abs. 1 S. 2f. LRG Rh.-Pf., § 12 Abs. 2 Nr. 7 RGMV.

[745] § 34 Abs. 2 Nr. 1 StV BB, § 21 Abs. 1 Nr. 2, 3 Abs. 4, 5 LMG BW, § 13 Abs. 2 Nr. 1 BremLMG, § 27 HmbMedienG, § 9 Abs. 2 HPRG, § 9 Abs. 2 LRG Niedersachsen, § 7 Abs. 2 LRG NW, § 51 Abs. 2 LRG

dazu beitragen wird, daß das Gesamtprogramm weltanschauliche Gruppen oder Richtungen nicht einseitig begünstigt.[746] In der Mediengesetzgebung wird das Vielfaltspostulat teils noch weiter konkretisiert. So kommt in manchen Ländern der Frage Bedeutung zu, inwieweit Minderheiten Berücksichtigung im Programm finden.[747] In Bayern sollen bei Frequenzknappheit gem. Art. 25 Abs. 4 S. 3 BayMG „vor allem solche Antragsteller berücksichtigt werden [...], die Beiträge mit kulturellen, kirchlichen, sozialen oder wirtschaftlichen Inhalten[748] in das Gesamtprogramm einbringen". Zudem obliegt es der Landeszentrale, darauf hinzuwirken, daß die Rundfunkprogramme einen angemessenen Anteil an Beiträgen mit kulturellen, kirchlichen, sozialen und wirtschaftlichen Inhalten [...] beinhalten".[749]

b) Insbesondere: Vorrang von Vollprogrammen?

Die Einordnung kirchlicher Programme als Voll- oder Spartenprogramme kommt vor allem dort zum Tragen, wo die Mediengesetze einen Vorrang von Vollprogramm gegenüber Spartenprogrammen normieren. Im terrestrischen Rundfunk ist dies nur im Geltungsbereich des StV BB der Fall.[750] Im Satellitenrundfunk werden dagegen nach Art. 5 Abs. 2 Nr. 2, Sat.-StV Bayern-B.-W.-Rh.-Pf. Vollprogramme vorrangig berücksichtigt; nach Art. 4 S. 1 Nr. 1 Sat.-StV Berlin-Hbg.-Nieders.-Schl.-H. werden sogar von vornherein nur solche in die Auswahl einbezogen. Gegen eine pauschale Privilegierung von Vollprogrammen bestehen indessen Bedenken. Es erscheint nicht mehr gerechtfertigt, an Vollprogramme generell die Erwartung eines gegenüber Spartenprogrammen größeren Beitrags zur Meinungsvielfalt und einer höheren Zuschauerakzeptanz zu knüpfen.[751] Unbeschadet des nach wie vor bestehenden Frequenzmangels sind inzwischen über die meisten Übertragungswege Vollprogramme in hinreichender Anzahl empfangbar. Mit der Ausweitung des Gesamtprogrammangebots geht aber das Bedürfnis der Rezipienten nach vertiefender Information, differenzierten Kulturbeiträgen und zielgruppenspezifischer Unterhaltung einher, das nur durch Spartenprogramme befriedigt werden kann. Eine uferlose Zulassung von Vollprogrammen fördert dagegen nicht Vielfalt, sondern Programmvereinheitlichung. Ein Vorrang zugunsten von Vollprogrammen läßt sich allenfalls noch in dem – beinahe theoretisch gewordenen – Fall rechtfertigen, daß es

---

Saarland, § 17 Abs. 2 LRG Schl.-H., § 12 Abs. 2 Nr. 1 RGMV, § 10 Abs. 2 SächsPRG, § 9 Abs. 2 TRG. Einen Vorrang von Vollprogrammen gegenüber Spartenprogrammen sieht § 34 Abs. 2 Nr. 1 StV BB vor.

[746] Art. 7 Abs. 2 S. 2 PRG LSA.

[747] § 9 Abs. 2 Nr.2 HPRG, § 2 Gesetz über die Zuweisung von technischen Übertragungskapazitäten im Rundfunk (Frequenzvergabe-Gesetz Hamburg) v. 20.4.1994 (GVBl. S. 130, abgedr. in: *Ring*, Medienrecht, Bd. 3 C-VI 5.1.2.).

[748] Eine nähere Umschreibung dieser Begriffe findet sich in Nr. 4 der Programmförderungsrichtlinie (PFR, abgedr. in *Ring*, Medienrecht, Bd. 3 unter C-VI 2.2.2.2).

[749] Art. 11 Nr. 8 BayMG.

[750] § 34 Abs. 2 Nr. 1 S. 2 StV BB.

[751] In diesem Sinn aber *Beucher/v. Rosenberg*, Kapazitätsknappheit, in: ZUM 1996, S. 649 f., vgl. auch *Thomaschki/Krakies*, Kanalbelegung in Kabelnetzen, in: ZUM 1995, S. 376. Diese wohl herrschende Auffassung kann sich auf das BVerfG stützen, das eine landesgesetzlich bestimmte Privilegierung von Vollprogrammen nicht beanstandet hat (BVerfGE 83, 238 [320]).

an einer Mindestzahl an Vollprogrammveranstaltern fehlt.[752] Unbedingte Vorrangregelungen wie § 34 Abs. 2 Nr. 1 S. 2 StV BB sind daher nicht von Art. 5 Abs. 1 S.2 GG gedeckt.

c) Sonstige Kriterien

Als weitere für die Auswahl entscheidungserhebliche Gesichtspunkte berücksichtigen die Mediengesetze den Anteil an Eigen- und Auftragsproduktionen[753], die publizistische und medienwirtschaftliche Bedeutung der Antragsteller[754] sowie den Umstand, ob und in welchem Umfang ein Antragsteller auf Grund der Veranstaltung eines Hörfunkprogramms über Erfahrungen in der Berichterstattung über Ereignisse des politischen, sozialen und kulturellen Lebens verfügt[755] bzw. sein Programm professionellen Ansprüchen genügen wird.[756] Auch das letztere Kriterium ist im Licht des Vielfaltsgebots zu betrachten. Es ist anzunehmen, daß ein laienhaft gestaltetes Programm vom Publikum nicht wahrgenommen wird. Infolgedessen wird die durch das jeweilige Programm vertretene Meinungsrichtung im Gesamtspektrum untergehen und kann deshalb auch nicht zur Vielfalt beitragen.[757] Eine Interdependenz von Professionalität der Programmgestaltung und Massenattraktivität[758] läßt sich indessen nur unterhalb eines minimalen Qualitätsstandards konstatieren, so daß es letztlich nur um die Verhinderung von „schlichtem Dilettantismus" gehen kann.[759] Bei dieser – verfassungsgebotenen – Auslegung kommt nach zutreffender Auffassung des Gerichts[760] eine Privilegierung „professioneller" Veranstalter gegenüber nichtkommerziellen Anbietern nicht in Betracht.

d) Drittsendungsrecht kein Kriterium

Den Umstand, daß die beiden Großkirchen besondere Sendezeiten im Programm anderer Veranstalter beanspruchen können[761], lassen die Mediengesetze im Rahmen der Auswahlentscheidung zu Recht außer Betracht. Das Drittsendungsrecht stellt keine Alternative zur Eigenveranstaltung dar, mit der eine nachrangige Zulassung kirchlicher Veranstalter

---

[752] *Sporn*, Vielfalt im digitalen Rundfunk, S. 24.
[753] § 34 Abs. 2 Nr. 3 StV BB, § 13 Abs. 1 Nr. 3 BremLMG, § 9 Abs. 2 Nr. 5 LRG Niedersachsen, § 17 Abs. 2 Nr. 3 LRG Schl.-H., § 10 Abs. 2 Nr. 2 SächsPRG.
[754] § 28 Abs. 2 HmbMedienG.
[755] § 12 Abs. 1 LRG LRG Rh.-Pf.
[756] § 12 Abs. 2 Nr. 5 RGMV, § 7 Abs. 1 Nr. 3 PRG LSA. Derartige Regelungen werden auch als „Presseprivileg" bezeichnet, *Schiwy*, Medienrecht S. 210. Kritisch hierzu *Hendriks*, Verfassungsrechtliche Probleme, in: MP 6/1984, S. 437; *Starck*, Konstruktionsprinzipien, in: JZ 1983, S. 410; *Bethge*, Privater Rundfunk, S. 121. Der Presse wird jedoch hierdurch kein bevorzugter Zugang zum Rundfunk eröffnet. Nach BVerfGE 73, 118 [193, 194] begründet das Kriterium der Professionalität kein verdecktes Presseprivileg, da zur Erfüllung des für Rundfunkveranstaltungen nötigen technischen und formalen Mindeststandards „Erfahrungen im Printmedienbereich weder hinreichend noch notwendig" seien.
[757] Vgl. *Sporn*, Vielfalt im digitalen Rundfunk, S. 26 f.
[758] Bei der Belegung von Kabelkanälen war etwa nach § 10 Abs. 2 LMG BW 1992 die Nachfrage der Teilnehmer als eigenständiges Kriterium zu berücksichtigen. Vgl. auch *Sporn*, Vielfalt im digitalen Rundfunk, S. 26 f.
[759] BVerfGE 73, 118 [194].
[760] BVerfGE 73, 118 [194].
[761] Siehe unten Anm. 1220.

gerechtfertigt werden könnte. Denn zum einen verlangt die „Angemessenheit" der Inanspruchnahme des Rechts auf eigene Sendezeiten den Kirchen ein gewisses Maß an Rücksichtnahme auf die Belange des Verpflichteten ab. Die Kirchen stehen damit unter dem Druck, im Interesse eines gedeihlichen Zusammenwirkens ihre Beiträge nach Format und Sendezeit dem Hauptprogramm anzupassen. Zum anderen werden sie thematisch auf gottesdienstliche Handlungen und Feierlichkeiten festgelegt; die Darbietung sonstiger religiöser Sendungen hängt vielfach sogar von der Ermessensausübung der Medienanstalt ab – bei der freilich die Ausstrahlungswirkung des Art. 4 GG zu beachten ist.[762] Von einer umfassenden „Programmfreiheit" kann jedenfalls nicht die Rede sein.

3. Kirchliche Veranstalter im Auswahlverfahren

a) Beitrag zur Meinungsvielfalt

Soweit die Mediengesetze die Verschiedenartigkeit der in einer Veranstaltergemeinschaft vertretenen Kräfte zum Richtmaß nehmen[763], dürfte die Beteiligung der Kirche – zumal in einem von Profitinteressen dominierten Umfeld – die Chancen der Veranstaltergemeinschaft nicht unerheblich erhöhen. Auch dort, wo die Mediengesetze nicht vorrangig an institutionelle Merkmale des Veranstalters, sondern an den Programminhalt anknüpfen, wird die zu beobachtende Verödung des Programmangebots und die Austauschbarkeit der Programme werbefinanzierter Veranstalter häufig eine bevorzugte Zulassung nichtkommerzieller und damit auch religiös ausgerichteter Sender bewirken. So setzte sich Radio Paradiso gegen zahlreiche Mitbewerber durch, da es sich seinem ethischen Anspruch nach von diesen abhob[764]: „Aus der Sicht der Allgemeinheit stellte der Antrag ein Vorhaben dar, das jedenfalls dem gesetzlichen Zulassungskriterium der Vielfalt sehr viel eher entsprach als die der Konkurrenten, die nur der im Sendebereich schon vielfach vertretenen Musikfarbe eine von diesen kaum zu unterscheidende hinzufügen wollten. Insofern habe verdiente "Radio Paradiso" die ihm eingeräumte Chance".[765] Auch für die Zulassung von Radio Campanile in Rheinland-Pfalz war der Umstand ausschlaggebend, daß ein derartiger Sender im Gesamtprogramm noch nicht vorhanden war.[766]

Art. 25 Abs. 4 S. 3 BayMG legt sogar einen konkreten Vorrang zugunsten kirchlicher, sozialer oder wirtschaftlicher Programmangebote nahe. Im Gegensatz zu den im gleichen Satz ebenfalls als förderungswürdig bezeichneten lokalen Antragstellern, hat der Gesetzgeber bei jenen Angeboten auf den Vorbehalt eines von dem Bewerber zu erwartenden Beitrags zu Meinungsvielfalt und Ausgewogenheit verzichtet. Daß deshalb kirchlichen Angeboten ein „unbedingter" Zulassungsvorrang eingeräumt werden müsse, ist jedoch abzulehnen. Denn die

---

[762] Vgl. *Link*, Spartenprogramme, Rechtsgutachten, IV 3 a (2); *Link/Pahlke*, Kirchliche Sendezeiten, in: AöR 108, S. 284; *Link*, Anspruch, S. 275; *Link/Pahlke*, Kirchen und privater Rundfunk, S. 18.
[763] § 13 Abs. 2 Nr. 2 BremLMG, § 9 Abs. 2 HPRG, § 17 Abs. 2 Nr. 2 LRG Schl.-H.
[764] *Thun*, Christlicher Hörfunk, BLM-Rundfunkkongress 1997.
[765] *Benda*, Mehr Kanäle - weniger Sinn?, S. 7 f.
[766] Tel. Auskunft der LPR Rheinland-Pfalz an Verf. am 22.3.1999.

Bevorzugung der in der Vorschrift genannten Anbieter bleibt insgesamt zu unspezifisch und könnte allenfalls einen Zulassungsvorrang gegenüber reinen Unterhaltungsprogrammen begründen. Der Zweck der Regelung liegt offenkundig darin, im Hinblick auf die Erfüllung des Rundfunkauftrags einen Ausgleich für präsumptiv unterrepräsentierte Beiträge zu schaffen. Daß die Förderung des kirchlichen Anliegens mit Rücksicht auf das Vielfaltsgebot geschieht, läßt außerdem die bayerische Programmförderungsrichtlinie[767] erkennen, in der die Unterstützung kirchlicher Angebote mit deren Bedeutsamkeit im Sinne von Ausgewogenheit und Meinungsvielfalt begründet wird. Entsprechend den Vorschriften der übrigen Mediengesetze ist kirchlichen Angeboten daher nur solange ein („relativer") Vorrang einzuräumen, als ein solcher zur Herstellung gleichgewichtiger Vielfalt erforderlich ist.[768]

b) Medienerfahrung

Hinsichtlich des Kriteriums der Medienerfahrung können beide Kirchen auf eine leistungsfähige mediale Infrastruktur zurückgreifen[769]. Weder in quantitativer noch qualitativer Hinsicht unterliegen Medienkompetenz und Professionalität der Kirchen ernsthaften Zweifeln. Auch kirchennahe Privatveranstalter, die sich zwar dem christlichen Bekenntnis verpflichtet wissen, jedoch formell außerhalb der Kirchen stehen, profitieren hiervon durch Zulieferungen von Programmteilen und Nachrichten sowie durch Ratschläge etc. Gradmesser für die Professionalität der Programmgestaltung ist nicht zuletzt die Publikumsresonanz, die bei kirchlichen Sendern insgesamt doch recht positiv ausfällt. Anders als bei säkularen Programmen läßt sich jedoch für kirchliche Veranstalter keine Tendenz dahingehend feststellen, daß mit wachsender Professionalität auch die Akzeptanz des Programms proportional zunimmt. Es ist bemerkenswert, daß offenbar gerade dort, wo am wenigsten Mittel eingesetzt werden, ein besonders positives Echo erzielt wird. Kirchennahe Veranstalter verzichten meist nicht nur aus wirtschaftlichen Gründen auf hauptamtliche, professionelle Mitarbeiter, sondern setzen bewußt

---

[767] PFR, abgedr. in *Ring*, Medienrecht, Bd. 3 C-VI 2.2.2.2.

[768] Vgl. auch *BLM, Rundfunkangebote in Bayern*, S. 20: „Nach dem bayerischen Mediengesetz hat die BLM die Aufgabe, Vielfalt und Qualität der privaten Rundfunkangebote zu fördern. Sie soll dafür sorgen, daß kulturelle, kirchliche, soziale und wirtschaftliche Inhalte *nicht zu kurz* kommen".

[769] Vgl. hierzu *Link*, Anspruch, S. 262; *Marnach*, Kirche und Neue Medien, S. 29 f.: Auf katholischer Seite unterhält die Zentralstelle Medien der Deutschen Bischofskonferenz eigene Referate für Hörfunk und Fernsehen bzw. für Film und audiovisuelle Medien. Das erstere Referat gliedert sich in unterschiedliche Sachgebiete, neben einer Stelle für privaten Rundfunk besteht die „Katholische Arbeitsgemeinschaft für private Rundfunkinitiativen" (KAPRI), die private Rundfunkinitiativen – vornehmlich im Hörfunk – durch „fachliche Beratung", „Ausbildungshilfe" und „Vermittlung von Programmkapazitäten" unterstützen soll (*Marnach*, Kirche und Neue Medien, S. 31). Im Produktionsbereich vereint die von mehreren (u.a.) Diözesen getragene Tellux-Beteiligungsgesellschaft eine Reihe von Produktionsfirmen unter sich, die insbesondere den Fernsehbereich bedienen. Für den Hörfunk produziert die 100-prozentige Tellux-Tochterfirma Astratel. Nachrichten liefert die Katholische Nachrichtenagentur (KNA). Auf der Seite der evangelischen Kirchen besteht das Gemeinschaftswerk der Evangelischen Publizistik als zentrale Medieneinrichtung der evangelischen Kirche (GEP), das demnächst die Rechtsform einer gemeinnützigen GmbH erhalten soll (epd Nr. 13 v. 31.3.99), die Nachrichtenagenturen Evangelischer Pressedienst (epd) mit neun Landesdiensten und einer Zentralredaktion und „Idea" sowie mehrere TV-Produktionsfirmen (Eikon, Studio TV-Film). Große Bedeutung kommt auch den Hörfunkredaktionen (16 auf evangelischer, 22 auf katholischer Seite, vgl. Focus v. 29.12.1997 S. 124-126) beider Kirchen für Privatradios zu.

auf ehrenamtliche Tätigkeit.[770] Für die Beurteilung der Professionalität eines kirchlichen Programms können daher nicht unbesehen dieselben Maßstäbe herangezogen werden wie für kommerzielle. Vielmehr wird sich die Landesmedienanstalt bei der Auswahlentscheidung mit der Frage auseinandersetzen müssen, welcher qualitative Mindeststandard einerseits dem Selbstverständnis der jeweiligen Religionsgemeinschaft, andererseits den Ansprüchen des übrigen Publikums noch Rechnung trägt. Das Kriterium der Professionalität könnte somit letztlich nur in Fällen einer extrem laienhaften Programmgestaltung zulasten des kirchlichen Bewerbers angeführt werden.

VI. Verbot religiöser Spartenprogramme?

Nach den Bestimmungen der Mediengesetze darf kein Programm einseitig einem Bekenntnis dienen.[771] Obgleich nicht im Zusammenhang mit der Zulassung geregelt, sondern in den Abschnitten über die Anforderungen an Rundfunkprogramme und Veranstalter, ist die Beachtung der programmlichen Anforderungen bereits im Rahmen der Zulassung[772] und der Auswahl[773] im Fall der Frequenzknappheit relevant; auch die Zulassungsanforderungen dienen der Sicherung der Meinungsvielfalt.[774] Einer wirksamen Gefahrenprävention entspräche es nicht, die Erlaubnis erst zu erteilen um sie sofort wieder aufzuheben.[775] Antizipierte Repressionsgründe dürfen indessen nicht dazu führen, daß tendenzgebundenen Veranstaltern von vornherein der Zugang zum Rundfunk verwehrt wird. Es widerspräche der den Kirchen ausdrücklich eröffneten Zugangsmöglichkeit, eine generelle Vermutung dahin aufzustellen, daß das von ihnen veranstaltete Programm einseitig einem Bekenntnis dienen werde. Da eine Zulassung von Kirchen nicht auf die Veranstaltung von Spartenprogrammen beschränkt ist, gilt auch für diese Programmgattung nichts Abweichendes. Solange die jeweilige Sparte mit den Programmgrundsätzen vereinbar ist[776], sind die Veranstalter solcher Programme in der Wahl ihres Themenschwerpunkts frei und kann die Kombination von „Religiösem“ mit der Programmkategorie „Spartenprogramm“ nicht per se als formal unzulässig gewertet werden. Der Auffassung, wonach Spartenprogramme nicht durch religiöse Gruppen veranstaltet werden

[770] Überwiegend ist dies in der Satzung des Trägervereins ausdrücklich vorgesehen.

[771] Vgl. § 12 Abs. 2 S. 4 LRG NW, § 7 Abs. 2 HmbMedienG, § 18 S. 3 BremLMG, § 20 Abs. 2 LRG Nieders., § 10 S. 2 LRG Saarland. Andere Ländesgesetze enthalten gleichlautende Einschränkungen (Art. 4 S. 2 BayMG § 17 Abs. 1 RGMV, § 16 Abs. 1 S. 2 PRG LSA), die sich jedoch auf die Gesamtheit der Programme beziehen. Vgl. auch Art. 7 Abs. 1 Staatsvertrag über die gemeinsame Nutzung eines Fernseh- und eines Hörfunkkanals auf Rundfunksatelliten vom 12.5.1986, der die einseitige „Berücksichtigung“ religiöser Meinungsrichtungen untersagt.

[772] Dies zeigt z.B. die Bezugnahme auf ein „vielfältiges“ Programm in den Zulassungsgrundsätzen (§ 9 Abs. 1 BremLMG).

[773] Art. 4 S. 2 Sat.-StV Berlin-Hbg-Nieders.-Schl.-H., der jedoch auf die Gesamtheit der Programme abstellt.

[774] *Link*, Mitwirkung, S. 291.

[775] Vgl. §§ 15, 16 BremLMG, § 10 LRG NW i.V.m. der Satzung der Landesanstalt für Rundfunk in Nordrhein-Westfalen über das Verfahren bei Rechtsverstößen, abgedr. in *Ring*, Medienrecht, Bd. 3 unter C-VI 8.2.9.

[776] Ein „Spartenverbot“ wäre allenfalls bei Programmen zu überlegen, deren Schwerpunkt in der Mißachtung und Herabwürdigung religiöser Anschauungen besteht.

dürfen, kann deshalb nicht gefolgt werden.[777] Allenfalls kommen im Einzelfall Nebenbestimmungen in Betracht, die im Hinblick auf das Vielfaltsgebot die Erfüllung der gesetzlichen Voraussetzungen der Genehmigung sicherstellen, wenn diese sonst versagt werden müßte. Hinsichtlich der materiellen Voraussetzungen, unter denen kirchliche Programme als „einseitig" zu werten sind, wird auf unten verwiesen.[778]

VII. Verbot religiöser Werbung

1. Begriff der Werbung

Im Sinne des Rundfunkstaatsvertrags wird unter „Werbung" ausschließlich Wirtschaftswerbung[779] verstanden. Dies entspricht der Definition in Art. 1 b der EG-Fernsehrichtlinie[780], wonach Fernsehwerbung eine Äußerung bei der Ausübung eines Handels, Gewerbes oder freien Berufs ist, die von einem Fernsehveranstalter gegen Entgelt ausgestrahlt wird, um den Warenabsatz, die Erbringung von Dienstleistungen oder Rechte und Verpflichtungen zu fördern. Entgegen *Ring*[781] folgt die Beschränkung auf Wirtschaftswerbung jedoch nicht schon aus § 7 Abs. 7 RfStV.[782] Im Gegenteil erstreckt die Vorschrift den Werbebegriff auch auf Formen ideeller Werbung.[783] Klargestellt wird nur, daß Religiöses und Weltanschauliches nicht Gegenstand *zulässiger* Werbung sein kann.[784] Daß die Werbebestimmungen sichtlich auf die

---

[777] In der Tat wurde im Arbeitskreis Recht der Medienanstalten in bezug auf die IRC diese Ansicht vertreten. Wenig überzeugend erscheint insbesondere die Begründung mit § 20 Abs. 1 S. 1 RfStV a.F. (als lediglich einfachgesetzlicher Konkretisierung des Grundstandards), die eine Einebnung der unterschiedlichen Vielfaltsanforderungen an Vollprogramme und Spartenprogramme (S. 2 und 3) zur Konsequenz hätte; vgl. *BLM*, IRC, Vermerk vom 13.6.1994, S. 2.

[778] S. 185 f.

[779] In diesem Sinn Nr. 2 der Präambeln der gemeinsamen Richtlinien der Landesmedienanstalten für die Werbung zur Durchführung der Trennung von Werbung und Programm und für das Sponsoring im Hörfunk bzw. im Fernsehen vom 16.12.1997. Ebenso die wohl h.M. in der Literatur, *Ring*, Medienrecht, Bd. 2 § 7 Rn. 3 f. m.w.N.; *Bornemann/Kraus/Lörz*, Bayerisches Mediengesetz, Art. 8 Rn. 8; *Liegmann*, Zugang, S. 121; *Kirschnek*, Landesmediengesetz Baden-Württemberg, S. 235. Der Vierte Rundfunkänderungsstaatsvertrag schafft insoweit Klarheit: Danach ist Werbung „jede Äußerung bei der Ausübung eines Handels, Gewerbes, Handwerks oder freien Berufs, die im Rundfunk von einem öffentlich-rechtlichen oder privaten Veranstalter entweder gegen Entgelt oder eine ähnliche Gegenleistung oder als Eigenwerbung gesendet wird mit dem Ziel, den Absatz von Waren oder die Erbringung von Dienstleistungen, einschließlich unbeweglicher Sachen, Rechte und Verpflichtungen, gegen Entgelt zu fördern" (§ 2 Abs. 2 Nr. 5 S. 1 RfStV i.d.F. des 4. RfÄndStV).

[780] Richtlinie des Rates vom 3.10.1989 zur Koordinierung bestimmter Rechts- und Verwaltungsvorschriften der Mitgliedstaaten über die Ausübung der Fernsehtätigkeit (89/552/EWG), abgedr. bei *Ring*, Medienrecht, Bd. 4 E-I 1.3.

[781] *Ring*, Medienrecht, Bd. 2 § 7 Rn. 3 f.

[782] § 7 Abs. 8 RfStV i.d.F. des 4. RfÄndStV.

[783] Ausdrücklich bestimmt dies § 2 Abs. 2 Nr. 5 S. 2 RfStV i.d.F. des 4. RfÄndStV, wonach das Verbot weltanschaulicher Werbung von der Begriffsdefinition des S. 1 unberührt bleiben soll.

[784] Für einen weiten Werbungsbegriff *Stettner*, der zwischen erlaubter und verbotener Ideenwerbung unterscheidet (*Stettner*, TV-Spots der Bundeswehr, in: ZUM 8/9/1995, S. 561).

Wirtschaftswerbung zugeschnitten sind[785] ändert hieran nichts. Entscheidend ist letztlich, welche Arten von Werbung § 7 Abs. 7 RfStV ausschließen will.[786]

2. Religiöse Werbung

a) Mitgliederwerbung

Unter den Begriff der religiösen Werbung fällt zunächst die von einer Religionsgemeinschaft betriebene Mitgliederwerbung, wenn mit ihr nicht wirtschaftliche, sondern religiöse Ziele verfolgt werden.[787] Die Aufforderung an den Rezipienten, der Religionsgemeinschaft beizutreten, wird dabei in den seltensten Fällen offen und direkt erfolgen. Größere praktische Bedeutung kommt der „getarnten" Mitgliederwerbung zu, die sich nach außen hin als Wirtschaftswerbung gibt und den Rezipienten in subtilerer Art und Weise zum Eintritt veranlassen soll.[788] Nach dem Rundfunkstaatsvertrag ist Werbung dieser Art außerhalb eigener Sendezeiten unzulässig.[789]

b) Eigenwerbung

Wirbt der Veranstalter „in eigener Sache", so kommt eine Qualifizierung als erlaubte Eigenwerbung („station promotion") in Betracht. Hierunter ist nicht nur die Werbung für eigene Programme zu verstehen, sondern auch die Selbstdarstellung und -anpreisung des Senders und seiner Leistungen. „Die Sender- bzw. Eigenpromotion unterliegt nicht den

---

[785] Vgl. §§ 7 Abs. 1, 5, 45 Abs. 3 RfStV, die auf Verbraucher, Warenhersteller bzw. Dienstleister sowie kommerzielle Angebote Bezug nehmen.

[786] Vgl. *Bornemann/Kraus/Lörz*, Bayerisches Mediengesetz, Art. 8 Rn. 8. Das dort gegen eine Erweiterung des Werbebegriffes angeführte Argument, daß nach dem staatsvertraglichen Regelungskonzept nur Sendezeit für Wirtschaftswerbung käuflich sei, würde § 7 Abs. 7 RfStV freilich überflüssig machen.

[787] *Ring*, Medienrecht, Bd. 2, § 7 Rn. 70; vgl. auch *Bornemann/Kraus/Lörz*, Bayerisches Mediengesetz, Art. 8 Rn. 53.

[788] In den Werberichtlinien der Niedersächsischen Landesmedienanstalt wird der Begriff der weltanschaulichen Werbung in fast schon bedenklicher Weise weit ausgelegt. Offenkundig geschah dies im Hinblick auf die sublimen Techniken jüngerer Quasi-Religionen, so daß die Anwendung der Richtlinien auf kirchliche Veranstaltungen einer kritischen Überprüfung bedarf. Nach den Werberichtlinien sind Beiträge als ideelle Werbung unzulässig, „wenn über die Darstellung religiöser Themen oder über die Beschreibung von Art, Tätigkeit und Zielsetzung einer religiösen Gemeinschaft hinaus Aufforderungen an den Zuschauer gerichtet werden, aktiv im Sinne der Darstellungen oder Beschreibungen tätig zu werden. Dies ist z.B. der Fall, wenn der/die Zuschauer/in zum Eintritt in eine solche Gemeinschaft aufgefordert wird. Doch schon der Hinweis auf regelmäßige oder nächste Treffen der dargestellten Gemeinschaft - verbunden mit der Aufforderung, daran teilzunehmen - ist unzulässige ideelle Werbung. Ebenso ist ein Beitrag unzulässig, der durch Aufbau, Inhalt oder Gestaltung geeignet ist, über die Darstellung sachlicher Inhalte hinaus eine besondere emotionale Wirkung auf den/die Zuschauer/in auszuüben. Dies kann z.B. dadurch geschehen, daß durch suggestive Sprachtechnik, einfühlsame Musik oder meditative Bilder bzw. eine Kombination dieser Elemente der/die Zuschauer/in in eine emotionale Grundstimmung versetzt werden kann, die es ihm/ihr erschwert, sich mit den transportierten Inhalten rational und kritisch auseinanderzusetzen. Die unzulässige religiöse Werbung liegt hier nicht in den Sachaussagen, sondern darin, daß Techniken unterschwelliger Beeinflussung eingesetzt werden, die - mindestens in gleicher Intensität wie offene Werbung - die Gewinnung zusätzlicher „Gläubiger" zum Ziel haben."

[789] *Hartstein*, Rundfunkstaatsvertrag, § 6 Rn. 66, 70; *BLM*, IRC, Vermerk vom 24.5.1994, S. 7.

Werbevorschriften. Sie dient der Hörerbindung. Sie kann sich auf das Gesamtprogramm und einzelne Sendungen sowie auf die in ihnen handelnden Personen oder auf Veranstaltungen sowie sonstige Ereignisse außerhalb des Programms des Veranstalters beziehen".[790] Als Bestandteil des eigengestalteten Programms[791] unterliegt sie demnach lediglich den allgemeinen Programmgrundsätzen.[792] Das kirchliche Anliegen erschöpft sich freilich nicht in dem Hinweis auf kirchliche (Dienst-)leistungen und in der bloßen Selbstdarstellung. Eine pauschale Subsumtion kirchlicher Aussagen unter der Begriff der Eigenwerbung ist nicht möglich.

c) Soziale Appelle

Nicht erfaßt von § 7 Abs. 7 RfStV werden ferner soziale Appelle („social advertising"). Hierbei handelt es sich um „Sendungen oder Beiträge, die einen direkten oder indirekten Aufruf zu verantwortlichem, sozial erwünschtem Verhaltens enthalten oder über die Folgen individuellen Verhaltens aufklären. Zulässig sind z.B. Aufrufe, die die Gesundheit, die Sicherheit der Verbraucher oder den Schutz der Umwelt fördern sowie Aufrufe für wohltätige Zwecke".[793] Zwar nehmen die Kirchen ihre gesamtgesellschaftliche Aufgabe nicht nur um ihrer selbst willen wahr. Auch im Rahmen ihres caritativen und sozialen Engagements bestimmen religiöse Ziele das Handeln der Kirche. Maßgebend ist aber insoweit nicht die innere Motivation, sondern letztlich das äußere Erscheinungsbild. Werden bei objektiver Betrachtung nicht eigene Interessen der Kirche, sondern im Allgemeininteresse liegende Ziele gefördert, greift § 7 Abs. 7 RfStV nicht ein.[794]

d) Verkündigung als weltanschauliche Werbung

Zentrales Motiv des kirchlichen Medienengagements ist der Verkündigungsauftrag. Im Verfolg dieses Auftrags tritt die Kirche mit ideeller Zielsetzung in Erscheinung. Wenngleich das primäre Ziel der Kirche hierbei nicht in der Akquisition neuer Kirchenmitglieder um kirchlicher Zwecke willen besteht (z.B. Sicherung des Kirchensteueraufkommens), sondern die Vermittlung der Botschaft des Evangeliums im Vordergrund steht, enthält Verkündigung jedoch zwangsläufig Elemente der Glaubenswerbung.

---

[790] Nr. 15 Abs. 1 Gemeinsame Richtlinien der Landesmedienanstalten für die Werbung zur Durchführung der Trennung von Werbung und Programm und für das Sponsoring im Hörfunk vom 16.12.1997; Nr. 15 Abs. 1 Gemeinsame Richtlinien der Landesmedienanstalten für die Werbung zur Durchführung der Trennung von Werbung und Programm und für das Sponsoring im Fernsehen vom 16.12.1997.

[791] *Ring*, Medienrecht, Bd. 2, Art. 7 Rn. 10.

[792] *Liegmann*, Zugang, S. 121; *Ring*, Medienrecht, Bd. 2, Art. 7 Rn. 10.

[793] Nr. 8 Gemeinsame Richtlinien der Landesmedienanstalten für die Werbung zur Durchführung der Trennung von Werbung und Programm und für das Sponsoring im Hörfunk vom 16.12.1997; Nr. 8 Gemeinsame Richtlinien der Landesmedienanstalten für die Werbung zur Durchführung der Trennung von Werbung und Programm und für das Sponsoring im Fernsehen vom 16.12.1997. Vgl. auch § 7 Abs. 8 S. 2 RfStV i.d.F. des 4. RfÄndStV, wonach „unentgeltliche Beiträge im Dienst der Öffentlichkeit einschließlich von Spendenaufrufen zu Wohlfahrtszwecken" nicht als Werbung gelten.

[794] *Ring*, Medienrecht, Bd. 2, § 7 Rn. 67.

Soll das Verbot weltanschaulicher Werbung die Freiheit der öffentlichen Meinungsbildung vor Beeinflussung schützen[795], so besteht ein rechtfertigender Grund hierfür nur dann, wenn die weltanschaulichen Äußerungen in irgendeiner (und wenn auch nur geringfügiger) Weise eine Veränderung der öffentlichen Meinung herbeiführen können, wenn sie m.a.W. von der Masse der Rezipienten verstanden werden. So könnte der – anachronistisch gewordene – in lateinischer Sprache gehaltene Gottesdienst die öffentliche Meinung kaum nennenswert beeinflussen. Aber auch die hergebrachte Liturgie der Kirche gerät unter heutigen Bedingungen mehr und mehr in das Abseits der kirchlichen Binnenkommunikation und kann den Bezug zum Adressaten häufig nicht mehr herstellen. Wegen der zunehmenden Distanz in der Bevölkerung zu traditionellen kirchlichen Äußerungsformen dürfte somit aus Sicht des § 7 Abs. 7 RfStV eher die zeitgemäße Form der Verkündigung problematisch erscheinen als die ritualisierte Liturgie. Verkündigungssendungen fallen jedenfalls dann unter den Begriff der weltanschaulichen Werbung, wenn die in ihnen getroffenen Aussagen im konkreten Fall geeignet sind, die öffentliche Meinung im Sinne der Ziele der jeweiligen Religionsgemeinschaft zu beeinflussen.

e) Sonstige religiöse Sendungen

Auch andere Sendungen kirchlicher Veranstalter enthalten mehr oder minder ausgeprägt Elemente religiöser Werbung. Der Sinn kirchlicher Eigenveranstaltungen besteht ja meist gerade darin, das Programm als Ganzes im christlichen Geist zu gestalten. Aber auch bei einer solchen Zielsetzung des Veranstalters ginge es nicht an, alle Äußerungen im Rahmen kirchlicher Programme als unzulässige Werbung zu qualifizieren. Wenn eine solche Instrumentalisierung des Rundfunks bei politischen Parteien stillschweigend vorausgesetzt wird[796], so lassen sich doch aus der parallelen Regelung von religiöser und politischer Werbung in § 7 Abs. 7 RfStV keine zwingenden Rückschlüsse ziehen. Zum einen verfolgen Parteien und Kirchen im Rundfunk konträre Zielsetzungen: Wahlsendungen wollen tendenziell polarisieren, kirchliche Sendungen integrieren. Zum anderen würden die Vorschriften über die Vielfaltssicherung im privaten Rundfunk, die ein Zuwortkommen der bedeutsamen weltanschaulichen Kräfte ausdrücklich vorsehen, ad absurdum geführt. Es bedarf daher einer am Einzelfall orientierten Betrachtung, inwieweit die Absicht zur Vermittlung von Glaubensinhalten als eigentlicher Zweck der Sendung zutage tritt.

f) Kein Ankauf von Sendezeiten für religiöse Werbung

Ziel des Werbeverbots ist es letztlich, den mit der Möglichkeit des Kaufs von Sendezeiten verbundenen Gefahren für die Erfüllung des rundfunkrechtlichen Programmauftrags vorzubeugen.[797] Wer ideelle Zwecke verfolgt, hat typischerweise nicht die Förderung des Absatzes von Produkten im Blick, sondern die Beeinflussung der öffentlichen Meinung[798] in die

---

[795] Vgl. *Bornemann/Kraus/Lörz*, Bayerisches Mediengesetz, Art. 8 Rn. 53.
[796] Politische Parteien gehören nicht zu den Veranstaltungsberechtigten.
[797] *Stettner*, TV-Spots der Bundeswehr, in: ZUM 8/9/1995, S. 563; *Ring*, Medienrecht, Bd. 2 § 7 Rn. 6.
[798] *Ring*, Medienrecht, Bd. 2, § 7 Rn. 6.

von ihm favorisierte Richtung. Überwiegend – wenngleich nicht notwendig – sind es politische und weltanschauliche Kräfte, von denen solche Bestrebungen ausgehen. Andererseits sollen im Rundfunk alle bedeutsamen, auch weltanschaulichen Kräfte zu Wort kommen, so daß in Rundfunksendungen auch Glaubensaussagen enthalten sein dürfen.[799] Namentlich das Bestehen des Instituts der Drittsendung beweist, daß es nicht Sinn und Zweck des § 7 Abs. 7 RfStV sein kann, jegliche weltanschauliche und religiöse Einflußnahme zu unterbinden. Zwar wirkt das Kirchenprivileg nicht direkt zugunsten des kirchlichen Veranstalters, da das Rahmenprogramm eines anderen Veranstalters vorausgesetzt wird.[800] Wenn aber religiöse „Werbung" in Programmen Dritter ausgestrahlt werden darf[801], so muß dies erst recht in eigenen Programmen der kirchlicher Veranstalter möglich sein. Zu dieser Konsequenz sieht sich insbesondere gezwungen, wer kirchliche Vollprogrammveranstalter für drittsendungsverpflichtet hält und zur Ausstrahlung fremder Glaubenswerbung verpflichten will.[802] Abgesehen davon erschiene ein solches Verbot systemwidrig im Hinblick auf die ausdrückliche Ausnahme zugunsten der Kirchen von der Zulassungssperre für juristische Personen des öffentlichen Rechts. Diese läßt nämlich den Schluß zu, daß der Normgeber für religiöse Programme eine Zugangsmöglichkeit schaffen und dieselben nicht von vornherein als unzulässige Werbung verstanden wissen wollte.[803] Da die Kirchen de lege lata auch nicht an eine bestimmte Programmkategorie gebunden sind, machen kirchliche Spartenprogramme hiervon keine Ausnahme. Seiner Zielrichtung nach will § 7 Abs. 7 RfStV vielmehr verhindern, daß „das System ausgewogener Repräsentanz eine offene Flanke von Seiten der Werbung erhält", indem nämlich die Regelungen zum rundfunkrechtlichen Zulassungsverfahren durch den Ankauf von Sendezeit konterkariert werden.[804] Als Veranstalter eigener Programme durchlaufen die Kirchen aber das rundfunkrechtliche Zulassungsverfahren und unterliegen der Aufsicht der Medienanstalt. Für weltanschauliche „Werbung" im Rahmen des redaktionellen Programms[805] stehen mit den Vorschriften zur Ausgewogenheit und zur Meinungsvielfalt hinreichend wirksame Regularien zur Verfügung, mit denen eine einseitige Einflußnahme verhindert werden kann. Der von § 7 Abs. 7 RfStV intendierte Schutz der Ausgewogenheit des Programms wird somit im Hinblick auf weltanschaulich gebundene Veranstalter bereits anderweitig erreicht.[806]

---

[799] *BLM*, "Radio Maria", Sitzung des Grundsatzausschusses vom 6.10.1994, S. 8.
[800] Insoweit mißverständlich *BLM*, IRC, Vermerk vom 24.5.1994, S. 7, in dem die Anwendung des § 24 RfStV a.F. im Hinblick auf die Rechtsform des Veranstalters (e.V.) abgelehnt wird.
[801] Umgekehrt ordnet § 44 Abs. 1 RfStV ein Werbeverbot im Rahmen von Gottesdienstübertragungen an.
[802] Siehe unten S. 202 f., S. 208.
[803] Vgl. *LfK Baden-W.*, Religiöse Satelliten-Hörfunkprogramme, S. 4.
[804] *Stettner*, TV-Spots der Bundeswehr, in: ZUM 8/9/1995, S. 562, 563; vgl. auch *Ring*, Medienrecht, Bd. 2 § 7 Rn. 66; *LfK Baden-W.*, Religiöse Satelliten-Hörfunkprogramme, S. 4.
[805] Eine Vermischung von Werbung und sonstigen Programmbestandteilen verstieße gegen das Trennungsgebot, § 7 Abs. 3 RfStV.
[806] Vgl. *LfK Baden-W.*, Religiöse Satelliten-Hörfunkprogramme, S. 5.

g) Werbeverbot und Religionsfreiheit

Unter die Freiheit der Religionsausübung fällt nach der Rechtsprechung des Bundesverfassungsgerichts auch die Freiheit des Werbens und der Propaganda.[807] Ein generelles Verbot weltanschaulicher Werbung ließe sich daher mit der Religionsfreiheit und dem Öffentlichkeitsauftrag der Kirche nicht vereinbaren. § 7 Abs. 7 RfStV ist daher aus den genannten Gründen verfassungskonform dahingehend zu interpretieren, daß das redaktionelle Programm der Kirchen sowie die ihnen zustehenden angemessenen Sendezeiten vom Werbeverbot ausgenommen sind.[808]

3. Europarechtliche Vorgaben bei Weiterverbreitung

Nach Maßgabe des Art. 2 Abs. 2 der EG-Fernsehrichtlinie vom 3.10.1989 haben die Mitgliedstaaten den freien Empfang europäischer und richtlinienkonformer Fernsehsendungen zu gewährleisten und dürfen deren Weiterverbreitung nicht behindern. Da weder die Fernsehrichtlinie, noch die Art. 11 f. ERÜ für religiöse und weltanschauliche Fernsehwerbung besondere Einschränkungen vorsehen[809], sind die Medienanstalten gemeinschaftsrechtlich zur Ausstrahlung von Glaubenswerbung aus anderen Mitgliedstaaten verpflichtet.[810] Unbeschadet dessen können die Mitgliedstaaten, wie durch § 7 Abs. 7 RfStV geschehen, an die ihrer eigenen Rechtshoheit unterliegenden Fernsehveranstalter nach Art. 3 Abs. 1, Art. 19 der Fernsehrichtlinie strengere Anforderungen stellen[811]. Ob eine solche Inländerdiskriminierung mit primärem Gemeinschaftsrecht vereinbar ist[812], braucht hier indessen nicht vertieft zu werden, da § 7 Abs. 7 RfStV einer Ausstrahlung von Glaubenswerbung in kirchlichen Programmen nicht entgegensteht.

---

[807] BVerfGE 12, 1 [3]; 24, 236 [246].

[808] Soweit säkulare Veranstalter ihren Vielfaltspflichten durch die Ausstrahlung von religiösen Sendungen im *redaktionellen* Programm nachkommen wollen, gilt das oben unter f) Gesagte.

[809] Die Grenze ist erst dort erreicht, wo die Fernsehwerbung die religiösen Überzeugungen anderer verletzt (Art. 12 c Fernsehrichtlinie). Zur Beschränkung des europäischen Grundrechts der Rundfunkfreiheit durch Werbeverbote vgl. *Ricker/Schiwy*, Rundfunkverfassungsrecht, S. 514 f.

[810] Vgl. aber § 43 Abs. 2 HPRG, § 38 Abs. 3 LRG NW, die auch herangeführte Programme – in europarechtlich fragwürdiger Weise – den Werbebeschränkungen unterwerfen (diese Rechtslage bestand bis vor kurzem auch noch in Niedersachsen, § 50 Abs. 1 i.V.m. § 32 Abs. 7 LRG Nieders. a.F.)

[811] Ebenso nach Art. 28 ERÜ.

[812] vgl. Art. 6 Abs. 1 EG-Vertrag. Für die Zulässigkeit von Werbeverboten zulasten von Religions- und Weltanschauungsgemeinschaften spricht der Umstand, daß der europäischen Gemeinschaft die Kompetenz zur Regelung deren rechtlicher Stellung fehlt (vgl. Art. 3 b EG-Vertrag). Religiöse Werbung läßt sich insbesondere nicht unter den Begriff der „Ware" (Art. 9 Abs. 2 EG-Vertrag) bzw. der „Dienstleistung" (Art. 60 EG-Vertrag) subsumieren.

VIII. Mehrfachpräsenz der Kirchen

1. Mehrfache Programmträgerschaft

a) Bundesweites Fernsehen

Zur Vermeidung von Machtkonzentration und Meinungsmacht beschränken Rundfunkstaatsvertrag und Landesmediengesetze die Programmtätigkeit nach Anzahl oder Wirkung der vom jeweiligen Veranstalter gestalteten Programme. Die Vervielfachung der Übertragungskapazitäten hat im Bereich des bundesweiten Fernsehens den Weg zu einer liberaleren Konzentrationskontrolle geebnet, die in dem 1996 eingeführten Zuschaueranteilsmodell[813] ihren vorläufigen Abschluß gefunden hat. Danach wird die Ausübung vorherrschender Meinungsmacht erst dann vermutet, wenn ein Unternehmen mit den ihm zurechenbaren Programmen einen Zuschaueranteil von 30 v.H. erreicht oder trotz geringfügigem Unterschreiten der Grenze durch die Aktivität auf anderen medienrelevanten Märkten einen entsprechenden Einfluß erzielt[814], mit der Folge, daß ihm gem. § 26 Abs. 3 RfStV keine weiteren Zulassungen erteilt werden dürfen. Zuzurechnen sind dem Unternehmen gem. § 28 Abs. 1 RfStV auch Programme Dritter, wenn das Unternehmen oder ein mit ihm gem. § 15 AktG verbundenes Unternehmen an dem dritten Veranstalter mit einem Stimmrechts- oder Kapitalanteil von 25 % oder mehr beteiligt ist. Der Beteiligung steht es nach § 28 Abs. 2 gleich, wenn auf den Veranstalter ein vergleichbarer Einfluß ausgeübt werden kann.[815] Dieselben Grundsätze gelten gem. § 31 Abs. 3 auch für den Fensterprogrammveranstalter, der – zur Sicherung seiner redaktionellen Unabhängigkeit – seinerseits nicht in einem rechtlichen Abhängigkeitsverhältnis zum Hauptprogrammveranstalter stehen darf.[816]

b) Sonstige Programme

Gemäß § 39 S. 2 RfStV gehen die Regelungen des RfStV dem Landesrecht vor, sofern dieses Abweichendes bestimmt.[817] Der Ländergesetzgebung unterliegt demnach der bundesweite Hörfunk und der gesamte landesweite Rundfunk. Zulässig sind im Bereich des Hörfunks bei bundesweiter Verbreitung meist nur ein Vollprogramm (oder Informations-Spartenprogramm) sowie ein Spartenprogramm[818]; gleiches gilt regelmäßig auch für den landesweiten Rund-

---

[813] Die den Landesmediengesetzen entsprechende Regelung des alten § 21 RfStV bewirkte durch ihre 50%-Grenze eine Aufsplitterung von Beteiligungen und begünstigte so das Entstehen von „Senderfamilien" (*Schuler-Harms*, Rundfunksystem, S. 147).

[814] § 26 Abs. 2 RfStV.

[815] Zur neueren Entwicklung der Medienkonzentration *Röper*, Formation deutscher Medienmultis 1998/99, in: MP 7/1999, S. 345 f. Die praktische Effektivität der Zurechnungsregeln kann freilich bezweifelt werden, da Beteiligungen unter 25 % außer Betracht bleiben (vgl. *Röper*, Konzentration und Cross ownership, in: MP 12/1996, S. 610 ff.).

[816] *Clausen-Muradian*, Konzentrationskontrolle, in: ZUM 12/1996, S. 940.

[817] *Ring*, Medienrecht, Bd. 2 § 26 Rn. 3.

[818] § 10 Abs. 1 BremLMG, § 17 Abs. 1 HPRG, § 8 Abs. 2 LRG Niedersachsen, § 11 LRG Schl.-H. a. F. (§ 12 LRG Schl.-H. n. F. enthält hierzu keine ausdrückliche Regelung mehr).

funk.[819] Als Rundfunkveranstalter wird dabei auch angesehen, wer – ohne selbst eine Zulassung zu besitzen – mit dem Inhaber einer Zulassung entsprechend § 15 Aktiengesetz verbunden ist oder auf die Programmgestaltung vergleichbar (bzw. „maßgeblich", „wesentlich") Einfluß nehmen kann.[820]

c) Zurechenbarkeit: Kirche als Konzern?

(1) Anwendbarkeit der Konzentrationsregeln auf Kirchen

Konzentrationsrechtliche Relevanz kann die Tätigkeit kirchlich orientierter Veranstalter entfalten, wenn sie einer der großen Kirchen zugeschrieben werden kann. So ist die Kirche als Veranstalter der Programme anzusehen, die von einem in ihrem Mehrheitsbesitz stehenden Unternehmen veranstaltet werden (§§ 15, 16 AktG). Das gleiche gilt, wenn sie einen beherrschenden (§§ 15, 17 AktG) oder vergleichbaren (bzw. in anderer Weise maßgeblichen oder wesentlichen)[821] Einfluß ausübt. Für die Beurteilung der hierzu erforderlichen Befugnisse läge es – um einen Gleichlauf zwischen korporationsrechtlicher und konzentrationsrechtlicher Zuordnung herzustellen – nahe, an die Voraussetzungen[822] anzuknüpfen, unter denen kirchennahe Einrichtungen am kirchlichen Selbstbestimmungsrecht teilnehmen. Damit würde das befremdliche Ergebnis, daß die Kirche sich hinsichtlich eines Veranstalters auf das Selbstbestimmungsrecht berufen, sich andererseits aber unter Hinweis auf ihre geringe oder fehlende Einflußmöglichkeit der konzentrationsrechtlichen Verantwortung entziehen kann, vermieden.[823] Ebendies wäre die unausweichliche Folge der Rechtsprechung des Bundesverfassungsgerichts, das für die Teilhabe am Selbstbestimmungsrecht der Kirche bereits deren förmliche Anerkennung genügen läßt, ohne daß es einer organisatorischen Verbindung bedürfte. Darüber hinaus passen die auf Wirtschaftsunternehmen zugeschnittenen rundfunkrechtlichen Konzentrationsbestimmungen nicht auf solche Institutionen, deren Verbindung

---

[819] § 25 Abs. 1 HmbMedienG, § 59 Abs. 1 LRG Saarland, § 10 Abs. 3 RGMV, § 6 Abs. 2 PRG LSA, abw. § 17 Nr. 1 TRG (nur ein Programm), § 12 Abs. 3 LRG Schl.-H. n.F. (landesweit in Hörfunk und Fernsehen jeweils drei Programme, darunter zwei Vollprogramme). § 17 Abs. 6 HPRG, § 8 Abs. 5 LRG Niedersachsen, § 12 Abs. 1 LRG Schl.-H. a. F verweisen insoweit auf die Regelungen für bundesweit verbreiteten Rundfunk. Ähnliche Regelungen bestehen z.T. im lokalen Rundfunk. So setzt § 38 HmbMedienG eine Höchstzahl von einem Hörfunk- und einem Fernsehprogramm je Anbietergemeinschaft fest. §§ 16 f. LRG Rh.-Pf. sehen neben dem vom RfStV übernommenen Zuschaueranteilsmodell überhaupt keine Kumulierungsverbote mehr vor.

[820] Vgl. § 20 Abs. 1 StV BB, § 25 LMG BW, § 10 Abs. 1 BremLMG, § 17 Abs. 1, 5 HPRG, § 8 Abs. 2 LRG Niedersachsen, § 13 LRG Rheinland-Pfalz, § 59 Abs. 1 LRG Saarland, § 11 Abs. 1 LRG Schl.-H. a. F., § 12 Abs. 4 f. LRG Schl.-H. n. F., § 10 Abs. 3 RGMV, § 6 Abs. 2 S. 2 f. PRG LSA, § 17 Abs. 1 TRG. Art. 6 BayMG stellt ebenfalls auf § 15 AktG bzw. die Möglichkeit „maßgeblicher" Einflußnahme ab, sieht aber Ausnahmen für den Fall vor, daß die Meinungsvielfalt nicht beeinträchtigt wird. § 25 Abs. 1 S. 3 HmbMedienG verweist auf den (inzwischen geänderten) § 21 des RfStV i.d.F. des Ersten Rundfunkänderungsstaatsvertrags.

[821] § 17 Abs. 1 Nr. 2 TRG, § 10 Abs. 3 RGMV, § 25 Abs. 2 LMG BW.

[822] Siehe oben S. 87 f.

[823] Die Bestimmungen vieler Mediengesetze, wonach als vergleichbarer Einfluß auch die Gestaltung eines wesentlichen Teils der Sendezeit eines anderen Veranstalters mit von ihm zugelieferten Programmteilen oder die Zustimmungsbedürftigkeit wesentlicher Entscheidungen des anderen Veranstalters gilt (vgl. z.B. § 17 Abs. 1 Nr. 1 HPRG, § 8 Abs. 2 Nr. 1 LRG Nieders., § 19 Abs. 2 Nr. 1 LRG Rh.-Pf., § 11 Abs. 1 LRG Schl.-H. a.F.) können dies nur zum Teil abfedern.

auf einer weltanschaulichen Übereinstimmung gründet. Gewichtige Gründe sprechen aber gegen diese Lösung. Der verfassungsrechtliche Schutz der Kirche hinsichtlich ihrer Angelegenheiten würde in sein Gegenteil verkehrt, wollte man aus ihm eine Verschärfung der Zulassungsgrundsätze herleiten. Die nach außen bekundete Verbundenheit im Bekenntnis begründet weder eine „Beherrschung", noch einen „vergleichbaren Einfluß"; die Grenzen zulässiger Gesetzesauslegung würden anderenfalls überschritten. Kirchliche Veranstalter sind daher konzentrationsrechtlich nicht anders zu behandeln als weltliche Veranstalter.

(2) Zurechnungsadressat

Eine Zurechnung von Programmen zwischen den großen Konfessionen kann zunächst als ausgeschlossen gelten, da beide Kirchen ihre Medienarbeit unabhängig voneinander gestalten. Der katholischen Kirche, deren Diözesen in Deutschland ihre Medienarbeit durch die Zentralstelle Medien der Deutschen Bischofskonferenz einer einheitlichen Verantwortung unterstellt haben, sind dementsprechend alle Programme zuzurechnen, auf welche ein maßgeblicher Einfluß ausgeübt werden kann. Komplizierter stellt sich die Situation bei evangelischen Rundfunkveranstaltern dar. Diese können – bei gleichem Verbreitungsgebiet – „der" Evangelischen Kirche auf unterschiedlichen Ebenen, nämlich der der jeweiligen Landeskirche, der VELKD bzw. EKU, sowie der EKD als Werk zugeordnet sein. Denkbar sind auch konkurrierende Veranstaltungen mehrerer Landeskirchen innerhalb eines Landes, da die Landesgrenzen mit den kirchlichen Territorien nicht zusammenfallen. Insoweit erschiene eine direkte, horizontale Zurechnung jedoch im Hinblick auf die Eigenständigkeit und Unabhängigkeit der Landeskirchen problematisch. Auch eine Zurechnung innerhalb des Stufenbaus der Evangelischen Kirche stößt auf Schwierigkeiten. Den gliedkirchlichen Zusammenschlüssen wird weder durch Vereinbarung noch durch sonstige Bestimmung der „Durchgriff"[824] auf wesentliche Entscheidungen des Veranstalters vermittelt.

Dem Veranstalter ist nach den Mediengesetzen darüber hinaus zuzurechnen, wer mit einem an dem Veranstalter Beteiligten gem. § 15 AktG verbunden ist.[825] Das gilt nach § 18 Abs. 2 AktG für rechtlich selbständige „Konzernunternehmen", die trotz Fehlens eines Abhängigkeitsverhältnisses unter einer einheitlichen Leitung stehen. Zu erwägen ist dies im Hinblick auf die EKD, die nach Art. 19 der Grundordnung der EKD „die gesamtkirchlichen Anliegen gegenüber allen Inhabern öffentlicher Gewalt" vertritt.[826] Unbestritten von den Gliedkirchen

---

[824] Vgl. § 17 Abs. 1 Nr. 2 HPRG.

[825] Z.B. § 17 Abs. 1, 5 HPRG, § 19 Abs. 1 LRG Rh.-Pf.

[826] Allerdings besteht für noch nicht einheitlich geregelte Sachgebiete eine gesamtkirchliche Gesetzgebungskompetenz mit Wirkung für die Gliedkirchen nur dann, wenn diese einverstanden sind, Art. 10b GO EKD. Infolge dieser Grundsatzzuständigkeit der Gliedkirchen für den Rundfunk (*Link/Pahlke*, Kirchen und privater Rundfunk, S. 61), von der die Gliedkirchen auch regen Gebrauch machen (vgl. *Redelfs*, Evangelische Kirche, S. 46), kommt der gesamtkirchlichen Rundfunkarbeit nur eine untergeordnete Rolle zu. Ein Mindestmaß an Koordination macht insbesondere der Umstand, daß die Gebiete der Landeskirchen nicht mit den Landesgrenzen übereinstimmen, notwendig. Darüber hinaus sind rundfunkrechtliche Kompetenzen der Landeskirchen auch nicht auf das GEP (Gemeinschaftswerk der evangelischen Publizistik) übertragen worden (*Link/Pahlke*, Kirchen und privater Rundfunk, S. 62; *Redelfs*, Evangelische Kirche, S. 47 f).

wurde in „Markt und Mandat“ festgestellt, daß die Veranstaltung christlicher Radioprogramme gesamtkirchliche Auswirkungen hat und deswegen der Absprache auf der Ebene der EKD bedarf[827]. Wenn auch mit der Aussage, daß dieser Teilbereich des evangelischen Medienengagements in den Händen der EKD liegen soll, noch nichts über die ihr insoweit zustehenden Befugnisse gesagt ist – eine allgemeine Leitungsgewalt der EKD besteht gerade nicht[828] – erscheint es dennoch sachgerecht, auf die EKD als Gesamtvertretung der evangelischen Kirchen abzustellen. Abgesehen davon, daß es dem Paritätsprinzip zuwiderliefe, den evangelischen Kirchen allein aufgrund unklarer Zuständigkeiten und Befugnisse gegenüber der katholischen Kirche ein Mehr an Beteiligungsmöglichkeiten einzuräumen, dürfen nämlich auch unter den ermäßigten Bedingungen des für den Privatfunk geltenden Grundstandards für annähernd gleichbedeutende Gruppen die Grenzen ihrer Äußerungsmöglichkeiten nicht völlig unterschiedlich abgesteckt werden.

(3) Aktuelle Situation

Faktisch sind die Konzentrationsbestimmungen des Rundfunkstaatsvertrags für bundesweites Fernsehen (Zuschaueranteilsmodell) für die Kirchen wenig relevant, da kirchliche Fernsehprogramme erst in Ansätzen verwirklicht worden sind und ein Zuschaueranteil von 30 % auf absehbare Zeit nicht zu erwarten ist. Bundesweit empfangbare Hörfunkprogramme mit kirchlicher Zielsetzung sind derzeit die über Direktsatellit abgestrahlten kirchlichen Hörfunkprogramme Radio Horeb und ERF 1/2 (jeweils über ASTRA) und Radio Maria (Eutelsat II-F1 / Hotbird), die jeweils aufgrund ausländischer Lizenzen senden (§ 52 RfStV). Landesweit verbreitet werden die Programme von Radio Paradiso und dem ERF (s.o.). Unabhängig von der Frage der Zurechenbarkeit ausländischer Programme und der Einordnung der jeweiligen Sender als kirchliche Einrichtungen dürfte das kirchliche Engagement im Hörfunksektor als konzentrationsrechtlich unbedenklich einzustufen sein.

2. Keine Zulassungsrelevanz des Drittsendungsrechts

Daß den Kirchen der Zugang wegen der ihnen eingeräumten Drittsendungsrechte nicht versagt werden kann, ergibt sich de lege lata aus ihrer ausdrücklichen Erwähnung in den Regelungen über die Zulassung als Veranstalter. Auch aus dem Blickwinkel des Vielfaltsgebots bestehen gegen ein Veranstaltungsrecht keine Bedenken. Unterliegt im binnenpluralen Modell jeder Veranstalter dem Gebot gleichgewichtiger Vielfalt, so entspricht der Drittsendungsverpflichtung säkularer Veranstalter grundsätzlich diejenige der Kirchen zur Berücksichtigung außerkirchlicher Meinungsrichtungen.[829]

---

[827] *EKD*, Publizistisches Gesamtkonzept 1997, S. 11 Nr. 6.4.2.
[828] Vgl. Art. 6 ff Grundordnung der EKD, Vorschriften 13.7.948 (ABl. EKD S. 233); vgl. auch *Link/Pahlke*, Kirchen und privater Rundfunk, S. 61 f.
[829] Zu dieser Frage S. 202 ff.

Im Modell des reinen Außenpluralismus[830] wird dagegen das Verhältnis von Drittsendungsrecht und Eigenveranstaltung als problematisch angesehen.[831] Es ist offenkundig, daß das Drittsendungsrecht im außenpluralen Modell ein grundsätzlich systemfremdes und legitimierungsbedürftiges Element darstellt[832], da nach dieser Vorstellung alle gesellschaftlich relevanten Meinungsträger durch eigene Programme im Rundfunk vertreten sind. Soll die Vielfalt der Meinungen nämlich durch eine Vielzahl tendenzverschiedener Veranstalter hergestellt werden, so gehören hierzu zweifellos auch die Kirchen als gesellschaftlich relevante Gruppen.[833] Im Außenpluralismus bedürfte daher das *Veranstaltungs*recht der Kirchen von vornherein keiner Rechtfertigung; im Gegenteil wäre klärungsbedürftig, ob nicht sogar eine Obliegenheit der Kirche zur Eigenveranstaltung – statt Wahrnehmung von Drittsendungsrechten – besteht.[834] Da sich nach der Theorie des außenpluralen Modells die Vielfalt der Meinungen allein durch die Mechanismen des Marktes einstellen soll, ginge es auch nicht an, eigene Programmveranstaltungen der Kirche nur innerhalb des für das Drittsendungsrecht vorgegebenen Rahmens („angemessene Sendezeit“) zuzulassen und etwa die Sendedauer auf ein bestimmtes Maß zu begrenzen.[835] Es entspricht daher dem das „Mischmodell“ kennzeichnenden Nebeneinander binnenpluraler und außenpluraler Strukturelemente und seinem Wesen als Übergangskonzept auf dem Weg zu einer dem Marktmodell angenäherten Rundfunkordnung, veranstaltungswillige gesellschaftliche Gruppen nicht auf überkommende Rechtspositionen festzulegen, sondern Initiativen zur Eigenveranstaltung anzuerkennen und zu fördern..

3. Kumulation von Mitwirkungsmöglichkeiten im Rundfunk

Die Zusammenschau ihrer verschiedenen Einflüsse zeigt eine beachtliche Präsenz der Kirche im Rundfunk. In ihrer Eigenschaft als gesellschaftlich relevante Gruppe entsendet sie Vertreter in binnenplural zusammengesetzte Gremien, z.B. den Rundfunkrat im öffentlich-rechtlichen Rundfunk und die Landesmedienanstalt im privaten Rundfunk.[836] Daneben gebieten die Programmgrundsätze, daß die Programme die religiösen Überzeugungen anderer zu achten haben und kirchliche Standpunkte als Ausschnitt des Meinungsspektrums zumindest nicht

---

[830] Zu unterscheiden ist zwischen dem Begriff des Außenpluralismus i.S. eines Marktmodells und der außenpluralen Gestaltung im Rahmen des gegenwärtig bestehenden Mischmodells. Dieser „relative“ Außenpluralismus ist noch weit vom sog. Marktmodell entfernt, da durch die vorhandenen Programme längst nicht alle gesellschaftlich bedeutsamen Meinungsrichtungen repräsentiert werden.

[831] Ausführlich *Lorenz*, Drittsendungsrecht, S. 50 ff.

[832] *Lorenz*, Drittsendungsrecht, S. 51. Dazu unten S. 205 f.

[833] *Schuster*, Meinungsvielfalt, S. 164.

[834] *Lorenz*, Drittsendungsrecht, S. 51. Siehe unten S. 221 f.

[835] Hierdurch würde die gewährende Funktion des Drittsendungsrechts in ihr Gegenteil verkehrt. Durch die Form der Drittsendung soll der besonderen Stellung der Kirchen Rechnung getragen werden (amtl. Begr. zu § 24 RfStV a.F. in: *Hartstein*, Rundfunkstaatsvertrag, § 24), indem sie in Programmen fremder Veranstalter unvermittelt zu Wort zu kommen. Dieser gesetzgeberische Zweck würde verfehlt, wollte man die betreffenden Regelungen heranziehen, um die Rechtsstellung der Kirchen im Rundfunk zu verkürzen.

[836] Z.B. Art. 13 Abs. 1 Nr. 4 BayMG.

ausblenden dürfen.[837] Hinzu kommt die Einräumung eigener Sendezeiten im öffentlich-rechtlichen wie auch im privaten Rundfunk.

Die Zurückweisung eines Lizenzantrags vermag dieser Umstand indes nicht zu rechtfertigen, da ein einfachgesetzliches Recht der Kirche auf Zugang zum Rundfunk besteht. Auch für das Auswahlverfahren bei beschränkter Übertragungskapazität sind eindeutig formulierte Bewertungskriterien maßgebend, zu denen weder das Ausmaß an Gremienpräsenz[838] noch das Vertretensein im allgemeinen Programm (noch das Recht auf Drittsendezeiten) gehört, die vielmehr demjenigen Bewerber den Vorzug geben, der gegenüber anderen die umfassendere Meinungsvielfalt im Programm erwarten läßt.[839] Die Verfügbarkeit anderer medialer Kommunikationsformen ist daher unerheblich.[840]

In diesem Zusammenhang würde „selbst eine Überrepräsentation geistig-kultureller Anliegen im Rundfunk keinen verfassungsrechtlichen Bedenken“ begegnen[841], zumal geringfügige Abweichungen von einer – ohnehin fiktiven – arithmetischen Vielfalt durch den Grundstandard vorgezeichnet sind. Erst wenn durch das zuzulassende Programm ein Meinungsmonopol zugunsten der Kirche entstünde und ihr der private Rundfunk ausgeliefert zu werden drohte, müßte der Kirche das Zugangsrecht abgesprochen werden.[842] De facto aber nimmt die kirchliche Präsenz weder im öffentlich-rechtlichen noch im privaten Rundfunk einen Umfang ein, der die Freiheit des Prozesses freier Meinungsbildung als gefährdet erscheinen ließe.[843] Im Gegenteil ist im privaten Rundfunk noch immer ein offenkundiges Defizit an – zur Erfüllung des Rundfunkauftrags notwendigen – kulturellen und weltanschaulichen Beiträgen feststellbar. Solange dies nicht behoben ist, kann von einer Überrepräsentation der Kirchen nicht die Rede sein.

---

[837] Vgl. *Heckel*, Die Kirchen im Medienrecht, S. 1022 f. sowie *Lorenz*, Drittsendungsrecht, S. 14, der dem „negativen“ Verbot der Verletzung religiöser Gefühle die „positive“ Berücksichtigungspflicht kirchlicher Auffassungen gegenüberstellt. Ob die Anforderungen des Grundstandards indessen so weit gehen, daß schon die Nichtberücksichtigung bestimmter einzelner Standpunkte zur Unausgewogenheit führen, erscheint jedoch zweifelhaft.

[838] So kann insbesondere die Präsenz im öffentlich-rechtlichen Rundfunk nicht zu einem Ausschluß kirchlicher Eigenveranstaltungen führen, vgl. *Link/Pahlke*, Kirchen und privater Rundfunk, S. 23 f.

[839] Z.B. § 9 Abs. 2 LRG Niedersachsen, § 9 Abs. 2 HPRG.

[840] *Link/Pahlke*, Kirchen und privater Rundfunk, S. 24.

[841] *Link/Pahlke*, ebd., S. 31.

[842] *Link/Pahlke*, ebd., S. 24.

[843] *Link*, Anspruch, S. 278 Anm. 118 (m.w.N); *Link/Pahlke*, Kirchen und privater Rundfunk, S. 24. Wie wenig die Kirchen de facto zum Gegenstand der Berichterstattung gemacht werden, offenbart die Statistik des Instituts für Medienanalyse „Medien Tenor“ Bonn/Leipzig (Quelle Idea-Spektrum 15/1999 S. 24): Danach entfielen im Jahr 1998 weniger als 1 % der von den 19 führenden Fernsehsendern ausgestrahlten Nachrichtenbeiträge auf die Kirchen (0,9 % bei den öffentlich-rechtlichen und 0,5 % bei den privaten Veranstaltern; von diesen Beiträgen befaßten sich annähernd 80 % mit der katholischen Kirche und etwa 50 % mit der Haltung der Kirchen zur Abtreibung).

4. Präsenz der Kirche in Presse und Rundfunk

a) Publizistische Gewaltenteilung und Doppelmonopol

Das Verhältnis zwischen Presse und Rundfunk wurde lange Zeit im Licht der sog. „publizistischen Gewaltenteilung" gesehen. Mit diesem gesetzlich nicht normierten Begriff – es handelt sich bei ihm schon gar nicht um einen Verfassungsgrundsatz[844] – war eine klare Trennung zwischen privatwirtschaftlich organisierter Presse und öffentlich-rechtlichem Rundfunk gemeint.[845] Befürchtet wurde nämlich eine Gefährdung der publizistischen Vielfalt eines von Zeitungsverlegern veranstalteten Rundfunks, insbesondere in Gebieten, in denen diese bereits mit Presseerzeugnissen marktführend waren.[846] Mit der Einführung des dualen Rundfunksystems hat dieser „Gewaltenteilungsgrundsatz" seine ursprüngliche Bedeutung zwar ohnehin verloren. Nach wie vor geht es jedoch sowohl bei der Pressefreiheit wie auch bei der Rundfunkfreiheit im Kern um die Gewährleistung der Meinungsfreiheit[847]: „Die verfassungsmäßige Gewährleistung freier Meinungsbildung [erfordert] gesetzliche Vorkehrungen auch dagegen, daß vorherrschende Meinungsmacht sich aus einer Kombination der Einflüsse in Rundfunk *und* Presse ergibt", insbesondere im lokalen und regionalen Rundfunk.[848] Gerade in Anbetracht zunehmender Medienverflechtung bedarf es mehr denn je der Regelungen zum Schutz des intermediären Wettbewerbs und zur Verhinderung multimedialer Vormachtstellung.[849] Dementsprechend begrenzen Landesmediengesetze und Rundfunkstaatsvertrag den Zugang für einzelne Bewerber, die in den Printmedien bzw. allgemein auf anderen medienrelevanten Märkten eine marktbeherrschende Stellung besitzen.[850] Die Gefahr vorherrschender Meinungsmacht besteht dabei insbesondere im regionalen und lokalen Bereich, in dem bereits etliche Zeitungsunternehmen eine Monopolstellung innehaben.

---

[844] BVerfGE 73, 118 [175]; 83, 238 [305, 313].

[845] *Schiwy*, Medienrecht S. 210.

[846] *Löffler*, Presserecht, Bd. 1 § 25 LPG Rn. 107 f.; *Schiwy*, Medienrecht S. 210.

[847] *Link/Pahlke*, Kirchen und privater Rundfunk, S. 23, 24 BVerfGE 31, 314 [326]; 35, 202 [222 f.]; 57, 295 [319].

[848] BVerfGE 73, 118 [175]. (Hervorhebung im Originaltext). Wegen der häufigen Monopolstellung örtlicher Zeitungsverlage ist multimediale Meinungsmacht vor allem im regionalen und lokalen Bereich zu besorgen, BVerfGE 73, 118 [177]; 83, 238 [325].

[849] Vgl. *Liegmann*, Zugang, S. 106, 107. *Link/Pahlke*, Kirchen und privater Rundfunk, S. 24 sprechen in diesem Zusammenhang von „struktureller Diversifikation".

[850] Vgl. § 26 Abs. 2 S. 2 RfStV und die landesrechtlichen Anforderungen für Zeitungsverleger. Eine Darstellung im einzelnen findet sich bei *Liegmann*, Zugang, S. 106-109. Kartellrecht käme im übrigen nur dann zur Anwendung, wenn sich *mehrere* Zeitungsverleger zur Veranstaltung von Rundfunksendungen zusammenschlössen. Die Offenheit des RfStV für zukünftige Entwicklungen („medienrelevante Märkte") signalisiert, daß die Sicherung freier Willens- und Meinungsbildung nicht mehr nur Presse und Rundfunk allein betrifft. Die traditionell hervorgehobene Rolle wird ihnen von anderen Informationsquellen (z.B. Internet) zunehmend streitig gemacht.

b) Kirchen und Presse

Eine marktbeherrschende Stellung der Kirche wird aber auch unter Einbeziehung der konfessionellen Presse nicht begründet. Konfessionelle Titel sind im Printmedienbereich mit Auflagen in mehrfacher Millionenhöhe vertreten[851] und erreichen beachtliche Umsatzzahlen. Gegenüber dem Gesamtumsatzvolumen des Pressewesens fallen die kirchlichen Erzeugnisse zwar ins Gewicht und sind durchaus zur Ausübung einer gewissen Meinungsmacht in der Lage; jedoch ist die kirchliche Presse weit davon entfernt, eine marktbeherrschende Stellung einzunehmen.[852] Auch die kirchliche Betätigung in anderen medienrelevanten Märkten begründet eine solche nicht.

---

[851] Nach Feststellungen des Fachverbandes Konfessionelle Presse im Verband Deutscher Zeitungsverleger (VDZ) wurden 1998 vier Millionen Exemplaren aufgelegt und verkauft. Die 43 VDZ-Mitgliedsverlage erzielten dabei einen Umsatz von 200 Millionen Mark, von dem 12,5 % auf Anzeigenerlöse entfällt (Angaben nach: Kirche und neue Medien, 12/1998 S. 3). Demgegenüber beliefen sich bereits 1996 allein die Umsätze der Tagespresse (incl. Kaufzeitungen) auf über 17 Milliarden Mark (vgl. Media Perspektiven Basisdaten, Daten zur Mediensituation in Deutschland 1997, S. 47).

[852] Die Existenz einer Vielzahl kirchlicher Zeitschriften, angefangen von überregionalen Wochenzeitungen bis hin zu gemeindlichen Mitteilungsblättern, wird durch die geringe publizistische Außenwirkung relativiert, die die kirchlichen Printmedien vornehmlich als Instrumente der kirchlichen „Binnenkommunikation" erscheinen lassen (näher hierzu *Redelfs*, Evangelische Kirche, S. 51 f. m.w.N.). Die Ermittlung von 279 Zeitschriften und 55 Zeitungen der Kirchen durch das Magazin „Focus" gibt für sich genommen noch keinen Aufschluß über das Vorliegen eines „Medienimperiums" (in Idea Spektrum 1/2 1998 S. 24). Im übrigen ist die Kirche in den meinungsführenden Zeitungen unterrepräsentiert. So ermittelte das Institut für Medienanalysen in Bonn einen prozentualen Anteil des Themas „Kirche" zwischen 0,4 % und 0,8 % (FAZ: 0,8 %, SZ: 0,7 %, Die Welt: 0,5 %, Bild: 0,4 %, abgedr. in: Idea Spektrum 5/1999 S. 29). Ein gewisser Bedarf an Kompensation erscheint daher nachvollziehbar.

IX. Zusammenfassung

1. Die Staatsfreiheit des Rundfunks hindert kirchliche Rundfunkveranstaltungen nicht.

2. Kirchen sind als öffentlich-rechtliche Körperschaften nach den Landesmediengesetzen als Veranstalter eigener Rundfunkprogramme zulassungsfähig und haben die Möglichkeit, sich an Anbietergemeinschaften zu beteiligen.

3. Soweit die Landesmediengesetze apodiktisch die Privatrechtsform des Einzelbewerbers voraussetzen, verletzt dies im Hinblick auf korporierte Religionsgemeinschaften den Grundsatz des chancengleichen Zugangs zum Rundfunk. Die Staatsfreiheit des Rundfunks rechtfertigt derartige Einschränkungen nicht.

4. Gleiches gilt für offene Kanäle und nichtkommerzielle Hörfunkkanäle. Ein Ausschluß kirchlicher Trägerschaft, wie ihn die Mediengesetze teils vorsehen, verstößt gegen Art. 3 GG. Wegen der stark eingeschränkten Programmgestaltungsfreiheit dürfte das Betätigungsfeld bei offenen Kanälen jedoch weniger in der eigenen Trägerschaft als in der Einbringung von selbstgestalteten Beiträge liegen.

5. Infolge der nach wie vor bestehenden Frequenzknappheit stehen kirchliche Veranstalter mit nichtkirchlichen im Wettbewerb bei der Verteilung von Sendefrequenzen. In der gegenwärtigen Mediensituation sind kirchliche Programme und Anbietergemeinschaften mit kirchlicher Beteiligung vorrangig zu berücksichtigen, da von ihnen im Vergleich zu kommerziellen Programmen ein größerer Beitrag zur Meinungsvielfalt erwartet werden kann.

6. Die Zulassung kirchlicher Rundfunkveranstalter ist nicht auf Vollprogramme beschränkt, sondern ermöglicht auch Spartenprogramme. Eine „Einseitigkeit“ solcher Programme kann nicht a priori vermutet werden.

7. Das Verbot weltanschaulicher Werbung läßt das Recht zur Ausstrahlung von Verkündigungssendungen in eigenen Sendezeiten wie auch in eigenverantwortlich gestalteten Programmen weltanschaulich gebundener Veranstalter unberührt. Die Abwehr ungleichgewichtiger Beeinflussungen wird im letzteren Fall bereits durch Zulassungs- und Aufsichtsbestimmungen ermöglicht.

8. Die Zulassungsgrundsätze zur Vermeidung mehrfacher Programmträgerschaft gelten auch für Kirchen. Das kirchliche Engagement in bezug auf eigene Rundfunkveranstaltungen ist jedoch konzentrationsrechtlich unbedenklich.

9. Das Recht zur Inanspruchnahme eigener Sendezeiten hindert die Kirchen nicht an der Veranstaltung eigener Programme und kann weder eine eigene Programmträgerschaft der Kirchen ersetzen noch hierfür den Rahmen vorgeben.

10. Durch die sonstige Präsenz der Kirche im Rundfunk wird kein Meinungsmonopol begründet, das dem Recht zur Veranstaltung eigener Programme entgegenstünde. Gleiches gilt für die Betätigung der Kirchen im Pressewesen.

H. Veranstaltungsrecht aus verfassungsrechtlicher Sicht

Für juristische Personen des öffentlichen Rechts gelten die Grundrechte grundsätzlich nicht.[853] Da sich kirchliche Zuständigkeiten aber nicht vom Staat ableiten, können die verfaßten Kirchen unbeschadet ihres öffentlich-rechtlichen Rechtsstatus gegen den Staat wie jedermann eigene Rechte geltend machen und sind in dieser Hinsicht auch grundrechtsfähig.[854] Im Hinblick auf kirchliche Rundfunkveranstaltungen ist zu untersuchen, inwieweit namentlich die Grundrechtspositionen aus Art. 4 GG und Art. 5 Abs. 1 GG sowie aus Art. 137 Abs. 3 WRV den Kirchen originäre Zugangsrechte vermitteln.

I. Meinungsfreiheit

1. Kirchliche Äußerungen als Schutzgut des Art. 5 Abs. 1 S. 1 GG

Der durch das Grundrecht der Meinungsfreiheit gewährleistete Schutz erstreckt sich auf die Meinungskundgabe „auf jedwedem denkbaren Weg durch jedwedes Medium"[855]; einschließlich der Verbreitung durch den Rundfunk.[856] Wäre der Grundrechtsschutz von vornherein auf den zu einem bestimmten Zeitpunkt punktuell gegebenen Standard eingefroren, so führte das zu dem inakzeptablen Ergebnis, daß der Staat die über neue Techniken verbreiteten Meinungen nach Belieben zurückdrängen könnte;[857] dies widerspräche der grundsätzlichen Freiheitsverbürgung des Art. 5 GG.

Für die Kirchen spielt die Meinungsäußerungsfreiheit insofern eine wichtige Rolle, als in vielen gesellschaftlichen Fragen, nicht nur in solchen mit moralischen und sittlichen Bezügen, eine Stellungnahme von kirchlicher Seite durch den Öffentlichkeitsauftrag veranlaßt ist und auch von der Gesellschaft erwartet wird. Insbesondere erscheinen eigene Sender geeignet, die Funktion eines kirchlichen Sprachrohrs zu erfüllen. Tatbestandlich werden über den Rundfunk verbreitete Äußerungen der Kirchen von Art. 5 Abs. 1 S. 1 GG erfaßt; klärungsbedürftig ist jedoch, ob der Meinungsfreiheit neben den Grundrechtsgewährleistungen aus Art. 4 GG und Art. 5 Abs. 1 S. 2 GG eine eigenständige Bedeutung zukommt.

---

[853] *Schmidt-Bleibtreu*, Grundgesetz, Art. 19 Rn. 13 a.

[854] BVerfGE 42, 312 [321, 322]; BVerfGE 53, 366 [387]. Zur Frage der Grundrechtsfähigkeit der Kirchen vgl. auch BVerfGE 19,1 [5]; vgl. auch 129 [132]; 24, 236 [245 ff.].

[855] *Herrmann*, Rundfunkrecht, § 5 Rn. 9 (S. 118).

[856] BayVGH, AfP 1977, 336; *Klein*, Rundfunkfreiheit, S. 32; *Degenhart* in: BK, Art. 5 Abs. 1 und 2 Rn. 128 f., 139 f.

[857] Zu diesem Problem ausführlich: *Klein*, Rundfunkfreiheit, S. 38.

2. Abgrenzung zu Art. 4 GG

Art. 4 GG gewährleistet in seinem Abs. 1 die Freiheit des Glaubens und des religiösen Bekenntnisses und stellt zu deren Verstärkung[858] auch die Religionsausübungs- bzw. Kultusfreiheit unter seinen Schutz. Nach zutreffender Auffassung des Bundesverfassungsgerichts sind Art. 4 Abs. 1 und 2 GG als einheitliches Gesamtgrundrecht zu betrachten.[859] Sachlich umfaßt die Religionsfreiheit all das, was „wesensmäßig zu Glaube, Religion und Bekenntnis gehört", namentlich das glaubensbedingte Reden und Handeln.[860] Dies beinhaltet auch die „äußere Freiheit, den Glauben in der Öffentlichkeit zu manifestieren, zu bekennen und zu verbreiten"[861], den eigenen Glauben zu propagieren und für ihn zu werben.[862] Für die Reichweite des Grundrechtsschutzes ist dabei vorrangig das Selbstverständnis der Religionsgemeinschaft maßgebend[863]; wegen seiner Verpflichtung zu Neutralität und Nichtidentifikation ist dem Staat die Definition oder inhaltliche Bewertung von Religion oder Weltanschauung auch insoweit verwehrt, als es um deren Äußerungsformen geht.[864] Im Hinblick auf den Rundfunk artikuliert sich das kirchliche Selbstverständnis insbesondere im kirchlichen Öffentlichkeitsauftrag. Aus christlichem Verständnis heraus ist gerade das öffentliche Wirken aus dem Glauben heraus und die Übernahme gesellschaftlicher Mitverantwortung gewollt[865]; weder soll der kirchliche Öffentlichkeitsauftrag auf bestimmte Bereiche, noch auf bestimmte Ausdrucksmittel beschränkt sein.[866]

Im weiteren Sinne bezwecken Art. 4 GG und Art. 5 Abs. 1 S. 1 GG gleichermaßen den Schutz der Meinungsäußerung.[867] Während jedoch von der „publizistisch geprägten" Meinungsfreiheit Äußerungen und Werturteile jedweder Art umfaßt sein sollen, wird die „personalgeprägte"[868] Religionsfreiheit als spezielle Norm[869] aufgefaßt, die die mit der Person des Einzelnen

---

[858] BVerfGE 24, 236 [245].

[859] BVerfGE 24, 236 [245]; so auch *v. Campenhausen*, Staatskirchenrecht, S. 61; *Kästner*, Hypertrophie, in: JZ 1998, S. 974 f.

[860] *Schlaich*, Öffentlichkeitsauftrag, S. 170, 171; *Lorenz*, Drittsendungsrecht, S. 32.

[861] BVerfGE 32, 98 [106]; 41,29 [49].

[862] BVerfGE 24, 236 [245].

[863] *Heckel*, Der Einfluß des christlichen Freiheitsverständnisses auf das staatliche Recht, S. 541 f., *Heckel*, Religionsfreiheit, S. 676 f., *Heckel*, Die Kirchen im Medienrecht, S. 1021; BVerfGE 24, 236 [247 ff.]; 53, 366 [401]; 83, 341 [356]. Die weite Grenzziehung anhand des Selbstverständnisses der jeweiligen Religionsgemeinschaft ist in der Literatur verschiedentlich kritisiert worden (statt vieler: *Kästner*, Hypertrophie, in: JZ 1998, S. 977, Fn. 26 m.w.N.; vgl. auch *Isensee*, Wer definiert die Freiheitsrechte?, S. 62 f.) ohne daß jedoch eine Alternative zum Selbstdefinitionsrecht ersichtlich wäre. Denn alles, was über eine „Evidenzkontrolle" hinausgeht, würde auf eine unzulässige Bewertung des „Propriums" der Religionsgemeinschaft hinauslaufen.

[864] Vgl. *Kästner*, Hypertrophie, in: JZ 1998, S. 978.

[865] *Schlaich*, Öffentlichkeitsauftrag, S. 168, 171.

[866] Vgl. *Lorenz*, Drittsendungsrecht, S. 33.

[867] *Ricker/Schiwy*, Rundfunkverfassungsrecht, S. 138.

[868] *Schlaich*, Öffentlichkeitsauftrag, S. 175.

[869] BVerfGE 32, 98 [107]; *Herzog* in *Maunz-Dürig*, GG, Art. 5 Abs. 1, 2 Rn. 33, Art. 4 Rn. 18; *Ricker/Schiwy*, Rundfunkverfassungsrecht, S. 138; zweifelnd *Lorenz*, Drittsendungsrecht, S. 34 unter Betonung des unter dem Schrankenaspekt erhöhten Schutz des Art. 4 GG, der nicht zum Entzug der Schutzes aus Art. 5 Abs. 1 GG führen soll.

verbundene Gewißheit über eine Wahrheit im Sinne einer religiösen Überzeugung[870] schützt. Für die Abgrenzung muß jeweils eine am Einzelfall orientierte Betrachtung angestellt werden.[871] Handelt es sich um Äußerungen mit Bekenntnischarakter, so greift Art. 4 GG und geht insoweit Art. 5 Abs. 1 GG vor.[872] Gleiches gilt für Beiträge, die theologische Fragen, kirchliche Lehre, Caritas oder Diakonie betreffen und damit in den Bereich der Religionsausübung fallen.[873] Fehlt umgekehrt der Bezug zu Glauben und Bekenntnis, kommt nur Art. 5 Abs. 1 GG in Betracht.[874] Zwischen unmittelbar glaubensbezogenen Äußerungen und schlichten Meinungskundgaben sind die Grenzen fließend.[875] Als ein Indiz für eine glaubensbezogenen Äußerung kann zunächst das formale Kriterium, ob die Äußerung im Rahmen einer religiösen Handlung geschieht (wie bei Gottesdiensten oder Andachten der Fall), herangezogen werden.[876] Da aber die Kirche auch in einem solchen Rahmen zu allgemeinen gesellschaftlichen Fragen Stellung nehmen kann, bedarf es weiterer materieller Kriterien. Als solche werden unterschiedliche Abgrenzungsmerkmale vorgeschlagen, wie etwa der Schwerpunkt der Äußerung[877], ihre Unmittelbarkeit[878], die gedankliche Verbindung zur Stellung des Menschen in der Welt[879] oder die mit der Äußerung verfolgten Zielsetzungen und Beweggründe[880].

Mit dem Ziel einer genaueren Abgrenzung wollen Teile der Literatur die Programmbeiträge im Hinblick auf ihre grundrechtliche Wertigkeit in unterschiedliche Kategorien einteilen. So differenziert *Wunschel*[881] zwischen unmittelbarer Religionsausübung (Gottesdienst), dem Bereich der Vorbereitung der Religionsausübung (z.B. Lehre), Sendungen über das Verhältnis zu Staat und Gesellschaft (wie Stellungnahmen zum aktuellen Geschehen, Information über Leben und Wirken der Kirche), theologischen Beiträgen und religiöser Kunst. Die beiden ersten Themen sieht er dabei als Kultus oder zumindest kultusrelevant in Art. 4 Abs. 1 GG verortet, während bei den übrigen „ambivalenten" Bereichen der Bezug zu Art. 5 Abs. 1 bzw. Abs. 3 GG im Vordergrund stehe. Allerdings trage bei Nachrichten und Stellungnahmen die Begründung der Aussage, die von ihrem Inhalt nicht abgetrennt werden könne, oft Bekenntnischarakter. Ebenso verstünden sich theologische Beiträge an Bekenntnis und kirchliche Lehre gebunden. Geistliche Musik falle im Rahmen kultischer Handlungen unter Art. 4 Abs. 2 GG, könne aber auch sonst bekennenden Charakter aufweisen. Ähnlich unterscheidet *Lorenz*[882]

---

870 BVerfGE 32, 98 [106, 107].
871 Vgl. *Link/Pahlke*, Kirchliche Sendezeiten, in: AöR 108, S. 272.
872 *Link*, Anspruch, S. 263; *v. Mangoldt/Klein/Starck*, GG, Art. 4, Rn. 87.
873 *Link/Pahlke*, Kirchliche Sendezeiten, in: AöR 108, S. 271.
874 Vgl. *Link*, Anspruch, S. 263; *Link/Pahlke*, Kirchliche Sendezeiten, in: AöR 108, S. 272; *.v. Mangoldt/Klein/Starck*, GG, Art. 4 Rn. 87.
875 *Link/Pahlke*, ebd., S. 28.
876 *Ricker/Schiwy*, Rundfunkverfassungsrecht, S. 139; *Lorenz*, Drittsendungsrecht, S. 34.
877 *Ricker/Schiwy*, ebd., S. 139.
878 Rudolf *Wendt* in *v. Münch/Kunig*, GG, Bd. 1, Art. 5 Rn. 115.
879 *v. Mangoldt/Klein/Starck*, GG, Art. 4 Abs. 1, 2 Rn. 86.
880 *Link/Pahlke*, Kirchliche Sendezeiten, in: AöR 108, S. 272; *Listl*, Das Grundrecht der Religionsfreiheit, S. 442.
881 *Wunschel*, Sendezeiten, S. 117 f.
882 *Lorenz*, Drittsendungsrecht, S. 30 f.

zwischen Verkündigungssendungen (z.B. Übertragung von Gottesdiensten), dem kirchlichen Standpunkt in weltanschaulich geführten Diskussionen oder zu allgemeinen Themen als Faktor der öffentlichen Meinungsbildung sowie der Berichterstattung aus dem kirchlichen Raum und aus kirchlicher Tätigkeit (Mission, Caritas), betont aber die Durchlässigkeit der Grenzen, die eine klare Zuordnung allenfalls im Bereich der „eigentlichen Religionsausübung" zulasse. Auch nach *Link* kann eine scharfe Trennung weltlicher und religiöser Beiträge nicht erfolgen.[883] Aufgrund der unvermeidbaren Überlagerungen und Überschneidungen müsse eine Differenzierung nach Sendungstypen problematisch erscheinen, so daß es letztlich auf eine Einzelfallbewertung ankomme.[884]

Eine klare und eindeutige Trennung erscheint letztlich nicht durchführbar. Selbst in Verkündigungssendungen, insbesondere im Rahmen einer Predigt, werden auch Themen aus dem gesellschaftlichen oder politischen Bereich zur Sprache gebracht. Umgekehrt kann das spezifisch Religiöse durchaus auch im Zusammenhang mit „distanzierter" Berichterstattung wirksam werden. Die Abgrenzung wird daher mangels staatlicher Definitionsmacht vorrangig vom kirchlichen Selbstverständnis her erfolgen müssen und dabei insbesondere die der Äußerung zugrundeliegenden und erkennbar hervortretenden Beweggründe in Rechnung stellen müssen[885]; im Zweifel spricht die wohl immer noch gängige extensive Auslegung[886] der Religionsfreiheit dafür, die jeweilige Erklärung ihrem Schutz zu unterstellen.[887] Andererseits geht dies nicht soweit, daß alle Äußerungen der Kirche, die über das Medium des Rundfunks erfolgen, als Ausdruck ihres Bekenntnisses von Art. 4 GG erfaßt wären.[888] Insbesondere bei Stellungnahmen zu tagesaktuellen allgemeinpolitischen und gesellschaftlichen Fragen bedarf es einer kritischen Überprüfung, ob ein Bezug zu grundsätzlichen Positionen der Kirchen in Betracht kommt.

3. Kein Recht auf Verbreitung der eigenen Meinung durch Rundfunk

Bei Art. 5 Abs. 1 S. 1 GG handelt es sich zuallererst um ein Abwehrrecht.[889] Wollte man aus ihm einen gegen die Rundfunkanstalten und die privaten Veranstalter gerichteten Leistungsan-

---

[883] *Link*, Spartenprogramme, Rechtsgutachten III 2 a.

[884] *Link/Pahlke*, Kirchliche Sendezeiten, in: AöR 108, S. 272; *Link*, Neue Medien, in: ZevKR 34, S. 139; *Link*, Anspruch, S. 275.

[885] Vgl. *Link/Pahlke*, Kirchliche Sendezeiten, in: AöR 108, S. 272; *Listl*, Das Grundrecht der Religionsfreiheit, S. 442.

[886] BVerfGE 24, 236 [246]; *Heckel*, Die Kirchen im Medienrecht, S. 1021. Begründet wird dies damit, daß die Religionsfreiheit weder einem ausdrücklichen Gesetzesvorbehalt noch der Verwirkung nach Art. 18 GG unterliegt und die Verfassung zu ihren Gunsten verschiedentlich Sonderregelungen (Art. 3 Abs. 3, Art. 33 Abs. 3, Art. 140 GG vorsieht (vgl. *v. Campenhausen*, Staatskirchenrecht, S. 63).

[887] vgl. *Link/Pahlke*, Kirchliche Sendezeiten, in: AöR 108, S. 270; a.A. (restriktiv) *Ricker/Schiwy*, Rundfunkverfassungsrecht, S. 139, *Wendt* in *v. Münch/Kunig*, GG, Bd. 1, Art. 5 Rn. 115.

[888] Vgl. *Lorenz*, Drittsendungsrecht, S. 33; *Link/Pahlke*, Kirchliche Sendezeiten, in: AöR 108, S. 271; *Wunschel*, Sendezeiten, S. 115.

[889] *Degenhart* in: BK, Art. 5 Abs. 1 und 2 Rn. 50, 64.

spruch auf Zuwortkommen entnehmen[890], würden die für die Gewährleistung der Rundfunkfreiheit notwendigen rundfunkrechtlichen Regularien unterlaufen. Im Hinblick auf die Erhaltung der Funktionsfähigkeit des Rundfunks kommt daher ein aus Art. 5 Abs. 1 S. 1 GG abgeleiteter Anspruch auf Benutzung des Rundfunks zur Verbreitung der eigenen Meinung nicht in Betracht.[891] Ein solches Recht kann – im Rahmen der durch das Vielfaltsgebot gezogenen Grenzen – nur für denjenigen bestehen, dem als Veranstalter der Zugang zu dem jeweiligen Medium bereits eröffnet ist. Art. 5 Abs. 1 S. 1 GG tritt daher grundsätzlich als lex generalis hinter Art. 5 Abs. 1 S. 2 GG zurück.

Eine andere Auffassung ließe sich im Hinblick auf offene Kanäle vertreten. Werden solche der interessierten Öffentlichkeit eigens zur Verfügung gestellt, so läßt sich das Argument der zu sichernden Funktionsfähigkeit des Rundfunks nicht gegen einen Anspruch auf Meinungsäußerung ins Feld führen, denn immerhin besteht die Zielsetzung des offenen Kanals gerade darin, auch die Verbreitung einzelner Meinungen zu ermöglichen. Das Problem der Kapazitätsverteilung stellt sich dagegen in derselben Weise wie bei privaten Rundfunkveranstaltern: Auch im offenen Kanal kann die Meinungsäußerung nicht ohne technische und organisatorische Voraussetzungen stattfinden. Im Fall eines die vorhandenen Kapazitäten übersteigenden Angebots von Interessenten bedarf es am Gleichheitssatz orientierter Auswahlregelungen (i.d.R. Prioritätsprinzip). Die Alternative bestünde darin, ein Leistungsrecht auf Bereitstellung von Übertragungswegen anzuerkennen; hierdurch würde Art. 5 Abs. 1 S.1 GG indessen erheblich überdehnt. Ein Anspruch auf Bereitstellung oder Beibehaltung offener Kanäle wird daher im Ergebnis zu Recht abgelehnt.[892]

---

[890] In der Vergangenheit erlangte diese Frage Bedeutung im Hinblick auf die Vertretung der Kirchen im öffentlich-rechtlichen Rundfunk. So hatte in einem vom OVG Lüneburg zu entscheidenden Fall (Urteil vom 29.8.1978 – II A 196/76, in: epd Kirche und Rundfunk (KuR) Nr. 84 v. 1.11.1978, S. 1 ff; RuF 1978 S. 460 ff., DöV 1979, 170ff; JZ 1979, 24ff.; kommentiert von *Stock*, Rundfunkkontrolle, in: AÖR 104, S. 1 f.; vgl. hierzu auch das vom GEP in Auftrag gegebene Gutachten von *Starck* in: GEP, Herrschaft und Kritik (Medium-Dok. Bd. 5, 1974, S. 15 ff.) die Nordelbische Evangelisch-Lutherische Kirche eine Rechtsverletzung dahingehend geltend gemacht, der schleswig-holsteinische Landtag habe bei der Wahl der vom Land zu entsendenden Mitglieder des NDR die kirchlichen Repräsentationsansprüche nicht berücksichtigt. Für *Stock* lag hier eine Verletzung der Kirche in Art. 5 Abs. 1 S.1 GG nahe (eingehend *Stock*, Rundfunkkontrolle, in: AÖR 104, S. 36-38). Im Fall von BVerwG NVwZ 1986, 379 [380] lehnte das Gericht Teilhabeansprüche aus dem Gesichtspunkt der Meinungsfreiheit (wie auch aus der Religionsfreiheit) ausdrücklich ab. Auch nach Auffassung des VG Bremen (ZUM 8/9 1996 S. 717 f.) gibt Art. 5 Abs. 1 S.1 GG keinen Anspruch auf Verschaffung eines „Podiums".

[891] BVerwG NVwZ 1986, 379 [380]; *Degenhart* in BK, Art. 5 Abs. 1 und 2 Rn. 139; *Herzog* in: *Maunz-Dürig*, GG, Art. 5 Abs. 1, 2 Rn. 65.

[892] *Herzog* in: *Maunz-Dürig*, GG, Art. 5 Abs. 1, 2 Rn. 65a. Der Hinweis darauf, daß auch ein staatlich finanziertes Printmedium zur Publizierung individueller Meinungen von niemandem ernsthaft in Betracht gezogen wird, berücksichtigt freilich nicht hinreichend den Unterschied zwischen Pressefreiheit und Rundfunkfreiheit. Anders als im Rundfunk steht es demjenigen, der seine Meinung über Printmedien publik machen will, ohne weiteres frei, sich zu diesem Zweck eigenverantwortlich auf dem Markt zu betätigen.
Auch das Sozialstaatsprinzip soll schließlich keine Pflicht zur Bereitstellung offener Kanäle begründen (*Ricker/Schiwy*, Rundfunkverfassungsrecht, S. 168). Zum Anspruch des einzelnen, in offenen Kanälen zu Wort zu kommen, ausführlich VG Bremen (ZUM 8/9 1996 S. 717 f.).

II. Rundfunkfreiheit

1. Die Rundfunkfreiheit als Individualrecht?

a) Die Ansicht der Rechtsprechung

(1) Veranstalterfreiheit?

Das Bundesverfassungsgericht versteht die Rundfunkfreiheit, wie oben dargelegt, in erster Linie als institutionelle Garantie.[893] Art. 5 Abs. 1 GG begründe zwar in bezug auf den Schutz des Kommunikationsprozesses durchaus subjektive Rechte.[894] Wie alle Garantien des Art. 5 Abs. 1 GG habe auch die Rundfunkfreiheit den Schutz der freien Meinungsbildung zur Aufgabe, die sich im Kommunikationsprozeß und im Zusammenspiel zwischen Meinungsäußerungs- und Informationsfreiheit vollziehe; sie bilde insoweit eine „notwendige Ergänzung und Verstärkung dieser Freiheit".[895] Allerdings werde die Rundfunkfreiheit als „dienende Freiheit" ihrem Träger nicht zu dessen Persönlichkeitsentfaltung oder Interessenverfolgung eingeräumt.[896] Wegen seiner Wirkungsmacht und der Gefahr einseitiger Einflußnahme soll der Rundfunk nicht dem freien Spiel der Kräfte überlassen sein; als „Sache der Allgemeinheit" müsse er unabhängig und überparteilich betrieben werden.[897] Ob sich ein grundrechtlicher Anspruch auf Veranstaltung privaten Rundfunks unmittelbar aus Art. 5 Abs. 1 S.2 GG ableiten lasse, hat das Gericht dabei offen gelassen.[898]

Nach Auffassung des Bundesverwaltungsgerichts folgt aus Art. 5 Abs. 1 S.2 GG für den Rundfunk – abweichend vom Pressewesen – kein Recht auf unmittelbaren Zugang.[899] Weder ließen sich verfassungsunmittelbare „Teilhaberechte" am Rundfunk direkt aus der Rundfunkfreiheit ableiten[900], noch vermittele die Pressefreiheit demjenigen, der Pressenachrichten und -meinungen durch Funk verbreiten will, eine Befugnis zur Errichtung eigener Sender.[901]

(2) Rundfunkfreiheit als Programmfreiheit

Anerkannt wird demgegenüber, daß Art. 5 Abs. 1 S.2 GG jedenfalls als „Programmfreiheit" Wirksamkeit entfaltet.[902] Durch Auswahl und die Gestaltung der Sendungen weise jedes Programm eine gewisse Tendenz auf, die keiner staatlichen „Qualitätsprüfung" unterliegen

---

893 BVerfGE 12, 205 [261]; 31, 314 [326]; 57, 295 [322 ff.]; 73, 153 ff.
894 BVerfGE 57, 295 [319].
895 BVerfGE 57, 295 [319, 320]; 74, 297 [324].
896 BVerfGE 87, 181 [197]; so auch BVerfGE 83, 238 [315].
897 BVerfGE 31, 314 [325]; vgl. auch BVerwG 39, 159 [165, 166].
898 BVerfGE 57, 295 [318]. Dabei ist nicht zu verkennen, daß das BVerfG neuerdings der subjektiven Seite des Art. 5 Abs. 1 S.2 GG zunehmend Raum gibt (vgl. BVerfG NJW 98, 2659 [2660] = ZUM 1998, S. 306 ff. [Extraradio]).
899 Vgl. BVerwG 39, 159 [164].
900 BVerwG NVwZ 1986, 379 [380].
901 BVerwGE 28, 278 [278, 279].

könne.[903] Die Rundfunkfreiheit schütze aber nicht nur vor staatlichem Einfluß, sondern überhaupt vor „jeder Einflußnahme auf Auswahl, Inhalt und Ausgestaltung des Programms", und zwar in bezug auf jede einzelne Sendung.[904] Die Programmfreiheit gewährleiste, „daß der Rundfunk frei von externer Einflußnahme entscheiden kann, wie er seine publizistische Aufgabe erfüllt".[905] In persönlicher Hinsicht steht sie allen Veranstaltern von Rundfunkprogrammen zu, unabhängig von öffentlich-rechtlicher oder privatrechtlicher Rechtsform und der Qualifizierung als gemeinnützig oder kommerziell.[906]

b) Die Auffassung der Literatur

Von den vielen Literaturstimmen zur Frage eines individualrechtlichen Zugangsanspruchs sollen exemplarisch nur einige herausgegriffen werden: Nach Auffassung der „Funktionalisten", die die Rundfunkfreiheit in erster Linie als objektiv-rechtliche Gewährleistung betrachten, besteht ein subjektives Recht nur im Rahmen des jeweiligen Mediengesetzes.[907] Bereits im Hinblick auf den Wortlaut „Berichterstattung" (im Gegensatz zur Presse*freiheit*) müsse nämlich bezweifelt werden daß es sich bei der „Rundfunkfreiheit" um ein originäres Veranstaltungsrecht handele.[908] Es fehle ihr der „personale Bezug"[909]; vielmehr habe der Rundfunk einen „spezifischen öffentlichen Status"[910] und falle in einen „Bereich gesteigerter Verantwortung".[911] Allein der Umstand, daß es sich um ein Grundrecht handelt, führt für *Badura* noch nicht zur Annahme eines Individualrechts.[912] Das Grundrecht der Rundfunkfreiheit sei vielmehr als „objektive Gewährleistung" und „Rechtsstellungsgarantie" anzusehen und begründe deshalb kein „Recht für jedermann, Rundfunksendungen zu veranstalten oder sonst einen Zugang zum Rundfunk zu erhalten".[913] Soweit die Rundfunkfreiheit Wesenszüge eines Grundrechts trage, komme als Grundrechtssubjekt nicht „der einzelne wie bei der Meinungsfreiheit, sondern der Träger von Rundfunkveranstaltungen oder das Rundfunkwesen insgesamt" in Betracht.[914] Nach *Bethge* gerät zudem eine Freiheit, zu deren Ausübung ein immens hoher Kostenaufwand erforderlich ist, zum Privileg einiger weniger – in der Praxis handele es sich nämlich nahezu ausschließlich um Kapitalgesellschaften – so daß von einem Jedermannsgrundrecht nicht gesprochen werden könne.[915]

---

[902] BVerfGE 59, 231 [258]; 35, 202 [223]; 90, 60 [87]; BVerfG Beschluß vom 20.2.1998, NJW 98, 2659 ff.
[903] BVerfGE 35, 202 [222]; 12, 205 [260]; 59, 231 [258].
[904] BVerfGE 59, 231 [258]; 35, 202 [223].
[905] BVerfG NJW 98, 2659 [2660]; BVerfGE 59, 231 [258]; 87, 181 [201]; 90, 60 [87].
[906] BVerfG NJW 98, 2659 ff. Dies schließt auch die privaten Rundfunkanbieter in Bayern ein.
[907] *Groß*, Das dritte Rundfunkurteil, S. 566; *Link/Pahlke*, Kirchen und privater Rundfunk, S. 8 m.w.N.
[908] *Bethge* in: *Fuhr* [Hrsg.], Recht der Neuen Medien, 1989, S. 80 ff. [109].
[909] *Liegmann*, Zugang, S. 19.
[910] *Bethge*, Zulassung von Rundfunkveranstaltern, S. 34.
[911] *Lerche*, Landesbericht Bundesrepublik Deutschland in: *Bullinger*, Rundfunkorganisation u. Kommunikationsfreiheit, S. 15 ff. [23]; Bethge in: *Fuhr* [Hrsg.], Recht der Neuen Medien, 1989, S. 80 ff. [109].
[912] *Badura*, Rundfunkgesetzgebung, S. 22.
[913] *Badura*, ebd., S. 30, 31.
[914] *Badura*, ebd., S. 22.
[915] *Bethge*, Zulassung von Rundfunkveranstaltern, S. 85-91; *Bethge*, Massenmedien, in: DVBl. 1983, S. 374.

Dafür, daß die Rundfunkfreiheit als Grundrecht verfassungsrechtlich gewährleistet ist, wird insbesondere die systematische Einordnung der Vorschrift im Zusammenhang mit den übrigen Kommunikationsfreiheiten angeführt.[916] Ihre Verortung im Grundrechtsteil des Grundgesetzes und die Parallelität der Grundrechtsgewährleistungen für Presse, Film und Rundfunk trägt deshalb nach *Klein*[917] die grundsätzliche Vermutung für die Freiheit in sich; sie erlege den Vertretern der gegenteiligen Auffassung die Beweislast für ihre Behauptung auf. Auch habe der Parlamentarische Rat unter dem Eindruck der nationalsozialistischen Instrumentalisierung der Medien nur die staatliche Beeinflussung des Rundfunks abwehren wollen, nicht hingegen den Zugang Privater.[918] Wenn die Zulassung unter Gesetzesvorbehalt gestellt würde, so bestünde die Freiheit nur noch nach Maßgabe der Gesetze – dies erlaube Art. 5 Abs. 1 GG nicht.[919] Der Gesetzgeber sei vielmehr verpflichtet, die Grundlagen der Rechtsausübung zu schaffen und den grundrechtlichen Zugangsanspruch zu verwirklichen[920].

c) Stellungnahme

Vom Wortlaut her gesehen weicht die grundrechtliche Verbürgung freier Berichterstattung von der subjektiv-rechtlichen Formulierung der übrigen Freiheitsrechte, insbesondere des Art. 5 Abs. 1 S. 1 GG, deutlich ab. Daß dem Verfassungsgeber im gleichen Absatz ein- und desselben Grundrechtsartikels ein Redaktionsversehen unterlaufen sein sollte, liegt fern. Die objektivierende Fassung der Rundfunkfreiheit scheint daher eine Sperrwirkung für eine subjektiv-rechtliche Grundrechtsinterpretation zu entfalten.[921] Gewichtig sind jedoch die systematischen Einwände *Kleins*. Die verfassungsmäßige Eingrenzung der Rundfunkfreiheit auf die „Berichterstattungsfreiheit“ dürfte nicht geeignet sein, eine „Beweislastumkehr“ zu begründen, zumal die Filmfreiheit ebenso eng gefaßt ist. Und daß die letztere, würde man auf sie die für den Rundfunk entwickelten Grundsätze anwenden, in ihrem Wesenskern getroffen wäre, dürfte kaum zweifelhaft sein.[922] Soweit das Bundesverfassungsgericht die „Sondersituation“ des Rundfunks ins Feld führt, weist *Pestalozza* in dessen Begründungsmuster Widersprüche nach: Die zum Ausschluß einer individualrechtlichen Rechtsposition angeführten Gründe, das „Frequenzargument“ einerseits sowie das „Finanzargument“ andererseits, beruhten nämlich auf exklusiven Prämissen, hier einer Überzahl, dort einer Minderzahl von Bewerbern.[923] Dem ist nichts hinzuzufügen. Können ohnehin nur wenige die mit der Rundfunkveranstaltung verbundenen Kosten aufbringen, so besteht gerade keine Mangelsituation. Überdies läßt die Tatsache, daß die der grundrechtlichen Betätigung durch

---

[916] *Starck*, Neuordnung des Rundfunks, in: NJW 1980, S. 1360.
[917] *Klein*, Rundfunkfreiheit, S. 41.
[918] *Klein*, a.a.O, S. 42.
[919] *Scholz*, Das dritte Fernsehurteil, in: JZ 1981, S. 566. Ein Gesetzgebungsrecht bestehe daher nur auf der Ebene der Grundrechts*ausübung*. Ein Maßgabevorbehalt komme nur unter sozialstaatlichem Vorzeichen in Betracht, wenn Mangelsituationen zu bewältigen sind (z.B. Frequenzmangel).
[920] *Oppermann*, gemischte Rundfunkverfassung, in: JZ 1981, S. 727.
[921] Vgl. *Degenhart* in: BK, Art. 5 Rn. 58.
[922] *Klein*, Rundfunkfreiheit, S. 41.
[923] *Pestalozza*, Der Schutz der Rundfunkfreiheit, in: NJW 1981, S. 2161.

rein faktische Rahmenbedingungen gesetzten Grenzen auch sonst nicht zum Entfallen eines subjektiven Zugangsrechts führen (Hochschulzugang, Eigentum)[924], das Frequenzargument als fragwürdig erscheinen. Frequenzen könnten beispielsweise nach bayerischem Vorbild unter mehreren Bewerbern so aufgeteilt werden, daß praktisch jedem Interessenten der Zugang ermöglicht wird. Spätestens aber nach der Eröffnung neuer Übertragungswege, insbesondere der Einführung digitaler terrestrischer Systeme wird man das Argument der „Frequenzknappheit“ nicht mehr heranziehen können. Die Begründung der objektiv-rechtlichen Auffassung mit den hohen Veranstaltungskosten erweist sich ebenfalls nicht mehr als tragfähig. Durch lokale und regionale Programme stehen kleineren Rundfunkunternehmen, deren finanzielle Disposition „kleinen Presseunternehmen“ entspricht, finanzierbare Betätigungsmöglichkeiten im Rundfunk offen. Im Rundfunkbereich kann sich eine Kostendeckung durchaus auch rascher einstellen als in den Printmedien, da neue Rundfunkprogramme, soweit sie denn frei empfangbar sind, schneller wahrgenommen werden als neue Zeitschriften. Im übrigen sieht eine Reihe von Ländern Subventionierungsmöglichkeiten vor. Ein Unterschied zwischen Presse und Rundfunk besteht daher nicht grundsätzlich, sondern allenfalls noch[925] in technischer Hinsicht.[926]

Dem Bundesverfassungsgericht ist darin zuzustimmen, daß die Rundfunkfreiheit dem Ziel der Sicherung der Meinungsvielfalt im Hinblick auf den Schutz der Meinungsäußerungs- und Informationsfreiheit zu dienen hat und Vorkehrungen zur Abwehr ungleichgewichtiger Einflüsse zu schaffen sind. Solange daher die Situation eines Frequenzmangels besteht, ist ein Mindestmaß an Regularien (insbesondere Auswahlgrundsätzen) unverzichtbar.[927] Bedenklich erschiene es allerdings, wenn die Rundfunkfreiheit an sich nur „nach Maßgabe des Gesetzes“ gewährt und damit zum Programmsatz herabgewürdigt würde.[928] Das Bundesverfassungsgericht hat klargestellt, daß die Grundrechte primär subjektive Rechte sind und ihre objektiv-rechtliche Funktion lediglich in der Verstärkung ihrer Geltungskraft besteht.[929] Auch bei Anerkennung eines originären, nicht erst durch einen Gesetzgebungsakt zu eröffnenden Schutzbereiches, könnte der dienenden Funktion der Rundfunkfreiheit zur Durchsetzung verholfen werden, nämlich auf der Ebene der Grundrechtsschranken.[930] Der Ausgleich zwischen dem Rezipientengrundrecht der Informationsfreiheit und der Veranstalterfreiheit läßt sich ebensogut über die allgemeinen Gesetze herstellen.

---

[924] *Pestalozza*, a.a.O.; so auch *Scholz*, Das dritte Fernsehurteil, in: JZ 1981, S. 566.

[925] Die zunehmende Verfügbarkeit von Presseerzeugnissen und Hörfunkprogrammen im Internet verdeutlicht, daß die Grenzen hier immer mehr verwischt werden.

[926] *Starck* in: *v. Mangoldt/Klein/Starck*, GG, Art. 5 Rn. 103 (4. Aufl.); *Scheuner*, Rundfunkfreiheit, S. 24.

[927] So auch *Starck* in: *v. Mangoldt/Klein/Starck*, GG, Art. 5 Rn. 103 (4. Aufl.); Vgl. *Starck*, Neuordnung des Rundfunks, in: NJW 1980, S. 1362.

[928] *Scholz*, Das dritte Fernsehurteil, in: JZ 1981, S. 566 f.; *Starck*, Grundversorgung, in: NJW 1992, S. 3261; i.d.S. auch *Kirschnek*, Landesmediengesetz Baden-Württemberg, S. 97.

[929] BVerfGE 7, 198 [205].

[930] In diesem Sinn *Kirschnek*, Landesmediengesetz Baden-Württemberg, S. 98.

d) Abwehr- oder Teilhaberecht?

Nach herkömmlichem Grundrechtsverständnis wollen die Grundrechte in erster Linie die Freiheitssphäre des Bürgers vor staatlichen Eingriffen schützen[931], sind also Abwehrrechte. Diesem Befund entspricht es, die Rundfunkfreiheit als negatorisches Sicherungsinstrument der redaktionellen Tätigkeit, als Programmfreiheit zu begreifen. Im Hinblick auf den Zugang zum Rundfunk scheint es dagegen an einer grundrechtstypischen Abwehrsituation zu fehlen, da der Staat Inhaber des Frequenzmonopols ist. Jedoch darf durch die gewachsene Rundfunkordnung nicht der Blick darauf verstellt werden, daß Sendeanlagen auch durch Private errichtet werden können – und errichtet werden. Zu Recht wird auf die Prägung des Rundfunksystems durch die „normative Kraft des Faktischen" hingewiesen.[932] Denn für das Vorliegen einer grundrechtlichen Abwehrsituation kann es nicht entscheidend sein, wieviele Veranstaltungswillige „Piratensender"[933] gründen und wieviele sich in das Lizensierungsverfahren fügen. Aber auch bei Annahme eines Leistungsrechts kommt man nicht daran vorbei, daß der Staat im Bereich dieses Rundfunks als Inhaber eines (Technik-) Monopols in Erscheinung tritt. Soweit der einzelne Zugang zu staatlichen Sendeeinrichtungen begehrt, hat der Staat – nicht anders als bei Ausbildungsmonopolen – die „objektiven" Voraussetzungen für die Grundrechtsausübung zu schaffen.[934] Ein grundrechtlicher Zugangsanspruch müßte daher nicht aus dem Gesichtspunkt der klassischen Abwehrfunktion der Grundrechte abgelehnt werden.

Im Ergebnis ist daher ein subjektives Veranstaltungsrecht anzuerkennen, dessen Ausübung jedoch in Mangelsituationen vorübergehend gesetzlichen Regelungen unterworfen werden muß. Dabei hat der Normgeber den Gleichheitsgrundsatz zu beachten. Im Fall des Frequenzmangels ist sicherzustellen, daß allen Interessenten gleiche Chancen eingeräumt werden.[935] Art. 5 Abs. 1 S.2 GG begründet daher auch in dieser Situation – vermittelt durch den Gleichheitssatz – subjektive Rechte.

2. Vermittlungsvorrang zugunsten kirchlicher Veranstalter?

Eine bevorzugte Zuteilung von Frequenzen zugunsten bestimmter Veranstalter ist mit dem Grundsatz des chancengleichen Zugangs nur dann zu vereinen[936], wenn die Abweichung vom Grundsatz der Chancengleichheit durch besondere Rechtfertigungsgründe gedeckt wäre.[937]

Ein Vermittlungsvorrang wurde in der Vergangenheit in bezug auf die Presse erörtert[938], insbesondere im Zusammenhang mit dem Auswahlkriterium der „Professionalität" des zuzulassenden Veranstalters.

---

[931] BVerfGE 7, 198 [204 ff.]; *Ricker/Schiwy*, Rundfunkverfassungsrecht, S. 89 m.w.N.
[932] So *Oppermann*, gemischte Rundfunkverfassung, in: JZ 1981, S. 722.
[933] Siehe oben S. 31. Zu Piratensendern vgl. *Löwer*, Wolfgang, Ausländisches Werbefernsehen und Deutsches Verfassungsrecht, JZ 1981 S. 730 ff., 734.
[934] *Pestalozza*, Der Schutz der Rundfunkfreiheit, in: NJW 1981, S. 2161; *Lücke*, Zugangsrecht, JZ 1977, S. 42. Dies anerkennt nicht zuletzt das BVerfG (E 35, 79 [115]), wenn es etwa aus dem faktischen Monopol der Universitäten ein Teilhaberecht des einzelnen verbindet.
[935] *Hesse*, Rundfunkrecht, S. 251.
[936] *Starck*, Konstruktionsprinzipien, in: JZ 1983, S. 410.
[937] *Bethge*, Verfassungsrechtsprobleme, in: JZ 1985, S. 312.

Ein „verschleiertes Verlegerprivileg"[939] dürfte hierin jedoch nicht zu erblicken sein[940], da für die Veranstaltung von Rundfunk angesichts (noch) knapper Frequenzen in technischer und insbesondere personeller Hinsicht ein gewisser qualitativer Mindeststandard vorauszusetzen ist.[941] Ein Zulassungsvorrang kann auch nicht darauf gegründet werden, daß die Werbefinanzierung des privaten Rundfunks zwangsläufig zu Lasten der Presse geht. Hierüber fehlen gesicherte Erkenntnisse.[942]

Eine Sonderstellung kirchlicher Veranstalter wird in der Literatur aus unterschiedlichen Gründen abgelehnt. *Hollerbach* hält etwa die Kirchen durch Umstand, daß die Mediengesetze die Achtung religiöser Überzeugungen unter ihren Schutz stellen, sowie durch die ihr eingeräumten Entsendungsrechte bei der Besetzung von Gremien für hinreichend berücksichtigt.[943] Nach *Link* kommt eine verfassungsrechtliche Sonderstellung nicht in Betracht, weil der Zulassungsanspruch der Kirchen seine Grundlage in deren Eigenschaft als relevante Meinungsträger habe.[944] *Ricker/Schiwy* ziehen eine Parallele zur religiösen Presse. Gehe es um die Berichterstattung zu allgemeinen Fragen, so verdienten kirchliche Veranstalter ebensowenig den Vorzug wie die konfessionelle Presse. Lediglich *Ridder* folgert im Hinblick auf Art. 5 Abs. 1 GG aus der Sonderstellung der Kirche eine gesetzlich oder vertraglich vorzusehende Sonderberücksichtigung kirchlicher Rundfunkveranstalter.[945]

Zu klären ist daher, ob der Rundfunkauftrag einen Vermittlungsvorrang zugunsten kirchlicher Veranstalter erfordert. Hierin läge jedenfalls ein sachlicher Grund, der ein Abweichen vom Prinzip des chancengleichen Zugangs rechtfertigte.[946] Anders als die Masse der privaten Rundfunkprogramme verfolgen kirchliche Programme idealtypisch keine kommerzielle Zielsetzung. Vielmehr verwirklicht sich in ihnen ein spezifischer, gesamtgesellschaftlicher und vom Staat anerkannter Auftrag, der unter verschiedenen Gesichtspunkten eine vorrangige Berücksichtigung kirchlicher Programme nahelegt.

a) Vielfaltsrelevanz des Finanzierungsmodells

(1) Vielfaltsverengung durch Werbung

Da die Finanzierung privater Rundfunkprogramme üblicherweise durch Werbeeinnahmen erfolgt, ergibt sich für kommerzielle Veranstalter die Notwendigkeit, „möglichst massenattraktive, unter dem Gesichtspunkt der Maximierung der Zuschauer- und Hörerzahlen erfolgreiche Programme zu möglichst niedrigen Kosten zu verbreiten. Sendungen, die nur für eine geringe

---

[938] *Bullinger*, Elektronische Medien, in: AÖR 108, S. 178; *Bethge*, Verfassungsrechtsprobleme, in: JZ 1985, S. 312.

[939] *Groß*, Landesmediengesetzentwürfe, in: Media Perspektiven 1983, S. 508. Vgl. S. 118 f.

[940] BVerfGE 73, 118 [193 f.]; *Fuhr* in: *Fuhr* [Hrsg.], Recht der Neuen Medien, 1989, S. 344; *Bethge*, Verfassungsrechtsprobleme, in: JZ 1985, S. 312.

[941] Siehe oben S. 118 f.

[942] BVerfGE 73, 118 [193].

[943] *Hollerbach*, Freiheit kirchlichen Wirkens, Rn. 59.

[944] *Link*, Anspruch, S. 277; vgl. auch *Link*, Neue Medien, in: ZevKR 34, S. 134; *Link/Pahlke*, Kirchen und privater Rundfunk, S. 26 sowie *Heckel*, Die Kirchen im Medienrecht, S. 1021.

[945] *Ridder*, Kirche - Staat - Rundfunk, S. 56.

Zahl von Teilnehmern von Interesse sind und die, wie namentlich anspruchsvolle kulturelle Sendungen, einen hohen Kostenaufwand erfordern, werden in der Regel zurücktreten, wenn nicht gänzlich fehlen – obwohl erst mit ihnen die ganze Breite umfassender Information zu erreichen ist, ohne die es keine Meinungsbildung im Sinne der Garantie des Art. 5 Abs. 1 S. 2 GG geben kann".[947] Die Werbefinanzierung ist es, so das Bundesverfassungsgericht, „von der die programm- und vielfaltsverengenden Zwänge ausgehen, die im privaten Rundfunk zu beobachten sind".[948] Bestätigt wird der Bedingungszusammenhang zwischen Werbung und Vielfalt auch von sachverständiger Seite.[949] Aus marktwirtschaftlichen Gründen (z.B. durch „Fixkostendegression") sind massenattraktive Sendungen zu geringeren Kosten herzustellen als solche für Minderheiten. Letztere wären allenfalls dann interessant, wenn ein besonders hoher Werbeerfolg den „Streuverlust" ausgleichen kann, was vor allem auf besonders einkommensstarke Bevölkerungsgruppen zutrifft. Nach den Feststellungen der Kommission lassen sich indessen bei diesen Gruppen keine abweichenden Programmwünsche verzeichnen.[950] Die Werbefinanzierung läßt daher eine weitgehende Programmvereinheitlichung erwarten und berücksichtigt Minderheiten nur unzureichend.[951]

(2) Gebührenfinanzierung als Instrument der Vielfaltssicherung

Umgekehrt sind die öffentlich-rechtlichen Programme zu einem vielfältigen Programmangebot in der Lage, weil sie nicht in der Weise wie private Veranstalter auf massenattraktive Programme und Einschaltquoten angewiesen sind.[952] Eine zum überwiegenden Teil aus Werbeeinnahmen bestehende Finanzierung des öffentlich-rechtlichen Rundfunks wäre mit der ihm zugewiesenen Grundversorgungsaufgabe nicht vereinbar, weil die Werbewirtschaft auf Einschaltquoten und ein attraktives Programmumfeld angewiesen ist und die Programmplanung des Veranstalters sich hieran ausrichten müßte.[953] Da erst unter der Bedingung der Erfüllung des Grundversorgungsauftrags das Vielfaltsdefizit im privaten Rundfunk hinnehmbar

---

946 *Bethge*, Verfassungsrechtsprobleme, in: JZ 1985, S. 312.

947 BVerfGE 73, 118 [155,156]; vgl. auch BVerfGE 74, 297 [343, 346]; 83, 238 [311]; BVerfG NJW 1999, S. 2454 f. [2456].

948 BVerfGE 87, 181 [199]. Deswegen verlangt die Erfüllung der Vielfaltsanforderungen (hier: nach dem zur Entscheidung gestellten LRG Nordrhein-Westfalen) vom Veranstalter sogar „in gewissem Maß den Verzicht auf massenattraktive Sendungen. Wegen der Abhängigkeit der Werbeeinnahmen von Einschaltquoten läßt sich nicht ausschließen, daß dies den Gewinn mindern wird" (BVerfGE 83, 238 [318]). Zu den Gefahren des „Kommerzfunks" vgl. auch *Bethge*, Privater Rundfunk, S. 122 f.

949 *Monopolkommission*, Sondergutachten Wettbewerbsprobleme, in: MP 12/1980, S. 861 f.

950 A.a.O., S. 869.

951 A.a.O., S. 861, 869. Die Kommission erwartet dagegen eher von einem „Pay-TV"-System, daß – bei entsprechender Zahlungsbereitschaft – Programmwünsche von Minderheiten erfüllt werden. Nicht von ungefähr wird diese Sichtweise in den Anmerkungen der Herausgeber heftig attackiert, ohne daß die Gefahr der Werbefinanzierung mit plausiblen Gründen in Abrede gestellt würde (Wettbewerb im Rundfunk durch „Pay-TV"; Anmerkungen zum Sondergutachten der Monopolkommission, Media Perspektiven 12/1980 S. 821 ff.; hrsgg. v. der Arbeitsgemeinschaft Rundfunkwerbung); vgl. auch *Groß*, Das dritte Rundfunkurteil, S. 569; *Groß*, Privatisierung des Rundfunks, in: DVBl. 1980, S. 940.

952 BVerfGE 73, 118 [157].

953 BVerfGE 83, 238 [311].

wird[954], achten die Landesmediengesetze bei der Frequenzzuteilung auf die Sicherstellung der Grundversorgung[955] und statten öffentlich-rechtliche Programme insoweit mit Vorrang aus.[956] Über die Grundversorgung hinaus können die öffentlich-rechtlichen Anstalten bei Frequenz- oder Kanalknappheit freilich keinen Vorrang mehr beanspruchen[957]; private Veranstalter sind dann zu gleichen Bedingungen zuzulassen.[958]

(3) Bewertung

Die Erkenntnis, daß Werbefinanzierung und Massenattraktivität untrennbar miteinander verbunden sind, beruht auf einer zutreffenden Bewertung der wirtschaftlichen Existenzbedingungen des Privatfunks. Problematischer ist es, den Bezug zwischen Massenattraktivität und Programmverödung herzustellen. Hiermit wird stillschweigend ein einseitiges, beschränktes Medieninteresse der Allgemeinheit vorausgesetzt. Angesichts des Umstandes, daß der Empfänger durch seine Konsumgewohnheiten zumindest mittelbar selbst über die ihm präsentierten Programminhalte entscheidet, entspricht die Vermutung eines Niveauverlusts durch massenattraktive Programme kaum dem Bild der Verfassung vom urteilsfähigen, mündigen Bürger, der sich im Bedarfsfall auch aktiv für ein anspruchsvolles Programm einsetzt.[959] Andererseits haftet insbesondere dem Fernsehen durch die Kombination von Ton und bewegten Bildern eine Suggestivkraft an, mittels der die Urteilsfähigkeit des Bürgers[960] gezielt herabsetzt werden kann. Der „mündige Bürger“, der allen manipulativen Mechanismen des Rundfunks widersteht und durch bewußte Auswahl aus dem Programm über das Angebot bestimmt, dürfte sich als Fiktion erweisen. Die Gegenwartslage des kommerziellen Rundfunks wird gerade durch eine große Bereitschaft der Veranstalter gekennzeichnet, die Beeinflußbarkeit des Empfängers gezielt zur Herstellung einer möglichst hohen Zuschauer- bzw. Zuhörerbindung an möglichst billige, rationell herzustellende Programme auszunutzen. Zusätzliche Programme werbefinanzierter Rundfunksender, ob in Hörfunk oder Fernsehen, haben das Gesamtprogramm deshalb kaum verbessert, sondern im wesentlichen nur eine Vergrößerung des Programmangebots in rein quantitativer Hinsicht hervorgebracht. Die

---

[954] BVerfGE 74, 297 [324, 325, 340].

[955] § 3 Abs. 2 HPRG, § 5Abs. 3 RGMV, § 4 Abs. 2 SächsPRG, § 2 Abs. 1 PRG LSA.

[956] §§ 4 f. StV BB, § 3 Abs. 2 BremLMG, 37 Abs. 2 BayMG (Neukapazitäten), § 59 LRG Rh.-Pf.

[957] BVerfGE 73, 297 [333; 340. Das BVerfG hatte hier u.a. den umgekehrten Fall eines Verbots öffentlich-rechtlicher Programme im regionalen und lokalen Rundfunk zu entscheiden.
Außerdem statuieren die Mediengesetze überwiegend einen Einspeisungsvorrang gesetzlich bestimmter (öffentlich-rechtlicher) Programme für Kabelnetze (§ 32 Abs. 1 BremLMG, § 51 Abs. 1 HmbMedienG, § 42 Abs. 1 HPRG, § 41 LRG NW, § 59 Abs. 1 LRG Rh.-Pf., § 69 Abs. 1 LRG Saarland, § 43 Abs. 1 RGMV, § 38 Abs. 1 TRG).

[958] BVerfGE 74, 297 [345].

[959] *Starck*, Neuordnung des Rundfunks, in: NJW 1980, S. 1362.

[960] Sofern eine solche überhaupt besteht. Insbesondere bei Kindern und Jugendlichen wird man die nötige Mündigkeit noch nicht in vollem Umfang voraussetzen können.

Aussagen des Bundesverfassungsgerichts verdienen daher vorbehaltslose Zustimmung:[961] Je mehr sich der Programmveranstalter durch Werbefinanzierung in die Abhängigkeit von der werbenden Wirtschaft begibt, desto größere Gefahren bestehen für die Meinungsvielfalt.

Allerdings gilt es zu bedenken, daß auch andere Finanzierungsarten Gefahren für die freie Meinungsbildung bergen. So kann es bei Gebühren- bzw. Haushaltsmittelfinanzierung zu politischer[962], bei Spendenfinanzierung[963] zur Einflußnahme des jeweiligen Spenders auf die Programmgestaltung kommen.[964] Das Bundesverfassungsgericht sieht daher zu Recht die Kombination mehrerer Finanzierungsformen als vorzugswürdig an. Durch eine Mischfinanzierung werden einseitige Abhängigkeiten gelockert und wird dem Veranstalter größtmögliche Programmgestaltungsfreiheit gewährleistet.[965]

(4) Finanzierung kirchlicher Veranstalter

Da der Veranstaltung kirchlicher Programme keine Gewinnerzielungsabsicht, sondern eine ideelle Zielsetzung zugrunde liegt, kommt in der Regel der Werbefinanzierung keine große Bedeutung zu.[966] Veranstalter, die der Kirche institutionell zuzurechnen sind, werden ihren Finanzbedarf zumeist mit Kirchenmitteln decken können. Wo eine solche Unterstützung nicht erfolgt, kann auf Spenden, Vermächtnisse etc. zurückgegriffen werden. Dabei dürften die mit der Spendenfinanzierung verbundenen Gefahren nicht ins Gewicht fallen, da sich das Spendenaufkommen meist aus einer Vielzahl kleinerer Beträge zusammensetzen wird.

Praktisch wird es sich zumeist um eine Mischfinanzierung mit maßvollem, selektivem, die Unabhängigkeit vom Werbemarkt nicht gefährdendem Werbeanteil handeln. Dies ermöglicht es, Auffassungen und Standpunkte ohne Rücksicht auf die Konsuminteressen weiter Kreise in der Bevölkerung vernehmbar zu machen. Des weiteren dürfte die bekenntnisspezifische Ausrichtung des Programms eine Anpassung des Programms an den jeweils vorherrschenden

[961] Zu weitgehend erscheint es freilich – obgleich im Ansatz durchaus nachvollziehbar – wenn in der Literatur vereinzelt eine überwiegende Finanzierung aus Werbeeinnahmen der privaten Rundfunkveranstalter schlichtweg für verfassungsrechtlich ausgeschlossen erklärt wird; vgl. *Groß*, Das dritte Rundfunkurteil, S. 566.

[962] BVerfGE 83, 238 [310].

[963] So ist z.B. nach § 25 Abs. 2 BremLMG der Veranstalter dafür verantwortlich, daß Spender keinen Einfluß auf das Programm ausüben können. In diesem Zusammenhang weisen jedoch die meisten Mediengesetze Defizite auf. Insbesondere Offenlegungspflichten erscheinen zur Verhinderung externer Einflüsse geeignet.

[964] Diese Finanzierungsarten dürften freilich nicht in dem Maß zu einer Verflachung des Gesamtangebots führen, wie es bei der Werbefinanzierung der Fall ist. Durch ein Gebührenfinanzierungssystem erhalten die beherrschenden politischen Kräfte längst nicht den Einfluß, den die Werbewirtschaft auf den Rundfunk ausübt. Die Spendenfinanzierung ist insofern bedenklicher, da eine unmittelbare, je nach Anzahl und Verschiedenheit der von den Financiers vertretenen Meinungsrichtungen mehr oder weniger einseitige Beeinflussung des Programms zu besorgen ist. Im Hinblick auf die Vielfalt des Gesamtprogramms darf jedoch nicht außer acht gelassen werden, daß Spender in aller Regel nichtwirtschaftliche Ziele verfolgen, die die im Rundfunk vorherrschenden wirtschaftlichen Interessen kontrastieren.

[965] BVerfGE 83, 238 [310]; 87, 181 [200]; so auch *Kauffmann*, Der nationale Hörfunk im vereinten Deutschland, S. 203 f. Eine *Teil*finanzierung durch Werbung dürfte sogar positive Effekte auf die Akzeptanz des Programms hervorrufen.

[966] Siehe oben S. 81 f.

Massengeschmack im Interesse der werbenden Unternehmen wirksam verhindern.[967] Unter den Bedingungen des gegenwärtigen Privatrundfunkmarkts hat die Zuteilung von Frequenzen an kirchliche Veranstalter somit eine vielfaltsfördernde Wirkung.

b) Kirche als Garant für Pluralismus?

(1) Die Kirchen als gesellschaftlich relevante Gruppen

Die Kirchen gehören zunächst unbestritten zu den politisch und gesellschaftlich relevanten Kräften[968], zum einen aufgrund ihrer Mitgliederzahl, zum anderen auch im Hinblick auf ihre „geistige und soziale Bedeutung".[969] Die geforderte Beteiligung aller gesellschaftlichen Kräfte im Rundfunk schließt daher notwendig diejenige der Kirchen mit ein. Die Qualität einer Interessengruppe verliert die Kirche auch nicht durch die Verleihung der Körperschaftsrechte.[970] Unerheblich ist ferner, ob die Kirchenmitglieder die Kirche in zentralen Lebensbereichen als ihre Interessenvertretung ansehen oder nicht. Mag auch die statistische Bekenntniszugehörigkeit „nicht mehr zuverlässig das persönliche Bekenntnis oder auch nur die Bereitschaft, nach religiösen Vorstellungen zu leben und kirchlichen Weisungen zu folgen" signalisieren[971], so läßt sich die tatsächliche Orientierung der Kirchenmitglieder an christlichen Grundsätzen doch schwerlich ermitteln. Man wird im übrigen davon auszugehen haben, daß derjenige, der sich von einer Institution nicht vertreten fühlt, schon aus wirtschaftlichen Gründen aus ihr austritt.[972] Für den Staat kann daher allein die nach objektiven Kriterien feststellbare Mitgliedschaft als Gradmesser für die Verbreitung einer Meinungsrichtung dienen. Danach nehmen die Kirchen im Konzert der Meinungen ohne Zweifel eine herausragende Stellung ein.

(2) Unabhängigkeit der Kirchen

Die Kirche ist jedoch nicht nur „Verband unter Verbänden"[973]. Im Unterschied zu anderen gesellschaftlichen Organisationen und Verbänden im Gemeinwesen nimmt sie insofern eine besondere Rolle ein[974], als sie dem Einfluß der in der der Gesellschaft wirksamen Kräfte in

[967] Als Gegenbeispiel sei hier das mit 21,4 % Höreranteil äußerst erfolgreiche Lissaboner Radio Renascenca genannt. Obwohl zu 100 % in Kirchenbesitz (60 % Patriarchat von Lissabon, 40 % Portugiesische Episkopalkonferenz) taucht Kirchliches nur am Rande des kommerziell orientierten Programms auf. Der Sender macht keinen Hehl daraus, daß der Zuhörer an die Werbewirtschaft „verkauft" werde (epd-Wochenspiegel 42/1999 S. 22).

[968] BVerfGE 57, 295 [330]; *v. Campenhausen*, Staatskirchenrecht, S. 147; *Schuster*, Meinungsvielfalt, S. 164; *Lücke*, Zugangsrecht, JZ 1977, S. 45; *Forster*, Kirchliche Präsenz, in: Essener Gespräche, Bd. 13, S. 11 f. (12).

[969] *Redelfs*, Evangelische Kirche, S. 43; *Link/Pahlke*, Kirchliche Sendezeiten, in: AöR 108, S. 250, 251 m.w.N.

[970] Vgl. *Redelfs*, Evangelische Kirche, S. 20.

[971] *Renck*, Bekenntnisverfassungsrecht, in: BayVBl. 1999, S. 75.

[972] Mit Recht stellt *Ridder*, Kirche - Staat - Rundfunk, S. 17 fest: „Wer das Band, das ihn mit der Kirche verbindet, nicht selbst zerschneidet, identifiziert sich objektiv unter dem allem Recht gemeinsamen Verbot des „venire contra factum proprium" mit der Kirche".

[973] *Heckel*, Die Kirchen im Medienrecht, S. 1018.

[974] *Scheuner*, Schriften zum Staatskirchenrecht, S. 322; *Schlaich*, Öffentlichkeitsauftrag, S. 176 ff.

höherem Maß widersteht.[975] Dies läßt sich damit begründen, daß der Kirche „eine Wahrheit [...] vorgegeben [ist], über die es nichts abzustimmen und an deren Substanz es nichts durch neue Meinungsbildungsprozesse oder neue Mehrheiten zu verändern" gibt.[976] Weil sie weder einer außer ihr selbst liegenden demokratischen Legitimation bedarf, noch in das wirtschaftliche Geschehen eingebunden ist, besitzt sie somit ein besonderes „Potential zur Emanzipation von den Zwängen dieser Gesellschaft".[977] Hierzu können insbesondere eigene kirchliche Kommunikationsorgane beitragen. Dies zeigt das Beispiel des Vatikansenders, der die in Anspruch genommene Unabhängigkeit von politischer Willkür allen Feindseligkeiten zum Trotz auch gegenüber faschistischen und kommunistischen Machthabern behauptete.[978]

(3) Sorge für die gesamtgesellschaftliche Kommunikation

Die Unabhängigkeit der Kirche von Partikularinteressen ermöglicht es ihr zugleich – in positiver Hinsicht – als Sachwalter gesamtgesellschaftlicher Interessen aufzutreten. Ihre Sorge gilt unterschiedslos allen, nicht nur denjenigen, die mit ihr übereinstimmen. Die These *Mikats*, daß „die Kirche [...] an der Stelle der auseinanderstrebenden Sonderinteressen der Gesellschaftsgruppen das verbindende Gesamtinteresse vertritt, das vom Staat infolge des Gewichts der pluralen Kräfte immer schwerer bestimmt und verwirklicht werden kann"[979], läßt sich im weltanschaulich neutralen Staat zwar kaum noch als Legitimation für eine Repräsentanz breiter Bevölkerungsgruppen durch die Kirche heranziehen; sie entspricht aber nach wie vor dem kirchlichen Auftrag und Selbstverständnis. Das „Gesamtinteresse" ist hierbei nicht gleichzusetzen mit der Summe der Verbandsinteressen, in denen sich lediglich eine Auswahl der von durchsetzungsstarken Gruppen propagierten Sachthemen widerspiegelt. Es beinhaltet vielmehr auch diejenigen Interessen, die im medialen Verdrängungswettbewerbs untergehen. Im Verhältnis zum Staat umfaßt „ihr Wächteramt und ihre Partnerschaft [...] den gesamten Bereich des öffentlichen Lebens"[980] und die Sorge für die „gesamtgesellschaftliche Kommunikation"[981] Auch das Bundesverfassungsgericht hat anerkannt, daß „die Kirchen zum Staat ein qualitativ anderes Verhältnis besitzen als irgend eine andere gesellschaftliche Großgruppe"; dies folge insbesondere aus dem „Spezifikum des geistig-religiösen Auftrags", aber eben auch daraus, daß die Kirchen nicht in der Weise wie die übrigen gesellschaftlichen Verbände partielle Interessen verträten.[982] Während der moderne Mensch sich durch andere Organisatio-

---

[975] Vgl. *Schlaich*, Öffentlichkeitsauftrag, S. 176 ff.

[976] Klaus *Tanner*, „Zwischen Interessenprüderie und Brüderlichkeit", Legitimationsprobleme politischer Stellungnahmen in der evangelischen Kirche in Deutschland, 1987 (unveröffentlichtes Manuskript), zit. nach *Redelfs*, Evangelische Kirche, S. 22.

[977] *Huber*, Kirche und Öffentlichkeit, S. 636; *Schlaich*, Öffentlichkeitsauftrag, S. 176, 177.

[978] *v. Gemmingen*, Internet-Informationen zu Radio Vatikan.

[979] Paul *Mikat*, Kirche und Gesellschaft im Dialog, in: Ruhrnachrichten, Pfingsten 1966; zit. nach *Mahrenholz*, Die Kirchen in der Gesellschaft, S. 43; *Redelfs*, Evangelische Kirche, S. 22.

[980] Mikat, Rechtsprobleme des Rundfunks, S. 463.

[981] *Link/Pahlke*, Kirchen und privater Rundfunk, S. 4 m.w.N.; *Link/Pahlke*, Kirchliche Sendezeiten, in: AöR 108, S. 254.

[982] BVerfGE 42, 312 [333].

nen nur in bestimmten Beziehungen vertreten fühlt, spricht die Kirche „ähnlich wie der Staat den Menschen als Ganzes in allen Feldern seiner Betätigung und seines Verhaltens“ an und stellt „rechtliche oder sittlich-religiöse Forderungen“ an ihn.[983] So übernimmt sie in den verschiedensten Lebensbereichen Verantwortung für den Menschen, bei der Wahrnehmung von Aufgaben in Seelsorge und Diakonie[984] ebenso wie in kirchlichen Kindergärten, Schulen oder Krankenhäusern. Die Betätigung der Kirche im Bereich des Rundfunks macht hiervon keine Ausnahme.

(4) Stellvertretendes Handeln der Kirchen

Nach der Rechtsprechung des Bundesverfassungsgerichts umfaßt der Grundstandard „die Möglichkeit für *alle* Meinungsrichtungen – auch die von Minderheiten – im privaten Rundfunk zum Ausdruck zu gelangen“.[985] Demgemäß stellen Rundfunkstaatsvertrag und Mediengesetze die Bedeutung des Zuwortkommens von Minderheiten für die Erfüllung des Rundfunkauftrags besonders heraus. Allerdings begünstigen die binnenpluralen Strukturen, in denen die Rundfunklandschaft nach wie vor stark verhaftet ist, eine Herrschaft der als Verbände organisierten Gruppen und damit eine „Unterprivilegierung der Nichtorganisierten“. Die Repräsentation der Gesellschaft durch Verbandsvertreter kann deshalb immer nur als Zwischen- und Notlösung dienen.[986] In diese Lücke tritt die Kirche, in deren Selbstverständnis das Einstehen für Minderheiten und Benachteiligte, die „anwaltliche“ Vertretung derer, die keinen Weg in die Öffentlichkeit finden, integraler Bestandteil ihres Auftrags ist. „Eine Kirche, die sich als Kirche für andere begreift, die Fürsprache leistet, steht für Unterprivilegierte und Entrechtete ein und stützt das Eigenrecht von Personen oder Gruppen, deren legitime Anliegen im öffentlichen Gespräch nicht angemessen zu Wort kommen oder nicht verstanden werden“.[987] Die Gruppen, für die sich die Kirche einsetzt, besitzen typischerweise keine institutionelle Interessenvertretung: Es sind dies insbesondere hilfsbedürftige Menschen, z.B. Kranke, ältere Menschen oder Minderheiten wie Behinderte, Obdachlose usw. Gleichwohl handelt es sich um gesellschaftlich relevante Gruppen, die im Rundfunk zu Wort kommen müssen. Indem die Kirche deren Stimme zur Geltung bringt, leistet sie einen wichtigen Beitrag zur Verwirklichung der vom Grundstandard geforderten Vielfalt. Auch dort, wo den jeweiligen Gruppen die Möglichkeit des offenen Kanals oder eigene Minderheitenprogramme[988] zur Verfügung stehen, wird vielfach erst unter Mitwirkung kirchlicher Institutionen die gebotene Repräsentanz erzielt werden; nicht selten fehlt den zur Darstellung zu bringenden Auffassungen bereits ein Mindestmaß an Selbstorganisation. Ohne den kirchlichen Beitrag würde die in diesem Zusammenhang bestehende defizitäre Situation weiter verschärft. Indem die Kirchen

---

[983] BVerfGE 42, 312 [333]; *Lerche*, Kirchen und neue Entwicklungen im Rundfunk, in: Essener Gespräche Bd. 13, S. 95; *Schlaich*, Öffentlichkeitsauftrag, S. 176.
[984] Vgl. *Link/Pahlke*, Kirchliche Sendezeiten, in: AöR 108, S. 253.
[985] BVerfGE 73, 118 [160].
[986] *Klein*, Rundfunkfreiheit, S. 54.
[987] *EKD*, Publizistischer Gesamtplan, S. 29 ff.
[988] § 45 StV BB.

den Belangen und Interessen von Minderheiten zur Darstellung verhelfen, leisten sie daher einen unverzichtbaren Beitrag zu Meinungsvielfalt.

(5) Kritik

Soweit die Kirche Interessen Dritter repräsentieren will, bedarf es – zivilrechtlich gesprochen – einer „Vertretungsmacht" für ihr stellvertretendes Handeln. Hierfür genügt die bloße Behauptung einer gesamtgesellschaftlichen Repräsentation nicht. Hinsichtlich des Zuwortkommens im Gesamtprogramm kann nach den Worten des OVG Hamburg „jede weltanschauliche Kraft oder Gruppe nur für sich selbst und für die eigene Weltanschauung sprechen". So setze der Anspruch „für alle Menschen zu sprechen, die keiner Kirche oder Sekte angehören", Anhaltpunkte dafür voraus, daß die Zahl der Anhängerschaft die der Mitglieder erheblich übersteigt.[989] Eine behauptete weltanschauliche Übereinstimmung mit nichtchristlichen Bevölkerungsteilen müsse durch aussagekräftige Tatsachen belegt werden. Hiergegen spreche es, wenn solche Religionsgemeinschaften „von dem Bevölkerungsteil, den sie repräsentieren wollen, kaum beachtet werden". Tatsächlich werden im Zuge der Erosion der Volkskirche[990] und der zunehmenden Auffächerung der Gesellschaft in eine Vielzahl weltanschaulicher Strömungen kirchliche Anliegen trotz ihrer ganzheitlichen Stoßrichtung in der Öffentlichkeit überwiegend nur noch als Partikularinteressen im Meinungsspektrum wahrgenommen.[991] Die „Geschäftsgrundlage" für eine gesamtgesellschaftliche Vertretung ist damit nur noch eingeschränkt tragfähig. Demgegenüber legitimiert sich die Kirche dort, wo sie sich die Förderung der Belange bestimmter gesellschaftlicher Gruppen zur Aufgabe gemacht hat, durch ihr tatsächliches Engagement zugunsten der jeweiligen Bevölkerungsgruppe.

Zweifelhaft erscheint weiterhin, ob die Kirche aus der von ihnen in Anspruch genommenen gesamtgesellschaftlichen Repräsentation subjektive Rechte herleiten kann. Indem sie sich auf ihr „Stellvertretungsinteresse" beruft, macht sie nicht eigene Rechte geltend, sondern die Rechte derjenigen, für die sie eintreten will. Ein „anwaltliches" Handeln ohne eigennützige Motive schließt in prozessualer Hinsicht grundsätzlich eine Verletzung der Kirchen in eigenen Rechten aus.[992] Öffentliche Interessen können nur dort geltend gemacht werden, wo ausdrücklich eine Popularklagebefugnis eröffnet wird.

Indessen kann nach *Stock*[993] das Eigeninteresse der Kirche auch als „Vehikel des Interesses der Allgemeinheit" begriffen werden. So müsse ein breites Interessenspektrum in den Kontrollgre-

---

[989] NVwZ 1985 S. 124 [125] zu dem Problem, inwieweit ein freireligiöser Verband in öffentlich-rechtlichen Programmen berücksichtigt werden muß.

[990] *Schlaich*, Öffentlichkeitsauftrag, S. 167; *Renck*, Bekenntnisverfassungsrecht, in: BayVBl. 1999, S. 75; *Renck*, Staatliche Grundrechtsvorsorge, in: ZRP 1999, S. 139; *Gampl/Link*, Deutsches und österreichisches Staatskirchenrecht, S. 50 f.

[991] Vgl. *Schlaich*, Öffentlichkeitsauftrag, S. 167 f.

[992] So hatte die Klägerin in der Kirchenklage vor dem OVG Lüneburg verlauten lassen, sie habe nicht im eigenen Interesse gehandelt, sondern im Interesse des öffentlich-rechtlichen Rundfunks"; Kirche und Rundfunk (KuR) Nr. 68 vom 2.9.1978, S. 1 ff. (6); *Stock*, Rundfunkkontrolle, in: AÖR 104, S. 10.

[993] *Stock*, ebd., S. 28.

mien des vergesellschafteten Rundfunks auch solchen Interessen Raum geben, die von der Mehrheit abgedrängt werden oder schwer zu organisieren sind.[994] Insbesondere von auf kulturellem Gebiet aktiven gesellschaftlichen Gruppen sei „relative Offenheit" und Verständnis für „das Problem der inneren Abständigkeit und für das entsprechende professionelle Element der Rundfunkfreiheit" zu erwarten, zumal zwischen Kirche und Rundfunk ein kulturverfassungsrechtliches Näheverhältnis bestehe.[995] „Ein so verstandenes kirchliches „Eigeninteresse" ist kein [...] bloßes Tendenzinteresse, sondern es ist notwendig ein Interesse an der Wahrung der Integrität des Rundfunks im ganzen". Das kirchliche Eigeninteresse stimme auch insoweit mit dem „Interesse der Allgemeinheit" überein, als es zur Darstellung des Interessenspektrums eines Ausgewogenheits- und Sachlichkeitsstandards bedürfe.[996] Dies ist auch für eigene kirchliche Veranstaltungen richtig. Die hierfür ausschlaggebenden Beweggründe unterscheiden sich nicht von denjenigen, die das kirchlichen Gremienengagement bestimmen. Findet die dem Selbstverständnis der Religionsgemeinschaft gemäße Vertretung von Fremdinteressen tatsächlich und nachprüfbar statt, so liefe die Versagung der Klagbarkeit auf eine Obliegenheit zur Organisation dieser Interessen, und dort wo diese nicht durchführbar ist, auf eine Begünstigung der Herrschaft von Verbänden hinaus.

Allerdings ist die Annahme eines subjektiven Rechts zur Durchsetzung der Medienpräsenz Dritter insoweit problematisch, als der gegenwärtige status quo, der die Berücksichtigung der besonderen Vielfaltsdisposition kirchlicher Veranstalter notwendig macht, nicht auf alle Zeit festgeschrieben ist. So kann die Kirche in ihrer „Sprachrohrfunktion" in dem Umfang entbehrlich werden, in dem die von ihr vertretenen Gruppen selbsttätig von der Möglichkeit Gebrauch machen, sich z.B im offenen Kanal zu Wort zu melden. Ein Vertretungsanspruch der Kirchen hinsichtlich der ihr nicht zugehörigen Bevölkerungsteile kann somit nicht vorbehaltlos anerkannt werden.

c) Staatliche Anerkennung kirchlichen Handelns

Trennung von Staat und Kirche heißt, wie durch die Kirchenverträge und für bestimmte Bereiche verfassungskräftig bestätigt wird (z.B. beim Religionsunterricht), nicht nur Distanz, sondern auch Kooperation. Dieses Verständnis vom Trennungsprinzip rührt daher, daß dem Staat wie auch der Kirche dieselben Menschen angehören und beide Institutionen sich vielfach auf demselbem Gebiet betätigen, demgemäß die Notwendigkeit zu Absprachen besteht.[997] In Anbetracht der gemeinsamen Verantwortung für die Gesellschaft trägt das Verhältnis zwischen Staat und Kirchen, zumal in wesentlichen Punkten vertraglich geregelt, partnerschaftliche Züge.[998]

---

[994] *Stock*, ebd., S. 32.
[995] *Stock*, ebd., S. 33.
[996] A.a.O.
[997] *v. Campenhausen*, Stand des Staatskirchenrechts, in: BayVBl. 1999, S. 67.
[998] Vgl. *Scheuner*, Schriften zum Staatskirchenrecht, S. 322.

(1) Erfüllung öffentlicher Aufgaben durch die Kirchen

Die Erfüllung des Rundfunkauftrags kann am ehesten von solchen Institutionen erwartet werden, die sich bereits in anderen Bereichen als zuverlässiger Partner des Staats erwiesen haben. Zahlreiche Aufgaben der Daseinsvorsorge werden von den Kirchen dauerhaft und erfolgreich bewältigt. Insbesondere bei der Wahrnehmung sozialstaatlicher bzw. aus kirchlicher Sicht caritativer Aufgaben können die Kirchen als „bekannt und bewährt" gelten. Auch im Bereich des Rundfunks gehört in den Augen des Bundesverfassungsgerichts die Zuverlässigkeit des Antragstellers zu den unbedingt zu überprüfenden Voraussetzungen.[999] Haben die Kirchen (im Gegensatz zu anderen Religions- und Weltanschauungsgemeinschaften, die für sich dieselbe Universalität beanspruchen) ihr gesamtgesellschaftliches Engagement und ihre Dialogfähigkeit[1000] in der Vergangenheit bislang deutlich unter Beweis gestellt, so dürfte auch an einer an den Belangen der Allgemeinheit ausgerichteten Programmveranstaltung kein ernsthafter Zweifel bestehen.

(2) Korporationsstatus

Das partnerschaftliche Verhältnis zum Staat drückt sich insbesondere in der Zuerkennung des – die Kirchen gegenüber anderen Interessengruppen privilegierenden – Körperschaftsstatus aus. Als Ausdruck einer „institutionalisierten Verfassungserwartung" setzt die Verleihung des Körperschaftsstatus als ungeschriebene Tatbestandsvoraussetzung[1001] über die bloße Pflicht zur Rechtstreue auch die „grundgesetzkonforme Wahrnehmung der Hoheitsrechte", m.a.W. die Hoheitsfähigkeit voraus und erfordert die Anerkennung der „Prinzipien von Neutralität, Säkularität, Parität und Toleranz".[1002] Als Bausteine im Gefüge des pluralistischen Gemeinwesens spiegeln sich diese Prinzipien auch in rundfunkrechtlichen Kategorien wider. Erwähnt sei nur der Grundsatz des chancengleichen Zugangs für alle Kräfte, das Verbot einseitiger weltanschaulicher Einflußnahme und ungleichgewichtiger Beeinflussung sowie die Achtung der Überzeugung Andersdenkender. Die staatlicherseits „inzident" überprüfte und bewährte Hoheitsfähigkeit der Kirchen dürfte daher eine Verfassungserwartung auch dahingehend begründen, daß die korporierten Kirchen dem Rundfunkauftrag nachkommen werden und ihre Programme dem Verfassungsgebot Rechnung tragen. Diese Erwartung erscheint insbesondere vor dem Hintergrund der zahlreichen Erklärungen berechtigt, aus denen die Konkordanz der kirchlichen Zielsetzungen im Rundfunk mit denen des Staates hervorgeht, z.B. das evangeli-

---

[999] BVerfGE 57, 295 [326].

[1000] Vgl. Johanna *Haberer* in: Qualität oder Propaganda, Das Sonntagsblatt 44/1997 v. 2.11.1997, S. 5.

[1001] Vgl. *v. Campenhausen*, Stand des Staatskirchenrechts, in: BayVBl. 1999, S. 67. Zu einer positiven Regelung sah sich der Verfassungsgeber nicht veranlaßt, da er als mögliche Berechtigte allein Religionsgemeinschaften des abendländischen Rechts- und Kulturkreises im Auge hatte und die derzeitige „Multikultur" kaum voraussehen konnte.

[1002] *v. Campenhausen*, Staatskirchenrecht, S. 145 m.w.N.; 151; *Kirchhof*, Die Kirchen als Körperschaften des öff. Rechts, S. 683; *Link*, Zeugen Jehovas und Körperschaftsstatus, in: ZevKR 43, S. 24. A.A. *Morlock/Heinig*, Parität, in: NVwZ 7/1999, S. 702 f., die statt einer ungeschriebenen Rechtstreueverpflichtung die allgemeine Grundrechtsdogmatik heranziehen wollen.

sche „Engagement ohne Eigennutz" und die an die Gedanken von *Miranda prorsus* anschließende katholische Forderung, daß der Rundfunk weder dem Staat noch Wirtschafts- oder Gruppeninteressen ausgeliefert werden dürfe, von den wesentlichen gesellschaftlichen Kräften in „abgewogenen Zusammenwirken" verantwortet werden und jede Rundfunkordnung „diesen Grundsätzen, die übrigens mit den Strukturprinzipien unseres Grundgesetzes übereinstimmen", gerecht werden müsse.[1003] Hieran wird deutlich, daß den Kirchen zuallererst an der Sicherung der objektiven Rundfunkfreiheit gelegen ist und der „grundsätzliche Wertkonsens"[1004] als Grundlage der Verleihung der Körperschaftsrechte auch im Rundfunkbereich besteht.

Die Inhaberschaft der Körperschaftsrechte beinhaltet demnach mehr als nur die Feststellung der Dialogfähigkeit[1005]; sie bietet eine hinreichende Gewähr für eine am Vielfalts- und Ausgewogenheitsgebot orientierte Programmgestaltung des Veranstalters.[1006] An den Status der Körperschaft des öffentlichen Rechts knüpft der Staat unterschiedliche Privilegien, die vom Steuererhebungsrecht über die Möglichkeit zur Begründung öffentlich-rechtlicher Dienstverhältnisse bis hin zur Wahrnehmung von staatlichen Aufgaben reichen.[1007] Auch dem Rundfunkrecht ist die Anknüpfung an den Körperschaftsstatus nicht unbekannt, wird doch in Rundfunkstaatsvertrag und Mediengesetzen das Drittsendungsrecht als Instrument der Vielfaltssicherung praktisch durchweg nur öffentlich-rechtlichen Religionsgemeinschaften zugestanden.[1008] Aus dem Blickwinkel der Staatsfreiheit begegnet eine Privilegierung im übrigen keinen Bedenken, da mit der Zuerkennung des Körperschaftsstatus keine staatliche Aufgabenwahrnehmung verbunden ist.[1009] Daß sich einzelne Länder durch Zu- oder Aberkennung[1010] der Körperschaftsrechte mittelbar Einfluß auf den Rundfunk zu verschaffen suchen, ist im übrigen nicht wahrscheinlich. Durch das ungeschriebene Kriterium der Rechtstreue[1011] werden auch die Einwände gegen eine Privilegierung religiöser Sender

---

[1003] Entschließung des Arbeitskreises für Rundfunk und Fernsehen im Zentralkomitee der deutschen Katholiken auf der Saarbrückener Arbeitstagung im April 1958 (Mikat, Rechtsprobleme des Rundfunks, S. 472).

[1004] *Link*, Zeugen Jehovas und Körperschaftsstatus, in: ZevKR 43, S. 22.

[1005] Johanna *Haberer*, Rundfunkbeauftragte des Rates der EKD, zit. nach Kirche & Neue Medien 11/1997 S. 21.

[1006] Die Erfüllung der Verleihungsvoraussetzungen für den Körperschaftsstatus bedeutet allerdings nicht, daß Religionsgemeinschaften oder Gruppen automatisch als bedeutsame weltanschauliche Kräfte oder Gruppen anzusehen wären, die im öffentlich-rechtlichen Programm Berücksichtigung finden müßten (OVG Hamburg NVwZ 1985 S. 124 [125]).

[1007] So im Bereich des Schul-, Krankenhaus- und Bestattungswesens.

[1008] So werden neben den großen Kirchen ausdrücklich nur öffentlich-rechtlichen Religionsgemeinschaften Drittsendungsrechte eingeräumt, § 31 Abs. 2 S. 2 HmbMedienG, § 29 Abs. 2 LRG Niedersachsen, § 39 Abs. 1 S. 2 LRG Rh.-Pf., § 33 Abs. 2 LRG Schleswig-Holstein, § 26 Abs. 2 RGMV, § 22 SächsPRG, § 23 Abs. 2 PRG LSA).

[1009] Siehe oben S. 104 f.

[1010] Vgl. Philip *Kunig* / Robert *Uerpmann*: Zum Verlust des Status einer Körperschaft des öffentlichen Rechts [...], in: DVBl. 1997, S. 248 ff.

[1011] Hierzu ausführlich *Tillmanns*, Körperschaftsstatus, in: DÖV 1999, S. 447 f.

relativiert, die im Gefolge christlicher Sender eine Überschwemmung der Rundfunklandschaft mit Propagandasendern fragwürdiger religiöser Gruppen und Sekten befürchten.

d) Objektiv-rechtliche Pflicht zur vorrangigen Berücksichtigung

Die besondere Zielsetzung der Kirchen wird nach alldem bei der Veranstaltung eigener Rundfunkprogramme in mehrfacher Hinsicht zur Verwirklichung der Rundfunkfreiheit beitragen. Unabhängigkeit vom Werbemarkt und Distanz zum weltlichen Programm erlauben den Kirchen einen größeren programmgestalterischen Spielraum, der in der Regel auch durch die Darbietung von im Privatfunk unüblichen, teils sogar umstrittenen Inhalten ausgeschöpft wird. Auch der Einsatz für minderprivilegierte Bevölkerungsgruppen verbürgt ein höheres Maß an Vielfalt im Gesamtprogramm und wirkt der Tendenz des überwiegend kommerziellen Rundfunks zur Einseitigkeit entgegen. Vor dem Hintergrund der gegenwärtigen[1012] Mediensituation bedeutet dies für kirchliche Programme – bei sonst gleichen Voraussetzungen der Lizenzbewerber – eine aus der Rundfunkfreiheit herrührende, objektiv-rechtliche Pflicht zur vorrangigen Berücksichtigung.

3. Vereinbarkeit mit Grundrechten Dritter

Aus der Sicht des Art. 3 GG liegt in der erhöhten Vielfaltsgewähr ein sachlicher Grund für eine Vorzugsbehandlung gegenüber anderen Bewerbern bei der Verteilung der nach wie vor knappen Frequenzen. Wegen der unterschiedlichen Ausrichtung und -finanzierung kirchlicher Rundfunksendungen besteht auch keine Gefahr dahingehend, daß die Veranstaltung bereits lizensierter kommerzieller Programme nicht mehr zu wirtschaftlich tragfähigen Bedingungen möglich wäre. Schließlich wird auch die Freiheit des Empfängers, sich aus allgemein zugänglichen Quellen zu informieren, durch eine Privilegierung kirchlicher Veranstalter nicht berührt, da zugunsten des Trägers der Informationsfreiheit kein Leistungsanspruch auf Erschließung der von ihm gewünschten Informationsquellen besteht.[1013]

[1012] Eine solche Einschränkung ist notwendig, da die Vielfaltsdefizite unterschiedlicher Art sein können. Das BVerfG sieht diese namentlich im kulturellen Bereich (E 73, 118 [155,156]).
[1013] *Degenhart* in: BK, Art. 5 Rn. 359.

4. Zusammenfassung

1. Aus dem Grundrecht der Meinungsfreiheit folgt kein Recht auf Verbreitung der eigenen Meinung im Rundfunk.
2. Die Rundfunkfreiheit beinhaltet auch das Recht zum Betrieb eigener Rundfunksender. Die Ausübung des Grundrechts kann im Fall knapper Ressourcen gesetzlich geregelt werden.
3. Die alleinige Finanzierung durch Werbung führt zur Programmvereinheitlichung. Nichtkommerzielle bzw. mischfinanzierte Programme sind in der gegenwärtigen Mediensituation zu einem vielfältigen Programm besser in der Lage.
4. Die feststehende Position der Kirche in der Gesellschaft und ihre Sorge um die gesamtgesellschaftliche Kommunikation heben die Kirchen unter den übrigen gesellschaftlichen Gruppen hervor, ohne daß hieraus jedoch ein umfassender, gesamtgesellschaftlicher Vertretungsanspruch folgen würde.
5. Solange durch die Kirche Interessen von Minderheiten repräsentiert werden, die sonst nicht zur Darstellung gelangen würden, erfordert der Rundfunkauftrag eine bevorzugte Berücksichtigung kirchlicher Veranstalter.
6. Durch ihr Wirken im caritativen, respektive sozialstaatlichen Bereich haben sich die Kirchen als zuverlässiger Partner des Staates erwiesen. Zugleich dokumentiert die Zuerkennung des Körperschaftsstatus einen grundsätzlichen Konsens der Kirchen mit den fundamentalen Prinzipien der pluralen Rundfunkverfassung.
7. Art. 5 Abs. 1 S. 2 GG begründet damit einen (beschränkten) Zulassungsvorrang zugunsten kirchlicher Veranstalter. Im Hinblick auf Grundrechte Dritter begegnet dies keinen Bedenken.

III. Religionsfreiheit

1. Schutzbereich

Die Religionsfreiheit gewährleistet den Kirchen die Freiheit, den Glauben in der Öffentlichkeit zu verbreiten, ohne Beschränkung auf bestimmte Funktionsbereiche[1014] oder Ausdrucksmittel.[1015] Sollen nach dem Selbstverständnis der Kirchen religiöse Aussagen[1016] über das Medium des Rundfunks vermittelt werden, so werden diese jeweils für sich (und unter noch zu klärenden Voraussetzungen auch im Programmzusammenhang[1017]) von Art. 4 GG geschützt. Zuvor muß freilich eine „Entäußerung" dieser Inhalte stattgefunden haben, die im Fall des Rundfunks das Vorhandensein besonderer technischer Vorrichtungen erfordert. Im vorliegenden Zusammenhang stellt sich zunächst die Frage nach dem Schutz *dieses* Vorgangs durch das Grundrecht der Religionsfreiheit. Dabei könnte danach unterschieden werden, ob die technischen Mittel sich in der Hand der Kirche oder anderer Rechtsträger befinden.

Geht es um den Betrieb eigener kirchlicher Sendestationen nach dem Vorbild der norddeutschen Pfarrfunkstationen, so ist Art. 4 GG in seiner primären, klassischen Funktion als Abwehrrecht betroffen. Der Grundrechtsschutz durch die Religionsfreiheit ist insoweit nicht in Zweifel zu ziehen[1018]; jede staatliche Reglementierung eines solchen, auf die Äußerung und Verbreitung des Bekenntnisses gerichteten Handelns der Kirche müßte als Beschränkung des Öffentlichkeitsanspruchs der Kirche aufgefaßt werden.

Anders stellt sich die Situation dagegen in dem Normalfall dar, daß die Kirche die Rolle des Lizenzantragstellers einnimmt, also den Zugang zu fremden Sendeeinrichtungen begehrt. Dann müßte die Religionsfreiheit – wegen der notwendigen Mitwirkung[1019] von Trägern der öffentlichen Verwaltung – als Leistungsanspruch bemüht werden. Das Bundesverfassungsgericht hat der Religionsfreiheit mit Recht auch diese Qualität zugemessen: Art. 4 GG enthalte „nicht nur ein individuelles Abwehrrecht, das dem Staat die Einmischung in den höchstpersönlichen Bereich des Einzelnen verbietet", sondern es gebiete auch „im positiven Sinn, Raum für die aktive Betätigung der Glaubensüberzeugung und die Verwirklichung der autonomen Persönlichkeit auf weltanschaulichem Gebiet zu sichern".[1020] Eine solche Förderungspflicht trifft den Staat insbesondere dann, wenn er im Hinblick auf den für die Grundrechtsausübung vorgesehenen Bereich eine Monopolstellung für sich in Anspruch nimmt.[1021] Hinzu kommt,

---

[1014] BVerfGE 32, 98 [106]; *Lorenz*, Drittsendungsrecht, S. 33.
[1015] *Lorenz*, Drittsendungsrecht, S. 33.
[1016] Zu den von der Religionsfreiheit geschützten Inhalten siehe oben S. 140 f.
[1017] Zum Schutz der Programmgestaltung siehe unten S. 199, 215.
[1018] Siehe oben S. 148.
[1019] Zuteilung von Frequenzen, evt. Studioeinrichtung, siehe aber oben.
[1020] BVerfGE 41, 29 [49]; 52, 223 [241]; *v. Münch/Kunig*, GG, Bd. 1, Art. 4 Rn. 4 (S. 305).
[1021] Siehe Anm. 934.

daß eine auf klassische Abwehrsituationen verengte Interpretation der Religionsfreiheit diejenigen schlechter stellen würde, die sich gesetzestreu verhalten und sich dem Lizensierungsverfahren unterziehen. Es erscheint daher geboten, beide Sachverhalte gleich zu behandeln und im Hinblick auf die „latente Abwehrsituation" des Bewerbers die Rechte aus Art. 4 GG in das Zulassungsverfahren hinein zu erstrecken.

2. Schranken der Religionsfreiheit

Durch die Regelungen über die Zulassung von Veranstaltern werden der Religionsfreiheit – unabhängig vom Verständnis der Rundfunkfreiheit – in Rundfunkstaatsvertrag und Mediengesetzen Grenzen gesetzt. Da die Religionsfreiheit mangels ausdrücklicher Schrankenregelung nur verfassungsunmittelbaren Schranken unterliegt, können diese den Grundrechtsträgern gegenüber nur in übergeordneten Belangen der Sicherung eines vielfältigen und ausgewogenen Programmangebots ihre Rechtfertigung finden. Des weiteren will die Rundfunkfreiheit das Grundrecht der Meinungsfreiheit vor den Gefahren einseitiger Einflußnahme schützen, die auch bei weltanschaulich gebundenen Gruppen entstehen können. Es gilt daher, zwischen der Religionsfreiheit der Veranstalter und den Erfordernissen der Rundfunkfreiheit ein Verhältnis praktischer Konkordanz herzustellen.

3. Konkordanz von Religionsfreiheit und Rundfunkfreiheit

a) Freiheitssichernde Funktion der Kirchen

Das Grundrecht der Meinungsfreiheit ist nach den Worten des Bundesverfassungsgerichts für die freiheitlich-demokratische Staatsordnung „schlechthin konstituierend", da es die „ständige geistige Auseinandersetzung" ermöglicht. Indem sie diesen Prozeß schützt, dient auch die Rundfunkfreiheit der freiheitlichen Grundordnung. Aber: Zur Verwirklichung dieses Ziels kann es auch ein weltanschaulich neutrales Gemeinwesen nicht dabei bewenden lassen, den gesellschaftlich relevanten Gruppen und Kräften lediglich eine Plattform zu eröffnen. Die Gemeinschaft ist zur Verbürgung von Freiheit auf die Mitwirkung des Einzelnen und seinen persönlichen Einsatz für das „Ganze" angewiesen; ein freiheitlicher Staat läßt sich nicht auf Subjekte stützen, denen es nur um den individuellen Vorteil geht[1022], er lebt insofern „von Voraussetzungen, die er selbst nicht garantieren kann".[1023] Daher wird man den „freiheitlichen Charakter unseres Staates nur bewahren können, wenn in ihm genügend (kompromißbereite, nicht fundamentalistische) Vertreter von Weltanschauungen und Religionen vertreten sind".[1024] So betrachtet bedeutet ein konfessionell gebundener Rundfunk nicht zwangsläufig eine Gefahr für die Freiheit des Rundfunks. Insbesondere sind nach wie vor die von der Bevölkerungs-

---

[1022] *Pawlowski*, Recht und Glauben, KuR 110, S. 111.
[1023] *Böckenförde*, Entstehung des Staates, S. 93.
[1024] *Pawlowski*, ebd., S. 111; daß dies auch ein erklärtes Anliegen der Kirchen ist, bringt insbesondere die Gemeinsame Erklärung der Kirchen vom 30.4.1997 (*Rat der Ev. Kirchen/ Bischofskonferenz*, Chancen und Risiken der Mediengesellschaft, in: epd Medien Nr. 33/1997, S. 16 f.) zum Ausdruck.

mehrheit akzeptierten Amtskirchen als Bindeglied zwischen Staat und Gesellschaft gefordert. Indem sie dem Staccato der Bildschnitte und „Jingles“ im kommerziellen Rundfunk geistige Sammlung, Orientierungshilfe und Moralvorstellungen entgegensetzen, fördern kirchliche Veranstaltern zugleich die Medienverantwortung der Rezipienten und leisten hierdurch einen wesentlichen Beitrag zur dauerhaften Gewährleistung der Rundfunkfreiheit.[1025]

b) Wertgebundenheit und Ethik des Pluralismus

Soweit die Rundfunkfreiheit als objektivrechtliches Gebot zur Sicherung gleichgewichtiger Vielfalt der Meinungen begriffen wird, muß sie sich im übrigen an der Wertordnung des Grundgesetzes messen lassen. In diesem Zusammenhang ist das Wesen des Pluralismus näher zu betrachten. Der grundsetzlichen Wertordnung würde eine Sichtweise, die die Grundrechtsgewährleistungen der Art. 4 GG und Art. 5 Abs. 1 S. 2 GG kategorisch auseinanderdividiert, nicht gerecht. Wie überhaupt jeder Rechtsnorm, welchen Inhalts auch immer, eine bestimmte Wertung vorausliegt, ist erst recht eine gänzlich neutrale Rechtsordnung eine „Illusion“.[1026] Das Grundgesetz bildet in den Augen des Bundesverfassungsgerichts keine wertneutrale Ordnung[1027], sondern beruht auf einem Wertesystem, welches „eine Synthese zwischen dem Prinzip der Toleranz gegenüber allen politischen Auffassungen und dem Bekenntnis zu gewissen unantastbaren Grundwerten der Staatsordnung“ darstellt.[1028] An seiner Spitze steht als oberster Wert die Würde des Menschen sowie die möglichst weitgehende Entfaltung seiner Persönlichkeit innerhalb der sozialen Gemeinschaft[1029]; auf diesen Wert sind die Grundrechte der Rundfunkfreiheit und der Religionsfreiheit in besonderer Weise bezogen. Eine tragende Säule des Toleranzprinzips, verstanden als die Verpflichtung des Staates zu Pluralität, Freiheit und Neutralität, ist das Grundrecht der Meinungsfreiheit, dessen Schutz die Rundfunkfreiheit dienen soll. Die Pflicht zur Gewährleistung von Pluralität würde jedoch verkannt, wollte man sie auf Wertindifferenz und Beliebigkeit reduzieren. Soll dem Rundfunk ein besonderer Kulturauftrag obliegen, so darf und kann dieser nicht wertfrei interpretiert werden: „Wertfreie Kultur ist unmöglich, denn gerade Kultur ist der Bereich der Werte, der Ideale, der Wünsche“.[1030] Auf einfachgesetzlicher Ebene spiegelt sich diese Wertgebundenheit insbesondere in den Programmgrundsätzen wider, wonach die Rundfunkprogramme die religiösen und weltanschaulichen Anschauungen in der Bevölkerung zu achten haben und die Menschenwürde nicht verletzen dürfen. Insoweit muß die Staatsgewalt auf einem gesellschaftlichen Konsens über Werte aufbauen, der außerhalb ihrer Autorität liegt. Zur Erfüllung ihrer Schutz- und

---

1025 Die Aufgabe besteht nicht nur darin, einen Anreiz zum aktiven Einsatz für das Gemeinwesen zu schaffen. Die Wertevermittlung fördert daneben den in der Bevölkerung vorhandenen Normbefolgungswillen, der durch staatliche Sanktionen kaum zu ersetzen ist (vgl. *Pawlowski*, Recht und Glauben, KuR 110, S. 95).

1026 *Starck*, Wertbegründung des Rechts, S. 59; vgl. auch *v. Campenhausen*, Stand des Staatskirchenrechts, in: BayVBl. 1999, S. 69.

1027 BVerfGE 2, 1 [12]; 5, 85 [139]; 6, 32 [40]; 7, 198 [205].

1028 BVerfGE 5, 85 [139].

1029 BVerfGE 5, 85 [204]; 7, 198 [205].

1030 *Kraus*, Humanität, S. 36.

Orientierungsfunktion ist sie auf weltanschauliche Argumentationen angewiesen.[1031] Mit Recht wird daher vertreten, daß Pluralismus dauerhaft nur dort bestehen könne, wo eine ausgeprägte „Ethik des Pluralismus" vorzufinden sei.[1032] Die „Synthese" zwischen Toleranz und Werten kommt nur zustande, wenn auch die Werte repräsentiert werden. Als eigenständige Autoritäten und moralische Instanzen vermitteln die Religionsgemeinschaften diese Ethik. Dabei kommt der traditionellen christlichen Kirche, mit der die abendländische Kultur untrennbar verbunden ist[1033], als „Träger des sittlichen Staatslebens" eine besondere Funktion zu, die von keiner anderen Religionsgemeinschaft übernommen werden kann.[1034] Kirchliche Programme tragen dazu bei, den Pluralismus als „Wert" zu vermitteln und fördern auf diese Weise die Freiheit des Rundfunks. Insbesondere ist die vom Bundesverfassungsgericht herausgestellte Gewährleistung der Menschenwürde ein zentrales Anliegen der Kirchen, die ihrem Auftrag entsprechend zugunsten der Schwachen und der Opfer Partei ergreifen und die Medien in den Dienst des Menschen und seiner Würde stellen.[1035] Es bleibt festzuhalten, daß die Ausübung des Grundrechts der Religionsfreiheit durch kirchliche Veranstalter und die Sicherung der Rundfunkfreiheit einander im Hinblick auf die genannten Gesichtspunkte nicht widerstreiten.

4. Originäres Zugangsrecht aufgrund Art. 4 GG?

a) Nach herrschender Ansicht kein originäres Zugangsrecht

Im Hinblick auf die dienende Funktion der Rundfunkfreiheit hat das Bundesverwaltungsgericht[1036] judiziert, daß „die Freiheit des Glaubens, des Gewissens und des religiösen und weltanschaulichen Bekenntnisses" keinen Anspruch gebe, „im Rundfunk zu Wort zu kommen oder berücksichtigt zu werden". Ebensowenig lasse sich ein derartiger Anspruch aus den Art. 136 ff. WRV ableiten. Auch im Schrifttum wird ein originäres Zugangsrecht kirchlicher Veranstalter aus dem Gesichtspunkt der Religionsfreiheit abgelehnt[1037]. *Link* begründet dies damit, daß, wenn der Gesetzgeber in Wahrnehmung seiner öffentlichen Verantwortung aus Art. 5 Abs. 1 S.2 GG das rundfunkrechtliche Organisationsmodell festgelegt habe, seine verfassungskonform bestätigte Organisationsmacht – unbeschadet des näheren Verhältnisses beider Freiheiten zueinander – nicht durch die Religionsfreiheit unterlaufen werden dürfe.[1038]

[1031] *Falterbaum*, Was kann der Staat für die Kirche tun?, S. 638; *v. Vietinghoff*, Kirchliche Medienpolitik, in: epd Ausg. 79 v. 10.10.1998, S. 7.

[1032] *Falterbaum*, Was kann der Staat für die Kirche tun?, S. 636; zu den Gefahren des Pluralismus vgl. *Lohmeyer*, Zukunft der Kirche im Zeitalter der Globalisierung, in: DPfBl. 6/1999, S. 340.

[1033] Vgl. *Falterbaum*, Was kann der Staat für die Kirche tun?, S. 636; i.d.S. auch *Lohmeyer*, Zukunft der Kirche im Zeitalter der Globalisierung, in: DPfBl. 6/1999, S. 340.

[1034] *Ridder*, Kirche - Staat - Rundfunk, S. 25.

[1035] *v. Vietinghoff*, Kirchliche Medienpolitik, in: epd Ausg. 79 v. 10.10.1998, S. 8.

[1036] NVwZ 1986, 379 [380].

[1037] *v. Campenhausen*, Staatskirchenrecht, S. 355; *Link/Pahlke*, Kirchen und privater Rundfunk, S. 23; *Link*, Neue Medien, in: ZevKR 34, S. 134.

[1038] *Link/Pahlke*, Kirchen und privater Rundfunk, S. 23.

b) Ausgestaltung der Religionsfreiheit?

Die Gefahr, daß religiösen Gruppen durch ein originäres Veranstaltungsrecht – zumal in Verbindung mit einer extensiven Auslegung der Religionsfreiheit – der Weg geebnet wird, unter dem Deckmantel der Religionsausübung das Zulassungsverfahren mit seinen verschiedenen Mechanismen zur Sicherung der Rundfunkfreiheit zu umgehen, ist nicht von der Hand zu weisen. Insbesondere ist die Befürchtung verständlich, daß von einer solchen Möglichkeit vor allem fanatische Gruppierungen und Organisationen, deren Handeln im Grunde von wirtschaftlichen Zielsetzungen bestimmt wird, Gebrauch machen würden. Die Auffassung, wonach das „schrankenlos" gewährleistete Grundrecht der Religionsfreiheit nur als Freiheit nach Maßgabe der die Rundfunkfreiheit ausgestaltenden Gesetze bestehen soll, ist jedoch nicht weniger problematisch. Gegen sie ist einzuwenden, daß auf diese Weise das den Religionsgemeinschaften wesensgemäße Wirken in der Öffentlichkeit der Einschätzungsprärogative des einfachen Gesetzgebers unterstellt und von den wechselnden Mehrheitsverhältnissen in den Länderparlamenten abhängig gemacht würde. Umso bedenklicher ist dies angesichts des Umstandes, daß dem Gesetzgeber bei der Bestimmung des rundfunkrechtlichen Organisationsmodells ein weiter Gestaltungsspielraum eingeräumt wird. Die Organisationsmacht des Gesetzgebers würde überdehnt, wollte man aus ihr die Befugnis ableiten, qua rundfunkrechtlicher Normsetzung das Grundrecht der *Religions*ausübungsfreiheit in einem zentralen Bereich außer Kraft zu setzen. Die gesetzgeberische Ausgestaltungsbefugnis hinsichtlich der Rundfunkfreiheit ist auf die Religionsfreiheit nicht ohne weiteres „übertragbar" und stellt keine Rechtfertigung deren Beschränkung dar. Entscheidend ist, daß die Ausgestaltung der Rundfunkordnung, wie sie durch die Zulassungsregelungen erfolgt ist, gerade mit Rücksicht auf den besonderen Auftrag der Kirchen erfolgt. Nicht jede Bestimmung, die zur Gewährleistung der Rundfunkfreiheit geeignet ist, erweist sich daher als immanente Schranke der Religionsfreiheit.

Hinsichtlich des „Ob" des Veranstaltungsrechts ist der Auffassung *Links* darin zu folgen, daß der Gesetzgeber mit der Anerkennung des Rechts der Kirchen auf Eigenveranstaltung die verfassungsrechtlich gebotenen Konsequenzen gezogen hat.[1039] Für die Auswahlregelungen im Fall der Frequenzknappheit läßt sich dies jedoch bezweifeln, da die Kirchen mit erwerbswirtschaftlich orientierten Bewerbern auf eine Stufe gestellt werden, ohne daß ihr spezifischer Auftrag berücksichtigt würde. Die Belange der Rundfunkfreiheit erfordern keinen Erlaubnisvorbehalt für kirchliche Programme, die ihrer Zielrichtung nach zur Verwirklichung des Rundfunkauftrags beitragen.

Die Annahme eines allgemeinen originären Zugangsrechts ist jedoch aus anderen Gründen problematisch. Zum einen werden auch kirchliche Programme (einschließlich Spartenprogrammen) gewöhnlich säkulare Elemente enthalten. Diese unterfallen lediglich dem Schutz des Art. 5 Abs. 1 S. 1 GG und können im Hinblick auf die Zugangsentscheidung nicht von

[1039] *Link/Pahlke*, ebd., S. 23.

spezifisch religiösen Inhalten abgetrennt werden, so daß eine Regelungsbefugnis des Gesetzgebers jedenfalls zum Teil bestünde. Zum anderen erschöpft sich der Rundfunkauftrag nicht in seinem Erziehungs- und Kulturauftrag. Durch die vielfältigen Mitwirkungsmöglichkeiten, die ihnen durch die Mediengesetzgebung eingeräumt sind, erhalten die Kirchen ausreichend Gelegenheit, in Erfüllung ihres Auftrags tätig zu werden. Nicht zuletzt ist die Einbeziehung der Medienanstalt auch aus Gründen der Frequenzplanung und -verwaltung erforderlich. Eine generelle Veranstaltungsfreiheit für Kirchen kann daher aus Art. 4 GG nicht hergeleitet werden.[1040]

c) Auslegung zugunsten kirchlicher Veranstalter

Soweit ein originärer Zugangsanspruch nicht besteht, bedarf es einer Abwägung der jeweiligen Schutzgüter, um beide zu optimaler Entfaltung zu bringen. Hierbei kommt dem im Rahmen des Art. 4 Abs. 1 GG zu berücksichtigenden Eigenverständnis der Kirchen besondere Bedeutung zu[1041]. Dies ist nach dem Bundesverfassungsgericht bei der Auslegung des jeweils einschlägigen Rechts zu berücksichtigen: „Auch bei der Handhabung zwingender Vorschriften sind Auslegungsspielräume, soweit erforderlich, zugunsten der Religionsgesellschaft zu nutzen“.[1042] Die die Rundfunkfreiheit konkretisierenden Bestimmungen sind hiervon nicht ausgenommen.[1043] Das bedeutet: Der Kultur-, Beratungs- und Bildungsauftrag[1044], dem der Rundfunk verpflichtet ist, darf nicht ohne Rücksicht auf das gleichgerichtete kirchliche Medieninteresse betrachtet werden. Eine Mißachtung dieser kirchlichen Anliegen im Rahmen einer Zulassungsentscheidung verletzt daher Art. 4 GG.

5. Kollision mit Grundrechten Dritter

Einem allgemeinen Zugangsanspruch aus dem Gesichtspunkt der Religionsfreiheit stünden auch die Grundrechtspositionen der übrigen Veranstalter entgegen. Eine Einschränkung eines möglichen subjektiven Zugangsrechts aus Art. 5 Abs. 1 GG wäre nur im Hinblick auf die „dienende“ Funktion der Rundfunkfreiheit, nicht jedoch durch die Religionsausübungsfreiheit Dritter zu rechtfertigen.

Andererseits darf nicht verkannt werden, daß auch kirchliche Programme geeignet sind, diesem Ziel zu „dienen“ und infolgedessen ein weitgehender Gleichlauf von Rundfunkauftrag und kirchlichem Medieninteresse besteht. In diesem Fall rechtfertigt sich die Vorzugsbehandlung kirchlicher Veranstalter bereits aus Erfordernissen der Rundfunkfreiheit selbst und läßt sich zugleich auf sachliche Gründe i.S.d. Art. 3 GG stützen.

[1040] Die Frage, ob das kirchliche Selbstbestimmungsrecht (das im Kernbereich zugleich auch von Art. 4 GG gewährleistet wird) unmittelbare Zugangsrechte vermittelt, soll in diesem Zusammenhang ausgeklammert werden. Hierzu näher unten S. 173f.

[1041] BVerfGE 53, 366 [401]; 46, 73 [95].

[1042] BVerfGE 83, 341 [356].

[1043] Vgl. *Heckel*, Die Kirchen im Medienrecht, S. 1021.

Der Freiheit der Berufswahl, unter deren Schutz tatbestandlich auch die Betätigung als Rundfunkveranstalter fällt[1045], geht Art. 5 Abs. 1 GG als sachnähere und spezielle Norm vor[1046], so daß auch die Berufung auf Art. 12 GG zu keinem anderen Ergebnis führt. Auch wenn man der Berufsfreiheit eine eigenständige Bedeutung neben Art. 5 Abs. 1 GG zumißt, müßten bei Anwendung der Dreistufentheorie des Bundesverfassungsgerichts[1047] selbst Eingriffe mit maximaler Intensität als verhältnismäßig angesehen werden; die Sicherung der Rundfunkfreiheit ist als ein überragend wichtiges Gemeinschaftsgut anzuerkennen[1048], das über den Umweg über andere Grundrechte nicht ausgehebelt werden darf.

Auch scheidet ein Konflikt mit der „negativen" Glaubens- und Informationsfreiheit des nichtchristlichen Teils der Bevölkerung aus. Dem kirchenfernen Empfänger darf zwar nicht zugemutet werden, sein unabweisbares Informationsbedürfnis aus anderen Informationsquellen zu stillen oder im jeweiligen Medium ungewünschte glaubensbedingte Einflüsse zu erdulden. Solange er sich diesen jedoch problemlos durch ein Ausweichen auf andere Programme entziehen und sich durch dieselben ausreichend mit Informationen versorgen kann, ist die negative Religionsfreiheit der Rezipienten nicht berührt.[1049]

1044 Vgl. etwa Art. 1 Abs. 1 BayEUG, der die Ehrfurcht vor Gott und die Achtung vor religiöser Überzeugung als oberste Bildungsziele statuiert.

1045 *Schumacher*, Freiheitsgestaltende Programmauflagen, S. 156 f.

1046 *v. Mangoldt/Klein/Starck*, GG, Art. 12 Rn. 273 (4. Aufl.); *Degenhart* in: BK, Art. 5 Abs. 1 und 2 Rn. 942; im Ergebnis auch *Liegmann*, Zugang, S. 67 f. mit ausführlicher Darstellung des Streitstands. Andere Autoren nehmen für das Verhältnis beider Grundrecht Idealkonkurrenz an (*Herzog* in: *Maunz-Dürig*, GG, Art. 5 Abs. 1, 2 Rn. 142 (in bezug auf Presseunternehmen); *Schumacher*, Freiheitsgestaltende Programmauflagen, S. 159 m.w.N.

1047 BVerfGE 7, 377 [405 f.]; 13, 97 [105 f.]; 19, 330 [337]; 33, 303 [337].

1048 So zutr. *Bethge*, Zulassung von Rundfunkveranstaltern, S. 110.

1049 Ein Ausgleich zwischen positiver und negativer Religionsfreiheit nach den Grundsätzen der Toleranz (vgl. *Listl*, Glaubens-, Bekenntnis- und Kirchenfreiheit, S. 441 f.) ist daher entbehrlich.

6. Zusammenfassung

1. Auch im Lizensierungsverfahren können sich die Kirchen auf Art. 4 GG berufen.

2. Rundfunkfreiheit und kirchlicher Auftrag stehen nicht notwendig in einem Gegensatzverhältnis, sondern besitzen gemeinsame Grundlagen: Zum einen hat die Betätigung von kirchlichen „Verkündigungssendern“ im Rundfunk freiheitssichernden Charakter, da die Bereitschaft des einzelnen zur Mitwirkung am demokratischen Prozeß und zum Einsatz für das Gemeinwesen gefördert wird. Die Wertordnung des Grundgesetzes gebietet zum anderen keinen „blinden“ Pluralismus. Die Erfüllung des Kulturauftrags im Rundfunk kann nicht ohne Wertmaßstäbe erfolgen, die wiederum von den großen Kirchen geprägt sind. Die Auswahlregelungen bei Frequenzknappheit berücksichtigen diese Besonderheiten kirchlicher Rundfunkveranstaltungen nicht hinreichend.

3. Ein allgemeines originäres Zugangsrecht der Kirchen zum Rundfunk als Programmveranstalter kommt nicht in Betracht, da eine klare Trennung religiöser Inhalte vom übrigen Programm nicht durchführbar ist und Belange der Frequenzplanung und -verwaltung zu beachten sind.

4. Auslegungsspielräume bei der Anwendung des einfachen Rechts sind zugunsten kirchlicher Veranstalter zu nutzen. Grundrechte Dritter werden hierdurch nicht eingeschränkt.

IV. Kirchliches Selbstbestimmungsrecht

Ein verfassungsunmittelbares Veranstaltungsrecht kirchlich getragener Rundfunksender ist ferner unter dem Gesichtspunkt der Kirchenautonomie zu diskutieren, die als (objektives) Grund- oder „Statusverhältnis“[1050] der Kirchen durch Art. 140 GG i.V.m. Art. 137 Abs. 3 WRV gewährleistet wird. Das hieraus folgende Recht zur Regelung und Verwaltung eigener Angelegenheiten wird den Kirchen um der Religionsfreiheit willen zugestanden[1051] und wird daher zugleich in seinem Kern von Art. 4 GG erfaßt[1052], ohne jedoch inhaltlich mit der Gewährleistung der Religionsfreiheit deckungsgleich zu sein. Das Selbstbestimmungsrecht setzt im übrigen nicht die Korporationsqualität der jeweiligen Religionsgemeinschaft voraus. Auch wenn das Begriffspaar Selbstordnung und Selbstverwaltung in Art. 137 Abs. 3 S. 1 WRV gewöhnlich eine öffentlich-rechtliche Organisationsform impliziert[1053], werden diese Rechte ausdrücklich jeder Religionsgemeinschaft eingeräumt.

1. Das kirchliche „Proprium“

In Abgrenzung zur Selbstordnung, d.h. der eigenverantwortlichen Rechtssetzung, bezeichnet „Selbstverwaltung“ im engeren Sinn die eigenverantwortliche Erfüllung der selbstgesetzten kirchlichen Ziele und Aufgaben im religiösen Bereich, insbesondere in den Bereichen Verkündigung und Lehre.[1054] Naturgemäß bereitet die Grenzziehung zum außerkirchlichen Bereich Schwierigkeiten. Die früher vom Bundesverfassungsgericht vorgenommene Abgrenzung, wonach als eigene Angelegenheit der Kirchen diejenigen anzusehen seien, die „materiell, der Natur der Sache oder Zweckbestimmung nach“ als solche anzusehen sind[1055] läßt sich für das universell einsetzbare und zweckungebundene Medium des Rundfunks kaum fruchtbar machen. Auch die Ansicht von *Wunschel*, wonach die Formel vom Öffentlichkeitsauftrag klarstelle, daß „jedes öffentlichkeitsbezogene Handeln der Kirchen Ausdruck ihrer Selbstbestimmung ist und den Schutz des Art. 137 Abs. 3 WRV im Rahmen der den jeweils tangierten Bereich „allgemeinen Gesetze“ genießt“[1056] liefert keine brauchbaren Abgrenzungskriterien. In neuerer Zeit hat das Bundesverfassungsgericht bei kirchlichen Einrichtungen der Caritas und Diakonie diejenigen Maßnahmen zum Bereich der Selbstbestimmungsangelegenheiten gerechnet, „die in Verfolgung der vom kirchlichen Auftrag her bestimmten

[1050] BVerfGE 42, 312 [323].
[1051] So kann nach dem Bundesverfassungsgericht auf Art. 137 Abs. 3 WRV eine Verfassungsbeschwerde „nicht unmittelbar“ gegründet werden. Die Zulässigkeit wird jedoch meist aufgrund des Art. 4 GG bejaht (BVerfGE 19, 129 [135]; *Leisner*, Karitas, S. 479).
[1052] *Hesse*, Selbstbestimmungsrecht, S. 525 f.; *Leisner*, Karitas, S. 479; *v. Campenhausen*, Staatskirchenrecht, S. 107; BVerfGE 72, 278 [289] m.w.N.
[1053] *Herzog* in: *Maunz-Dürig*, GG, Art. 140 Rn. 16 m.w.N.
[1054] *Herzog*, ebd., Art. 140 Rn. 18.
[1055] BVerfGE 18, 385 [387]; 42, 312 [334]; BVerfG NJW 1980, 1041.
[1056] *Wunschel*, Sendezeiten, S. 256.

(diakonischen und caritativen) Aufgaben zu treffen sind, z.B. Vorgaben struktureller Art, die Personalauswahl und die mit diesen Entscheidungen untrennbar verbundene Vorsorge zur Sicherstellung der „religiösen Dimension" des Wirkens im Sinne kirchlichen Selbstverständnisses".[1057] Von ihm umfaßt ist nur „eine Maßnahme oder ein Handeln, bei dem es ein durch das Selbstverständnis der betreffenden Religionsgemeinschaft definiertes kirchliches Proprium zu wahren gilt".[1058] Für die religiöse Dimension des Handelns ist dabei unerheblich, ob äußerlich betrachtet andere Einrichtungen, wie insbesondere der Staat im sozialen Bereich, gleichgerichtete Zwecke verfolgen.[1059] Andererseits fehlt es an der spezifischen religiösen Prägung, wo die kirchlich getragene Einrichtung wie jeder andere Marktteilnehmer am Rechts- und Wirtschaftsverkehr teilnimmt und keine Unterscheidungsmerkmale im Hinblick auf weltliche Einrichtungen erkennen läßt[1060]; diese Formel erscheint sachgerecht, da sie dem kirchlichen Eigenverständnis hinreichend Rechnung trägt.

Außerhalb der Kirchenautonomie wären daher kommerziell betriebene Kirchensender anzusiedeln, deren Programm mit kirchlichen Zielen und Aufgaben in keinem erkennbaren Zusammenhang steht. Auch genügt nicht schon die bloße Entscheidung zugunsten der Programmsparte „christlich", um eine eigene Angelegenheit der Kirche zu bejahen, wenn etwa das glaubensbestimmte Handeln hinter allgemeiner Berichterstattung oder Unterhaltung gänzlich zurücktritt.[1061] Geht es allerdings um die Ausübung des Kultus, die Feststellung der Lehre, die Seelsorge oder die caritative Tätigkeit der Kirchen, so steht die Kompetenz der Kirchen außer Frage.[1062] Soweit diese Gegenstände das Programm der Kirchen bestimmen, ist von einer Angelegenheit kirchlicher Selbstbestimmung auszugehen, mit der Folge, daß eine Regelungsbefugnis des Staates nur in den Grenzen des „für alle geltenden Gesetzes" besteht.

2. Begriff des für alle geltenden Gesetzes

Die Kirchenautonomie wird von Verfassungs wegen nur im Rahmen der „für alle geltenden Gesetze" gewährleistet. Diese nach Funktion und Bedeutung mit dem Schrankenvorbehalt des Art. 5 Abs. 2 GG vergleichbare Begrenzung soll es ermöglichen, die von Staat und Kirche jeweils zu erfüllenden Aufgaben in das Verhältnis eines schonenden Ausgleichs zu bringen.[1063] Vorrangig kommen insoweit staatsvertragliche Normen und solche der Landesmediengesetze in Betracht. Über die Frage, wann eine Norm die Qualität eines für alle geltenden Gesetzes besitzt, bestehen unterschiedliche Auffassungen, die angesichts der breiten Behandlung in der Literatur[1064] nur kursorisch dargestellt werden sollen.

[1057] BVerfGE 57, 220 [243]; 70, 138 [164]; BVerfG NJW 1995 S. 1606f. [1607].
[1058] BVerfGE 70, 138 [165]; BVerfG NJW 1995 S. 1606f. [1607].
[1059] BVerfGE 53, 366 [399].
[1060] BVerfG NJW 1995 S. 1606f. [1607].
[1061] Zur Abgrenzung siehe S. 215.
[1062] *v. Campenhausen*, Staatskirchenrecht, S. 111. Auch wird man die ökumenische Betätigung der Kirchen zum Kreis „ihrer" eigenen Angelegenheiten zu rechnen haben.
[1063] *de Wall*, Rechtsstaatsprinzip, in: ZevKR 43, S. 455, 457; *v. Campenhausen*, Staatskirchenrecht, S. 115.
[1064] Eine ausführliche Darstellung findet sich etwa bei *Hesse*, Selbstbestimmungsrecht, S. 545 ff.

Heckel definierte 1932 das für alle geltende Gesetz als ein Gesetz, das „trotz grundsätzlicher Bejahung der kirchlichen Autonomie vom Standpunkt der Gesamtnation als sachlich notwendige Schranke der kirchlichen Freiheit anerkannt werden muß, mit anderen Worten, jedes für die Gesamtnation als politische Kultur-und Rechtsgemeinschaft unentbehrliche Gesetz, aber auch nur ein solches Gesetz".[1065] Nach anderer Auffassung ist ein für alle geltendes Gesetz ein solches, mit dem der Staat zwingenden Erfordernissen einer friedlichen Koexistenz von Staat und Kirche im weltanschaulich neutralen Gemeinwesen gerecht wird.[1066] Die zur Weimarer Zeit vorherrschende Auffassung wollte unter die Gesetze im Sinne des Art. 137 Abs. 3 WRV nur diejenigen fassen, die nicht speziell Religionsgemeinschaften betreffen, sondern „unter anderem" auch diese betreffen.[1067] Nach der Rechtsprechung des Bundesverfassungsgerichts[1068] sind nur solche Gesetze als Schranke anzusehen, „die für die Kirche dieselbe Bedeutung haben wie für den Jedermann. Trifft das Gesetz die Kirche nicht wie den Jedermann, sondern in ihrer Besonderheit als Kirche härter, ihr Selbstverständnis, insbesondere ihren geistig-religiösen Auftrag beschränkend, also anders als den normalen Adressaten, dann bildet es insofern keine Schranke". Zum Teil wird im innerkirchlichen Bereich sogar jede Regelung für ausgeschlossen gehalten.[1069] Erst wenn der geistige Bereich überschritten werde und die Maßnahme in den weltlichen, gesellschaftlichen Bereich hineinwirke, sollen die für alle geltenden Gesetze greifen.

Gegen sämtliche Abgrenzungsversuche können Bedenken erhoben werden[1070]. Sowohl die Ansichten, die mit Begriffen wie „zwingend" oder „unentbehrlich" die staatliche Perspektive einnehmen, wie auch die Meinungen, die die spezifische Betroffenheit der Kirchen in den Vordergrund rücken, laufen aber in der Konsequenz auf eine Güterabwägung hinaus. In ähnlicher Weise schafft die letztgenannte, nach Bereichen trennende Auffassung den Kirchen nur scheinbar einen unbedingten Freiraum, da jedenfalls kollidierendes Verfassungsrecht zu beachten ist. Es bleibt somit bei dem Befund, daß zur Gewährleistung eines friedlichen Miteinanders von Staat und Kirchen die jeweils geschützten Rechtsgüter in das Verhältnis eines möglichst schonenden Ausgleichs („Praktische Konkordanz") zu bringen sind.[1071] Hierzu muß eine Rechtsgüterabwägung erfolgen, die der Wechselwirkung von Kirchenfreiheit und

---

[1065] Johannes *Heckel*, Verwaltungsarchiv 1932 S. 284, zit. nach *Herzog* in: *Maunz-Dürig*, GG, Art. 140 Rn. 21 Anm. 4; vgl. auch *v. Mangoldt/Klein/v. Campenhausen*, GG, Art. 140 Rn. 124.

[1066] *v. Campenhausen*, Staatskirchenrecht, S. 117 f.; *v. Mangoldt/Klein/v. Campenhausen*, GG, Art. 140 Rn. 125. Dies entspricht dem Gedanken der Menschenrechtskonvention 4.11.1950, die durch Gesetz vom 7.8.1952 (BGBl. II S. 685, 689, 953) mit Gesetzeskraft ausgestattet ist. Nach deren Art. 9 Abs. 2 darf die Religions- und Bekenntnisfreiheit „nicht Gegenstand anderer als vom Gesetz vorgesehener Beschränkungen sein, die in einer demokratischen Gesellschaft notwendige Maßnahmen im Interesse der öffentlichen Sicherheit, der öffentlichen Ordnung, Gesundheit oder Moral oder für den Schutz der Rechte und Freiheiten anderer sind".

[1067] Vgl. *Maunz-Dürig*, GG, Art. 140, Rn. 21.

[1068] BVerfGE 42, 312, 334 = ZevKR 22, 173, 183; *Hesse*, Selbstbestimmungsrecht, S. 547; *v. Mangoldt/Klein/v. Campenhausen*, GG, Art. 140 Rn. 130.

[1069] Vgl. BVerfGE 18, 335 [387].

[1070] *Hesse*, Selbstbestimmungsrecht, S. 545 ff. ; *v. Mangoldt/Klein/v. Campenhausen*, GG, Art. 140 Rn. 124 ff.

[1071] *v. Campenhausen*, Staatskirchenrecht, S. 115; *v. Mangoldt/Klein/v. Campenhausen*, GG, Art. 140 Rn. 123.

Schrankenzweck Rechnung trägt.[1072] Dem Selbstverständnis der Kirchen ist dabei wiederum besonderes Gewicht beizumessen.[1073] Je näher der Kern des religiösen Bekenntnisses liegt, desto stärker fällt dabei das Selbstbestimmungsrecht ins Gewicht[1074] und desto mehr verliert die Regelungsbefugnis des Gesetzgebers an Bedeutung.

3. Keine allgemeine Geltung zugangsausschließender Normen

Die Bestimmungen der Landesmediengesetze, die den Zugang korporierter Religionsgemeinschaften ausschließen oder von besonderen Voraussetzungen abhängig machen, betreffen die verfaßten Kirchen nicht wie jeden anderen Veranstalter, sondern in ihrer Besonderheit als Kirchen härter. Zwingende Gründe aus dem Gesichtspunkt der Staatsfreiheit des Rundfunks sind, wie oben dargelegt[1075], nicht ersichtlich. Daß den Kirchen in anderen Bestimmungen durch das Recht auf eigene Sendezeiten eine Vorzugsstellung eingeräumt ist, vermag hieran nichts zu ändern, da das Drittsendungsrecht als „aliud“ das Veranstaltungsrecht nicht ersetzen kann.[1076] Zugangshindernisse zulasten der Kirche besitzen damit nicht die Qualität des für alle geltenden, der Kirchenautonomie Schranken setzenden Gesetzes.

4. Unterscheidung nach kirchlicher Binnen- und Außenkommunikation

Für die Frage, wie weit die Regelungsbefugnis des Gesetzgeber im übrigen reichen darf, ist die Nähe der geschützten Tätigkeit zum Kernbereich des Selbstbestimmungsrecht maßgebend. Es erscheint wiederum naheliegend, an die Zielsetzung des kirchlichen Programms anzuknüpfen. Aus Sicht der Kirche kann Rundfunk einerseits als Instrument zur Herstellung von Gemeinschaft innerhalb der Kirche („Binnenkommunikation“), andererseits als Mittel der Kontaktherstellung zum außerkirchlichen Bereich („Außenkommunikation“) angesehen werden.

(1) Räumlicher Binnenbereich

Eigengestaltete Programme mit kirchlichen Inhalten, deren Verbreitung sich auf den räumlichen Bereich kirchlicher Einrichtungen (z.B. Krankenhäuser) beschränkt, betreffen den engsten Bereich der Selbstverwaltungsangelegenheiten. Die von solchen Binnenveranstaltungen ausgehende Wirkung auf die öffentliche Meinungsbildung ist derart gering, daß sie mangels Adressierung an die Allgemeinheit vom Rundfunkrecht nicht erfaßt zu werden braucht. Konsequent nehmen deshalb die Landesmediengesetze aufgrund der Ermächtigung des § 20 Abs. 3 S. 3 RfStV solche Darbietung aus dem Rundfunkbegriff heraus, die sich auf Gebäude oder zusammengehörige Gebäudekomplexe beschränken und in einem funktionellen

---

[1072] BVerfGE 53, 366 [401]; *Herzog* in: *Maunz-Dürig*, GG, Art. 140 Art. 137 WRV Rn. 20.
[1073] BVerfGE 53, 366 [401]; 66, 1 [22]; 70, 138 [167]; 72, 278 [289]; NJW1999, 349 [350].
[1074] In diesem Sinn BVerfGE 53, 366 [401].
[1075] Siehe oben S. 103.
[1076] Siehe unten S. 205 ff., 222 ff.

Zusammenhang mit den dort zu erfüllenden Aufgaben stehen.[1077] Staatliche und kirchliche Aufgaben geraten insoweit nicht in Konflikt. Zu weit ginge es freilich, in Anlehnung an die Auffassung van den Brules eine „Auslegung der Auslegungsgrundsätze" des Schlierseer Papiers vorzunehmen und ganze Ortsteile zu „kirchlichen Einrichtungen" erklären.[1078]

(2) Personaler Binnenbereich

Der kirchliche Binnenraum ist auch dort betroffen, wo Rundfunkprogramme als Sprachrohr und Verbindungselement der Kirche mit den Gläubigen[1079] fungieren. Auch insoweit kommt man nicht umhin, die Programmausstrahlung als Mittel zur innerkirchlichen Kommunikation zu begreifen. Zum einen besteht für viele Kirchenmitglieder aus verschiedenen Gründen nicht die Möglichkeit, am Gemeindeleben aktiv teilzunehmen.[1080] Zum anderen erscheint es nicht völlig ausgeschlossen, daß die Kirchen auf die fortschreitende Entkirchlichung der Gesellschaft mit einer partiellen Auflösung parochialer Strukturen reagieren, so daß mancherorts anstelle der Gemeinde die „Telekirche" tritt. Bestünde auf Seiten der Kirchen der Wille zur Errichtung eigener Kirchensenders mit solchen Aufgaben, so hätte der Staat diese Entscheidung als Ausdruck des kirchlichen Selbstverständnisses zu respektieren. In der modernen Mediengesellschaft wird man die Herstellung innerkirchlicher Kommunikation durch das Medium des Rundfunks unter diesen Umständen als vom Kern des Selbstverwaltungsrechts umfaßt ansehen und bei der erforderlichen Güterabwägung entsprechend gewichten müssen. Als meinungsbildende, universell empfangbare Angebote rufen zwar auch Veranstaltungen dieser Art ein Bedürfnis nach rundfunkrechtlicher Reglementierung hervor. Je spezifischer sich das Programm allerdings an die innerkirchliche Öffentlichkeit wendet, desto geringer wird seine Breitenwirkung auf das kirchlich uninteressierte Publikum sein. Eine Versagung solcher Veranstaltungen der Kirchen erschiene deshalb nur dann und ausnahmsweise vertretbar, wenn anderenfalls die Erfüllung des Rundfunkauftrags gefährdet erschiene. Davon kann nicht die Rede sein, solange neben dem Programm eine Mindestzahl konkurrierender säkularer Programme besteht. Die Funktion eines innerkirchlichen Kommunikationsmedium kann auch das Institut des Drittsendungsrechts nur unzureichend erfüllen, steht die Kirche doch in dessen Wahrnehmung unter einem erheblichen, durch die Erwartungshaltung von Empfänger und Veranstalter bedingten Anpassungs- und Konformitätsdruck, der eine dem kirchlichen Auftrag gerecht werdende Ansprache jedenfalls in den Programmen kommerzieller Privatveranstalter nicht erlaubt. Zeigten die Kirchen sich bei der Wahrnehmung ihrer Rechte nicht im Interesse einer reibungslosen Zusammenarbeit als kompromißbereit, wäre (in den Grenzen der

[1077] Z.B. Art. 1 Abs. 2 S. 3 BayMG, § 1 Abs. 2 Nr. 1 HPRG (bei Kabelanlagen), § 1 Abs. 3 Nr.1 LRG Nieders., § 1 Abs. 3 RGMV, § 1 Abs. 2 Nr. 1 TRG. Im Zuge der Novellierung der Mediengesetze sind diese Ausnahmeregelungen jedoch zum Teil wieder weggefallen (z.B. § 1 Abs. 4 Nr. 1 LMG BW v. 17.3.1992 (GBl. S. 189), § 42 Abs. 1 StV BB v. 29.2.1992).

[1078] Siehe oben S. 19 f.

[1079] Eine solche Funktion kommt insbesondere dem Vatikansender zu.

[1080] Solche Überlegungen haben denn auch zur Errichtung des kirchlichen „Piratensenders" in Breitenberg geführt (siehe oben S. 31).

„Angemessenheit") eine Abdrängung der Kirchen auf weniger attraktive Sendeplätze zu befürchten. Dem innerkirchlichen Kommunikationsinteresse der Kirchen könnte wohl auch unter diesen Bedingungen Genüge getan werden. Indessen würde auf diese Weise der Öffentlichkeitsauftrag der Kirchen, der ja gerade die Ansprache einer breiten Öffentlichkeit erfordert, verfehlt und zudem der Programmablauf empfindlich gestört. Die Anpassung von Drittsendungen an das Rahmenprogramm beruht damit auf guten Gründen und darf nicht als vorauseilender, überobligatorischer Gehorsam gegenüber den Eigengesetzlichkeiten des privaten Rundfunks abgetan werden. Die allgemeine Geltung rundfunkrechtlichen Zulassungsregelungen läßt sich daher nicht mit dem Recht der Kirchen auf Inanspruchnahme eigener Sendezeiten begründen.[1081]

Im Licht des Selbstbestimmungsrechts der Kirchen wird man die Zugangsvoraussetzungen in den Mediengesetzen nach alldem nur insoweit als „für alle geltende Gesetze" ansehen können, als kirchliche Programme mit solchen Funktionen unbedingt zugelassen werden. Am ehesten noch wird dem kirchlichen Kommunikationsinteresse auf der Ebene der Ortsgemeinde Rechnung getragen, nämlich durch das Institut des Veranstaltungsfunks, der allerdings auf öffentliche Veranstaltungen beschränkt ist. Im übrigen wird man den Staat als Inhaber des Frequenzmonopols als verpflichtet ansehen müssen, durch Vergabe von (verfügbaren) Sendefrequenzen die Voraussetzungen dafür zu schaffen, daß der Kirche ein Mindestmaß an Kontaktaufnahme mit den Gläubigen gewährleistet ist.[1082]. Entscheidend ist dabei letztlich, daß eine Kontaktaufnahme von Kirchen und Kirchenmitgliedern überhaupt stattfinden kann. Abhängig von der Bedeutung der jeweiligen Religionsgemeinschaft in der Öffentlichkeit wird dies auch durch die Zuweisung weniger begehrter Frequenzen (z.B. Mittelwelle), evt. auch im Frequenzsplitting mit anderen nichtkommerziellen Veranstaltern ermöglicht.

(3) Ansprache der außerkirchlichen Öffentlichkeit

Die Betätigung der Kirchen hat ihren Schwerpunkt nicht mehr innerhalb des räumlichen oder personellen Bereichs der Kirche, sondern außerhalb, wo sich ihre Programme nicht mehr nur an die innerkirchliche Öffentlichkeit wenden, sondern – wie überwiegend der Fall – sie dazu bestimmt sind, im gesellschaftlichen Raum zu wirken. Bleibt man im Bild der Glaubensgemeinschaft als Personifikation des innerkirchlichen Bereichs, so bedeutet die zielgerichtete Ansprache Dritter und das Hinausgreifen in den öffentlichen Raum eine Erweiterung des kirchlichen Rechtskreises. Die Grenze kircheninterner Kommunikation ist erreicht, wenn der Empfang durch Außenstehende nicht nur in Kauf genommen, sondern darüber hinaus eigens bezweckt wird.[1083]

[1081] Hiervon unberührt bleiben freilich die gesetzlichen Bestimmungen zum Schutz der Jugend und dem Recht der persönlichen Ehre, deren allgemeine Geltung unter keinem denkbaren Gesichtspunkt zu bezweifeln ist.

[1082] Siehe oben S. 148.

[1083] Entscheidender Gesichtspunkt für die Abgrenzung ist, ob nach der erklärten (und durch das Programmschema bestätigten) Zielsetzung des Veranstalters fromme oder auch kirchenferne Zielgruppen angesprochen werden sollen. In der Praxis ergeben sich insoweit meist keine Schwierigkeiten, da sich die kirchlichen

Andererseits garantiert Art. 137 Abs. 3 WRV den Kirchen auch die Freiheit, nach eigenen Maßstäben in der Öffentlichkeit zu wirken[1084]: „Das Recht auf öffentliche Wirksamkeit der Kirchen beinhaltet das Recht der Kirchen, „die Öffentlichkeit", also einen unbeschränkten, nicht abgegrenzten Adressatenkreis anzusprechen. Ihre Äußerungen müssen nicht so gehalten sein, daß sie nur die Christen und die innerkirchliche Öffentlichkeit erreichen"– auch bei Verbreitung über das Medium des Rundfunks.[1085] Dies folgt schon aus der Anerkennung der Kirchen als Körperschaften des öffentlichen Rechts, mit der eine Beschränkung auf den innerkirchlichen Privatbereich unvereinbar wäre.[1086] Aus Art. 137 Abs. 1 WRV läßt sich nichts Gegenteiliges entnehmen, denn die Trennung von Staat und Kirche bedeutet nicht, daß die Kirche sich aus dem öffentlichen Raum herauszuhalten hätte. Als Mittel zur Erfüllung eigener Aufgaben ist daher grundsätzlich auch die nach außen gerichtete kirchliche Kommunikation durch Rundfunk eine Angelegenheit die, soweit sie eine spezifisch kirchliche Prägung aufweist, dem kirchlichen Selbstverwaltungsrecht zuzuordnen ist.

Bei kirchlicher Außenkommunikation besteht jedoch ein im Vergleich zur Binnenkommunikation größerer Regelungsbedarf, da öffentlichkeitswirksame Programme religiöser Art in besonderem Maß zur Beeinflussung der öffentlichen Meinung geeignet sind. Insbesondere ist zu beachten, daß den Kirchen die Ansprache einer breiten Öffentlichkeit durch eigene Sendezeiten ermöglicht wird und werden soll. Mit der Gewährung dieses Rechts nehmen die Mediengesetze auf die unabweisbaren Öffentlichkeitsinteressen der Kirchen ausdrücklich Rücksicht. Soweit also die Kirche die Ausstrahlung kirchlicher Inhalte zur Erzielung von Breitenwirkung vornimmt – namentlich durch Veranstaltung zielgruppenunspezifischer Vollprogramme – ist sie an die allgemeinen rundfunkrechtlichen Zulassungs- und Auswahlregelungen gebunden.

5. Zugang und soziale Diakonie

Die caritative Betätigung der Kirchen zählt als „unaufgebbare Lebensäußerung kirchlichen Lebens"[1087] zu den eigenen Angelegenheiten der Kirche. Kirchliche Programme werden demgemäß unabhängig vom Themengebiet immer einen gewissen sozialdiakonischen Impetus hervortreten lassen, der besonders in Beratungs- und Lebenshilfesendungen spezifisch zum Ausdruck gelangt. Das bedeutet freilich nicht, daß der Kirche eine generelle und originäre Regelungs- und Verwaltungszuständigkeit hinsichtlich der allgemeinen Wohlfahrt zukäme. Zum einen ist nämlich zu bedenken, daß die Rundfunkgesetzgebung den Kirchen zur Wahrnehmung ihrer gesamtgesellschaftlichen Verantwortung im dualen System bereits etliche Mitwirkungsmöglichkeiten im Rundfunk eröffnet hat, die die Kirchen auch bewußt – meist

---

Programme laut Satzungszweck fast ausschließlich an ein breites Publikum richten. Allerdings gibt es mit den norddeutschen Pfarrfunkstationen auch Beispiele für das Gegenteil.

[1084] *Schlaich*, Öffentlichkeitsauftrag, S. 164 f.

[1085] *Schlaich*, ebd., S. 166 (mit Bezug auf Art. 137 Abs. 5 WRV).

[1086] *Schlaich*, ebd., S. 167.

[1087] *v. Campenhausen*, Staatskirchenrecht, S. 114.

sogar mit deutlicher Priorität gegenüber dem Verkündigungsauftrag[1088] – in diesem Sinn nutzen. Für Beiträge, die Lebenshilfe und Seelsorge zum Gegenstand haben, erweist sich zudem das Recht auf eigene Sendezeiten als geeignete Darbietungsform. Unter diesem Blickwinkel erlaubt die derzeitige Rechtslage eine sinnvolle, der Kirchenautonomie Rechnung tragende Zusammenordnung der jeweils geschützten Rechtsgüter.

[1088] *Link*, Neue Medien, in: ZevKR 34, S. 130.

6. Zusammenfassung

1. Die Ausstrahlung von kirchlichen Programmen, denen ein spezifisches religiöses Proprium anhaftet, ist eine Angelegenheit des kirchlichen Selbstbestimmungsrechts.

2. Soweit Darbietungen im räumlich-gegenständlichen Bereich der Kirche und ihrer Einrichtungen verbreitet werden, ist die Kirchenautonomie durch deren Exemtion aus dem Rundfunkbegriff gewahrt.

3. Das zur Herstellung der „Glaubensgemeinschaft" erforderliche Mindestmaß an Kontaktaufnahme der Kirche zu ihren Mitgliedern ist Bestandteil des Kernbereichs des Selbstbestimmungsrechts, das sich insoweit gegenüber dem gesetzgeberischen Auftrag zur Ausgestaltung der Rundfunkfreiheit durchsetzt. Das Drittsendungsrecht der Kirchen kann diesen Zweck nicht erfüllen, ohne seine eigentliche Funktion zu verlieren.

4. Die Ansprache einer breiten Öffentlichkeit überschreitet den Binnenbereich der Kirche und trägt in hohem Maße zur Meinungsbildung bei. Die aus dem Öffentlichkeitsauftrag folgende Autonomie der Kirchen besteht diesbezüglich nur im Rahmen der durch die Mediengesetze gezogenen Grenzen.

5. Die soziale Diakonie gehört zu den eigenen Angelegenheiten der Kirchen. Die duale Rundfunkordnung trägt diesem Anliegen allerdings in vielfacher Hinsicht Rechnung, so daß auch insoweit originäre Zugangsansprüche ausscheiden.

V. Rechte aus dem Körperschaftsstatus

Grund und Grundlage des in Art. 137 Abs. 5 WRV verbürgten Korporationsrechts ist der kirchliche Öffentlichkeitsauftrag.[1089] In dessen Wahrnehmung steht es den Kirchen frei, juristische Personen des öffentlichen Rechts zu gründen, deren Zweck die Veranstaltung von Rundfunkprogrammen ist. Der öffentliche-rechtliche Status verbürgt darüber hinaus allerdings keinen materiellen, publizistischen Gesamtstatus"[1090]; er umschließt vielmehr nur bestimmte, festgelegte öffentlich-rechtliche Teilfunktionen. Anerkannt ist z.B. das Recht der Kirchen und der ihr zugeordneten Einrichtungen, bestimmten Teilen ihres Vermögens den Status öffentlicher Sachen im Sinne des staatlichen Verwaltungsrechts zu verleihen.[1091] In diesem Zusammenhang wird unterschieden zwischen den unmittelbar gottesdienstlichen Zwecken dienenden res sacrae wie Kirchengebäuden oder Friedhöfen und den sonstigen kirchlichen öffentlichen Sachen, die nur mittelbar dem Kultus gewidmet sind[1092] und dem staatlichem Sachenrecht unterliegen.[1093] Die Frage, ob bei der Errichtung eines ausschließlich der Gottesdienstübertragung gewidmeten „Verkündigungssenders"[1094] durch die Kirche ein unmittelbarer Bezug zum Gottesdienst bestehen kann, bedarf in diesem Zusammenhang keiner Vertiefung, da sich aus der Klassifizierung als res sacra lediglich statusrechtliche Folgen für die Sache selbst ergeben könnten. Ein Recht auf Zugang zum Rundfunk ist hiermit nicht verbunden. Insoweit steht allein die Verwendung des Gegenstands in Rede, die ihrerseits durch das Grundrecht der freien Religionsausübung geschützt wird. Auch aus den übrigen Berechtigungen aus dem Körperschaftsstatus läßt sich kein unmittelbares Zugangsrecht zum Rundfunk herleiten. Hiervon unberührt bleibt freilich die Möglichkeit des staatlichen Gesetzgebers, an den Körperschaftsstatus auch im Bereich des Medienrechts Privilegien zu knüpfen.

[1089] *Schlaich*, Öffentlichkeitsauftrag, S. 135 f.

[1090] *v. Campenhausen*, Staatskirchenrecht, S. 307 ff.; *Schlaich*, Öffentlichkeitsauftrag, S. 167; *v. Mangoldt/Klein/v. Campenhausen*, GG, Art. 140 Rn. 154; *Weber*, Religionsgemeinschaften als Körperschaften, S. 85 f., insbes. S. 88.

[1091] *v. Mangoldt/Klein/v. Campenhausen*, GG, Art. 140 Rn. 165 ff.

[1092] *v. Mangoldt/Klein/v. Campenhausen*, GG, Art. 140 Rn. 165 ff.; *Voll/Störle*, Bay. Staatskirchenrecht, S. 223; *v. Campenhausen*, Staatskirchenrecht, S. 299.

[1093] *v. Campenhausen*, Staatskirchenrecht, S. 301; *v. Mangoldt/Klein/v. Campenhausen*, GG, Art. 140 Rn. 168.

[1094] Vgl. den Kirchensender „Pfarrfunk Breitenberg".

I. Vielfaltsanforderungen an kirchliche Veranstalter

Soweit originäre Zugangsansprüche der Kirchen anzuerkennen ist, werden die Erfordernisse der Sicherung der Rundfunkfreiheit auch im Hinblick auf die Vorschriften über die Vielfaltssicherung von der Rechtsposition der Religionsgemeinschaften aus Art. 4 GG, Art. 137 Abs. 3 WRV überlagert. Für die übrigen Fälle ist zu klären, ob und inwieweit kirchliche Veranstalter Vielfaltspflichten unterworfen werden können.

I. Der Grundstandard gleichgewichtiger Vielfalt

1. Die Rechtsprechung des Bundesverfassungsgerichts

Die Rundfunkfreiheit erfordert nach dem Bundesverfassungsgericht, daß der Rundfunk als „Instrument der Meinungsbildung weder dem Staat noch einer gesellschaftlichen Gruppe ausgeliefert“ wird.[1095] Habe sich der Gesetzgeber zur Einführung privaten Rundfunks entschieden, so müsse er „im Rahmen des zugrunde gelegten Ordnungsmodells sicherstellen, daß der Rundfunk nicht einer oder einzelnen gesellschaftlichen Gruppen ausgeliefert wird und daß die in Betracht kommenden Kräfte im Gesamtprogramm zu Wort kommen können“.[1096] Dabei mache es keinen Unterschied, ob es sich um landesweiten, regionalen oder lokalen Rundfunk handelt.[1097] Allerdings räumt das Gericht im vierten Rundfunkurteil ein, daß die Programme der neuen Medien „nur partiell in der Lage [seien], die Aufgabe eines Mediums und Faktors öffentlicher Meinungsbildung zu erfüllen“.[1098] Dies beruhe auf deren eingeschränkter Empfangbarkeit, der Unkontrollierbarkeit ausländischer Satelliten- oder einspeisungspflichtiger Kabelprogramme und vor allem auf dem wirtschaftlichen Angewiesensein auf Einnahmen aus der Wirtschaftswerbung, die die Veranstalter zu massenattraktiven Programmen nötige.[1099] Solange und soweit jedoch der öffentlich-rechtliche Rundfunk durch seine praktisch universelle Empfangbarkeit und das (durch die Gebührenfinanzierung ermöglichte) umfassende Programmangebot die „unerläßliche Grundversorgung“ sicherstelle, erscheine es „gerechtfertigt, an die Breite des Programmangebots und die Sicherung gleichgewichtiger Vielfalt im privaten Rundfunk nicht gleich hohe Anforderungen zu stellen wie im öffentlich-rechtlichen Rundfunk“.[1100] Als geeigneter Maßstab für die Vielfaltskontrolle im Privatfunk komme daher nur ein Grundstandard gleichgewichtiger Vielfalt in Betracht, der zwar bei einzelnen Ungleichgewichtigkeiten noch kein Einschreiten verlange, aber die wesentlichen

---

[1095] BVerfGE 12, 205 [262]; 31, 314 [325] 57, 295 [322].

[1096] BVerfGE 57, 295 [325].

[1097] BVerfGE 74, 297 [327]; 83, 238 [324]. Regionale und lokale Programme müssen insbesondere eine gewisse örtliche Vielfalt aufweisen (*Hartstein*, Medienrechtliche Situation, in: BayVBl. 1985, S. 109).

[1098] BVerfGE 73, 118 [155]; 74, 297 [331, 332]; 87, 198 [199].

[1099] BVerfGE 73, 118 [155-157].

[1100] BVerfGE 73, 118 [157-159]; 74, 297 [325]; 83, 238 [297]; 87, 198 [199]. Hierzu auch *Link*, Neue Medien, in: ZevKR 34, S. 125 f.; *Link*, Anspruch, S. 270 f.; *Link*, Spartenprogramme, Rechtsgutachten II 1 c, cc.

Voraussetzungen der Meinungsvielfalt umfasse.[1101] Hierzu gehöre „die Möglichkeit für alle Meinungsrichtungen – auch diejenigen von Minderheiten –, im privaten Rundfunk zum Ausdruck zu gelangen“ und der „Ausschluß einseitigen, in hohem Maße ungleichgewichtigen Einflusses einzelner Veranstalter oder Programme auf die Bildung der öffentlichen Meinung, namentlich die Verhinderung des Entstehens vorherrschender Meinungsmacht“.[1102] Diesen Grundstandard habe der Gesetzgeber sicherzustellen; die Nichteinhaltung seiner Anforderungen verletze Art. 5 Abs. 1 S.2 GG.[1103] Eine ausufernden Relativierung der an private Veranstalter zu stellenden Anforderungen dürfe indessen nicht erfolgen. Ein gegenüber dem öffentlich-rechtlichen Rundfunk niedrigerer Vielfaltsstandard und eine geringere Programmbreite seien zwar erlaubt, jedoch keineswegs obligatorisch oder gar von Verfassungs wegen gefordert.[1104] Vielmehr sei der Gesetzgeber in der Bestimmung der Programmanforderungen frei, solange diese die Veranstaltung von privatem Rundfunk nicht in hohem Maß erschwerten oder sogar ausschlössen.[1105] In jedem Fall müsse das Gesamtprogramm im Interesse der Gewährleistung freier individueller und öffentlicher Meinungsbildung in programmrechtlicher Hinsicht die Vielfalt sowohl der Gegenstände als auch der Meinungen im wesentlichen zum Ausdruck zu bringen.[1106]

2. Vielfalt der Gegenstände und der Meinungen

Inhaltlich sollen die Darbietungen „Nachrichten und Kommentare, Unterhaltung, Bildung und Belehrung, Gottesdienst und Erbauung vermitteln und dem Frieden, der Freiheit und der Völkerverständigung dienen“.[1107] Diesem Programmauftrag kommen die Landesmediengesetze nach, indem sie die Programme zur Darstellung der Vielfalt durch Information und Unterrichtung, Beratung, Bildung, Kultur und Unterhaltung verpflichten[1108], teils unter ausdrücklicher Bezugnahme auf den Kulturauftrag des Rundfunks.[1109] Durch ihre Schwerpunktsetzung in den Bereichen Kultur, Beratung und Information sind kirchliche Vollprogramme regelmäßig in der Lage, ein hohes Maß an interner, gegenständlicher Vielfalt zu leisten. Aus demselben Grund

---

1101 BVerfGE 73, 118 [159, 160].
1102 BVerfGE 73, 118 [160].
1103 Diese reduzierten Vielfaltsanforderungen für den privaten Rundfunk bestätigt das Bundesverfassungsgericht im fünften Rundfunkurteil (BVerfGE 74, 297 [325]).
1104 BVerfGE 83, 238 [239, 316 f.].
1105 BVerfGE 83, 238 [317]; so auch schon BVerfGE 73, 118 [157].
1106 BVerfGE 83, 238 [315]. Der Gesetzgeber habe zudem „für den Inhalt des Gesamtprogramms Leitgrundsätze verbindlich zu machen, die ein Mindestmaß von inhaltlicher Ausgewogenheit, Sachlichkeit und gegenseitiger Achtung gewährleisten“ (BVerfGE 57, 295 [325]; 59, 231 [259]; 12, 205 [263]).
1107 BVerfGE 31, 314 [327] mit Hinweis auf § 3 des Gesetzes über den Hessischen Rundfunk vom 2.10.1948 [GVBl. S. 123] und § 3 NDR-Staatsvertrag vom 16.2.1955 [GVBl. S. 92].
1108 Dies gilt (von Ausnahmen wie § 11 LRG NW abgesehen) nur für Vollprogramme gem. § 17 BremLMG, § 13 Abs. 4 HPRG, § 17 Abs. 1 LRG Nieders., § 31 Abs. 2 LRG Rh.-Pf., § 21 Abs. 2 LRG Schl.-H., § 13 Abs. 4 TRG; für die Gesamtheit der Programme gem. Art. 4 BayMG, § 3 Abs. 2 LRG Saarland, § 2 Abs. 2 SächsPRG.
1109 § 11 LRG NW, § 13 Abs. 5 HPRG, § 17 BremLMG (gem. § 23 Abs. 2 LMG BW brauchen die Programme nur in ihrer Gesamtheit der kulturellen Vielfalt Ausdruck zu geben; gem. § 2 Abs. 2 SächsPRG nehmen sie an der „Kulturpflicht“ des Landes teil.

fördern kirchliche Programme bei außenpluraler Gestaltung innerhalb des Mischmodells – im Hinblick auf ihre ausgleichende Wirkung auf das unterhaltungsorientierte Gesamtprogramm – das Normziel gleichgewichtiger Vielfalt. Größere Schwierigkeiten wirft das Vielfaltsgebot auf, soweit mit ihm die Vielfalt der Meinungen bezeichnet wird.[1110]

II. Modelle der Vielfaltssicherung

In welchem Maße kirchlichen Programmveranstaltern aus dem Aspekt des Pluralismusgebots Beschränkungen auferlegt werden, hängt zunächst von dem gesetzlich bestimmten Rundfunkmodell ab. Da ein „Marktmodell", in dem sich die Vielfalt der Meinungsrichtungen durch die Konkurrenz einer Vielzahl tendenzverschiedener Programme im Rundfunkmarkt von selbst einstellt, auf absehbare Zeit nicht als realisierbar erscheint[1111], bedarf der Grundstandard der normativen Absicherung. Es obliegt daher dem Gesetzgeber, Vorkehrungen zu treffen zur Sicherstellung eines beschränkten Vielfaltsstandards, der das Zuwortkommen der gesellschaftlich relevanten Kräfte im wesentlichen gewährleistet.[1112] Dies kann entweder dadurch geschehen, daß nach dem Vorbild des öffentlich-rechtlichen Rundfunks der einzelne Veranstalter die maßgeblichen Meinungsrichtung selbst zur Darstellung bringt (Binnenpluralismus), oder dadurch, daß ein vielfältiges Meinungsspektrum durch eine Gesamtheit tendenzverschiedener, jedoch zur Einhaltung eines Mindeststandards verpflichteter Veranstalter dargeboten wird (Außenpluralismus).[1113] Die Landesgesetzgeber haben sich überwiegend für ein Kombinations- bzw. Mischmodell entschieden, das sowohl binnenplurale wie auch außenplurale Strukturelemente enthält und einen Wechsel zwischen beiden Organisationsformen erlaubt.[1114] Dabei wird die Schnittstelle nach bisheriger Gesetzgebungspraxis durch die Anzahl der im jeweiligen Verbreitungsgebiet vorhandenen Programmangebote festgelegt. Fehlt es an einer Mindestzahl konkurrierender Programme, so gilt das Vielfaltserfordernis für das Gesamtprogramm eines jeden Veranstalters; werden dagegen Programme in hinreichender Zahl verbreitet, so richtet sich das Ausgewogenheitspostulat nur noch an die Gesamtheit der Veranstalter. Hierfür lassen es die Landesmediengesetze genügen, wenn im Verbreitungsgebiet neben den öffentlich-rechtlichen Programmen mindestens drei weitere Vollprogramme oder

[1110] In dieser Bedeutung wird der Begriff der Vielfalt im folgenden verwendet. Der Begriff der „Vielfalt" sagt streng genommen nur darüber etwas aus, „ob" eine auf Verbreitung angelegte Meinung im Programm vertreten ist. Welchen Raum der jeweilige Beitrag im Programm beanspruchen soll, ist dagegen eine Frage der „Ausgewogenheit". Beide Begriffe sind daher dogmatisch auseinanderzuhalten (vgl. *Sporn*, Vielfalt im digitalen Rundfunk, S. 7). Allerdings wird eine scharfe begriffliche Trennung nicht konsequent durchgeführt. Auch hier wird der Begriff der „Vielfalt" als Oberbegriff verstanden.

[1111] *Link*, Anspruch, S. 283; *Link*, Spartenprogramme, Rechtsgutachten II 1 d; weniger skeptisch *Schuster*, Meinungsvielfalt, S. 273.

[1112] BVerfGE 57, 295 [324]; *Link*, Mitwirkung, S. 293; *Link/Pahlke*, Kirchen und privater Rundfunk, S. 10; *Bethge*, Verfassungsrechtsprobleme, in: JZ 1985, S. 310.

[1113] Beide Modelle werden vom Bundesverfassungsgericht gebilligt (BVerfGE 57, 295 [326]).

[1114] Anders § 7 Abs. 1 HmbMedienG, § 6 LRG NW, § 18 BremLMG, wonach für jedes Programm binnenplurale Anforderungen gelten.

meinungsbildende Spartenprogramme empfangbar sind.[1115] Da diese Grenze, soweit ersichtlich, inzwischen praktisch in jedem Verbreitungsgebiet überschritten ist, sehen die Neuregelungen der Mediengesetze binnenplurale Strukturen z.T. überhaupt nicht mehr[1116] oder nur noch als Option bei festgestellter Unausgewogenheit vor.[1117]

III. Vielfaltsanforderungen bei außenpluraler Organisation

1. Kompensationsmöglichkeit bei außenpluraler Gestaltung

Bei Erfüllung der gesetzlich bestimmten Voraussetzungen sind die Veranstalter nur in ihrer Gesamtheit verpflichtet, die gesellschaftlich relevanten Gruppen zu Wort kommen zu lassen. Die Bewertung der gleichgewichtigen Vielfalt des Gesamtprogramms bezieht das Bundesverfassungsgericht dabei „auf das jeweilige Übertragungssystem oder auf das jeweilige Verbreitungsgebiet derjenigen Programme, von denen angenommen wird, sie glichen einander aus".[1118] Begründet wird dies damit, daß eine überwiegende Anzahl von Empfängern noch auf ein bestimmtes System festgelegt sei[1119] und eine Reduzierung der Ausgewogenheitsheitspflicht beim einzelnen Veranstalter nur dann erfolgen könne, wenn dessen Defizite durch andere Programme kompensiert würden.[1120]

Auch kirchliche Programme sind auf diesen Ausgleichsmechanismus angewiesen. Die Ausstrahlung von Beiträgen anderer religiöser und weltanschaulicher Gruppen wird von einem Kirchensender nicht zu erwarten sein; partielle Vielfaltsdefizite im weltanschaulichen Bereich müssen somit von den säkularen Veranstaltern aufgefangen werden. Schon angesichts der erheblichen Entlastung werbefinanzierter Veranstalter in bezug auf die von kirchlichen Veranstaltern zur Darstellung gebrachten Minderheitenmeinungen, die sonst von der Gesamtheit der kommerziellen Veranstalter dargeboten werden müßten, dürfte es jedoch in deren eigenem Interesse liegen, kirchlichen Veranstaltern entgegenzukommen; Schwierigkeiten

---

[1115] § 15 HPRG, § 20 Abs. 3 LRG Niedersachsen, § 17 Abs. 2 RGMV, § 15 Abs. 2 SächsPRG, § 16 Abs. 2 PRG LSA, § 15 Abs. 1 TRG, § 22 Abs. 2 LRG Schl.-H. a. F. Vgl. auch § 23 LMG BW 1992), § 20 Abs. 2 StV BB 1992, (zwei Programme), § 12 Abs. 2 LRG Rh.-Pf. a.F., § 10 Abs. 2 LRG Saarland a.F.

[1116] § 19 Abs. 2 StV BB.

[1117] § 24 Abs. 1, 3 Nr. 2 LMG BW, § 17 Abs. 1, 4 Nr. 3 LRG Rh.-Pf. (bei bundesweit verbreitetem Fernsehen).

[1118] BVerfGE 73, 118 [162]; vgl. auch *Hesse*, Rundfunkrecht, S. 240 m.w.N.

[1119] Bei Einführung des digitalen Rundfunks und zunehmender Konvergenz der Übertragungswege wird man allerdings einen „intermedialen" Ausgleich ernsthaft in Betracht ziehen müssen (*Sporn*, Vielfalt im digitalen Rundfunk, S. 48 f, 52 f.). Daß bei Wegfall der Frequenzknappheit auf lange Sicht überhaupt noch ein Ausgleich stattfinden muß, kann freilich bezweifelt werden. Gefahren für die öffentliche Meinungsbildung drohen dann von anderer Seite, etwa durch die Unüberschaubarkeit des Programmangebots sowie den Trend zum Bezahlfernsehen und zum Verkauf fertig geschnürter Programmpakete (eingehend hierzu *Sporn*, ebd., S. 59 f.). Ein völliger Verzicht auf Vielfaltsregelungen wäre im übrigen nur in einem „echten Außenpluralismus" denkbar, in dem alle gesellschaftlichen Gruppen ihre eigenen (Tendenz-) Programme gestalten. Da eine solche Entwicklung jedoch derzeit wenig realistisch erscheint, bleibt der Gesetzgeber auch nach Wegfall der Frequenzknappheit in der Pflicht (*Link*, Spartenprogramme, Rechtsgutachten II 1 d).

[1120] *Link*, Spartenprogramme, Rechtsgutachten III 1 b; *Link*, Anspruch, S. 280.

sind daher insoweit nicht zu erwarten. Ein „Ausgleich“ kommt allerdings nur in Betracht, solange das begünstigte Tendenzprogramm nicht als grob „einseitig“ zu qualifizieren ist.

2. Grenze: Ungleichgewichtiger Einfluß des Programms

a) Keine Ausgleichspflicht der übrigen Veranstalter

Auch an der Schwelle zum Marktmodell erfordert der Schutz freier öffentlicher Meinungsbildung Vorkehrungen dagegen, daß von Rundfunkprogrammen in hohem Maße ungleichgewichtige Einflüsse ausgehen. Ergänzend zu (und unabhängig von) den allgemeinen Vielfaltsanforderungen bestimmen Rundfunkstaatsvertrag und Mediengesetze in „negativer“ Hinsicht, daß die Programme in ihrer Gesamtheit[1121], bzw. die einzelnen Programme[1122] nicht die Bildung der öffentlichen Meinung in hohem Maße ungleichgewichtig beeinflussen, einseitig nur einzelne Meinungsrichtungen berücksichtigen oder einseitig einer Partei oder Gruppe, einer Interessengemeinschaft, einem Bekenntnis oder einer Weltanschauung dienen dürfen. In der Gefahr der Einseitigkeit stehen vor allem solche Programme, die in besonderer Weise zur Beeinflussung der öffentlichen Meinung geeignet sind und nicht um einer wirtschaftlichen, sondern um einer ideellen Zielsetzung willen veranstaltet werden. Hierzu gehören politisch gefärbte Nachrichtenkanäle[1123], aber auch religiöse und weltanschauliche Programme.

Ausweislich der Begründung des Rundfunkstaatsvertrags wird durch das Verbot ungleichgewichtiger Einflußnahme auch der Schutz der konkurrierenden Programmveranstalter bezweckt.[1124] Soll das Gesamtangebot der Programme die bestehende Vielfalt der Meinungen im wesentlichen widerspiegeln, so müßte die Einseitigkeit einzelner Programme durch eine komplementäre Ausrichtung der übrigen ausgeglichen werden, mit der Folge, daß die Programmfreiheit der anderen Veranstalter Einschränkungen erlitte.[1125] Zudem ist zu bedenken, daß hinsichtlich der Sorge um die Meinungsvielfalt die Veranstalter eine Schicksalsgemeinschaft bilden und bei festgestellter Unausgewogenheit allen die Rückkehr zum Binnenpluralismus droht.[1126] Die Möglichkeit einer Selbstregulierung unter den Veranstaltern ist durch die Organisationsform des Außenpluralismus zwar vorgezeichnet; sie darf indessen nicht zu einer Selbstregulierungspflicht umfunktioniert werden. Während unerhebliche Ungleichgewichtigkeiten einzelner Programme als systembedingte Faktoren hingenommen werden müssen, dürfen erhebliche Ausgewogenheitsdefizite nicht zu Lasten anderer Veranstaltern gehen, sondern erfordern ein Eingreifen der jeweiligen Aufsichtsorgane. Weil das

---

[1121] Art. 4 Abs. 2 BayMG, § 17 Abs. 1 RGMV, § 16 Abs. 1 S. 2 PRG LSA.

[1122] § 25 Abs. 2 RfStV, § 19 Abs. 4 StV BB, § 12 Abs. 2 S. 4 LRG NW, § 7 Abs. 2 HmbMedienG, § 18 BremLMG, § 20 Abs. 2 LRG Nieders., § 16 Abs. 3 LRG Rh.-Pf., § 22 Abs. 5 LRG Schl.-H. a.F. = § 22 Abs. 2 LRG Schl.-H. n.F., § 14 Abs. 3 TRG. Mißverständlich insoweit § 10 Abs. 1 LRG Saarland, der Spartenprogramme offenbar nicht nur von den Ausgewogenheitsanforderungen und der Berücksichtigungspflicht in bezug auf Minderheiten freistellen will, sondern auch vom Verbot der Einseitigkeit.

[1123] *Hartstein*, Rundfunkstaatsvertrag, § 2 Rn. 25.

[1124] *Ring*, Medienrecht, Bd. 2 § 25 Rn. 13.

[1125] *LfK Baden-W.*, Religiöse Satelliten-Hörfunkprogramme, S. 6; *BLM*, IRC, Vermerk vom 13.6.1994, S. 3.

Gesamtangebot der inländischen Programme die Vielfalt der Meinungen tatsächlich im wesentlichen widerspiegeln muß[1127], ist in diesem Zusammenhang auch die faktische, i.d.R. an der Einschaltquote abzulesende Bedeutung des betreffenden Programms im Meinungsspektrum zu berücksichtigen.[1128] Im Bereich des Zulassungsverfahren läßt sich diese freilich noch nicht absehen, so daß im Interesse der Vermeidung schwer korrigierbarer Fehlentwicklungen bereits das Angebot einseitiger Programme zu einer Versagung führen müßte.[1129] Ein Verzicht auf grobe Einseitigkeit kann im übrigen nicht nur von Vollprogrammen, sondern überhaupt von allen meinungsbildenden Programmen verlangt werden, ohne daß der Veranstalter hierdurch unzumutbar belastet würde.[1130]

b) Zulässigkeit bekenntnisorientierten Rundfunks

Die von den Mediengesetzen verwendete Formulierung, wonach kein Programm „einseitig" einem Bekenntnis „dienen" darf, bedarf der Auslegung. Objektiv betrachtet dienen religiöse Programme – wenigstens mittelbar – immer auch dem Bekenntnis der betreffenden Religionsgemeinschaft. Für die an der Programmveranstaltung Beteiligten stellt das Bekenntnis nicht nur das sie verbindende Element, sondern zugleich auch den Beweggrund der Rundfunktätigkeit dar; wobei freilich nach dem Selbstverständnis vieler der oben aufgeführten Veranstalter das Verkündigungsinteresse hinter ihrem gesamtgesellschaftlichen sozialdiakonischen Auftrag zurücktritt. Aber auch dort, wo die mediale Betätigung der Kirchen in der Hauptsache der Verbreitung der kirchlichen Botschaft dient, begegnet dies für sich genommen keinen Bedenken, da die Länder den Zugang zum Rundfunk ausdrücklich auch weltanschaulich gebundenen Veranstaltern eröffnen wollten und diese nicht auf die Veranstaltung von Vollprogrammen beschränkt haben. Ein anderes Ergebnis ließe sich auch mit dem verfassungsmäßig verbürgten Öffentlichkeitsstatus der Kirchen nicht vereinen.

c) Ungleichgewichtiger Einfluß

(1) Restriktive Auslegung

Hinzutreten muß ein ungleichgewichtiger Einfluß des jeweiligen Programms im Rahmen des Gesamtangebots. Als zu weitreichend wird man die Literaturauffassung ansehen müssen, nach der jedes meinungsbildende Angebot, ob im Rahmen eines Vollprogramms oder Spartenprogramms, verpflichtet werden soll, alle insoweit relevanten Ansichten zu Wort kommen zu lassen[1131], mit der Folge, daß in religiösen Sendungen eines kirchlichen Veranstalters auch die Auffassungen anderer Religionsgemeinschaften zu berücksichtigen wären. Jenseits der

---

[1126] Z.B. § 15 Abs. 2 HPRG.
[1127] BVerfGE 57, 295 [325].
[1128] I.d.S. auch *BLM*, IRC, Vermerk vom 13.6.1994, S. 3, darauf abstellend, ob durch das Programm die Meinungsvielfalt insgesamt gefährdet wird.
[1129] *LfK Baden-W.*, Religiöse Satelliten-Hörfunkprogramme, S. 6.
[1130] *Ricker/Schiwy*, Rundfunkverfassungsrecht, S. 114.
[1131] *Ricker/Schiwy*, ebd., S. 331; *Link*, Spartenprogramme, Rechtsgutachten IV 2 b,cc.

gesetzlich festgelegten Schwelle zum außenpluralen Rundfunk sind die einzelnen Programme gerade nicht zur Darstellung der Vielfalt verpflichtet; vielmehr soll der Tendenz des Veranstalters eine äußerste Grenze gesetzt werden, die ein extrem verengtes oder verfälschtes Meinungsbild und den vollständigen Ausschluß abweichender Meinungen verhindert. Es erscheint daher sachgerecht, grobe Einseitigkeit erst dann anzunehmen, wenn sich „das Programm zur Gänze einer einzigen Meinungsrichtung verschreibt" und dieser einen „in bezug auf ihre gesamtgesellschaftliche Bedeutung völlig unangemessenen Artikulationsraum verschafft, so daß zur Sicherung gleichgewichtiger Vielfalt im gesamten Rundfunk die Schaffung eines Gegengewichts unerläßlich erscheint".[1132]

(2) Gesellschaftliche Bedeutung als Maßstab

Die Auslegung der Einseitigkeit muß außerdem auf die gesellschaftlichen Verhältnisse und den Erwartungshorizont der Rezipienten Bedacht nehmen. Grundlage des Pluralimusgebots ist u.a. das demokratische Prinzip[1133], das den Interessen der Mehrheit gegenüber Minderheiteninteressen im Zweifel den Vorrang einräumt. In Anbetracht der meinungsbildenden Wirkung des Rundfunks darf das Gesamtangebot der Programme über bestehende Mehrheitsverhältnisse nicht hinweggehen, indem durch unangemessene Repräsentation von Minderheitsmeinungen ein verzerrtes Abbild der Wirklichkeit geliefert wird.[1134] Für eine hiervon abweichende Beurteilung der Frage, wann ein Mindestmaß an programmbezogener Ausgewogenheit nicht mehr erreicht wird, ist kein Grund ersichtlich. Einseitigkeit ist daher eine relative Größe, die sich nach der gesellschaftlichen Bedeutung der Meinung, für die der Veranstalter steht, richtet.[1135] Dabei kommt eine Beschränkung auf diejenigen Kräfte, die direkt an der staatlichen Willensbildung mitwirken, nicht in Betracht. Staatswillensbildung vollzieht sich zwar im wesentlichen, jedoch nicht ausschließlich über die Parteien; so z.B. über Verbände, Tarifparteien und eben auch die Kirchen.

(3) Folgen für kirchliche Veranstalter

Aus dem Vorstehenden folgt: Die programmliche Verengung eines Veranstalters, der einer der Großkirchen zuzurechnen ist, müßte im Hinblick auf deren gesellschaftliche Bedeutung eher hingenommen werden als diejenige eines Veranstalters, der eine unbedeutende Glaubensrichtung repräsentiert. Auch diejenigen, die einen faktischen Bedeutungsverlust der Kirchen herbeireden, kommen nicht daran vorbei, daß die Masse der Rezipienten einer der großen Kirchen angehört.[1136] Diese vor der Einflußnahme von Meinungsrichtungen zu schützen, mit

---

[1132] *LfK Baden-W.*, Religiöse Satelliten-Hörfunkprogramme, S. 7.
[1133] *Klein*, Rundfunkfreiheit, S. 55; *Ricker/Schiwy*, Rundfunkverfassungsrecht, S. 273.
[1134] Dies liefe Art. 5 Abs. 1 GG schon dem Wortlaut nach zuwider. Dem in der „Berichterstattung" liegenden Neutralitätsgebot wird nur genügt, wenn gesellschaftliche Gruppen ihrer tatsächlichen Relevanz entsprechend berücksichtigt werden.
[1135] Ebenso beurteilen *Voll/Störle* zutreffend die Angemessenheit von kirchlichen Drittsendezeiten (*Voll/Störle*, Bay. Staatskirchenrecht, S. 365).
[1136] Vgl. *Ridder*, Kirche - Staat - Rundfunk, S. 17.

denen sie mehr oder minder übereinstimmen, ist – solange ihre Informationsfreiheit gewährleistet wird – nicht Aufgabe des Rundfunkrechts; es fehlt insoweit am Schutzbedürfnis. Hinzu kommt, daß Art. 4 GG auch die Werbung, sogar die Propaganda für den eigenen Glauben schützt[1137], die bereits per definitionem einseitig ist. Im übrigen ist die Vertretung von Minderheitsinteressen durch die Kirchen, ihre vielfältigen ökumenischen Bestrebungen sowie ihre überwiegend unbefangene Auseinandersetzung mit anderen Religionen zu berücksichtigen. Oft läßt im Gegenteil das durch ein allzu hohes Maß an Offenheit gekennzeichnete Auftreten der Kirchen in den Medien das klare kirchliche Profil vermissen. Die genannten Gründe lassen daher aufsichtliche Maßnahmen gegen kirchliche Veranstalter aus dem Gesichtspunkt der Einseitigkeit nur in seltenen Ausnahmefällen als gerechtfertigt erscheinen.[1138]

IV. Anforderungen bei binnenpluraler Organisation

1. Ausgewogenheitspflicht kirchlicher Veranstalter

Im binnenpluralen Modell ist jedes einzelne Programm nach Maßgabe des Grundstandards zur Ausgewogenheit verpflichtet, sofern die Mediengesetze keine weitergehenden Anforderungen stellen.[1139] Die Rundfunkfreiheit – verstanden als „Programmfreiheit" – besteht hier nicht in uneingeschränkter Tendenzfreiheit.[1140] Vielmehr ist der Veranstalter verpflichtet, „grundsätzlich alle bestehenden Tendenzen von Gewicht in seinem Programm gleichermaßen zu Wort zu bringen".[1141] Inwieweit kirchliche Programme die Vielfalt der Gegenstände und Meinungen widerspiegeln müssen, hängt dabei von der Programmkategorie ab, für die die Zulassung erteilt wurde.

Sonderregelungen zugunsten der Kirchen enthalten die Landesmediengesetze nicht. Zunächst ist festzustellen, daß die Kirchen nicht eo ipso aufgrund ihrer Verfassung und Organisation eine hinreichende Vielfaltsgewähr bieten. Die innerkirchliche Willensbildung beruht nicht immer auf demokratischen Grundsätzen. Insbesondere fehlen der Synode die demokratischen Züge eines „Kirchenparlaments". Auch verhindert die hierarchische Struktur der katholischen Kirche einen effektiven Einfluß der verschiedenen Meinungsrichtungen im Binnenbereich der Kirche.

In der Literatur wird eine Ausgewogenheitsverpflichtung kirchlicher Programme nicht grundsätzlich in Abrede gestellt. Nach *Link/Pahlke* kann sich „je nach Umfang der Sendezeit sowie des Programmangebots sonstiger Rundfunkveranstalter auch für kirchliche Programme unter gewissen Umständen die Pflicht ergeben, andere politische, wirtschaftliche und

---

[1137] BVerfGE 12, 3 f.

[1138] Aus demselben Grund muß auch eine Zulassung unter Widerrufsvorbehalt (dafür *BLM*, IRC, Vermerk vom 13.6.1994, S. 3) bedenklich erscheinen. Anzumerken ist, daß selbst in denjenigen privaten Programmen, die die christliche Ausrichtung unmißverständlich zum Ausdruck bringen (z.B. Radio Horeb und Radio Neues Europa) auch Angehörige anderer Konfessionen zu Wort kommen.

[1139] BVerfGE 57, 295 [326]; vgl. § 25 RfStV.

[1140] BVerfGE 59, 231 [258]; 12, 205 [260].

[1141] BVerfGE 83, 238 [321].

gesellschaftliche Kräfte und Gruppen angemessen zu Wort kommen zu lassen."[1142] Ein Entfallen der Ausgewogenheitspflicht komme nur bei „sehr knapp" bemessener kirchlicher Sendezeit in Betracht, wofür als Untergrenze die im öffentlich-rechtlichen Rundfunk gewährte Sendezeit (unter Einschluß eigengestalteter Sendungen) dienen könne.[1143] Dieser Ansicht ist zuzustimmen. Sofern dem kirchlichen Veranstalter ein hinreichender Gestaltungsspielraum für eigene Beiträge eröffnet ist und der spezifische Charakter des Programms gewahrt bleibt, begegnet eine grundsätzliche Verpflichtung zur Ausgewogenheit keinen Bedenken.

2. Vielfaltsanforderungen und Programmkategorie

a) Beschränkung auf meinungsbildende Spartenprogramme

Die Vielfaltsanforderungen treffen grundsätzlich nur Vollprogramme, denn naturgemäß können Spartenprogramme, je nach Sparte, nur ein mehr oder weniger beschränktes Maß an Vielfalt gewährleisten. Es stellt sich daher die Frage, ob Spartenprogramme innerhalb der jeweiligen Sparte zur Ausgewogenheit verpflichtet sind. Ohne weiteres zu verneinen ist eine Ausgewogenheitspflicht bei denjenigen Spartenprogrammen, die gar nicht oder nur in geringem Maße meinungsbildend wirken, insbesondere bei Sport- und Musikkanälen.[1144]

Trägt das Programm jedoch in besonderer Weise zur Meinungsbildung bei und tritt zu der Beschränkung auf eine bestimmte Angebotsgruppe die Verengung auf eine bestimmte Meinungsrichtung hinzu, so entsteht hieraus leicht ein ungleichgewichtiger und einseitiger Einfluß auf die öffentliche Meinungsbildung.[1145] Deshalb kann der Gesetzgeber auch an meinungsbildende Spartenprogramme, insbesondere an solche mit dem Schwerpunkt Kultur und Information[1146], die für Vollprogramme geltenden Pluralitätsanforderungen stellen und sie zur Wiedergabe des vollen Meinungsspektrums verpflichten.[1147] Wenn § 25 Abs. 1 S. 4 RfStV und die gleichlautenden landesgesetzlichen Regelungen Spartenprogramme von den für Vollprogramme geltenden Anforderungen ausnehmen, so rechtfertigt dies nicht die Annahme, daß Spartenprogramme von jeglichen Vielfalts- und Ausgewogenpflichten freigestellt werden sollen; immerhin unterliegen auch solche Programme den Pflichten des Grundstandards.[1148]

[1142] *Link/Pahlke*, Kirchen und privater Rundfunk, S. 26; so auch *Heckel*, Die Kirchen im Medienrecht, S. 1024.
[1143] *Starck*, Konstruktionsprinzipien, in: JZ 1983, S. 410; *Link/Pahlke*, Kirchen und privater Rundfunk, S. 26.
[1144] *Hartstein*, Rundfunkstaatsvertrag, § 2 Rn. 25; *LfK Baden-W.*, Religiöse Satelliten-Hörfunkprogramme, S. 6; *Link*, Spartenprogramme, Rechtsgutachten IV 2.
[1145] Vgl. *Hartstein*, Rundfunkstaatsvertrag, § 2 Rn. 25.
[1146] *Link*, Spartenprogramme, Rechtsgutachten IV 1.
[1147] § 10 Abs. 1 LRG Saarland (in besonderer Weise meinungsbildende Spartenprogramme), § 17 Abs. 3 RGMV (soweit das Spartenprogramm in besonderer Weise an der Meinungsbildung mitwirkt), § 16 Abs. 4 PRG LSA (jedes Programm nach Feststellung, daß die Ausgewogenheit nicht mehr besteht), § 14 Abs. 2 TRG (jedes Programm). Vgl. auch die inzwischen novellierten § 23 Abs. 1 LMG BW 1992 (meinungsbildende Spartenprogramme), § 20 Abs. 1, 2 StV BB 1992 (Schwerpunkt Information).
[1148] *Link*, Spartenprogramme, Rechtsgutachten IV 2 b.

b) Meinungsbildung durch christliche Programme

Bei Programmen mit christlicher Zielsetzung dürfte es an einem Einfluß auf die Meinungsbildung nur in den seltensten Fällen fehlen. In ähnlicher Weise wie politische Sender nehmen religiöse Programme Einfluß auf die öffentliche Meinungsbildung[1149], insbesondere bei der Beurteilung von religiösen und sittlichen Fragen.[1150] Allen behandelten Sendern ist gemeinsam, daß die ausgestrahlten Glaubensäußerungen eine Wirkung ausüben wollen, die über den bloßen Medienkonsum hinausgeht. Dem Empfänger soll ein christliches Weltbild vermittelt werden, aus dem heraus er sein Leben in allen Bezügen gestalten soll und das ihn in letzter Konsequenz zu dem jeweiligen Bekenntnis hinführt. Würde dieses Anliegen nicht einmal als Nebenzweck und Fernziel erkennbar, könnte schwerlich von einem „christlichen" Spartenprogramm die Rede sein. Soweit sie dem kirchlichen Auftrag gemäß meinungsbildend wirken, besteht demnach (ungeachtet der noch zu klärenden Anforderungen im einzelnen) auch eine gesetzliche Vielfaltspflicht kirchlich orientierter Spartenprogramme. Allerdings kommt hierbei eine über die für Vollprogramme maßgeblichen Anforderungen hinausgehende Verpflichtung zur Meinungsvielfalt nicht in Betracht. Ansonsten würde der Grundsatz, wonach Spartenangebote von den Vielfaltsanforderungen generell ausgenommen sein sollen, in sein Gegenteil verkehrt.

c) Spartentypik als Vielfaltsmaßstab

Die für Spartenkanäle geltenden Vielfaltsanforderungen richten sich nach der von dem jeweiligen Programm behandelten Thematik; nur innerhalb dieser hat der Veranstalter einen „relevanten Gesamteindruck der unterschiedlichen Auffassungen" zu vermitteln.[1151] Dabei muß der Gegenstand des Programms nicht einer der Angebotsgruppen entsprechen, die der Gesetzgeber für eine hinreichende Breite des Programmspektrums als notwendig erachtet.[1152] Die Legaldefinition des Spartenprogramms als Programm „mit im wesentlichen gleichartigen Inhalten" läßt vielmehr auch Abstufungen innerhalb und außerhalb dieses groben Rasters zu. Als zu holzschnittartig und dem kirchlichen Anliegen nicht angemessen wäre jedenfalls eine Spartenbildung durch den Oberbegriff „Religion" anzusehen; es erschiene nicht vertretbar, kirchliche Sender als „religiöse Spartenprogramme" pauschal zur Einbeziehung der unterschiedlichsten religiösen Strömungen zu zwingen. Die von kirchlichen Sendern vertretene

---

1149 A.A. *LfK Baden-W.*, Religiöse Satelliten-Hörfunkprogramme, S. 7; anders als bei einem Nachrichtenkanal gehe es nicht nur um die reine Übermittlung von Fakten, sondern auch um die Weitergabe von Glaubensgrundsätzen und Wertvorstellungen, die authentisch nur von der jeweiligen Religionsgemeinschaft dargelegt werden könnten. Dem ist entgegenzuhalten, daß Tatsachen im allgemeinen eine geringere meinungsbildende Kraft besitzen als Meinungen selbst.

1150 *v. Campenhausen*, Staatskirchenrecht, S. 147.

1151 Vgl. *Ricker/Schiwy*, Rundfunkverfassungsrecht, S. 358.

1152 Es sind dies: Information, Bildung, Beratung und Unterhaltung (vgl. § 2 Abs. 2 Nr. 1 RfStV).

Sparte wird nicht durch den Begriff der Religion, sondern durch die Orientierung an dem jeweiligen Bekenntnis geprägt.[1153]

Als geeigneter Maßstab für den einzuhaltenden Vielfaltsstandard kommt daher allein die Zielrichtung des Programms in Betracht, wie sie der Medienanstalt, z.B. durch Vorlage von Programmschemata, erkennbar geworden ist. Im Vorfeld der Zulassung hat die Medienanstalt in der Regel eine Auswahlentscheidung getroffen, deren wesentliche Grundlage das von dem Bewerber zu erwartende Maß an gleichgewichtiger Vielfalt ist. Hat der Veranstalter die Behandlung eines bestimmten religiösen Spektrums in Aussicht gestellt, so muß er sich auch hieran festhalten lassen.[1154] Eine sachgerechte Auslegung der Spartenbestimmung unter Einbeziehung äußerer Umstände (wie die Zusammensetzung des Trägers) ist dabei freilich unverzichtbar.

d) Vielfaltssicherung qua Nebenbestimmung?

In der Praxis wird bisweilen in der Weise verfahren, daß das Zuwortkommen anderer bekenntnisverwandter Auffassungen durch entsprechende Nebenbestimmungen gesichert wird.[1155] Eine solche Vorgehensweise ist nicht unproblematisch, wenn die Zulassung unter der aufschiebenen Bedingung erfolgt, daß ein bestimmtes weltanschauliches Spektrum darzubieten ist. Eine Kompetenz der Medienanstalt, die einzubeziehenden religiösen Standpunkte zu bestimmen, ist im Hinblick auf die negative Religionsfreiheit des Veranstalters abzulehnen. Dies gilt auch dann, wenn die Verpflichtung, andere Auffassungen zu Wort kommen zu lassen, nur auf das jeweilige Bekenntnis des Veranstalters bezogen wird. Die Durchsetzung einer solchen „inneren Vielfalt" stünde überdies im Widerspruch zu Art. 137 Abs. 3 WRV. Die effektive Beteiligung der innerhalb eines Bekenntnisses vertretenen Auffassungen kann somit nur dadurch erreicht werden, daß im Einvernehmen mit dem kirchlichen Frequenzbewerber auf eine organisatorische Beteiligung unterschiedlicher Kräfte hingewirkt und so das Programm auf die aus Vielfaltsgründen geforderte, breitere Grundlage gestellt wird.[1156]

3. Ermäßigte Anforderungen des Grundstandards

Auch binnenplurale Strukturen, ob im öffentlich-rechtlichen oder privaten Rundfunk, lassen eine gewisse „Tendenz" zu, die durch Auswahl und Gestaltung der Beiträge jedem Programm anhaftet.[1157] Ein minutiös genauer Meinungsproporz ist weder realisierbar, noch von

---

[1153] Eine vergleichbare Schwerpunktsetzung ist auch bei Kultur- und Informationskanälen üblich. So werden in Kulturprogrammen überwiegend gesellschaftlich anerkannte Kulturformen dargeboten; in Informationsspartenkanälen liegt der Akzent zumeist auf dem Bereich Politik.

[1154] Auch die Religionsfreiheit rechtfertigt kein venire contra factum proprium.

[1155] So wurde die Genehmigung des Evangelischen Fernsehens Augsburg von der BLM auf der Grundlage erteilt, daß ein übergreifendes evangelisches Programm dargeboten wird (Auskunft des Evangelischen Fernsehens Augsburg).

[1156] Dies wurde bei Radio Paradiso nahezu beispielhaft verwirklicht.

[1157] Vgl. BVerfGE 12, 205 [260]; 35, 202 [222 f.]; 59, 231 [258]. Insgesamt darf die von kirchlichen Veranstaltern in das Gesamtprogramm einfließende „Tendenz", verstanden als Abweichung vom Idealzustand,

Verfassungs wegen geboten. Ein vielfältiges Programmangebot läßt sich nicht normieren; es hängt nicht zuletzt von den Personen ab, die mit der Programmgestaltung befaßt sind.[1158] Unabhängig von der Organisation des privaten Rundfunks genügt den Anforderungen der Rundfunkfreiheit ein Grundstandard, der die wesentlichen Voraussetzungen von Meinungsvielfalt umfaßt.[1159] Demgemäß lassen es die Länder ausreichen, wenn im jeweiligen Programm die Vielfalt der Meinungen „im wesentlichen" zum Ausdruck kommt. Hierdurch wird auch dem Umstand Rechnung getragen, daß für den privaten Rundfunk keine dem öffentlich-rechtlichen Rundfunk vergleichbare Einflußmöglichkeit der gesellschaftlich relevanten Kräfte auf das Programm gefordert werden kann, ohne daß die Veranstaltung privater Programme ihres eigentlichen Wesens, der privatautonomen Gestaltung nämlich, entkleidet würde.[1160] Die durch den „Tendenzrest" bedingte Unschärfe umreißt daher einen nicht überprüfbaren Spielraum des Veranstalters, innerhalb dessen die Existenzbedingungen des privaten Rundfunks in zulässiger Weise zu Verschiebungen im Meinungsspektrum führen dürfen.

Ein reduziertes Maß an Vielfalt wird zwar vorwiegend mit Rücksicht auf das Angewiesensein des kommerziellen Privatrundfunks auf die werbende Wirtschaft in Kauf genommen. Ein ebensolcher Bewegungsspielraum muß jedoch auch kirchlichen Veranstaltern zugestanden werden. Während die Werbewirtschaft dem Programminhalt grundsätzlich indifferent gegenübersteht[1161], könnten Spender und Mäzene kirchlicher Programme auf inhaltliche Veränderungen möglicherweise sehr sensibel, schlimmstenfalls mit der Einstellung von Zahlungen, reagieren. Moderate Ungleichgewichtigkeiten in kirchlichen Programmen wären darüber hinaus leichter zu tolerieren als in denen der werbefinanzierten Veranstalter, da diese nicht kumuliert auftreten – wie bei massenattraktiven Angeboten namentlich im Unterhaltungsbereich der Fall – sondern an anderer Stelle, so daß sich die Koordinaten des Gesamtprogramms weniger verschieben.[1162]

4. Berücksichtigung von Religionsgemeinschaften im Programm

Im Hinblick auf die meisten Meinungsrichtungen kommen die Kirchen auch unaufgefordert den selbst immer wieder postulierten Vielfaltsanforderungen nach und werden diesen namentlich durch ihre Fürsprache zugunsten unterrepräsentierter Gruppen gerecht. Ein Mindestmaß an

---

nicht anders bewertet werden als die der säkularen (und nicht unbesehen mit der Vorstellung eines reinen Verkündigungssenders in Verbindung gebracht werden). Soweit sich kirchliche Tendenz außerhalb von Gottesdiensten und Andachten bemerkbar macht, kann dies namentlich im Hinblick auf den Kulturauftrag des Rundfunks sogar geboten sein.

[1158] BVerfGE 59, 231 [259].

[1159] BVerfGE 73, 118 [118, 160]. Legte der Gesetzgeber – nach dem BVerfG zulässigerweise – die Latte höher, so könnte er damit zwar eine Einengung der programmlichen Bewegungsfreiheit des Veranstalters erreichen, jedoch nie deren völligen Ausschluß.

[1160] In diesem Sinn *Kirschnek*, Landesmediengesetz Baden-Württemberg, S. 123; ähnlich *Hesse*, Rundfunkrecht, S. 247.

[1161] Entscheidend sind allein die Faktoren „Einschaltquote" und „Zielgruppe".

[1162] Vorausgesetzt wird dabei freilich, daß der kirchliche Veranstalter im jeweiligen Verbreitungsgebiet nicht der einzige ist.

gleichgewichtiger Vielfalt erfordert aber auch die Berücksichtigung kirchlicher und religiöser Ereignisse und Standpunkte.[1163]

a) Berücksichtigungspflicht nur zugunsten bedeutsamer Religionsgemeinschaften

Sichergestellt werden muß zunächst das Zuwortkommen der jeweils anderen, nicht als Veranstalter auftretenden Amtskirche. Beide Kirchen sind auch für sich genommen gesellschaftlich relevante Kräfte.[1164] Gleiches gilt für die jüdische Glaubensgemeinschaft, deren gesellschaftliche Relevanz auf historischen Gründen beruht. Angesichts der Bevölkerungsentwicklung in Deutschland wird man inzwischen sogar eine angemessene Berücksichtigung des islamischen Kulturkreises zum Grundstandard rechnen müssen; dies gilt jedenfalls für Verbreitungsgebiete mit bedeutendem islamischen Bevölkerungsanteil. Selbst wenn diese Gruppe an der öffentlichen Meinungsbildung in geringerem Maß teilnimmt, gebietet es der Grundstandard, spezifisch islamische Standpunkte zumindest zu berücksichtigen. Im übrigen zeigen die positiven Stellungnahmen der Kirchen zum muslimischen Religionsunterricht, daß einer Integration der islamischen Gemeinschaft keine unüberwindbaren Hindernisse entgegenstehen.[1165] Allerdings erfordert der Grundstandard nicht die Berücksichtung jeder noch so unbedeutenden Religionsgemeinschaft.

b) Glaubensbezogene Inhalte erfordern die Form der Drittsendung

Soweit eine Einbeziehung der Auffassungen anderer Religionsgemeinschaften erforderlich ist[1166], bereitet die Frage besondere Schwierigkeiten, inwieweit eine Vermittlung religiöser Inhalte im engeren Sinn durch eine andere Glaubensgemeinschaft möglich ist. Hier wird man zu unterscheiden haben: Die Darstellung von Leben und Kultur anderer Religionsgemeinschaften in berichtender, neutraler Form ist auch kirchlichen Veranstaltern zuzumuten[1167] und dürfte kaum auf Widerstand stoßen. Dagegen entziehen sich bekenntnisgetragene Äußerungen der jeweiligen Glaubensgemeinschaft mit zunehmender Nähe zum Kern des Bekenntnisses der redaktionellen Vermittlung durch den Veranstalter.[1168] Dies gilt erst recht dann, wenn dessen Programm seinerseits von einem bestimmten Bekenntnis getragen wird, da in dieser Situation für eine unverfälschte Darstellung der jeweiligen Glaubensinhalte besondere Gefahren bestehen. Für im engeren Sinn glaubensbezogene Äußerungen ist daher die Drittsendung die einzig sachgerechte Darbietungsform.[1169]

[1163] *Lorenz*, Drittsendungsrecht, S. 38, 39; *Link*, Anspruch, S. 279.
[1164] BVerfGE 57, 295 [330]; *v. Campenhausen*, Staatskirchenrecht, S. 147.
[1165] Vgl. HK 53 4/99 S. 167 ff.
[1166] Bedeutsam ist in diesem Zusammenhang, daß religiöse Beiträge bereits durch den Veranstalter selbst dargeboten werden, so daß es im Einzelfall sogar zu einem Übergewicht religiöser Inhalte kommen kann.
[1167] Ähnlich *Heckel*, Die Kirchen im Medienrecht, S. 1023. Als unzumutbar müsse demgegenüber die Verbreitung bekenntnisfeindlicher Mission und Propaganda angesehen werden.
[1168] *Ricker/Schiwy*, Rundfunkverfassungsrecht, S. 395; *Link/Pahlke*, Kirchen und privater Rundfunk, S. 17; *Link*, Anspruch, S. 276; *Lorenz*, Drittsendungsrecht, S. 39.
[1169] Dazu näher unten (S. 202 ff.).

c) Konflikt mit der Religionsfreiheit des Veranstalters

Soweit von kirchlichen Veranstaltern verlangt würde, die glaubensbezogenen Anliegen anderer Religionsgemeinschaften im redaktionellen Programm zur Darstellung zu bringen, kommt eine Verletzung in ihrer negativen Religionsfreiheit in Betracht.

Im Hinblick auf das Programm kommerzieller Sender ist bei binnenpluraler Organisation ein Schutz durch Art. 4 GG bisher abgelehnt worden. Für *Lorenz*[1170] stellt sich die „Einbeziehung des kirchlichen Spektrums" durch den Veranstalter als die Wahrnehmung der Obliegenheiten aus Art. 5 Abs. 1 S.2 GG dar. Da auch in weltanschaulicher Hinsicht eine Tendenzfreiheit verfassungsrechtlich ausgeschlossen sei, könne sie auch Art. 4 Abs. 1 GG nicht begründen, wobei es es auf das Verhältnis zu Art. 5 Abs. 1 S.2 GG nicht ankomme. Auch nach der Auffassung *Links*[1171] wird die Religionsfreiheit von den fundamentalen Strukturprinzipien des privaten Rundfunks überlagert, so daß dem Veranstalter die Berufung auf das Grundrecht der negativen Religionsfreiheit versagt bleibt.

Die Argumentation, wonach es im binnenpluralen System wegen der Pflicht zur Ausgewogenheit keine von der Berücksichtigung von Drittinteressen freistellende weltanschauliche Tendenzfreiheit geben soll[1172], läßt sich jedoch nicht ohne weiteres auf kirchliche Veranstalter übertragen. Anders als bei kommerziellen Veranstaltern ist deren Betätigung gerade auf die Vermittlung von glaubensbezogenen Inhalten gerichtet und wird insoweit von Art. 4 GG gewährleistet. Die aus der Abwehrfunktion des Grundrechts folgende Freiheit, die persönliche Grundrechtsausübung zu unterlassen[1173], soll den Grundrechtsträger davor schützen, sich im Sinne eines bestimmten Bekenntnisses äußern zu müssen. Kirchliche Veranstalter zur Ausstrahlung von fremden Glaubensinhalten zu verpflichten hieße aber, ihnen ein aktives Tun abzuverlangen. Auch wenn der Veranstalter mit der bloßen Ausstrahlung selbst keine religiöse Handlung vornimmt, wäre er doch an deren medialer Übermittlung notwendig und unmittelbar beteiligt[1174]; aufgrund seiner Gesamtverantwortung für das Programm würden ihm somit möglicherweise entgegen der von ihm geteilten Überzeugung religiöse Positionen zugerechnet. Dies ließe sich auch nicht durch die positive Religionsausübungsfreiheit der betreffenden Glaubensgemeinschaft rechtfertigen, die durch die Nichtberücksichtigung bestimmter religiöser Inhalte keine Einschränkung erfährt.[1175] Da die Religionsfreiheit von Verfassungs wegen schrankenlos gewährleistet wird, muß eine Abwägung mit den Belangen der Rundfunkfreiheit erfolgen: Einerseits gebietet der Grundstandard, daß alle gesellschaftlich relevanten Gruppen zu Wort kommen, andererseits berührt die Pflicht zur Ausstrahlung fremder Glaubensinhalte

---

1170 *Lorenz*, Drittsendungsrecht, S. 60; so auch *Link*, Anspruch, S. 282.
1171 *Link/Pahlke*, Kirchen und privater Rundfunk, S. 36 ff.; vgl. auch *Stock*, Kirchenfreiheit und Medienfreiheit, in: ZevKR 20, S. 301.
1172 Vgl. *Lorenz*, Drittsendungsrecht, S. 60.
1173 *v. Campenhausen*, Staatskirchenrecht, S. 74 f.; *Maunz-Dürig*, GG, Art. 4 Rn. 54 f.; *Zippelius* in: BK, Art. 4 Rn. 99 f.; *Link/Pahlke*, Kirchen und privater Rundfunk, S. 36.
1174 Mit ähnlicher Begründung zum Drittsendungsrecht: *Dehnen*, Drittsendungsrecht, S. 18.

unter eigener Verantwortung den bekenntnisgebundenen Veranstalter in seiner Bekenntnisfreiheit. Es bedarf daher einer verfassungskonformen Auslegung der Vielfaltsvorschriften.

d) Keine Berücksichtigung außerhalb eigener Sendezeiten

Wo der Grundstandard die Einbeziehung von Verkündigungsinhalten anderer Religionsgemeinschaften erfordert, eine Drittsendungsberechtigung mangels Innehabung der Körperschaftsrechte de lege lata jedoch nicht besteht[1176], läßt sich folgende Lösung denken: Beruft sich der Veranstalter auf seine negativen Religionsfreiheit, so muß er seiner Vielfaltspflicht durch die Einräumung von Sendezeiten nachkommen, die von der zu berücksichtigenden Religionsgemeinschaft selbst verantwortet werden. Auf diese Weise käme die jeweilige Glaubensgemeinschaft zu Wort, ohne daß ihre religiösen Positionen dem Veranstalter zugerechnet würden.[1177]

Einer solchen, praeter legem begründeten Drittsendungsverpflichtung stehen indessen Bedenken entgegen. Denn die Mediengesetze knüpfen nicht ohne Grund an das Merkmal des Korporationsstatus an. Durch die selektive Einräumung eigener Sendezeiten nur an korporierte Glaubensgemeinschaften hat der Gesetzgeber zum Ausdruck gebracht, daß vor allem die in der Gesellschaft vorherrschenden und anerkannten Religionen unbedingt und unverkürzt zum Ausdruck kommen sollen. Obwohl die einzelnen Programme weder einseitig einem Bekenntnis dienen, noch religiöse Werbung i.e.S. ausstrahlen dürfen, sind Drittsendungen ausdrücklich von diesem Verbot ausgenommen und bedürfen auch keiner Zulassung. Insoweit erfüllt das Kriterium des Körperschaftsstatus eine zur Sicherung der Rundfunkfreiheit unerläßliche Funktion und erweist sich damit als sachgerechter Anknüpfungspunkt für eine Differenzierung. Im Hinblick auf die religionsrechtliche Parität begegnet dies keinen Bedenken[1178], da diese sich im Hinblick auf die Großkirchen aus deren besonderer gesellschaftlicher Bedeutung[1179], jedenfalls aber aus der durch die Hoheitsfähigkeit begründeten Verfassungserwartung rechtfertigt.

Geht man ferner davon aus, daß der Gesetzgeber durch die Normierung von Drittsenderechten das Ausgewogenheitsgebot konkretisiert hat[1180], so läßt sich hieraus auf ein Spezialitätsverhältnis der Drittsendungsverpflichtung gegenüber den allgemeinen Anforderungen an den Veranstalter schließen. Daraus folgt wiederum, daß glaubensrelevante Inhalte von Religionsgemeinschaften, die nicht zum Kreis der Drittsendungsberechtigten gehören, erst recht nicht im allgemeinen Programm des kirchlichen Veranstalters dargeboten zu werden brauchen.

[1175] Vgl. *Listl*, Glaubens-, Bekenntnis- und Kirchenfreiheit, S. 441 f.; *v. Campenhausen*, Staatskirchenrecht, S. 75 f.; *Link/Pahlke*, Kirchen und privater Rundfunk, S. 36.
[1176] Dies betrifft insbesondere den Islam.
[1177] Die Prämisse, daß die Verpflichtung zur Ausstrahlung von Drittsendungen den Veranstalter nicht in seinen Grundrechten verletzt, ist freilich nicht unproblematisch. Hierzu ausführlich S. 212 f.
[1178] *Heckel*, Parität, S. 599.
[1179] *Hartstein*, Rundfunkstaatsvertrag, § 24, Amtl. Begr. zu § 24.
[1180] Siehe Anm. 1229.

5. Organisatorische Anforderungen

Um das Zuwortkommen der unterschiedlichen Meinungsträger zu ermöglichen, bedarf der Grundstandard der Absicherung durch organisatorische, vielfaltsgewährleistende Vorkehrungen.[1181] Der Gesetzgeber kann dem entsprechen, indem er den Veranstaltern entweder eine materiellrechtliche Pflicht zu inhaltlicher Vielfalt auferlegt und diese mit einer externen Kontrolle durch bestimmte Einrichtungen verbindet[1182], oder eine binnenplurale Organisation nach dem Vorbild der öffentlich-rechtlichen Rundfunkanstalten fordert, bei der der pluralitätssichernde Einfluß intern, d.h. durch die Organe des Veranstalters selbst, vermittelt wird.[1183]

Die Voraussetzungen, unter denen private Rundfunkveranstalter organisatorische Vorkehrungen zur inneren Vielfaltssicherung treffen müssen, sind von Land zu Land unterschiedlich geregelt. Werden solche in manchen Ländern erst nach entsprechender Aufforderung bei festgestellten Verstößen gegen das Vielfaltsgebot gefordert[1184], aktualisiert sich die Pflicht hierzu anderorts schon im Bereich der Zulassung.[1185] Wie die neueren Gesetzesnovellen zeigen, verliert die Selbstorganisationspflicht als präventives Sicherungsinstrument jedoch zunehmend an Bedeutung.

a) Von den Mediengesetzen vorgesehene Vorkehrungen

Als vielfaltssichernde Organisationsmaßnahme kommt nach den Mediengesetzen zunächst die Organisation als Anbietergemeinschaft in Betracht.[1186] Bei dieser Gestaltung wird die Pluralität der maßgeblichen Einflüsse durch eine gesellschaftsrechtlich geregelte Zusammenfassung verschiedener Anbieter verwirklicht. Alternativ besteht für den Veranstalter regelmäßig die Möglichkeit zur Bildung eines Programmbeirats[1187] aus Vertretern der im Verbreitungsgebiet wesentlichen Meinungen, wobei er meist zusätzlich nach seinem Programmschema und seinen Programmgrundsätzen die rechtliche Gewähr für ein ausgewogenes Meinungsbild bieten muß.[1188] Dem Veranstalter wird teils auch die Möglichkeit eingeräumt, sich von der

---

[1181] BVerfGE 57, 295 [325]; *Link*, Anspruch, S. 272.

[1182] BVerfGE 73, 118 [153, 171]; zu externen Kontrollgremien vgl. BVerfGE 83, 238 [332 f.].

[1183] BVerfGE 57, 295 [325]; 73, 118 [153].

[1184] § 16 Abs. 4 LRG Rh.-Pf., § 15 Abs. 3 RGMV (nach Ermessen der Anstalt nur bei schwerwiegenden Verstößen).

[1185] § 16 Abs. 1 HPRG, § 16 Abs. 1 TRG, § 6 Abs. 1 LRG NW (wobei dem Veranstalter die Option eingeräumt wird, vorherrschende Einflüsse durch Vertrag oder Satzung auszuschließen).

[1186] § 16 Abs. 1 Nr. 2 HPRG, § 16 Abs. 1 Nr. 2, Abs. 3 TRG.

[1187] § 26 Nr. 2, 28 LMG BW, § 16 Abs. 1 Nr. 1 HPRG, § 6 Abs. 1 LRG NW, § 16 Abs. 4 LRG Rh.-Pf., §§ 17 Abs. 3, 15 Abs. 3 RGMV, § 8 Abs. 1 SächsPRG, § 6 Abs. 3 PRG Sachsen-Anhalt (bei konkurrenzlosem Veranstalter), § 16 Abs. 1 Nr. 1, Abs. 2 TRG. Gegenüber der Organisation als Anbietergemeinschaft dürfte hierin die weniger einschneidende Maßnahme zu erblicken sein, da der Programmbeirat auf die Programmgestaltung nur mittelbar Einfluß nimmt (für Baden-Württemberg vgl. *Kirschnek*, Landesmediengesetz Baden-Württemberg, S. 197. Dort hat der Programmbeirat überdies nur die Möglichkeit, festgestellte Verstöße zu beanstanden, Eingriffsbefugnisse fehlen ihm).

[1188] Nach der gemeinsamen Richtlinie der Landesmedienanstalten über die Berufung, Zusammensetzung und Verfahrensweise von Programmbeiräten nach § 32 RfStV (Programmbeiratsrichtlinie – PBR) soll der Programmbeirat durch Vorschläge und Anregungen zur Sicherung der Meinungsvielfalt und Pluralität des

Verpflichtung zu organisatorischen Vorkehrungen zu befreien, wenn er satzungs- bzw. vertragsmäßige Einflußbeschränkungen vorsieht. Weitere mögliche Vorkehrungen sind die Einrichtung von Fensterprogrammen[1189], die Einführung eines Redaktionsstatuts[1190] sowie als ultima ratio der Erlaß von Programmrichtlinien durch die Landesanstalt selbst.[1191]

b) Gestaltungsspielraum bei Gremienbesetzung

Aus Art. 5 Abs. 1 S.2 GG lassen sich keine Anhaltspunkte dafür gewinnen, welche Kräfte im einzelnen zu den gesellschaftlich relevanten rechnen. Bei der Bildung der Gremien im öffentlich-rechtlichen Rundfunk gesteht das Bundesverfassungsgericht[1192] dem Gesetzgeber daher einen weiten Gestaltungsspielraum zu: Die Konkretisierung der gesellschaftlichen Relevanz, die Ermittlung der in Frage kommenden Kräfte und der ihnen zuzurechnenden Gruppen sowie die Auswahl und Gewichtung der entsendungsberechtigten unter diesen bleibt ihm selbst überlassen. Die Vorgaben aus Art. 5 Abs. 1 S.2 GG erschöpfen sich darin, „daß die vom Gesetzgeber festgelegte Zusammensetzung geeignet sein muß, die Rundfunkfreiheit zu wahren".[1193] Eine Unter- oder Überrepräsentationen einzelner Gruppen bleibt daher außer Betracht, solange „die Schwelle grober Verzerrung" nicht überschritten und die Zusammensetzung des Kontrollgremiums nicht „grob einseitig" ist.[1194] Der Unzulänglichkeit einer Verbänderepräsentation[1195] als Mittel zur Wahrung des Allgemeininteresses ist sich das Gericht dabei bewußt: Die Summe der Verbandsinteressen ist mit den Interessen der Allgemeinheit nicht zwangsläufig identisch:[1196] Es kann deshalb der „in der Verbandsrepräsentation liegenden Vielfaltsverengung und der Ausrichtung der Kontrollgremien an Parteilinien entgegenwirken, wenn in ihnen auch Personen mitwirken, die entweder keine oder durchsetzungsschwache Interessen vertreten". Im privaten Rundfunk läßt es die privatautonome Programmgestaltung als Wesenselement des privaten Rundfunks gerechtfertigt erscheinen, die Schwelle der „groben Verzerrung" gegenüber dem öffentlich-rechtlichen Rundfunk höher anzusetzen.[1197] Unter dieser Prämisse ergäbe sich durch die Nichtrepräsentation anderer weltanschaulich orientierter Kräfte nur in Extremfällen ein der Rundfunkfreiheit zuwiderlaufender Zustand.[1198]

Programms (§ 25 RfStV) beitragen, insbesondere die Programmverantwortlichen bei der Programmgestaltung beraten. Die Wirksamkeit seines Einflusses ist durch Vertrag oder Satzung sicherzustellen.

1189 §§ 26 Nr. 1, 27 LMG BW,

1190 § 16 Abs. 4 S. 1 LRG Rh.-Pf.

1191 § 16 Abs. 4 S. 2 LRG Rh.-Pf.

1192 BVerfGE 83, 238 [334 f.].

1193 BVerfGE 83, 238 [334].

1194 BVerfGE 83, 238 [335].

1195 Kritisch *Pukall*, Meinungsvielfalt im Rundfunk, S. 84 f.; siehe auch oben S. 154.

1196 BVerfGE 83, 238 [335].

1197 *Link*, Anspruch, S. 278; *Link*, Neue Medien, in: ZevKR 34, S. 127.

1198 So etwa in dem hypothetischen Fall, daß das Programm der Kirche in einem von Angehörigen anderer Glaubensgemeinschaften dominierten Verbreitungsgebiet das einzige wäre.

c) „Gesamtvertretung" beider Konfessionen?

Programmauftrag und Vielfaltsgebot erfordern auch die Beteiligung von Kirchen in Programmbeiräten[1199]. Ob es einer externen Kontrolle bedarf, wenn der Veranstalter selbst eine der Meinungsrichtungen repräsentiert, deren Einfluß durch den Programmbeirat sichergestellt werden soll, erscheint allerdings fraglich. Ist der Veranstalter dem Bereich der Kirche zuzurechnen, so liegt es nahe, die Kirche insgesamt als ausreichend vertreten anzusehen. In Bezug auf die Zusammensetzung des Programmbeirats weichen die gesetzgeberischen Vorstellungen voneinander ab: Während nach mecklenburg-vorpommerschem Recht die Vertretung beider Kirchen durch einen gemeinsamen Vertreter erfolgen soll[1200], wird der evangelischen und katholischen Kirche z.B. in § 28 Abs. 2 LmedienG BW ausdrücklich das Recht zur Entsendung je eines Vertreters zugesprochen.[1201] Das letztgenannte Modell trägt der Tatsache Rechnung, daß auch die nicht als Veranstalter auftretende Großkirche eine eigenständige Repräsentationsfunktion innehat; immerhin vertreten beide Kirchen für sich genommen gesellschaftlich relevante Gruppen. Sind ausdrücklich beide Kirchen entsendungsberechtigt, so läßt sich dementsprechend auch eine Vertretung beider Kirchen durch die jeweils veranstaltende nicht begründen. Des weiteren wird man die Beteiligung der jeweils anderen Kirche auch in dem (hypothetischen) Fall fordern müssen, daß der kirchliche Veranstalter der einzige in dem jeweiligen Verbreitungsgebiet ist. Im übrigen bestehen gegen eine „Gesamtvertretung" keine durchgreifenden Bedenken. Zum einen wissen sich beide Kirchen in der Ökumene verbunden, zum anderen besteht die Aufgabe der Programmratsmitglieder gerade nicht darin, partikulare Auffassungen zur Geltung zu bringen, sondern in der Wahrnehmung gesamtgesellschaftlicher Interessen; insoweit aber offenbaren die gemeinschaftlichen medienpolitischen Stellungnahmen beiden Kirchen ein hohes Maß an Übereinstimmung.

d) Vereinbarkeit mit Art. 4 GG

Bei kirchlichen Veranstaltern ist die Pflicht zur Organisation als Anbietergemeinschaft und zur Einrichtung von Programmbeiräten an Art. 4 GG und Art. 137 Abs. 3 WRV zu messen. Der effektive Einfluß plural besetzter Organe auf das Programm ist geeignet, die Religionsausübungsfreiheit des Veranstalters (etwa durch Forderungen hinsichtlich Anzahl oder Zeit der Gottesdienste) zu verkürzen. Sieht man darüber hinaus in der Rundfunkveranstaltung eine von den Kirchen autonom zu regelnde Angelegenheit, so kann sich eine Pflicht zur Selbstorganisaton nach gesetzlicher Maßgabe zugleich als Eingriff in das Selbstbestimmungsrecht darstellen. Soweit die Medienanstalt befugt ist, die Programmrichtlinien durch Satzung festzulegen[1202], kommt insbesondere eine Verletzung der kirchlichen Rechtssetzungsautonomie in Betracht.

[1199] *Link*, Anspruch, S. 278.
[1200] §§ 15 Abs. 3, 45 RGMV.
[1201] Nach § 15 Abs. 3 RGMV setzt sich der Programmbeirat entsprechend dem Landesrundfunkausschuß (§ 45 RGMV) zusammen, zu dessen elf Mitgliedern ein gemeinsamer Vertreter der beiden Großkirchen und der jüdischen Glaubensgemeinschaft gehört.
[1202] Vgl. § 16 Abs. 4 S. 2 LRG Rh.-Pf.

Problematisch erscheint auch das in einigen Mediengesetzen vorgesehene Bestimmungsrecht der Landesanstalt über die im Verbreitungsgebiet wesentlichen Meinungen.[1203] Dessen Ausübung kann in bestimmten Verbreitungsgebieten dazu führen, daß in den Programmbeirat des bekenntnisgebundenen Veranstalters Meinungsrichtungen aufgenommen werden müssen, die mit seinem Bekenntnis unvereinbar sind.

(1) Negative Religionsfreiheit

Bei fehlender religiöser Tendenz des Programms käme Art. 4 GG, wenn überhaupt, nur als Abwehrrecht des Inhalts, die positive Ausübung des Grundrechts zu unterlassen[1204], in Frage. Durch die nachträgliche Verpflichtung zu organisatorischen, vielfaltssichernden Vorkehrungen würde der Schutzbereich der negativen Religionsfreiheit indes nicht berührt. Weder die Organisation als Anbietergemeinschaft noch die Einrichtung eines Programmbeirats verpflichten den Veranstalter dazu, sich gegen seine Überzeugung im Sinne eines bestimmten Bekenntnisses zu äußern. Auch soweit hierbei Angehörige anderer Religionsgemeinschaften zu berücksichtigen sind, wird dem Veranstalter nicht deren religiöse Überzeugung aufgezwungen. Denn diese handeln nicht in Vertretung deren spezifischer religiöser Interessen, sondern in der Funktion des „Anwalts" der gesamtgesellschaftlichen Kommunikation.[1205]

(2) Positive Religionsfreiheit

In positiver Hinsicht schützt Art. 4 GG die „Programmbetätigung der Kirchen, aber auch sonstiger Veranstalter dann, wenn in ihren Programmen in der Behandlung von Glaubens- und Weltanschauungsfragen eine erkennbare Tendenz verfolgt wird."[1206] Wird kirchlichen Veranstaltern die Schaffung organisatorischer Vorkehrungen zur Pflicht gemacht, die einen Einfluß Dritter auf das Programm vorsehen, können hiervon auch die von Art. 4 GG geschützten Programmteile betroffen werden. Im Hinblick auf die nur verfassungsunmittelbar mögliche Einschränkbarkeit kommen Beschränkungen des Grundrechts nur unmittelbar aus dem Gesichtspunkt der Rundfunkfreiheit in Betracht. Beide Grundrechtsgewährleistungen müssen daher in ein Verhältnis praktischer Konkordanz gebracht werden.

Hierfür ist zunächst die Programmkategorie entscheidend. Wurde das Programm als christliches Spartenprogramm i.e.S. genehmigt, so liegt hierin zugleich die Anerkennung des Rechts der Kirche, das Programm gemäß den Vorgaben des jeweiligen Bekenntnisses zu gestalten. Der mögliche Konflikt von Religionsausübungsfreiheit und Erfordernissen der Vielfaltssicherung konnte bereits im Rahmen der Zulassungsentscheidung Berücksichtigung finden. Nachträglich auferlegte Vorkehrungen zur Vielfaltssicherung sind daher abzulehnen, solange sich das Programm im Rahmen der beantragten Sparte hält.

[1203] § 16 Abs. 2 HPRG, § 16 Abs. 2 TRG.
[1204] *v. Campenhausen*, Staatskirchenrecht, S. 61.
[1205] *Link/Pahlke*, Kirchliche Sendezeiten, in: AöR 108, S. 254.
[1206] *Link/Pahlke*, Kirchen und privater Rundfunk, S. 35.

Anders liegt es bei Vollprogrammen, die in den Grenzen des Grundstandards zur Wiedergabe des gesamten Meinungsspektrums verpflichtet sind. Hier kommt den Belangen der Vielfaltssicherung naturgemäß ein größeres Gewicht zu. Es verbietet sich daher, das gesamte Programm der veranstaltenden Religionsgemeinschaften als Plattform für ihre positive Religionsausübung zu überlassen. Vielfaltssichernde Maßnahmen sind deswegen grundsätzlich als zulässig zu erachten. Allerdings darf nicht verkannt werden, daß die Kirche außerhalb eigener Rundfunkveranstaltungen zum Kreis der Drittsendungsberechtigten gehört. Im Fall der Eigenveranstaltung darf sie in bezug auf die Erfüllung ihres Verkündigungsauftrags nicht schlechter gestellt werden, als sie bei der Inanspruchnahme autonom zu gestaltender Drittsendezeiten im Programm eines Dritten stünde. Die Rechtsposition der Kirchen aus Art. 4 GG erfordert daher in jedem Fall, den Einfluß binnenplural zusammengesetzter Gremien auf solche Programmteile auszuschließen, die ihre Prägung durch das religiöse Bekenntnis erhalten und deshalb Gegenstand von Drittsendungen sein können.

e) Vereinbarkeit mit Art. 137 Abs. 3 WRV

(1) Spartenprogramme als eigene Angelegenheiten

Eine Verletzung kirchlicher Veranstalter in ihrem Selbstbestimmungsrecht setzt voraus, daß es sich bei der Gestaltung des Rundfunkprogramms um eine eigene Anlegenheit der Kirchen handelt. Aus der Warte der Rechtsprechung des Bundesverfassungsgerichts zur Rundfunkfreiheit wird dies freilich zu verneinen sein: Soll der Rundfunk Sache der Allgemeinheit sein, kann es sich bei ihm nicht zugleich um eine „eigene Angelegenheit" einzelner gesellschaftlicher Gruppen handeln. Andererseits zählt das Bundesverfassungsgericht die Betätigung der Kirchen zu den von Art. 137 Abs. 3 WRV geschützten Angelegenheiten, wenn der spezifisch kirchliche Auftrag unmißverständlich hervortritt.[1207] Letzteres ist der Fall, wenn das Programm als christliches Spartenprogramm lizensiert wurde. Vorschriften, die Dritten einen effektiven Einfluß auf die Programmgestaltung einräumen oder selbst den Programminhalt festlegen, lassen sich auch nicht als für alle geltende Gesetze qualifizieren, da die sachlich-inhaltliche Gestaltung bekenntnisspezifischer Programme nur vom kirchlichen Selbstverständnis her erfolgen kann.

(2) Gemengelage bei Vollprogrammen

Handelt es sich dagegen um ein Vollprogramm, so enthält das Programm neben den vom kirchlichen Selbstverständnis her gebotenen Beiträgen notwendig Elemente, für die die Kirchen keine originäre Kompetenz besitzen.[1208] Soweit mit der caritativen und sozialdiakonischen Tätigkeit der Kirchen auch Belange von allgemeinem Interesse zu ihren eigenen Angelegen-

---

[1207] BVerfG NJW 1995 S. 1606f. [1607].

[1208] Z.B. im Bereich Unterhaltung, in dem auch pointierte und satirische Äußerungen *über* die Kirchen üblich sind.

heiten zu zählen sind[1209], ist zu bedenken, daß die duale Rundfunkverfassung diesem Anliegen bereits ausreichend Rechnung trägt. Bei offenkundiger Prägung des Gesamtprogramms durch das Bekenntnis erscheint die Annahme einer Selbstverwaltungsangelegenheit zwar grundsätzlich möglich. Ein genereller Primat der Kirchenautonomie kann jedoch nicht behauptet werden, da der Allgemeinbezogenheit des Rundfunks bei dieser Sachlage ein größeres Gewicht beizumessen ist. Es bedarf daher einer interessengerechten Zuordnung der jeweils betroffenen Rechtsgüter.[1210]

(3) Modifizierte Organisationspflicht bei Vollprogrammen

Mit dem Selbstverwaltungsrecht als unvereinbar anzusehen ist die Organisation als Anbietergemeinschaft, da hierdurch die autonome Programmgestaltung der Kirche ausgeschaltet und die kirchliche Selbstbestimmung zu einer bloßen Mitbestimmung degradiert würde. Im übrigen erscheint eine modifizierte Organisationspflicht kirchlicher Veranstalter denkbar: Soll der konfessionelle Veranstalter zur Einrichtung von Kontrollgremien verpflichtet werden, so kann dies unter der Voraussetzung erfolgen, daß jedenfalls diejenigen Gegenstände, die in den Kernbereich des Selbstbestimmungsrechts fallen, nicht dem Einfluß des Kontrollorgans unterworfen werden. Soweit dagegen mit den Sendungen keine spezifisch kirchlichen Ziele verfolgt werden, überwiegt die öffentliche Funktion des Rundfunks. Aber auch außerhalb des Kernbereichs des Selbstbestimmungsrechts dürfen den Kirchen keine solchen organisatorische Vorkehrungen auferlegt werden, die einen Einfluß anderer Religionsgemeinschaften auf das Programm vorsehen. Zwar handeln auch anderweitig bekenntnismäßig gebundene Gremienvertreter als Sachwalter der Allgemeininteressen. Abgesehen von dem Sonderfall, daß der kirchliche Veranstalter der einzige im betreffenden Verbreitungsgebiet ist[1211], ist es im Hinblick auf die rechtliche Sonderstellung der Kirchen jedoch geboten, bereits den bloßen Anschein der konfessionellen „Befangenheit" zu vermeiden. Wollte man das kirchliche Programm unbedingt dem Einfluß von Gremien unterwerfen, in denen Vertreter anderer Religionen mitspracheberechtigt sind, so würde dies für die Kirchen eine unzumutbare Härte bedeuten.[1212] Im Hinblick auf die Zusammensetzung des Gremiums kommt daher als zweiter Schritt in Betracht, solche Vertreter auszuschließen[1213] oder dem Veranstalter zumindest ein Ablehnungs- bzw. „Vetorecht" mit Bindungswirkung für die bestimmungsberechtigte Landesanstalt einzuräumen. Ein derartiges „Mitbestimmungsmodell" erscheint geeignet, das Vielfaltsgebot und die Rechte der Religionsgemeinschaften zu einem optimalen Ausgleich zu bringen, zumal die materiellrechtliche Verpflichtung zur Meinungsvielfalt davon unberührt bleibt.

1209 *v. Campenhausen*, Staatskirchenrecht, S. 113.

1210 *Hesse*, Selbstbestimmungsrecht, S. 549 f.; *v. Campenhausen*, Staatskirchenrecht, S. 111.

1211 Siehe oben S. 198.

1212 Mit der Folge, daß – nach Auffassung der Rechtsprechung – die Vorschrift nicht den Anforderungen des für alle geltenden Gesetzes genügt, vgl. BVerfGE 42, 312 [334].

1213 Man wird im übrigen die Entsendung von Vertretern der zu beteiligenden Religionsgemeinschaft in den Programmbeirat nicht hinsichtlich des „ob" als von *deren* Selbstbestimmungsrecht umfaßt ansehen können,

Entsprechendes gilt für die als ultima ratio vorgesehene Befugnis der Medienanstalt, dem Veranstalter programminhaltliche Direktiven zu erteilen. Jenseits des durch das Drittsendungsrecht in quantitativer und qualitativer Hinsicht[1214] umgrenzten Freiheitsraums wird man die konfessionell gebundenen Vertreter im Medienrat von der Beschlußfassung ausschließen müssen.

(4) Vereinbarkeit mit Art. 3 GG

Einschränkungen erfährt der gesetzgeberische Gestaltungsspielraum durch Art. 3 GG.[1215] Im Hinblick auf andere Veranstalter sind abweichende Regelungen bei der Besetzung von Kontrollorganen jedoch durch die Sonderstellung der Kirchen gem. Art. 4 GG, Art. 137 Abs. 3, 5 WRV als sachlichem Grund gedeckt und stellen eine verfassungsgebotene Differenzierung dar. Gleiches gilt hinsichtlich der aus dem jeweiligen Kontrollorganen ausgeschlossenen Gruppe. Da die Vertretung zur Wahrnehmung von Kontrollfunktionen im öffentlichen Interesse erfolgt[1216], handelt es sich um eine Ungleichbehandlung geringer Intensität, die durch jeden sachlichen Grund gerechtfertigt wird.[1217]

V. Kirchliche Veranstalter als Drittsendungsverpflichtete

1. Problemaufriß

Landesmediengesetze und – für bundesweites Fernsehen – § 42 Abs. 1 RfStV sehen neben dem Verlautbarungsrecht[1218] und dem Recht der Parteien zur Ausstrahlungen von Wahlwerbesendungen auch für bestimmte Religionsgemeinschaften das Recht vor, innerhalb des Programms anderer Veranstalter eigengestaltete und eigenverantwortete Sendebeiträge auszustrahlen. In der Literatur wurde die Frage des Drittsendungsrechts aus naheliegenden Gründen fast ausschließlich aus der Sicht der Kirchen als Anspruchsberechtigte beleuchtet.[1219] Im vorliegenden Zusammenhang ist die Rollenverteilung dagegen spiegelbildlich vertauscht. Als Rundfunkveranstalter steht die Kirche hier auf der Seite der Drittsendungsverpflichteten, so daß sich die – bisher offen gelassene – Frage erhebt, ob und inwieweit von ihr überhaupt die

---

sondern nur insoweit, als die Entsendung von Vertretern in ihrer eigener Verantwortung geschehen muß (vgl. *Link*, Mitwirkung, S. 301).

[1214] Vgl. *Link*, Spartenprogramme, Rechtsgutachten IV 3 c.

[1215] BVerfGE 83, 238 [334, 337].

[1216] Das ändert nichts an dem Umstand, daß konfessionell gebundene Vertreter des Allgemeininteresses in den Augen anderer Konfessionen als „befangen" gelten müssen.

[1217] BVerfGE 88, 87 [96]; 91, 389 [401].

[1218] *Bilstein*, Rundfunksendezeiten, S. 5 ff.

[1219] *v. Campenhausen*, Staatskirchenrecht, S. 357 ff.; *Dehnen*, Drittsendungsrecht, S. 17 ff.; *Link*, Mitwirkung, S. 304 ff.; *Link*, Anspruch, S. 274 f., 281 f.; *Link/Pahlke*, Kirchen und privater Rundfunk, S. 17 f, 31 f.; *Link/Pahlke*, Kirchliche Sendezeiten, in: AöR 108, S. 248 ff.; *Link*, Neue Medien, in: ZevKR 34, S. 138; *Lorenz*, Drittsendungsrecht, S. 16 ff.; *Ricker/Schiwy*, Rundfunkverfassungsrecht, S. 394 f.; *Hartstein*, Rundfunkstaatsvertrag, § 24 Rn. 7.

Ausstrahlung von religiösen Sendungen anderer Religionsgemeinschaften gefordert werden kann.

Einfachgesetzlich anspruchsberechtigt sind – in unterschiedlichem Umfang[1220]– die Großkirchen und die Jüdischen Kultusgemeinden. Daneben werden in einer Vielzahl von Ländern auch andere Religionsgemeinschaften im Verbreitungsgebiet zum Kreis der Anspruchsberechtigten gerechnet: So können in mehreren Ländern anderen Religionsgemeinschaften des öffentlichen Rechts Sendezeiten eingeräumt werden[1221]; andere Mediengesetze verpflichten sogar den Veranstalter zur Ausstrahlung von Sendungen sonstiger öffentlich-rechtlicher Religionsgemeinschaften.[1222] Wird dieses Recht von Religionsgemeinschaften eingefordert, deren Zielsetzung mit dem Auftrag der Kirche unvereinbar ist, sind Konflikte vorprogrammiert. Durch die Ausübung des Drittsendungsrechts werden die in Pflicht genommenen Privatveranstalter möglicherweise in grundrechtsrelevanten Bereichen betroffen. In bezug auf kirchliche Veranstalter stellt sich darüber hinaus die Frage, ob diese sich zur Abwehr einer Inanspruchnahme durch andere Weltanschauungsgemeinschaften auf ihre religionsrechtliche Sonderstellung berufen können.

2. Drittsendungsrecht und Vielfaltsgebot

a) Unvermittelbarkeit als Geltungsgrund von Drittsendungen

Wie bereits ausgeführt setzt bereits ein Mindestmaß an gleichgewichtiger Vielfalt im Rundfunk die Berücksichtigung der religiösen Dimension des Lebens voraus; eine Ausgrenzung kirchlicher Beiträge würde den Grundstandard verfehlen.[1223] Überwiegend kann dies in journalistisch vermittelter Form geschehen, z.B. durch Berichterstattung über aktuelle Ereignisse. Die Erfüllung des Rundfunkauftrags erfordert aber über die Information über Kirche und Glauben hinaus auch die „authentische Vermittlung kirchlicher Glaubensaussagen".[1224] Je enger

---

[1220] Die Landesmediengesetze sehen Drittsendungsrechte teils für „religiöse Sendungen" vor (§ 42 Abs. 1 RfStV, § 31 Abs. 2 HmbMedienG, § 30 HPRG, § 39 Abs. 1 LRG Rh.-Pf., 26 Abs. 1 TRG), teils für gottesdienstliche Handlungen, Feierlichkeiten und sonstige religiöse Sendungen (§ 5 Abs. 2 LMG BW, § 29 Abs. 2 LRG Nieders., § 19 Abs. 4 LRG NW, § 23 Abs. 2 PRG LSA, § 14 Abs. 3 LRG Saarland). Restriktiv § 22 Abs. 2 SächsPRG, wonach für sonstige religiöse Sendungen Sendezeiten gewährt werden *können*, Verfassungsrechtlich bedenklich sind jedenfalls § 33 Abs. 2 LRG Schl.-H., § 26 Abs. 2 RGMV, Art. 7 Abs. 3 Sat.-StV Bayern-B.-W.-Rh.-Pf., die auch die Sendezeitgewährung für religiöse Beiträge im Rahmen des Verkündigungsauftrags als „Kann"-Bestimmung formulieren sowie § 24 Abs. 2 BremLMG (Einräumung von Sendezeit allgemein für gemeinnützige Organisationen aus unterschiedlichen Bereichen, die in besonderem Maß Interessen der Allgemeinheit vertreten) und endlich § 57 StV BB, der hierzu ganz schweigt.

[1221] § 31 Abs. 2 HmbMedienG, § 39 Abs. 1 S. 2 LRG Rh.-Pf.

[1222] § 29 Abs. 2 LRG Nieders., § 33 Abs. 2 LRG Schl.-H., § 26 Abs. 2 RGMV, § 22 SächsPRG, § 23 Abs. 2 PRG LSA; noch weiter § 24 BremLMG (Sendezeit für gemeinnützige Organisationen aus unterschiedlichen Bereichen, die mit ihren Sendebeiträgen in besonderem Maße Interessen der Allgemeinheit vertreten).

[1223] *Link*, Spartenprogramme, Rechtsgutachten II 1 c,cc; *Link*, Anspruch, S. 273; *Lorenz*, Drittsendungsrecht, S. 49.

[1224] *Weiß*, Kirche im Radio, in: epd Ausg. 95 v. 4.12.1996, S. 8; vgl. auch *Link*, Anspruch, S. 274 f. Im öffentlich-rechtlichen Rundfunk sind Verkündigungssendungen der öffentlichen Daseinsvorsorge zuzurechnen,

kirchliche Aussagen mit dem durch Art. 4 GG gewährleisteten Verkündigungsauftrag im Zusammenhang stehen, desto mehr entziehen sie sich redaktioneller Aufbereitung und journalistischer Vermittlung.[1225] Insbesondere trifft dies für die Übertragungen von Gottesdiensten und sonstigen kultischen Handlungen zu.[1226] Der Eigenart dieser kirchlichen Kommunikationsformen wird somit nur die unvermittelte und unverkürzte Darstellung in Form der Drittsendung gerecht.[1227] Das Spezifikum der Unvermittelbarkeit ihrer Aussage teilen die Kirchen als „klassisch“ Drittsendeberechtige freilich mit allen anderen Religions- und Weltanschauungsgemeinschaften, die den Empfänger auf einer transzendenten Ebene ansprechen wollen und deshalb auf eine direkte Übermittlung ihrer Botschaft nicht verzichten können.

b) Ausgestaltung oder Grundrechtsschranke?

Drittsendezeiten lassen sich sowohl als Instrument zur Sicherung der Meinungsvielfalt begreifen wie auch als Konzession an die Religionsgemeinschaften. So beruht nach einer Ansicht das Drittsendungsrecht unmittelbar auf dem Vielfaltspostulat und bildet „bereits eine immanente Schranke des Grundrechts aus Art. 5 Abs. 1 S.2 GG“.[1228] Das Recht auf eigene Sendezeit stellt sich hiernach als Konkretisierung des Ausgewogenheitsgebots dar, mit der Folge, daß eine Grundrechtsbeschränkung der in Anspruch genommenen Veranstalters entfiele.[1229] Verstanden als konstituierendes Element zur Ausgestaltung der objektiven Rundfunkfreiheit, erweist sich das Drittsendungsrecht nach dieser Meinung als integraler Bestandteil des der Programmfreiheit durch das einfache Recht gezogenen Rahmens.

Zu einem anderen Ergebnis gelangt die Auffassung, die das Drittsendungsrecht im Licht anderer schützenswerter Rechtsgüter, hier der Religionsfreiheit, sieht.[1230] Eine Regelungsbefugnis des Gesetzgebers besteht dann nur in den Schranken des Art. 5 Abs. 2 GG.[1231] Als solche hat das Bundesverfassungsgericht alle diejenigen Gesetze bezeichnet, die sich „nicht gegen die Äußerung einer Meinung als solche richten“, sondern vielmehr „dem Schutz eines

---

Link/Pahlke, Kirchliche Sendezeiten, in: AöR 108, S. 265; vgl. auch *Herrmann*, Fernsehen und Hörfunk, S. 300 f.

[1225] *Link/Pahlke*, Kirchen und privater Rundfunk, S. 18, *Link*, Anspruch, S. 275 f.; *Link*, Spartenprogramme, Rechtsgutachten III 2 a; *Lorenz*, Drittsendungsrecht, S. 15, 39; *Heckel*, Die Kirchen im Medienrecht, S. 1023.

[1226] Vgl. *Link*, Anspruch, S. 282; *Link*, Spartenprogramme, Rechtsgutachten III 2 a,bb; *Lorenz*, Drittsendungsrecht, S. 38 f.

[1227] *v. Campenhausen*, Staatskirchenrecht, S. 358; *Link*, Anspruch, S. 276.

[1228] *Link/Pahlke*, Kirchen und privater Rundfunk, S. 32; ebenso *Lorenz*, Drittsendungsrecht, S. 58 und wohl auch *Heckel*, Die Kirchen im Medienrecht, S. 1023.

[1229] *Link*, Anspruch, S. 276; *Link/Pahlke*, Kirchen und privater Rundfunk, S. 19; *Lorenz*, Drittsendungsrecht, S. 48, 38 f.; vgl. auch *Kirschnek*, Landesmediengesetz Baden-Württemberg, S. 202.

[1230] Vgl. *Ricker/Schiwy*, Rundfunkverfassungsrecht, S. 394; *Hartstein*, Rundfunkstaatsvertrag, § 24 Rn. 4; so wohl auch *Dehnen*, Drittsendungsrecht, S. 20.

[1231] *Dehnen*, Drittsendungsrecht, S. 20. Ohne weiteres gilt dies im übrigen für die Auffassung, die eine Regelungskompetenz des Gesetzgebers von vornherein nur auf der Schrankenebene anerkennt (z.B. *Brugger*, Rundfunkfreiheit und Verfassungsinterpretation, S. 29; ähnlich *Kirschnek*, Landesmediengesetz Baden-Württemberg, S. 97 f., der das kirchliche Drittsendungsrecht mangels wesentlicher Bedeutung der kirchlichen Stellungnahme nicht als Ausgestaltungsregelung, sondern als Schranke ansieht.

schlechthin, ohne Rücksicht auf auf eine bestimmte Meinung zu schützenden Rechtsguts dienen, dem Schutze eines Gemeinschaftswerts, der gegenüber der Betätigung der Meinungsfreiheit den Vorrang hat".[1232] Für die Rundfunkfreiheit bedeutet dies, daß sich das Gesetz (adressatenbezogen) nicht gegen bestimmte Rundfunkunternehmen richten darf und (sachlich) meinungsneutral, d.h. nicht gegen bestimmte Meinungen gerichtet sein muß.[1233] Die Bestimmungen zum Drittsendungsrecht richten sich zwar ohne Unterschied gegen alle Vollprogrammveranstalter. Nach den Grundsätzen der „Wechselwirkungstheorie" des Bundesverfassungsgerichts hätte allerdings eine Güterabwägung[1234] zwischen dem kirchlichen Verkündigungsinteresse und der Programmfreiheit des Veranstalters sowie dem Schutzgut der Rundfunkfreiheit zu erfolgen.[1235]

Für die erstere Ansicht spricht der Umstand, daß eine Direktvermittlung religiöser Inhalte vielfaltssichernden Charakter hat. Gerade Glaubensaussagen stehen wegen ihres personalen Bezugs in besonderem Maße in der Gefahr verfälscht oder mißverständlich wiedergegeben zu werden. Indessen wird man das Drittsendungsrecht nicht auf diese Funktion reduzieren können. Bei einer Zuordnung zu den Ausgestaltungsregelungen brauchten die spezifischen religiösen Anliegen der Kirchen nicht in die Angemessenheitsprüfung einbezogen werden. Ein vielfältiges Programm setzt etwa nicht zwingend eine Ausstrahlung von Verkündigungssendungen zu den Gottesdienstzeiten voraus. Dagegen erlaubt die letztgenannte Ansicht eine sachgerechte Zuordnung von Religionsfreiheit und Programmfreiheit und einen schonenden Ausgleich der widerstreitenden Positionen.

c) Drittsendungsrecht nur bei binnenpluraler Organisation?

(1) Die Literaturauffassung

Während das Institut des Drittsendungsrechts im binnenpluralen Modell kaum bestritten wird[1236], wird seine Legitimation jenseits der gesetzlich bestimmten Grenze zum Außenpluralismus in Zweifel gezogen.[1237] Werde dort unter Wegfall der Ausgewogenheitsverpflichtung die Vielfalt der Meinungen durch eigene Veranstaltungen der gesellschaftlich relevanten Kräfte vermittelt, so müsse auch die Kirche auf diese Möglichkeit verwiesen werden. Drittsendungsrechte müßten der Ausnahmesituation vorbehalten bleiben, daß das zur Vielfaltskontrolle berufene Organ feststellt, daß „Kirchen nicht mehr zu Wort kommen, obwohl sie dies wollen". Da ein solcher, nicht erforderlicher Regelungsvorbehalt von ihrer dienenden Funktion nicht

---

[1232] St. Rspr. seit BVerfGE 7, 198 [209 f.].
[1233] *Degenhart* in: BK, Art. 5 Abs. 1 und 2 Rn. 872 f., 558 ff.
[1234] BVerfGE 7, 198 [209]; *Degenhart* in: BK, Art. 5 Abs. 1 und 2 Rn. 873.
[1235] Vgl. *Hartstein*, Rundfunkstaatsvertrag, § 24 Rn. 6.
[1236] A.A. *Neumann/Wesener*, Wahlwerbung, in: DVBl. 1984, S. 916 für den Integrationsrundfunk, in welchem Drittsendungsrechte als „außenpluralistische Splitter" wirkten. Ihm folgend *Dehnen*, Drittsendungsrecht, S. 18.
[1237] *Dehnen*, Drittsendungsrecht, S. 22 f. Drittsendungsrechte würden im Außenpluralismus von der dienenden Funktion der Rundfunkfreiheit nicht mehr gedeckt und verletzten sie in ihrem Wesen (Art. 19 Abs. 2). Auch

gedeckt sei, werde die Rundfunkfreiheit sowohl in objektiver wie auch in subjektiver Hinsicht verletzt.[1238]

Gegen diese Sichtweise wird freilich die Pflicht des Gesetzgebers zu effektiver Vielfaltssicherung angeführt; bei fehlender Programmbeteiligung gesellschaftlich relevanter Gruppen käme – zumindest theoretisch – als ultima ratio die Rückkehr zum Binnenpluralismus in Betracht.[1239] Demgegenüber sei die Einräumung von Drittsendungsrechten als „milderes Mittel" – wenngleich nicht verfassungsrechtlich gefordert – so doch zumindest sachlich geboten.[1240] Noch weitergehend wird die Ansicht vertreten, daß die Stellung der Kirche nach Art. 4 Abs. 1, 2 GG, Art. 137 Abs. 3 WRV als Grundlage des Drittsendungsrechts prinzipiell unabhängig vom jeweiligen Rundfunkmodell zu beachten sei, die Modellentscheidung spiele erst für die konkrete Ausgestaltung eine Rolle.[1241]

(2) Stellungnahme

Zutreffend ist, daß in einem rein außenpluralen, d.h. allein durch die Gesetzmäßigkeit des Marktes determinierten Modell eine Pflicht des Veranstalters zur Ausstrahlung von Drittsendungen als systemwidriger Fremdkörper erschiene[1242], zumal sich im Hinblick darauf, daß das Werbevolumen nicht unbegrenzt vermehrbar ist, der Verdrängungswettbewerb erheblich verschärfen wird.[1243] Die Verwirklichung eines derartigen Marktmodells ist jedoch auf absehbare Zeit nicht zu erwarten, da hierfür die Präsenz aller gesellschaftlich bedeutsamen Gruppen mit eigenen Rundfunkprogrammen als Voraussetzung zu fordern wäre, derzeit jedoch nur ein Teil dieser Gruppen als Programmveranstalter auftritt.[1244] Dies ist vor allem auf die besondere Situation nichtkommerzieller Veranstalter zurückzuführen. Eigenveranstaltungen erfordern hohe Aufwendungen organisatorischer und finanzieller Art, die unter den Existenzbedingungen des Privatrundfunks üblicherweise nur durch Werbeeinnahmen finanziert werden können.[1245] Kirchen steht diese Finanzierungsquelle nur in begrenztem Umfang zur Disposition. Aus diesem Grund wird der Umfang eigener Veranstaltungen auch langfristig hinter der gesellschaftlichen Bedeutung der Kirchen zurückbleiben. Durch die unterschiedliche Finanzierung ist für den Bereich des privaten Rundfunks somit ein Defizit religiöser Beiträge vorgezeichnet[1246], das auch durch den Wechsel zum Außenpluralismus nicht behoben, sondern

---

sonst sehe die Rechtsordnung eine Erbringung von Leistungen von Privaten zugunsten der Kirchen nicht vor (*Dehnen*, ebd., S. 23 mit Beispielen).

[1238] *Dehnen*, ebd., S. 23.

[1239] *Link/Pahlke*, Kirchen und privater Rundfunk, S. 52.

[1240] *Link/Pahlke*, ebd., S. 53.

[1241] *Lorenz*, Drittsendungsrecht, S. 47.

[1242] *Lorenz*, Drittsendungsrecht, S. 50; *Dehnen*, Drittsendungsrecht, S. 22 f.; *Heckel*, Die Kirchen im Medienrecht, S. 1024.

[1243] *Groß*, DVBl. 1980, S. 941.

[1244] Im übrigen werden neue technische Entwicklungen zwar bekannte Vielfaltsprobleme lösen, gleichzeitig aber auch neue hervorbringen (z.B. die Entgeltpflichtigkeit von Rundfunkprogrammen).

[1245] Vgl. *Lorenz*, Drittsendungsrecht, S. 52 f., der eine Eigenfinanzierung gar für systemwidrig hält.

[1246] Siehe oben S. 152.

im Gegenteil solange anwachsen wird, bis der Werbemarkt die Sättigungsgrenze erreicht hat. Da kommerziell ausgerichtete Veranstalter nicht immer unaufgefordert dem kirchlichen Anliegen entsprechen werden, muß die Ausgewogenheit des Gesamtprogramms auch im Außenpluralismus durch entsprechende gesetzliche Regelungen sichergestellt werden. Entgegen der erstgenannten Ansicht genügt hierfür die bloße Möglichkeit kirchlicher Eigenveranstaltungen nicht; vielmehr erfordert die Rundfunkfreiheit, daß sich die Ausgewogenheit auch tatsächlich einstellt.[1247] Solange die Kirche danach in Programmen anderer Veranstalter zu Wort kommen muß, kann dies aus oben genannten Gründen[1248] nicht ausschließlich in redaktionell vermittelter Form, sondern in bezug auf Glaubensaussagen im engeren Sinn nur durch die Einräumung von Drittsendezeiten geschehen.

Erst wenn sich die durch das Drittsendungsrecht Berechtigten in größerem Umfang als Veranstalter etabliert haben[1249] – wovon derzeit keine Rede sein kann – wird die Legitimation des Drittsendungsrechts zweifelhaft. Auf solche zukünftigen Entwicklungen kann aber mit dem Kriterium der „Angemessenheit"[1250] des Drittsendungsrechts in geeigneter Weise reagiert werden, so daß ein völliger Wegfall nur als ultima ratio in Betracht kommt.[1251] Für die aktuell bestehende „Übergangsphase" ist daher ein Festhalten am kirchlichen Drittsendungsrecht aus Gründen einer redlichen Vermittlung glaubensbezogener Aussagen geboten.

d) Anspruchsposition der Berechtigten

In der Frage nach einem verfassungsmäßig verbürgten Drittsendeanspruch ist zu unterscheiden: Im öffentlich-rechtlichen Rundfunk bildet die Ausstrahlung von Verkündigungssendungen einen unverzichtbaren Bestandteil der Grundversorgung, da viele Rezipienten (z.B. Kranke) erst hierdurch in die Lage versetzt werden, am gottesdienstlichen Leben teilzunehmen.[1252] Im Hinblick auf die Unvermittelbarkeit kultischer Handlungen und Äußerungen begründet Art. 4 GG daher eine Pflicht der öffentlich-rechtlichen Anstalten zur Einräumung von Drittsendezeiten.[1253] Größere Probleme stellen sich im Privatfunk, in dem nur ein Grundstandard gleichgewichtiger Vielfalt einzuhalten ist. Um die Anforderungen an private Veranstalter nicht zu überdehnen, wird von Teilen der Literatur ein verfassungsrechtlich begründetes Zugangsrecht zugunsten der Kirchen nur dann anerkannt, wenn der Veranstalter diesen Anforderungen gerade in Gestalt von Verkündigungssendungen gerecht werden wolle[1254], da diese nur in der Form der Drittsendung sachangemessen dargeboten werden könnten. Im

---

[1247] BVerfGE 57, 295 [325].

[1248] Siehe oben S. 203.

[1249] Zweifelnd *Lorenz*, Drittsendungsrecht, S. 52 f. In einem allgemeinen Programm werde das Wort der Kirche nivelliert und verfehle seine Wirkung.

[1250] Die Verhältnismäßigkeit im Hinblick auf die Programmdisposition der auf Werbeeinnahmen und Massenattraktion angewiesenen Privatveranstalter begegnet daher keinen Bedenken (zweifelnd *Ricker/Schiwy*, Rundfunkverfassungsrecht, S. 396).

[1251] Vgl. unten S. 222 f.

[1252] *Link*, Spartenprogramme, Rechtsgutachten III 2 a,aa; *Link*, Anspruch, S. 275.

[1253] *Link*, Anspruch, S. 275; *Link*, Spartenprogramme, Rechtsgutachten III 2 a,aa.

[1254] *Link*, Spartenprogramme, Rechtsgutachten III 2 b,aa; *Link*, Anspruch, S. 276, 282, 283.

übrigen genügten dem Grundstandard auch kirchliche Äußerungen außerhalb von Drittsendungen, z.B. Interviews, Gesprächsrunden etc. Andere gehen dagegen von einem subjektiven Zugangsrecht der Kirchen aus; die aus der gesellschaftlichen Bedeutung der Kirche folgende rundfunkrechtliche Berücksichtigungspflicht werde durch den grundrechtlich gesicherten Öffentlichkeitsstatus überlagert.[1255]

Gegen ein subjektives Zugangsrecht läßt sich anführen, daß der Veranstaltung eigener Rundfunkprogramme durch Religionsgemeinschaften – anders als bei politischen Parteien – keine verfassungsrechtlichen Bedenken entgegenstehen und die Verpflichtung zur Ausstrahlung von Drittsendungen die Programmfreiheit des Veranstalters verkürzt. Andererseits ist die erste Ansicht im Hinblick darauf bedenklich, daß sie die Auswahl der im kirchlichen Spektrum gesendeten Beiträge allein dem Veranstalter überläßt. Eine „Abwendungsbefugnis" des Veranstalters hinsichtlich des Drittsendungsrechts trägt die Gefahr in sich, daß Kommerzinteressen und damit erwartungsgemäß sensations- und skandalträchtige Beiträge das Bild der Kirche im privaten Rundfunk bestimmen und offizielle Kirchenvertreter nicht hinlänglich zu Wort kommen. Lediglich gröbste Verzerrungen werden als Verstoß gegen die (auch die Modalitäten der Berichterstattung betreffenden) Programmgrundsätze zu werten sein; einer Vormachtstellung kirchlicher Rand- und Oppositionsgruppen[1256] wird damit nur ein letzter Riegel vorgeschoben. Diese Gefahren erscheinen gewichtiger als die für den Veranstalter mit der Ausübung des Drittsendungsrechts verbundenen Nachteile. Im Hinblick auf den besonderen Öffentlichkeitsstatus der Kirche ist daher ein subjektives Drittsendungsrecht zu befürworten. Jedenfalls aber besteht ein einfachgesetzlicher und im folgenden zugrunde zu legender Anspruch korporierter[1257] Religionsgemeinschaften auf Einräumung von Drittsendezeiten.

e) Drittsendungsrecht in Spartenprogrammen?

Überwiegend verpflichten die Mediengesetze nur Vollprogrammveranstalter zur Ausstrahlung von Drittsendungen. Die Regelungen einiger Länder und auch des Rundfunkstaatsvertrags, wonach dies unterschiedslos allen, also auch den Spartenprogrammveranstaltern auferlegt wird,[1258] hat im Hinblick auf deren Rechtsposition aus Art. 5 Abs. 1 GG Kritik herausgefordert[1259]: Der durch die Drittsendungsverpflichtung bewirkte Grundrechtseingriff belaste werbefinanzierte und daher auf Massenattraktion angewiesene private Veranstalter zunächst

---

[1255] *Lorenz*, Drittsendungsrecht, S. 44, 37 ff.; ein subjektives Recht gegenüber öffentlich-rechtlichen Veranstaltern bejaht auch *Dehnen*, Drittsendungsrecht, S. 19.

[1256] Hiergegen wendet sich auch *Link*, Anspruch, S. 279; *Link*, Neue Medien, in: ZevKR 34, S. 137.

[1257] Das von den Mediengesetzen überwiegend herangezogene Merkmal des Korporationsstatus erweist sich im Hinblick auf die der Verleihung vorgelagerte Prüfung der Hoheitsfähigkeit als sachgerechtes Differenzierungskriterium. Abweichendes bestimmt insoweit § 24 Abs. 2 BremLMG, der auf die Gemeinnützigkeit des Veranstalters abstellt.

[1258] § 42 Abs. 1 RfStV, § 24 Abs. 2 BremLMG, § 30 Abs. 1 HPRG, § 26 Abs. 2 RGMV, § 22 Abs. 2 SächsPRG, Abs. 26 Abs. 1 TRG.

[1259] *Link*, Spartenprogramme, Rechtsgutachten, IV 3 d ; vgl. auch *Ricker/Schiwy*, Rundfunkverfassungsrecht, S. 399.

weitaus stärker als die gebührenfinanzierten Anstalten. Er stelle demgemäß „erhöhte Anforderungen an die verfassungsrechtliche Rechtfertigung", denen die Inanspruchnahme von Vollprogrammveranstaltern noch gerecht werden könne; eine Erstreckung auf Spartenprogramme sei indessen verfassungsrechtlichen Bedenken ausgesetzt. Im übrigen fehle es an einer eindeutigen gesetzlichen Grundlage.[1260]

Solange eine solche nicht besteht und Drittsendungsrechte ohne jede Differenzierung allen Veranstaltern zur Pflicht gemacht werden, wird man Drittsendungsrechte in Spartenprogrammen in der Tat als problematisch ansehen müssen. Auf der anderen Seite führte aber auch eine generelle Schonung von Spartenprogrammen nicht zu sachgerechten Ergebnissen, da deren Marktanteile stetig zunehmen und bei einer gegenläufigen Entwicklung der Anzahl verbreiteter Vollprogramme auf lange Sicht eine Entwertung des Drittsendungsrechts zu befürchten wäre. Jedenfalls für meinungsbildende Spartenprogramme erscheint eine Verpflichtung zur Ausstrahlung von Drittsendungen denkbar. Soweit sich dies auf die finanzielle Situation der betroffenen Spartenveranstalter auswirkt, ist zu berücksichtigen, daß die Mediengesetze zu ihren Gunsten immerhin Selbstkostenerstattungsansprüche vorsehen.

Bei kirchlichen Programmen besteht freilich die Besonderheit, daß diese im Regelfall weder werbefinanziert, noch auf Massenattraktion angelegt sind. Eine Gefährdung der wirtschaftlichen Existenzbedingungen kirchlicher Veranstaltern erschiene allenfalls möglich, wenn es bei Ausstrahlung von Drittsendungen etwa zu einer Beeinträchtigung des Spendenaufkommens käme. Indessen wäre eine nennenswerte Abwanderung von Hörern bzw. Zuschauern nicht zu befürchten, sofern die Drittsendung als solche kenntlich gemacht wird. Bei kirchlichen Spartenprogrammen wird es sich zumeist um ausgesprochene Einschaltprogramme handeln, die vom Empfänger gezielt und in der Regel über mehrere Sendungen hinweg verfolgt werden[1261]

Da abgesehen von wirtschaftlichen Gesichtspunkten keine spezifische Beeinträchtigung der Rundfunkfreiheit nichtkommerzieller Veranstalter ersichtlich ist, steht somit auch einer Inanspruchnahme kirchlicher Spartenveranstalter aus der Sicht des Art. 5 Abs. 1 S.2 GG nichts entgegen.[1262] Über die Vereinbarkeit mit anderen Grundrechten, namentlich der Bekenntnisfreiheit kirchlicher Veranstalter ist damit freilich noch nichts gesagt.

[1260] *Link*, Spartenprogramme, Rechtsgutachten, IV 3 d.

[1261] Aus demselben Grund werden religiösen Drittsendungen in religiösen Spartenprogrammen in der Praxis keine bedeutende Rolle spielen. Der Zielgruppenspezifizität solcher Programme entsprechend wird sich der Empfängerkreis vor allem aus Anhängern der durch das Hauptprogramm vertretenen Religionsgemeinschaften zusammensetzen, die für Sendungen mit anderer bekenntnismäßiger Ausrichtung kaum empfänglich sein werden (vgl. *Ricker/Schiwy*, Rundfunkverfassungsrecht, S. 399).

[1262] Eine andere – zu verneinende – Frage ist es, ob die Drittsendezeit unentgeltlich zur Verfügung zu stellen ist, Siehe S. 217.

f) Grenzen des Rechts auf eigene Sendezeiten

(1) Abstufung nach sozialer Relevanz des Sendezeitdestinatärs

Wo die Mediengesetze eine Anspruchsberechtigung nicht nur für die beiden großen Kirchen, sondern auch für andere korporierte Religionsgemeinschaften vorsehen[1263], wird der Veranstalter unter Umständen mit einer Vielzahl von Sendeansprüchen konfrontiert. Dabei ist zunächst das Gleichbehandlungsgebot und die weltanschauliche Neutralitätspflicht[1264] zu beachten. Unterscheidungen zwischen den mit Körperschaftsrechten ausgestatteten Religionsgemeinschaften kennt das Grundgesetz nicht.[1265] Gleichwohl verpflichtet das Paritätsprinzip nicht zu einer schematischen, undifferenzierten Gleichbehandlungspraxis, die sich der tatsächlichen Verschiedenheit der Religionsgemeinschaften gänzlich verschließt.[1266] Der verfassungsrechtlich gebotene Grundstandard erfordert nicht das Vertretensein jeder noch so unbedeutenden Meinungsrichtung im Rundfunk. Auch der Umstand, daß die Zuerkennung des öffentlichen Status per se eine gewisse gesellschaftliche Bedeutung der jeweiligen Religionsgemeinschaft zur Voraussetzung hat, zwingt nicht schon zur Einbeziehung der durch sie vertretenen Meinungsrichtung in den Grundstandard. Abstufungen nach der sozialen Relevanz der korporierten Religionsgemeinschaften sind daher möglich[1267] und können, da die Gewährung eigener Sendezeiten für andere öffentlich-rechtliche Religionsgemeinschaften in der Regel als „kann"-Bestimmung formuliert ist[1268], im Rahmen der Ermessensprüfung berücksichtigt werden. Bei minimaler gesellschaftlicher Bedeutung der betreffenden Religionsgemeinschaft kommen demnach Drittsenderechte nicht in Betracht.

(2) Kumulierung von Sendezeitansprüchen

Im Hinblick auf den privaten Veranstalter könnte eine Verpflichtung zur Einräumung von Sendezeit für eine Vielzahl kleiner Religionsgemeinschaften zu einer unverhältnismäßigen Belastung[1269] führen. Insbesondere ist bei christlich ausgerichteten Anspruchstellern eine Häufung von Sendezeitforderungen an Sonn- und Feiertagen zu erwarten.[1270] Für werbefinanzierte Fernsehveranstalter bedeutet das wegen des an solchen Tagen erfahrungsgemäß verstärkten Medienkonsums u.U. sichtliche Umsatzeinbußen. Noch größer ist naturgemäß das Interesse des Veranstalters an freier Programmdisposition in kirchlich orientierten Program-

---

[1263] § 31 Abs. 2 HmbMedienG, § 29 Abs. 2 LRG Niedersachsen, § 39 Abs. 1 S. 2 LRG Rh.-Pf., § 33 Abs. 2 LRG Schl.-H., § 26 Abs. 2 RGMV, § 22 SächsPRG, § 23 Abs. 2 PRG LSA. Insbesondere ist an die Vielzahl evangelischer Freikirchen zu denken (vgl. hierzu *Solte*, Organisationsstruktur, S. 417 f).

[1264] *Kirschnek*, Landesmediengesetz Baden-Württemberg, S. 147.

[1265] *Solte*, Organisationsstruktur, S. 428.

[1266] BVerfGE 19, 1 [8]; *Solte*, Organisationsstruktur, S. 428; *Ridder*, Kirche - Staat - Rundfunk, S. 24.

[1267] Für den ähnlich gelagerten Fall der Wahlwerbesendungen vgl. § 5 Abs. 1 Parteiengesetz. Danach können Träger der öffentlichen Gewalt Leistungen an die Parteien in Abhängigkeit von deren Bedeutung gewähren (vgl. VG Frankfurt, NVwZ-RR 1999, S. 547 f.).

[1268] Eine solche Gestaltung verletzt nicht das Paritätsprinzip, vgl. *Link*, Mitwirkung, S. 306 Anm. 110.

[1269] *Hartstein*, Rundfunkstaatsvertrag, § 24 Rn. 7; *Ricker/Schiwy*, Rundfunkverfassungsrecht, S. 396.

[1270] *Ricker/Schiwy*, ebd., S. 396.

men, die gerade an Sonn- und Feiertagen verstärkt genutzt werden. Dieses Interesse hat bei kirchlichen Veranstaltern seine Grundlage weniger in der durch Art. 5 Abs. 1 S. 2 GG geschützten Programmfreiheit, als vielmehr in der Religionsfreiheit (dazu sogleich). Unabhängig davon gebietet es bereits die Programmfreiheit der betroffenen Veranstalter, den kleineren korporierten Religionsgemeinschaften im Vergleich zu den großen, in besonderem Maße gesellschaftlich bedeutsamen Kirchen bei der Ausübung des Drittsendungsrechts engere Grenzen zu ziehen.[1271] Ermöglicht wird dies durch die Prüfung der Angemessenheit der Rechtsausübung.

(3) Angemessenheit

Den Konflikt zwischen den Belangen von Drittsendungsberechtigten und -Verpflichteten suchen die Mediengesetze dadurch auszugleichen, daß sie die Inanspruchnahme privater Veranstalter unter den Vorbehalt der „Angemessenheit" stellen. In quantitativer Hinsicht wird diese durch den zeitlichen Umfang der Drittsendung im Vergleich zum Gesamtprogramm[1272], in qualitativer durch die Plazierung der Drittsendung im Programm bestimmt.[1273] Dabei ist zum einen die Bedeutung der anspruchsberechtigten Religionsgemeinschaft in der Öffentlichkeit zu beachten.[1274] Zum anderen darf die Inanspruchnahme von Sendezeiten bei Spartenprogrammen nicht ohne Rücksicht auf die besonderen Bedingungen der jeweiligen Sparte erfolgen[1275], so daß insbesondere bei der Plazierung des Beitrags die berechtigten Interessen der Kirche an einem spartengerechten Programmablauf zu wahren sind. Hierbei kommt es entscheidend auf die jeweilige Spartentypik an.[1276]

[1271] Vgl. *Hartstein*, Rundfunkstaatsvertrag, § 24 Rn. 7.

[1272] Eine „Aufrechnung" mit eigenen weltanschaulichen Beiträgen des Veranstalters gegen die als Drittsendung auszustrahlenden Themen würde das Recht auf eigene Sendezeiten seiner Wirksamkeit berauben und kommt daher nicht in Betracht, vgl. *Link*, Spartenprogramme, Rechtsgutachten IV 3 c.

[1273] So ausdrücklich § 23 Abs. 2 PRG LSA. Der Drittsendungsberechtigte darf also nicht etwa auf unattraktive Sendeplätze mit geringen Einschaltquoten verwiesen werden. (Vgl. auch die rechtlichen Hinweise der DLM zu den Wahlsendezeiten für politische Parteien im bundesweit verbreiteten Privatfunk vom 8. Dezember 1993 (Nr. 4): „Die Wahlwerbung muß in der Hauptsendezeit plaziert werden und kann nicht in Randzeiten "abgeschoben" werden. Als Hauptsendezeit wird man beim Hörfunk die tägliche Sendezeit zwischen 6.00 und 19.00 Uhr und im Fernsehen von 17.00 bis 23.00 Uhr bezeichnen können [...]. Die Sendezeiten sind nach einem vorher festgelegten Dispositionsplan gleichwertig zu vergeben. Anhaltspunkt für die Sicherung der Gleichwertigkeit der Sendeplätze ist die jeweilige Preiskategorie für Wirtschaftswerbungs-Spots, welche über den Tag differiert. Die Plazierung der Wahlwerbespots kann nicht im Rahmen von Wirtschaftswerbung erfolgen, weil sie dieser gegenüber ein aliud ist"). Ausführlich zur Frage der Angemessenheit *Link*, Spartenprogramme, Rechtsgutachten IV 3 c.

[1274] Vgl. hierzu die rechtlichen Hinweise der DLM zu den Wahlsendezeiten für politische Parteien im bundesweit verbreiteten Privatfunk vom 8. Dezember 1993 (Nr. 4). Um Chancengleichheit zu realisieren, bedürfe es einer Differenzierung unter den Wahlbewerbern. Neben dem letzten Wahlergebnis müßten hierbei auch andere Faktoren berücksichtigt werden, wie die Dauer des Bestehens, ihre Mitgliederzahl, der Umfang ihrer Organisation, ihre Verbreitung in den Parlamenten, ihre Beteiligung an Regierungen oder ihre sonstige politisch wirksame Tätigkeit.

[1275] *Link*, Spartenprogramme, Rechtsgutachten IV 3 c.

[1276] Siehe oben S. 190.

3. Eingriff in Grundrechte des Veranstalters

a) Negative Religionsfreiheit

(1) Gesamtverantwortung des Veranstalters?

Wenngleich Drittsendungen nicht der Verantwortung des Veranstalters, sondern der des Sendezeitdestinatärs unterliegen[1277], bleibt hiervon die Rahmenverantwortung des Programmveranstalters unberührt. So hat das Bundesverfassungsgericht Wahlwerbungen im öffentlich-rechtlichen Rundfunk in die Gesamtverantwortung des Intendanten einbezogen und eine Prüfungspflicht im Hinblick auf die Einhaltung der allgemeinen Strafgesetze anerkannt.[1278] Der Intendant sei zur Zurückweisung von Wahlwerbesendungen befugt, „wenn der Verstoß gegen die allgemeinen Strafgesetze evident ist und nicht leicht wiegt".[1279] Eine derartige Befugnis zur Evidenzkontrolle wird auch für den privaten Rundfunk angenommen.[1280] Im Hinblick auf die negative Religionsfreiheit des Veranstalters begegnet eine Rahmenverantwortung für religiöse Drittsendungen jedoch keinen Bedenken, da dem Nichtgebrauchmachen von der Zurückweisungsbefugnis der alleinige Erklärungsinhalt beizumessen ist, daß die Sendung nicht in schwerwiegender Weise gegen Strafgesetze verstoße. Eine inhaltliche Identifizierung mit dem jeweiligen Bekenntnis des Berechtigten ist hiermit nicht verbunden.

(2) Programmprägung durch Drittsenderechte?

In bezug auf das Programm wird kirchlichen Sendezeiten von Teilen der Literatur ein „neutraler Charakter" attestiert.[1281] Die negative Religionsfreiheit des Veranstalters werde nicht verletzt[1282], da er „auf staatliche Anordnung hin tätig" werde und „nicht der Hoheitsgewalt der Kirchen unterstellt" sei. Zudem setze die Rundfunkfreiheit gerade das positive Zuwortkommen der Kirchen voraus; werde eine Unterbindung der positiven Grundrechtsverwirklichung durch

---

[1277] Alle Mediengesetze enthalten entsprechende Bestimmungen; vgl. auch *Dehnen*, Drittsendungsrecht, S. 19; *Lerche*, Kirchen und neue Entwicklungen im Rundfunk, in: Essener Gespräche Bd. 13, S. 104.

[1278] BVerfGE 47, 198 [233].

[1279] BVerfGE 47, 198 [233].

[1280] *Lackner*, Wahlwerbesendungen, in: ZUM 1997, S. 733; *Hartstein*, Rundfunkstaatsvertrag, § 24 Rn. 22. Vgl. auch die rechtlichen Hinweise der DLM zu den Wahlsendezeiten für politische Parteien im bundesweit verbreiteten Privatfunk vom 8. Dezember 1993: „Eine materielle Kontrolle über den Inhalt der Wahlsendungen ist dem Veranstalter weitgehend verwehrt. Sie ist im wesentlichen auf die Überprüfung beschränkt, ob es sich überhaupt um Wahlwerbung handelt und ob die Sendung nicht offensichtlich gegen allgemeine Gesetze, insbesondere Strafvorschriften, verstößt [...]. Es dürfen nur solche Wahlspots zurückgewiesen werden, bei denen Verstöße gegen allgemeine Gesetze evident sind und nicht leicht wiegen [...]. Allgemeine Gesetze sind insbesondere Strafgesetze. Ferner ist darauf hinzuweisen, daß bereits ein Verstoß gegen den in Art. 1 GG verfassungsrechtlich geschützten Grundsatz der Beachtung der Würde des Menschen die Zurückweisung eines Wahlwerbespots rechtfertigt, ohne daß zugleich auch ein Verstoß gegen strafrechtliche Normen vorliegen muß [...]. Kriterien für die Evidenz des Verstoßes sind die Intensität des Angriffs, die Sensibilität der Bevölkerung für derartige Angriffe sowie die Position der betroffenen Gruppe."

[1281] *Link/Pahlke*, Kirchen und privater Rundfunk, S. 36.

[1282] So auch *Heckel*, Die Kirchen im Medienrecht, S. 1023, der das Drittsendungsrecht als ein „Instrument des Binnenpluralismus" begreift, mit dem der Veranstalter seine Vielfaltspflicht erfülle.

die negative Religionsfreiheit des Veranstalters zugelassen, so mißachte dies die Organisationsprinzipien des binnenpluralen privaten Rundfunks. Infolge dieses Vorrangs der grundlegenden Strukturprinzipien der Rundfunkfreiheit stünden kirchliche Sendezeiten auch mit der positiven Religionsfreiheit des Veranstalters im Einklang.

Die Gegenmeinung[1283] verweist demgegenüber auf den weltanschaulichen Charakter der Drittsendung und die damit verbundenen Auswirkungen auf die Programmfarbe. Der religiös indifferente Veranstalter werde trotz fehlender Ausgewogenheitspflicht gezwungen, bei kirchlichen Handlungen mitzuwirken und eine konzeptwidrige Mitprofilierung seines Programms zu dulden. Daß er für diese Inhalte nicht die Verantwortung trage, ändere an dieser Situation nichts. Die Drittsendungsverpflichtung verletze den Veranstalter daher in Art. 4 GG.

Eine weitere Auffassung differenziert nach der Tendenzbindung des in Anspruch genommenen Veranstalters[1284]. Bei Fehlen einer solchen Festlegung komme allein die negative Bekenntnisfreiheit in Betracht. Da der Veranstalter mit der Bereitstellung von Sendezeit aber weder Verantwortung für Sendeinhalte übernehme, noch sich mit diesen identifiziere, schließe dies eine Verletzung des Grundrechts aus; insoweit sei die Drittsendung „neutral". Das gleiche gelte für den tendenzgebundenen Veranstalter. Allerdings könne bei diesem die „positive Freiheit zu unverkürztem und unverfälschten Bekenntnis" dadurch beeinträchtigt werden, daß das eigengestaltete Programm des Veranstalters durch fremdgestaltete Beiträge mitgeprägt und damit in seiner Außenwirkung verändert wird.

(3) Stellungnahme

Die Annahme eines „neutralen" Charakters des Drittsendungsrechts ist vom objektivrechtlichen Verständnis der Rundfunkfreiheit folgerichtig: Für die religiöse Betätigung des Veranstalters wäre nur dort Raum, wo dieser nach erfolgter Zulassung in eigener Verantwortung Programmgestaltung betreibt. Nur in diesem Rahmen könnte sich seine Grundrechtsausübung verwirklichen und nur dort könnte er sie sinnvollerweise „unterlassen". Ist die dem Berechtigten eingeräumte Sendezeit der Gestaltungsmacht des Veranstalters von vornherein entzogen[1285], liegt sie auch außerhalb des durch die negative Religionsausübungsfreiheit verbürgten Grundrechtsschutzes. Als gegenüber dem Veranstalter „neutral" muß das Drittsenderecht aber auch aus individualrechtlicher Sicht gelten, da die eigentliche inhaltliche Verantwortung für die Sendezeit vom Drittsendeberechtigten übernommen wird.[1286]

Letztlich kann von einem Eingriff in die Religionsfreiheit nur dort die Rede sein, wo der weltanschauliche Impetus der Drittsendung auf das umgebene Programm übergreift, wo also

---

[1283] *Dehnen*, Drittsendungsrecht, S. 23; im Ausgangspunkt zust. *Lorenz*, Drittsendungsrecht, S. 61.
[1284] *Lorenz*, ebd., S. 61 f.
[1285] Je nachdem, welcher Auffassung man folgt, aufgrund Ausgestaltungs- (Art. 5 Abs. 1 S.2 GG) oder Schrankenregelung.
[1286] A.A. wohl *Dehnen*, Drittsendungsrecht, S. 19, der sie – im öffentlich-rechtlichen Rundfunk – als Bestandteil des Hauptprogramms sieht. Für die Rundfunkanstalt bleibe eine „modifizierte" Verantwortung bestehen.

von ihr eine programmprägende Wirkung ausgeht. Das wiederum hängt wesentlich davon ab, inwieweit Rahmenprogramm und Drittsendung nach Form und Inhalt kompatibel sind. Je unauffälliger sich die Drittsendung im Programm darstellt, desto größer, je deutlicher sie sich vom Hauptprogramm abgesetzt ist, desto geringer ist ihre Prägungswirkung. Mit anderen Worten: Nach ihrem äußeren Erscheinungsbild vom Restprogramm abweichende, erkennbar fremdverantwortete Programmbestandteile verändern das Profil eines Programms nicht; nur *solche* Beiträge können als „neutral" betrachtet werden. Ohne weiteres gilt dies für Werbeblöcke, amtliche Verlautbarungen oder Wahlwerbesendungen. Dagegen kommt ein Eingriff in die Religionsfreiheit in Betracht, wenn sich Sendungen mit religiösen Inhalt nahtlos in das Programmumfeld einfügen und sich so als mitprägende Teilelemente des Ganzen erweisen. Bei konfessionellen Programmen wäre dann für das breite Publikum zumindest nicht auf den ersten Blick erkennbar, welcher Konfession der gesendete Beitrag zuzurechnen ist und würde sich das Programm für viele als Einheit darstellen.[1287]

Ein Eingriff in die Bekenntnisfreiheit des Veranstalters müßte aber auch in diesem Fall ausscheiden, wenn der Veranstalter in der Lage ist, eine Verwechslungsgefahr durch eigene Maßnahmen auszuschließen. Die Distanz der Kirche zu den jeweiligen Beiträgen könnte etwa durch Hinweise entsprechend dem usus bei Wahlwerbesendungen[1288] zum Ausdruck gebracht werden, z.B. indem während der (Fernseh-) Sendung Hinweise auf den Verantwortlichen eingeblendet werden oder dieser im Hörfunk zu Beginn und zum Schluß der Sendezeit, bei längeren Beiträgen ggf. auch zwischendurch genannt wird. Da ein schutzwürdiges Interesse des Drittsendungsberechtigten am Unterbleiben der Kennzeichnung nicht ersichtlich ist, fehlt es nach dieser Maßgabe bereits an einem Eingriff in den Schutzbereich der Religionsfreiheit.

b) Positive Religionsfreiheit

(1) Kollision mit positiver Religionsfreiheit?

Die Auferlegung von Drittsendungsrechten schränkt die Freiheit des Veranstalters, das Programm in zeitlicher Hinsicht entsprechend den durch das Bekenntnis vorgegebenen Grundsätzen zu gestalten, ein und reduziert den Spielraum, der ihm für eigene bekenntnisgetragene Sendungen verbleibt. Besonders empfindlich wird der Veranstalter hierdurch an Sonntagen und kirchlichen Feiertagen betroffen, wenn ihm als Anspruchsteller eine Religionsgemeinschaft gegenübersteht und dieser während, vor oder nach den Gottesdienstzeiten eigene

---

[1287] Daran, daß für die große Bevölkerungsmehrheit die Grenzen immer mehr verschwimmen, wird auch den Kirchen, nicht ganz zu Unrecht, eine Mitschuld zugewiesen. Insbesondere die evangelische Kirche stellt sich für manche „durch Aktionismus und Beliebigkeit" zunehmend als „multikultureller Religionsverein" dar (Idea-Spektrum 1998 Nr. 51/52, S. 9).

[1288] Nach den rechtlichen Hinweisen der DLM zu den Wahlsendezeiten für politische Parteien im bundesweit verbreiteten Privatfunk vom 8. Dezember 1993 sind Wahlsendungen „als solche zu kennzeichnen. Dies erfordert An- und Absagen, die für alle Parteien gleich sind und nicht auf die jeweilige Spotlänge angerechnet werden. Aus der Kennzeichnung sollte hervorgehen, daß die inhaltliche Verantwortung für diesen Beitrag bei der jeweiligen Partei liegt."

Sendezeiten eingeräumt sind. Die Inanspruchnahme des Drittsendungsrechts kann dann mit der positiven Religionsausübungsfreiheit des Veranstalters kollidieren.

(2) Schützt Art. 4 GG das Programm an sich?

Klärungsbedürftig ist deshalb die Frage, inwieweit das Programm an sich, genauer: die am Bekenntnis orientierte Festlegung des Programmablaufs, Schutzgegenstand der Religionsfreiheit sein kann. Zunächst kann die Religionsausübungsfreiheit keinen umfassenden Schutz des Programms gewährleisten.[1289] Denn es bestünde die Gefahr, daß die Religionsfreiheit zu einer allgemeinen religiösen Handlungsfreiheit mutiert, die mangels Schrankenregelung in der Lage wäre, spezielle Grundrechte – namentlich die Rundfunkfreiheit – auszuhebeln.[1290] Die Schwierigkeiten bei der Schutzbereichsbestimmung ergeben sich naturgemäß daraus, daß Programme als Abfolge mehrerer Sendebeiträge eine heterogene Struktur aufweisen. Abgesehen von Vollprogrammen, die bereits definitionsgemäß verschiedenartige Inhalte voraussetzen, dürften auch als Spartenprogramme zu klassifizierende Programme der Kirchen in unterschiedlichem Umfang säkulare Elemente enthalten. Es erscheint indes nicht sachgerecht, für die Beurteilung des religiösen Gehalts des Programms an den einzelnen Beitrag anzuknüpfen und religiöse Beiträge gegen Beiträge weltlicher Art aufzurechnen. Führt die Unterscheidung nach der Art der Sendung zu keinem eindeutigen Ergebnis, so können formale Gesichtspunkte Anhaltspunkte liefern.[1291] Im Hörfunk erschließt sich der Bezug zum Bekenntnis häufig erst durch die äußeren Modalitäten der Darstellung, z.B. Sprechweise, musikalische oder sonstige akustische Untermalung.[1292] Ein weiteres Indiz für den Bekenntnischarakter eines Programmes ist die Abwesenheit von kommerzieller Werbung, da dies die Verfolgung ideeller Zwecke nahelegt. Schließlich lassen sich auch aus dem quantitativen Verhältnis von Sprache und Musik[1293] Anhaltspunkte gewinnen, da sich hiernach das Vorliegen „kirchentypischer" Einschaltprogramme beurteilt.

Entscheidend ist letztlich, ob das Gesamtprogramm seiner Zielrichtung[1294], seinem Schwerpunkt und seinem Gesamtbild nach auf die Pflege des religiösen oder weltanschaulichen Lebens angelegt ist. Im Selbstverständnis kirchlicher Veranstalter verfolgen kirchliche Programme den Zweck, jenseits von den „Verkündigungsinseln" in fremden Programmen die unterschiedlichen Lebensbereiche und Gegenstände übergreifend und umfassend in ihrer religiösen Dimension zu fokussieren. Demgemäß muß ihre Tätigkeit im Gesamtzusammenhang betrachtet und daraufhin

---

1289 Siehe hierzu auch *Link/Pahlke*, Kirchen und privater Rundfunk, S. 34, 35.

1290 *Link/Pahlke*, Kirchen und privater Rundfunk, S. 23, *Lorenz*, Drittsendungsrecht, S. 33.

1291 A.A. *Lorenz*, ebd., S. 45.

1292 Vgl. hierzu *Otto*, Benedikt, Verkündigungssendungen im Hörfunk, Saarbrücken 1987.

1293 Auch Musikstücke kommen, was meist vernachlässigt wird, als Träger bekenntnismäßiger Äußerungen in Betracht. Abgesehen von der geistlichen Musik, die eng mit der Kultusausübung verbunden ist, darf auch die „U-Musik (d.h. die „unterhaltende" Musik im Gegensatz zur „ernsthaften" [„E-Musik"]) hiervon nicht ohne weiteres ausgenommen werden. Soweit sie mit Text unterlegt ist, kann auch sie religiöse Aussagen beinhalten, die sich allerdings der Veranstalter in irgendeiner Form zu eigen machen muß. Hierfür mag es genügen, daß er auf sie besonders hinweist oder fremdsprachige Texte übersetzt bzw. erläutert.

1294 Vgl. BVerfGE 24, 236, [246 f.].

überprüft werden, ob die kirchliche Zielsetzung programmbestimmend ist. Dabei sind zusammengehörende Programmbestandteile (z.B. eine Ansprache mit nachfolgendem Kommentar) als Einheit zu betrachten. Diese wird durch unwesentliche Zäsuren (Musikstücke, Kurznachrichten) ebensowenig aufgehoben wie durch Abschweifungen zu nichtkirchlichen Themen. Auch Mischprogramme, in denen eindeutig kirchliche und weltliche Elemente nebeneinander bestehen, fallen nicht zwangsläufig aus dem Schutz des Art. 4 GG heraus; sie müssen jedoch das spezifische religiöse Gepräge des Programms äußerlich erkennbar zum Ausdruck bringen.[1295]

(3) Herstellung praktischer Konkordanz

Gefordert ist eine Lösung, die die Religionsausübungsfreiheit des Veranstalters und das aus der Rundfunkfreiheit folgende Gebot der Vielfaltssicherung zu einem angemessenen Ausgleich bringt. Es erscheint wiederum naheliegend, nach der jeweiligen Programmkategorie zu differenzieren.

(a) Spartenprogramme

Wurde das Programm als christliches Spartenprogramm lizensiert, so muß dem Anliegen des Veranstalters, die Abfolge der Beiträge seinem Bekenntnis gemäß festzusetzen, ein erhöhtes Maß an Rücksicht gezollt werden. Daß die Inanspruchnahme des Veranstalter im Sinne der Drittsendungsvorschriften „angemessen" ist, genügt nicht. Denn nach diesem Maßstab dürfte es die Einbindung der Sendezeit in das Programm bei Spartenprogrammen fast immer notwendig machen, glaubensrelevante Sendungen zeitlich zu verschieben[1296], d.h. die Kirche käme nicht mehr dann zu Wort, wenn sie es für angezeigt hält. In bezug auf kirchliche Spartenprogramme ist aber insoweit von einer besonderen Sensibilität auszugehen, da solche Programme – insbesondere nach katholischem Selbstverständnis – ein höheres Maß an Ritualisierung aufweisen werden als kommerzielle. Drittsendeansprüchen anderer Religionsgemeinschaften[1297] sind daher nicht zu gewähren, soweit der Veranstalter plausibel darlegt, daß deren Erfüllung den vom jeweiligen Bekenntnis her vorgegebenen Programmablauf beeinträchtigt.

(b) Vollprogramme

Leichter fällt die Einbettung von Drittsendezeiten bei Vollprogrammen, die naturgemäß in größerem Umfang säkulare Programmelemente (z.B. Unterhaltung) beinhalten. Für diese Fälle erscheint das einfachgesetzliche Kriterium der „Angemessenheit" grundsätzlich sachgerecht.

[1295] Vgl. BVerfG NJW 1995 S. 1606f. [1607].

[1296] Mit u.U. weitreichenden Auswirkungen auf das Programmumfeld. Aus nachvollziehbaren Gründen wird der Veranstalter nämlich geneigt sein, eigene Verkündigungssendungen nicht in engerem zeitlichen Zusammenhang mit der Drittsendezeit auszustrahlen.

[1297] Bzw. in Bremen: gemeinnützigen Organisationen, die mit ihren Sendebeiträgen in besonderem Maße Interessen der Allgemeinheit vertreten (§ 24 BremLMG).

Eine andere Bewertung kommt allein für Drittsendungen an Sonn- und Feiertagen in Betracht. Durch das Feiertagsrecht[1298] stellt die Rechtsordnung das kirchliche Verkündigungs- und Öffentlichkeitsinteresse der Kirchen an diesen Tagen unter einen besonderen Schutz. Die Einheit der Rechtsordnung gebietet eine Berücksichtigung der hierdurch – im Interesse der Religionsfreiheit erfolgten – Privilegierung auch im Medienrecht. Demgemäß muß den Kirchen das Recht zugestanden werden, die Ausstrahlung von Drittsendungen an Sonn- und Feiertagen zu verweigern.

4. Entgeltlichkeit von Drittsendungen

Rundfunkstaatsvertrag und Mediengesetze sehen zugunsten der drittsendungsverpflichteten Veranstalter eine Entgeltpflicht vor, die auf die Erstattung ihrer Selbstkosten beschränkt ist.[1299] Aus verfassungsrechtlicher Sicht wird dies als bedenklich erachtet: Zum einen aus dem Blickwinkel des Art. 5 Abs. 1 S.2 GG, da die Ausgewogenheit des Programms nur mit Hilfe der Kirchen erreicht werden könne, der Veranstalter also durch die Einbeziehung des kirchlichen Beitrags nicht eine Leistung erbringe[1300], sondern im Gegenteil eine solche erhalte.[1301] Zum anderen verstoße eine Entgeltpflicht gegen den Gleichheitssatz, weil die Kirchen in Erfüllung ihres Öffentlichkeitsauftrags Allgemeininteressen wahrnähmen und deshalb „nicht mit ökonomischen oder politischen Partikularinteressen auf eine Stufe gestellt" werden könnten".[1302]

Auf kirchliche Veranstalter sind diese Überlegungen freilich nicht ohne weiteres übertragbar. Diese verfolgen keine wirtschaftliche Zielsetzung, sondern tragen durch ihr Programm selbst zur Ausgewogenheit des Gesamtprogramms bei und vertreten gleichermaßen Belange des Allgemeinwohls. Die ohnehin erheblichen Schwierigkeiten der Finanzierung kirchlicher Programme würden durch eine unentgeltliche Überlassung von Sendezeit an Dritte in unzumutbarer Weise verschärft.[1303] In bezug auf Programme der Kirchen ist eine gesetzlich

---

[1298] Z.B. Art. 2 f. Bayerisches Feiertagsgesetz (BayFTG).

[1299] § 42 Abs. 1 RfStV, § 5 Abs. 4 S. 2 LMG BW, § 24 Abs. 2 S. 4 BremLMG, § 31 Abs. 4 HmbMedienG, § 30 Abs. 3 HPRG, § 29 Abs. 3 LRG Nieders., § 19 Abs. 5 LRG NW, § 39 Abs. 1 S. 3 LRG Rh.-Pf., § 14 Abs. 4 LRG Saarland, § 33 Abs. 3 LRG Schl.-H., § 26 Abs. 3 RGMV, § 22 Abs. 2 S. 2 SächsPRG, § 23 Abs. 2 S. 2 PRG LSA, § 26 Abs. 1 TRG. Gemäß den rechtlichen Hinweisen der DLM zu den Wahlsendezeiten für politische Parteien im bundesweit verbreiteten Privatfunk vom 8. Dezember 1993 (Nr. 7) sind unter Selbstkosten die „technische[n] Grundkosten für den Sendebetrieb zu verstehen, nicht jedoch Kosten für Programm und Programmgestaltung. Zweifelhaft ist bereits, ob eine Umlage des Verwaltungsaufwandes des Rundfunkveranstalters in Rechnung gestellt werden kann. Daraus folgt, daß keinesfalls eine Kostenerstattung in Höhe der Tarife für Werbeschaltungen verlangt werden kann. Die Berechnung der technischen Grundkosten wird detailliert in der Regel nicht möglich sein und kann deshalb nur durch Formulierung einer Obergrenze erfolgen. Diese liegt bei 35 % des für die Wirtschaftswerbung jeweils geltenden Sekundenpreises."

[1300] So aber *Wunschel*, Sendezeiten, S. 199 i.d.S. auch *Dehnen*, Drittsendungsrecht, S. 18 f.

[1301] *Lorenz*, Drittsendungsrecht, S. 67, 68; andeutungsweise auch *Hesse*, Rundfunkrecht, S. 258.

[1302] *Lorenz*, ebd., S. 69.

[1303] Nach *Link*, Spartenprogramme, Rechtsgutachten III 2 b sollen die Existenzbedingungen des privaten Rundfunks überhaupt eine Entgeltfreiheit ausschließen, da der Veranstalter mit der Einräumung von Drittsendezeiten ohnehin schon eine überobligatorische Leistung erbringe. Dies gelte jedenfalls insoweit, als der Veranstalter sich hierdurch nicht von der Berücksichtigung religiöser Themen „freizeichnet".

bestimmte Entgeltpflichtigkeit der Ausübung des Drittsendungsrechts nicht zu beanstanden.[1304] Dabei erschiene es sogar angebracht, bei der Berechnung des Erstattungsanspruchs die Selbstkosten in Beziehung zu der erreichten Zuschauer- / Zuhörerzahl zu setzen. Es ist nämlich davon auszugehen, daß – bei konstanten Vorhaltekosten des Veranstalters – kirchliche Programme gerade an Sonn- und Feiertagen die hohen Einschaltquoten erzielen werden, die eine Ansprache weiter Bevölkerungskreise erst möglich machen.

VI. Programmgrundsätze

Hinsichtlich der Art der Darstellung weltanschaulicher Themen bestimmen die in den Mediengesetzen verankerten Programmgrundsätze, daß keine Sendung die religiösen und weltanschaulichen Überzeugungen der Bevölkerung verletzen darf. Im Zusammenhang mit kirchlichen Veranstaltungen ist dieser Grundsatz doppelt relevant. Zum einen zieht er der Ausübung des Drittsendungsrechts zugunsten anderer korporierter Religionsgemeinschaften eine äußerste Grenze und schützt damit – wenn auch nur mittelbar – zugleich die von dem Veranstalter geteilte religiöse Überzeugung. Umgekehrt schränkt er die Dispositionsbefugnisse kirchlicher Veranstalters selbst ein, unabhängig von der Kategorie[1305] seines Programms. In beiden Fällen bedarf es jedoch im Konfliktfall einer an den Belangen der Kirchenfreiheit ausgerichteten weiten Auslegung, die auch für überspitzte und provokante Äußerungen Raum läßt.[1306]

[1304] Vgl. *Link*, Mitwirkung, S. 308.

[1305] *Link*, Spartenprogramme, Rechtsgutachten IV 4.

[1306] *Link*, ebd., IV 3 d.

VII. Zusammenfassung

1. Im relativen Außenpluralismus sind private Veranstalter nur in ihrer Gesamtheit zur Herstellung gleichgewichtiger Vielfalt verpflichtet. Partielle Vielfaltsdefizite einzelner Veranstalter bleiben daher außer Betracht, soweit faktisch ein Ausgleich durch andere Programme erfolgt.

2. Tendenzprogramme dürfen jedoch keinen ungleichgewichtigen Einfluß auf das Gesamtprogramm ausüben, der konkurrierende Programmveranstalter zu komplementären Ungleichgewichtigkeiten zwingt. Bei der im Außenpluralismus gebotenen restriktiven Auslegung der jeweiligen Vorschriften dürfte es in der Regel schon wegen der gesellschaftlichen Bedeutung der Kirchen an den Tatbestandsvoraussetzungen fehlen, es sei denn, das Programm ließe abweichende Anschauungen völlig außer acht.

3. Unter binnenpluralen Bedingungen sind grundsätzlich alle Programme zur Wiedergabe des gesamten Meinungsspektrums verpflichtet. Für kirchliche Programme gelten jedoch Einschränkungen: Eine Pflicht zur Ausgewogenheit besteht nicht, solange die gewährte Sendezeit nicht ein quantitativ den kirchlichen Drittsendezeiten entsprechendes Minimum überschreitet. Bei bekenntnisspezifischen Spartenprogrammen ist für die Vielfaltsanforderungen das jeweils spartenprägende Bekenntnis maßgebend.

4. In den Grenzen des Grundstandards treffen kirchliche Vollprogramme eingeschränkte Berücksichtigungspflichten auch in bezug auf andere Religionsgemeinschaften. Deren glaubensbezogene Äußerungen erfordern allerdings zwingend die Form der Drittsendung. Eine Pflicht zur Darstellung im medialen Programm verstieße gegen Art. 4 GG. Nicht drittsendungsberechtigte Religionsgemeinschaften brauchen daher in kirchlichen Programmen nicht berücksichtigt zu werden.

5. Vielfaltssichernde Maßnahmen berühren die negative Religionsfreiheit des Veranstalters nicht. Im Hinblick auf die positive Seite des Grundrechts sind solche Maßnahmen nur insoweit als zulässig zu erachten, als es sich um ein kirchliches *Voll*programm handelt und der Kirche zur Religionsausübung ein unantastbarer, nach den kirchlichen Drittsendezeiten bemessener Freiheitsbereich verbleibt.

6. Die programmliche Gestaltung kirchlicher Spartenangebote gehört zu den eigenen Angelegenheiten der Kirche, die organisatorischen, vielfaltssichernden Maßnahmen nicht zugänglich ist. Im Fall eines Vollprogramms sind die Pflicht zur Einrichtung eines Programmbeirats sowie der Erlaß von Programmrichtlinien mit dem kirchlichen Selbstbestimmungsrecht vereinbar, sofern der Kernbereich des Selbstbestimmungsrechts gewahrt bleibt und zumindest eine Mitwirkung von anderweitig konfessionell gebundenen Personen ausgeschlossen ist.

7. Kirchliche Veranstalter sind von der Pflicht zur Einräumung besonderer Sendezeiten für andere Religionsgemeinschaften de lege lata nicht dispensiert.

8. Der Rundfunkauftrag erfordert eine unvermittelte Darstellung kirchlicher Glaubensaussagen. Die Programmfreiheit des Veranstalters erfährt hierdurch Begrenzungen.

9. In der Situation des Außenpluralismus bestehen die Verpflichtungen zur Einräumung von Drittsendezeiten ungeachtet der Selbstveranstaltungsbefugnis fort, da nichtkommerzielle Veranstalter im Hinblick auf ihre wirtschaftlichen Existenzbedingungen gegenüber kommerziellen Veranstaltern im Nachteil sind und deswegen von einem strukturell bedingten Defizit an weltanschaulichen Beiträgen ausgegangen werden muß. Weil sich die Vielfalt der Meinungen tatsächlich einstellen muß, bedarf es nach wie vor der Form der Drittsendung.

10. Eine Drittsendungsverpflichtung in bezug auf Spartenprogramme ist nur insoweit anzuerkennen, als diese meinungsbildend wirken. Gesichtspunkte der Rundfunkfreiheit, insbesondere solche wirtschaftlicher Art, rechtfertigen keine Ausnahme zugunsten kirchlicher Veranstalter.

11. Im Hinblick auf die Drittsendungsberechtigten ist das Differenzierungsmerkmal des Körperschaftsstatus wegen der damit verbundenen Verfassungserwartung gerechtfertigt. Unter den Religionsgemeinschaften des öffentlichen Rechts sind Abstufungen nach deren sozialer Relevanz zulässig. Bei kumulativer Inanspruchnahme kirchlicher Veranstalter durch kleinere Religionsgemeinschaften ist an die Verhältnismäßigkeitsprüfung im Hinblick auf die Programmfreiheit des Veranstalters ein strenger Maßstab anzulegen.

12. Die negative Religionsfreiheit des Veranstalters steht einer Inanspruchnahme nicht entgegen. Insoweit erweisen sich Drittsendungsrechte grundsätzlich als „neutral". Eine programmprägende Wirkung des Drittsendungsrechts kann durch optische und akustische Mittel ausgeschlossen werden.

13. Die Inanspruchnahme des Drittsendungsrechts kann aber mit der positiven Religionsausübungsfreiheit des Veranstalters in Konflikt geraten. Weist das gesamte Programm eine spezifische religiöse Prägung auf, so erstreckt sich der Grundrechtsschutz auch auf die Festlegung der Programmabfolge. Im Fall kirchlicher Spartenprogramme darf diese durch Drittsendungen nicht beeinträchtigt werden. Gleiches gilt für Vollprogramme an Sonn- und Feiertagen.

14. Eine entgeltliche Ausübung des Drittsendungsrechts ist nicht zu beanstanden. Wegen des eigenen Beitrags zur Ausgewogenheit durch kirchliche Veranstalter greifen die gegen eine Entgeltpflicht vorgebrachten Bedenken nicht durch.

J. Folgen für die Rechtsstellung der Kirche im Rundfunk

I. Auswirkungen auf die Sendezeit bei den Rundfunkanstalten

Die Diskussion um kirchlich orientierte Programmveranstaltungen wie Radio Paradiso oder Radio Horeb hat bei den öffentlich-rechtlichen Anstalten die Frage nach der Legitimation des Drittsendungsrechts neu aufgeworfen.[1307] Für eine Ablösung des Drittsendungsrechts durch eigene Veranstaltungen spricht in der Tat dessen Entstehungsgeschichte. Angesichts ihrer zunächst ablehnenden Haltung zur Einführung privaten Rundfunks suchte man die Kritik der Kirchen abzumildern und sie durch die Einräumung eigener Sendezeiten in diesen Prozeß einzubeziehen.[1308] Auch von den Kirchen selbst wurde das Fehlen eigener Rundfunksender als Argument herangezogen, um die eigene Stellung im Integrationsfunk zu untermauern.[1309] Nach Auffassung der Fuldaer Bischofskonferenz 1955 habe der Staat, wenn die Kirche die Errichtung eigener Sender „unter den sonst üblichen Lizenzbedingungen [...] nach reiflicher Überlegung" vorerst unterlasse, „die doppelte Pflicht, der Kirche bei den Rundfunkanstalten die ihr zukommenden Rechte einzuräumen".[1310] Ein völliger Wegfall des Drittsendungsrechts im öffentlich-rechtlichen Rundfunk käme allerdings schon im Hinblick auf die Erfüllung des Grundversorgungsauftrags nicht in Betracht. Aus diesem ergibt sich für die öffentlich-rechtlichen Anstalten die Verpflichtung zur Darstellung religiöser Inhalte, der für den Bereich der Verkündung wiederum nur durch die Einräumung eigener Sendezeiten als der einzig sachangemessenen Darbietungsform kirchlicher Inhalte (i.e.S.) entsprochen werden kann.[1311] Die Anforderungen aus dem Vielfaltsgebot treffen dabei den öffentlich-rechtlichen und privaten Rundfunk jeweils für sich[1312], so daß das eigenverantwortliche Engagement der Kirchen im Privatfunk die öffentlich-rechtlichen Anstalten nicht von der Drittsendeverpflichtung zu entlasten vermag. Ein Wegfall des Drittsendungsrechts im öffentlich-rechtlichen Rundfunk wäre nur dann in Erwägung zu ziehen, wenn die Kirchen an der Veranstaltung öffentlich-rechtlicher Programme beteiligt würden, ihnen also Aufgaben der Grundversorgung übertragen würden, oder aber der Programmauftrag des öffentlich-rechtlichen Rundfunks neu bestimmt würde.[1313]

[1307] Vgl. die kritischen Stellungnahmen von SFB-Intendant Günther von *Lojewski* (*Thomann*, „Im Paradies ...", in: FAZ v. 30.10.1998, S. 47) sowie von Jens *Wendland*, Hörfunkdirektors des SFB (in: epd Ausg. 82 v. 22.10.1997 S. 11-12). Dagegen befürwortet der DLM-Vorsitzende Norbert *Schneider* eine Betätigung der großen Kirchen als Fernsehprogrammveranstalter neben ihrer Präsenz im öffentlich-rechtlichen Rundfunk (epd-Wochenspiegel Nr. 35/1999 S. 11).

[1308] *Hartstein*, Rundfunkstaatsvertrag, § 24 Rn. 1.

[1309] *Holzamer*, Nachkriegsentwicklung, in: Essener Gespräche Band 13 (1978), S. 61.

[1310] Fuldaer Bischofskonferenz 1955, abgedr. in: Herder Korrespondez 10 (1955/56), S. 3 f.

[1311] *Hartstein*, Rundfunkstaatsvertrag, § 24 Rn. 4, *Link/Pahlke*, Kirchliche Sendezeiten, in: AöR 108, S. 265; *Link*, Anspruch, S. 281.

[1312] *Link/Pahlke*, Kirchen und privater Rundfunk, S. 10, 64; vgl. BVerfGE 57, 295 [324].

[1313] *Hoffmann-Riem*, Medienfreiheit, in: AÖR 109, S. 329; *Link/Pahlke*, Kirchen und privater Rundfunk, S. 65.

II. Auswirkungen auf die Sendezeit im Privatfunk

Es zeichnet sich zwar ab, daß die Kirchen in Zukunft verstärkt von der Möglichkeit der Selbstveranstaltung Gebrauch machen werden. Dennoch bleibt es allein ihre Sache, ob sie sich zur Errichtung eigener Kirchensender entschließen. Geschähe dies etwa aus Kostengründen nicht, so wäre das unvermittelte Zuwortkommen der Kirche u.U. nicht mehr gewährleistet.[1314] Da eine Ausblendung des Kirchlichen aus dem Programm aber auch einem noch so niedrig angesetzten Grundstandard nicht gerecht würde[1315], rechtfertigt nicht schon die bloße *Möglichkeit* der Eigenveranstaltung eine Beschneidung der übrigen kirchlichen Mitwirkungsbefugnisse.[1316]

Problematisch ist aber, welches Schicksal der Drittsendeberechtigung im Fall der tatsächlichen Veranstaltung eigener Programme durch die Kirchen beschieden ist. Die Mediengesetze enthalten meistenteils keine Regelungen zu diesem Punkt. Eine Verknüpfung stellt allein § 19 Abs. 4 LRG NW her, wonach Drittsendungsrechte nur dann bestehen sollen, wenn die Berechtigten nicht als Veranstalter eines landesweiten Rundfunkprogramms zugelassen sind.

Ein Wegfall des Drittsendungsrechts hätte unter den Bedingungen des Binnenpluralismus zur Folge, daß die Kirche als Vollprogrammveranstalter in ihrem Programm nichtkirchliche Themen aufgreifen müßte, umgekehrt aber kirchliche Themen in kommerziellen Programmen der Sendungsform der Drittsendung entkleidet, mithin in vermittelter Form dargeboten werden könnten. Hierdurch entstünde ein Minus an eigenverantwortlicher Selbstdarstellung, dessen Kompensation durch die eigenen, wenig massenattraktiven Kirchenprogramme nur begrenzt möglich wäre. Hinzu kommt, daß die privaten Veranstalter nicht selten erst durch die Beiträge der Kirchen (z.B. aus dem diakonischen und sozialen Bereich) in die Lage versetzt werden, den Vielfaltsanforderungen zu entsprechen; so tragen insbesondere die kirchlichen Privatfunkredaktionen zur Akzeptanz des Gesamtprogramms beim Publikum bei.[1317]

Auch bei außenpluraler Gestaltung der Rundfunkordnung erfordert der Grundstandard ein direktes Zuwortkommen der Kirchen. Bei einem Fortfall der Drittsendeberechtigung müßte zur Sicherung einer angemessenen kirchlichen Präsenz ein adäquater Ersatz geschaffen werden. Dies könnte etwa geschehen, indem für kirchliche Programme ein angemessenes Kontingent an Frequenzen bereitgehalten wird – und zwar unabhängig von der konkreten Inanspruchnahme, da ein Widerruf bereits erteilter Zulassungen regelmäßig aus Gründen des Bestandsschutzes ausscheidet. Für das „Übergangsmodell" stellt sich dabei freilich die Frage, ob die Belastung der Gesamtheit der privaten Vollprogrammveranstalter mit Drittsendungsrechten nicht eher hingenommen werden kann als der völlige Ausschluß einzelner von der Grundrechtsausübung, trotz vorhandener Kapazitäten. Vor allem aber könnte die vom Öffentlichkeitsauftrag der

---

[1314] Daß Privatsender besonders aufsehenserregende Ereignisse und Äußerungen kirchlicher Vertreter auch ohne eine Rechtspflicht dokumentieren werden, dürfte diese Situation nicht verbessern.

[1315] *Link*, Neue Medien, in: ZevKR 34, S. 136, 137; *Link*, Anspruch, S. 279; *Lorenz*, Drittsendungsrecht, S. 49.

[1316] Dazu schon oben S. 205 f.

[1317] *Kommission f. priv. Rundfunk im GEP*, Grundsatzpapier, Abs. 2 Nr. 4 a.

Kirche her gebotene Ansprache weiter Personenkreise durch wenige eigene Kirchenprogramme bei weitem nicht in dem Umfang hergestellt werden, wie dies durch die Einstreuung kirchlicher Beiträge in säkulare Programme möglich wäre. Um eine „Ghettoisierung" des Kirchlichen zu vermeiden, muß dem kirchlichen Wort daher eine gewisse Breitenwirkung erhalten bleiben. Dabei ermöglicht es der Angemessenheitsvorbehalt des Drittsendeanspruchs, einen Ausgleich zwischen der Programmfreiheit des privaten Veranstalters und den Interessen der verstärkt präsenten Kirche zu schaffen.

Ein weiteres Argument für den Fortbestand des Drittsendungsrechts ergibt sich aus dem Verbot weltanschaulicher Werbung. Durch die Wendung, daß das Recht zur Inanspruchnahme eigener Sendezeiten hiervon unberührt bleibe, gibt der einfache Gesetzgeber zu erkennen, daß insoweit ein enger Zusammenhang besteht. Ein Wegfall des Drittsendungsrechts hätte zur Konsequenz, daß für kirchliche Verkündigungssendungen außerhalb eigener Veranstaltungen keine rechtliche Grundlage mehr bestünde, da diese als verbotene weltanschauliche Werbung qualifiziert werden müßten. Unter diesem Vorzeichen sichert das Drittsendungsrecht den Kirchen auch das Recht, für ihren Glauben zu werben und Propaganda zu betreiben.[1318] Weil eigene Programme hierzu nur begrenzt geeignet sind, ließe sich ein Wegfall des Drittsendungsrechts, wie in § 19 Abs. 4 LRG NW vorgesehen, allenfalls unter der Prämisse einer Lockerung der Werbebestimmungen denken. Ein vollwertiger Ersatz des Rechts auf eigene Sendezeiten würde hierdurch freilich nicht geschaffen, denn die Drittsendezeitregelungen privilegieren die Kirchen auch insofern, als nur die Selbstkosten des Veranstalters zu erstatten sind.[1319]

[1318] BVerfGE 12, 3 f.
[1319] Vgl. Anm. 1299.

III. Zusammenfassung

1. Durch eigene kirchliche Rundfunkveranstaltungen wird das Drittsendungsrecht im öffentlich-rechtlichen Rundfunk im Hinblick auf dessen Grundversorgungauftrag nicht berührt. Im dualen Rundfunksystem treffen die Anforderungen aus dem Vielfaltsgebot den öffentlich-rechtlichen und privaten Rundfunk jeweils für sich.
2. In einer binnenpluralen Privatrundfunkordnung würde ein Fortfall des Drittsendungsrechts eine nicht zu rechtfertigende Schlechterstellung der Kirchen bewirken, da sie einerseits als Programmveranstalter zur Darstellung der Meinungsvielfalt verpflichtet wären, andererseits in anderen Programmen nicht in der ihnen angemessener Weise zu Wort kämen.
3. Das kirchliche Wort ist auf Breitenwirkung angewiesen. Im Außenpluralismus genügt die Beschränkung der Kirchen auf „Nischenprogramme" daher nicht ihrem Öffentlichkeitsauftrag; einem Ankauf von Sendezeit steht das Verbot weltanschaulicher Werbung entgegen. Drittsendungsrechte sichern damit gleichzeitig das Recht der Kirchen, Glaubenswerbung zu betreiben.

K. Sonderfragen

I. Übertragung von Grundversorgungsaufgaben auf kirchliche Veranstalter

1. Veranstalterkooperation

Im Zeichen der anhaltenden Debatten um die „Verschlankung des Staates“ (im weiteren Sinn) soll auch die Möglichkeit der Auslagerung („outsourcing“) von Aufgaben der Landesanstalten auf Dritte kurz behandelt werden. Insofern kommt zunächst eine Zusammenarbeit der Rundfunkanstalten mit privaten Veranstaltern in Betracht. Eine solche ist nach mehreren Rundfunkgesetzen auch im Bereich der Programmgestaltung möglich[1320], da der Gesetzgeber weder vor der Alternative steht, „nur öffentlich-rechtlichen oder nur privaten Rundfunk zuzulassen“, noch im dualen Rundfunksystem beide Bereiche trennen muß.[1321] Gefahren für die Erfüllung des Rundfunkauftrags – sei es durch die Umgehung von Pflichten oder durch dessen Aushöhlung durch tendenziöse oder kommerzielle Einflüsse – können nach Ansicht des Bundesverfassungsgerichts aus der unterschiedlichen Organisations-, Finanzierungs- und Wirtschaftsform sowie aus abweichenden Zielvorgaben des (Gemeinschafts-) Programmträgers entstehen.[1322] Kirchliche Veranstalter werden indessen von öffentlich-rechtlichen Körperschaften getragen, deren Ziele mit dem Rundfunkauftrag weitestgehend korrespondieren. Aus diesen Gründen bietet sich die Zusammenarbeit mit ihnen geradezu an. Bedenken im Hinblick auf die Trennung von Staat und Kirche ergeben sich dabei nicht.[1323]

2. Aufgabenprivatisierung

An der Verantwortung der Anstalt für die Grundversorgung ändert sich durch die Kooperation nichts.[1324] Anders läge es im Fall der Aufgabenprivatisierung. Im Gegensatz zur bloß formellen („Organisations-) Privatisierung, bei der die privatrechtliche Gesellschaft ausschließlich oder überwiegend vom Verwaltungsträger selbst getragen wird, ist mit der materiellen Privatisierung eine Übertragung von staatlichen Aufgaben verbunden.[1325] Es stellt sich daher die Frage,

---

1320 § 10 Abs. 1 NDR-Staatsvertrag, Art. 3 Abs. 2 S. 1 BR-Gesetz, § 2 Abs. 3 Nr. 1, 3 Radio-Bremen-Gesetz, § 3 Abs. 9 WDR-Gesetz.

1321 BVerfGE 83, 238 [305]. Der Gesetzgeber ist nicht gehindert, eine Trennung nach Verantwortungsbereichen vorzunehmen (vgl. BVerfGE 74, 297 [349, 350]), weil er sich beispielsweise im dualen System durch jeweils eigenständige Beiträge vielfaltsfördernde Effekte verspricht (so *Ricker/Schiwy*, Rundfunkverfassungsrecht, S. 195). Sowenig Art. 5 Abs. 1 S.2 GG jedoch ein duales System überhaupt erfordert (BVerfGE 73, 118 [157]: „kann“), sowenig gebietet er ein striktes Nebeneinander der Veranstalter in einer solchen Rundfunkordnung.

1322 BVerfGE 83, 238 [305, 306].

1323 Vgl. *Link/Pahlke*, Kirchliche Sendezeiten, in: AöR 108, S. 259.

1324 Vgl. Art. 3 Abs. 2 S. 3 BR-Gesetz, § 2 Abs. 3 Nr. 3 Radio-Bremen-Gesetz, § 3 Abs. 9 WDR-Gesetz, wonach die für den öffentlich-rechtlichen Rundfunk maßgebenden Programmgrundsätze zu beachten sind.

1325 Ausführlich zum Privatisierungsbegriff *Di Fabio*, Privatisierung, in: JZ 1999, S. 585 f.

ob den Kirchen durch Landesgesetz de lege ferenda Aufgaben der Grundversorgung übertragen werden können, mit der Folge, daß der öffentlich-rechtliche Rundfunk durch die Kirchen entlastet wird.[1326] Ausgangspunkt ist dabei die Erfüllung des Rundfunkauftrags. Derzeit ist die Freiheit der Meinungsbildung nur durch die vollumfängliche Erfüllung des Grundversorgungsauftrags durch den öffentlich-rechtlichen Rundfunk gewährleistet.[1327] Eine Auslagerung von Aufgaben im Bereich der Programmgestaltung wird daher von manchen als problematisch erachtet. Die öffentlich-rechtlichen Anstalten müßten, um dem Rundfunkauftrag zu entsprechen, die nötigen organisatorischen Vorkehrungen treffen.[1328] Eigenkompetenz müsse gewährleistet bleiben, anderenfalls insbesondere bei Informationssendungen ein Kompetenzverlust und die Entstehung von Abhängigkeitskeitsverhältnissen befürchtet werden müsse, wodurch das „Programmprofil" gefährdet sei.[1329] Hiergegen ist einzuwenden, daß der Begriff der Grundversorgung nicht an bestimmte Einrichtungen, sondern allein an die Funktion des Rundfunks im Kommunikationsprozeß gebunden ist.[1330] Aus der Rundfunkfreiheit folgt nicht, daß der Rundfunk zwingend staatlichen Einrichtungen überlassen werden müßte; er ist Sache der Allgemeinheit.[1331] Vielmehr kommt es von Verfassungs wegen „allein darauf an, daß der Rundfunk instand gesetzt wird, seine dienende Funktion für die individuelle und öffentliche Meinungsbildung zu erfüllen"[1332]; insoweit ist das Rundfunksystem in seiner Gesamtheit zu betrachten.[1333] Öffentlich-rechtlicher und privater Rundfunk erfüllen letztlich dieselbe Aufgabe.[1334] Dabei dürften unter den gegenwärtigen Bedingungen des Rundfunks, insbesondere des Hörfunksektors, auch Zielgruppen- und Spartenprogramme zur unerläßlichen Grundversorgung zu rechnen sein. Wenn das Bundesverfassungsgericht dies im Hinblick auf den begrenzten Teilnehmerkreis und den thematischen Schwerpunkt ablehnt[1335], so ist doch

[1326] Zur Finanzierung des öffentlich-rechtlichen Rundfunks hat sich im Oktober 1998 die Generaldirektion IV (Wettbewerb) der Europäischen Kommission geäußert. Als eine Möglichkeit sah das vorgelegte Diskussionspapier (abgedr. in epd-Medien Nr. 77 v. 3.10.1998, S. 26 f.) eine öffentliche Ausschreibung der den öffentlich-rechtlichen Anstalten obliegenden Verpflichtungen vor. Für die den ausgewählten Bewerbern entstehenden Mehrkosten habe der Staat aufzukommen (ausf. hierzu *Dörr/Eckl*, Entwicklung des Medienrechts, in: NJW 1999, S. 1929). Die Übernahme von Grundversorgungsaufgaben durch private Veranstalter wird auch erwogen von *Kirschnek*, Landesmediengesetz Baden-Württemberg, S. 100 f. Zu der Frage, inwieweit private Veranstalter eine *Ergänzung* zum Grundversorgungsauftrag leisten können vgl. *Kauffmann*, Der nationale Hörfunk im vereinten Deutschland, S. 99 f. Die dort im Hinblick auf die fortschreitende Kommerzialisierung des Hörfunkmarktes geäußerten Bedenken treffen für die Kirchen freilich nicht zu.

[1327] BVerfGE 83, 238 [306]; 73, 118 [158].

[1328] *Wille*, Outsourcing, in: MP 1/1999, S. 22.

[1329] Vgl. *Wille*, ebd., S. 24.

[1330] BVerfGE 83, 238 [299].

[1331] BVerfGE 31, 314 [327].

[1332] BVerfGE 83, 238 [305].

[1333] BVerfGE 73, 118 [157].

[1334] Abw. Meinung der Richter Geiger, Rinck, Wand in: BVerfGE 31, 314 [339].

[1335] BVerfGE 74, 297 [345 f.]; näher hierzu *Schiwy*, Duale Rundfunkordnung, S. 53. Das BVerfG rechnet zwar Spartenprogramme grundsätzlich nicht der unerläßlichen Grundversorgung zu, erkennt aber zugleich an, daß solche Programme, indem sie das Gesamtangebot verbreitern und kulturelle Beiträge liefern, dem klassischen Auftrag des Rundfunks dienen. In die Grundversorgung wird man Kultur- bzw, Informationsspartenprogramme jedenfalls dann einbeziehen müssen, wenn wesentliche Bestandteile desselben in Minderheitenprogramme abgeschoben werden (vgl. *Link*, Spartenprogramme, Rechtsgutachten IV 2 a,aa).

nicht zu verkennen, daß sich die Meinungsbildung weiter Bevölkerungskreise, allen voran der Jugend, in wachsendem Maße über Spartenprogramme vollzieht.[1336]

Insbesondere im Kultur- und Bildungsbereich erfordert der Grundversorgungsauftrag Spartenangebote, die von privaten Veranstaltern aufgrund wirtschaftlicher Zwänge meist nicht geleistet werden können. Auch öffentlich-rechtliche Spartenprogramme werden diesen Anforderungen nicht immer gerecht.[1337] Dagegen bilden die Elemente Kultur und Bildung regelmäßig einen wesentlichen Schwerpunkt kirchlicher Programme. Diese unterliegen auch in der Regel nicht den vielfaltsverengenden Auswirkungen der Werbefinanzierung. Im übrigen nehmen die Kirchen auch in anderen Bereichen Aufgaben der Daseinsvorsorge wahr, für deren Erfüllung sonst der Staat Sorge tragen müßte.[1338] Das gilt für Kindergärten und Krankenhäuser in freigemeinnütziger Trägerschaft ebenso wie für kirchliche Schulen und Friedhöfe.[1339] Genügen kirchliche Programme den Anforderungen des Grundstandards[1340], so erscheint eine Übertragung von Grundversorgungsaufgaben auf kirchliche Träger durchaus vorstellbar. Es läge in der Konsequenz einer solchen Entscheidung, daß den Aufgabenträgern qua Gebührenfinanzierung auch die hierzu notwendigen Mittel zur Verfügung zu stellen wären.[1341] Daß eine Beteiligung privater Veranstalter am Gebührenaufkommen meistenteils verneint wird[1342] – aus Gründen der Systemgerechtigkeit soll dies auch für nichtkommerzielle Veranstalter gelten[1343] – steht dem nicht entgegen. Im vorliegenden Zusammenhang stellt sich die Frage nicht nach einer Gebührenfinanzierung des auf eigenverantwortliche Finanzierung verwiesenen Privatfunks, sondern nach der Finanzierung von Trägern der Grundversorgungsaufgabe.

1336 Vgl. *Holznagel/Vesting*, Sparten- und Zielgruppenprogramme, S. 110.

1337 *Schiwy*, Duale Rundfunkordnung, S. 53.

1338 Zur Beleihung der Kirchen mit Hoheitsfunktionen vgl. *Weber*, Grundrechtsbindung der Kirchen, S. 578 f. Vgl. auch Art. 41 Verf. Rheinland-Pfalz, Art. 4, 12 Verf. Baden-Württemberg, Art. 6 Verf. Nordrhein-Westfalen, Art. 26 Verf. Saarland.

1339 So brauchen etwa Kindergärten nach Art. 5 Abs. 1 Bay. Kindergartengesetz durch die Gemeinde nur errichtet zu werden, wenn sich kein freigemeinnütziger Träger (=ohne Gewinnerzielungsabsicht) findet. Ebenso für Friedhöfe, zu deren Herstellung die Gemeinde nach Art. 7 BayBestG nur verpflichtet ist, soweit ein öffentliches Bedürfnis besteht. Nach Art. 7 Abs. 4 S. 2 sind private Schulen als Ersatz für öffentliche Schulen zulässig. Dem Rundfunkauftrag entspricht insoweit der Bildungs- und Erziehungsauftrag (vgl. Art. 1 Abs. 1 S. 3 BayEUG: Oberste Bildungsziele sind Ehrfurcht vor Gott, Achtung vor religiöser Überzeugung und vor der Würde des Menschen).

1340 *Ricker/Schiwy*, Rundfunkverfassungsrecht, S. 335 halten eine Grundversorgung durch Private unter dieser Prämisse für zulässig.

1341 Anders *Ricker/Schiwy*, Rundfunkverfassungsrecht, S. 336 mit Hinweis auf die Gestaltungs- und Entscheidungsautonomie des privatwirtschaftlichen Rundfunks, der nicht den mit der Gebührenfinanzierung verbundenen Kontrollen (z.B. durch Rechnungshöfe) unterworfen werden könne. Vielmehr solle dem privaten Rundfunk dann das gesamte Werbeaufkommen zur Verfügung stehen. Gegen diese Auffassung spricht jedoch, daß die Erfüllung von Aufgaben der Daseinsvorsorge unter das Regime der Einschaltquote gestellt würde. Staatliche Kontrollen kollidieren überdies weder mit dem Prinzip privatautonomer Gestaltung des privaten Rundfunks, noch mit dem Grundsatz der Staatsfreiheit, solange die Wahrnehmung von Grundversorgungsaufgaben der Entscheidung des Veranstalters überlassen bleibt.

1342 *Kirschnek*, Landesmediengesetz Baden-Württemberg, S. 240 f. m.w.N.; *Herzog* in: *Maunz-Dürig*, GG, Art. 5 Abs. 1, 2 Rn. 239c.

1343 *Kirschnek*, ebd., S. 243.

II. Finanzierung

Die möglichen Finanzierungsquellen des privaten Rundfunks sind nach § 43 RfStV Werbung, Eigenmittel und sonstige Einnahmen, darunter insbesondere Teilnehmerentgelte (Abonnements oder Einzelentgelte) und Mittel Dritter (Spenden, Sponsoring).[1344] Hinzu kommen öffentliche Fördermittel zugunsten nichtkommerzieller Programmveranstalter. Im folgenden sollen einige der – bisher unerwähnt gelassenen – übrigen Finanzierungsmöglichkeiten für kirchlichen Rundfunk aufgezeigt werden.

1. Programmförderung (Bayern)

Die BLM vergibt aufgrund Art. 11 S. 2 Nr. 8 BayMG Mittel zur Förderung besonderer Programmangebote. Mit den Förderungsmitteln soll nach der Programmförderungsrichtlinie[1345] eine Verbesserung der Programmqualität von Angeboten mit kulturellen, kirchlichen, sozialen und wirtschaftlichen Inhalten erreicht werden, die im Sinne der Ausgewogenheit und Meinungsvielfalt besonders bedeutsam sind.[1346] Um die Fördervoraussetzungen zu erfüllen, müssen die kirchliche Angebote nach Nr. 4.2 der Richtlinie überwiegend Themen aus dem Bereich des religiösen Lebens behandeln, die nach Nr. 2 dauerhaft als Programm ausgestrahlt werden können (oder im Fall einzelner Sendungen von herausragender Bedeutung sind). Regelmäßig kann nach Nr. 3 die Förderung gewährt werden, wenn der Anbieter nach seiner satzungsmäßigen Zweckbestimmung kirchliche, aber auch soziale Aufgaben erfüllt. Diese Erfordernisse werden bei kirchlichen Rundfunkveranstaltern (bzw. Anbietern) in aller Regel erfüllt sein. Nach dem erklärten Zweck der Richtlinie[1347] soll die Förderung jedoch vorrangig kleinen und mittelständischen Anbietern zugute kommen, denen die Einbringung von Angeboten erleichtert werden soll. Bei formaler Betrachtungsweise dürfte dies auf die Trägergesellschaft meist zutreffen. Anders läge es, wenn man die Kirchen als Zuwendungsadressaten ansieht. Hierfür spricht der Umstand, daß auch die Finanzierung kirchlicher Programme in engem Zusammenhang mit der Erfüllung der Aufgaben der Kirche steht und deshalb als Selbstverwaltungsangelegenheit i.S.d. Art. 137 Abs. 3 WRV zu qualifizieren ist.[1348] Jedoch geht es in diesem Zusammenhang nicht um die Wahrnehmung des kirchlichen Selbstbestimmungsrechts durch den Veranstalter, sondern um dessen wirtschaftliche Situation. Sachgerecht erscheint es deshalb, für die Förderfähigkeit auf den Umfang der durch die Kirche geleisteten Unterstützung abzustellen.

[1344] Hinzu kommt nach § 43 RfStV i.d.F. des 4. RfÄndStV die Finanzierungsform des „Teleshopping".

[1345] Richtlinie zur Förderung besonderer Rundfunkprogramme nach dem BayMG vom 11.11.93 (PFR), abgedr. in *Ring*, Medienrecht, Bd. 3, C-VI 2.2.2.2.

[1346] Nr. I 1.1 PFR.

[1347] Nr. I 1.1 PFR.

[1348] Vgl. BVerfG NJW 1995 S. 1606 f. [1607]; 70, 138 [164]; 57, 220 [243].

2. Förderung gemeinnützigen Rundfunks (Rheinland-Pfalz)

Das Land Rheinland-Pfalz hat mit Gesetz vom 17.12.1986[1349] eine rechtsfähige Stiftung des öffentlichen Rechts errichtet, deren Zweck die Förderung von aus gemeinnützigen Vereinen zusammengesetzten, nicht gewinnorientierten Anbietergemeinschaften ist (§ 2 des Gesetzes zur Förderung des gemeinnützigen, privaten Rundfunks). Zu den Fördervoraussetzungen gehört eine Schwerpunktsetzung im Bereich Kultur und Lokales; Gegenstand der Förderung sind dabei insbesondere Studio- und Produktionskosten, insbesondere soweit sie die Herstellung kultureller Beiträge betreffen (§ 4 des Gesetzes). Da die Privatinitiativen zu christlichen Rundfunkveranstaltungen meist von als gemeinnützig anerkannten Vereinen ausgehen, erscheint auch eine Förderung von christlich ausgerichteten Anbietergemeinschaften möglich.

3. Konzessionsabgaben

Einige Länder erheben von privaten Rundfunkveranstaltern eine sog. Konzessionsabgabe[1350], die einer besonderen Zweckbindung unterliegt: So soll nach § 65 Abs. 5 LRG Saarland das Aufkommen „wissenschaftlichen, medienpädagogischen und kulturellen Programmen" zugute kommen. Andere sehen eine Verwendung für nichtkommerzielle Programme[1351], insbesondere für solche im lokalen Bereich vor. Das Bundesverfassungsgericht hat derartige außersteuerliche Sonderabgaben für zulässig gehalten, wenn es sich bei den Abgabepflichtigen und den Begünstigten jeweils um homogene Gruppen handelt und die Pflichtigen eine besondere Sachverantwortung hinsichtlich der mit den Mitteln verfolgten Aufgaben trifft.[1352] Der hiergegen vorgebrachte Einwand, die Erfüllung der genannten Aufgaben falle in den Verantwortungsbereich des Staates und sei auch nicht im Interesse der privaten Veranstalter[1353], überzeugt nicht. Zum einen tragen in zunehmendem Maße auch private Veranstalter zur Erfüllung der öffentlichen Aufgabe des Rundfunks bei. Zum anderen werden die kommerziellen Veranstalter unter außenpluralen Bedingungen durch nichtkommerzielle Angebote nicht unerheblich entlastet und so in die Lage versetzt, sich stärker auf massenattraktive Darbietungen zu konzentrieren, was den finanziellen Nachteil zumeist ausgleichen dürfte. Konzessionsabgaben erscheinen daher als geeignetes Mittel zur Kompensation der Nachteile derjenigen Veranstalter, die die klassische, namentlich kulturstiftende Funktion des Rundfunks erfüllen, gegenüber denjenigen, die den Rundfunk als Erwerbsquelle nutzen – und fördern damit die Ausgewogenheit im privaten Rundfunk. In bezug auf kirchliche Sender dürften die Zuwendungsvoraussetzungen meist erfüllt sein, da in der Regel keine kommerzielle Zielsetzung verfolgt wird und der Programmschwerpunkt im kulturellen Bereich liegt.

[1349] Landesgesetz über die Errichtung einer „Stiftung zur Förderung gemeinnützigen privaten Rundfunks in Rheinland-Pfalz" (GVBl. S. 371).

[1350] §§ 65 f. LRG Saarland. Ausführlich hierzu *Arnold/Becker*, Konzessionsabgabe, in: ZUM 6/1998, S. 465 f.

[1351] § 58 Abs. 1 HPRG, § 52 RGMV.

[1352] Zuletzt BVerfG NVwZ 1991, S. 53 f.

[1353] So *Arnold/Becker*, Konzessionsabgabe, in: ZUM 6/1998, S. 473 unter Bezugnahme auf BVerfGE 55, 274 [312 f.].

4. Europarechtswidrige Subventionierung?

Nach Art. 92 Abs. 1 EG-Vertrag sind „staatliche oder aus staatlichen Mitteln gewährte Beihilfen gleich welcher Art, die durch die Begünstigung bestimmter Unternehmen oder Produktionszweige den Wettbewerb verfälschen oder zu verfälschen drohen, mit dem Gemeinsamen Markt unvereinbar, soweit sie den Handel zwischen den Mitgliedstaaten beeinträchtigen."[1354] Hieran gemessen begegnet die Programmförderung, soweit sie auf nichtkommerzielle Angebote beschränkt ist, keinen gemeinschaftsrechtlichen Bedenken. Denn solche Angebote nehmen am Wettbewerb um Werbemarktanteile nicht teil, so daß eine Verfälschung des Wettbewerbs nicht zu erwarten ist.

In diesem Zusammenhang sei bemerkt, daß auch die Kirchensteuermittelfinanzierung von Rundfunkveranstaltern gemeinschaftsrechtlich nicht zu beanstanden ist. Zwar erhält die Kirche diese Mittel aus der Hand staatlicher Stellen, nämlich der zur Durchführung des Lohnsteuerabzugs zuständigen Finanzverwaltungsbehörden. Eine Beihilfe läge hierin allerdings nur dann, wenn es sich bei den überwiesenen Beträgen um eine staatliche Leistung an die Kirchen handelte. Dies ist nicht der Fall. Die Finanzverwaltung übernimmt lediglich den Einzug der Beträge auftrags der Kirche. Des weiteren liegt auch in dem treuhänderischen Forderungseinzug keine Leistung, da er nicht kostenlos erfolgt. Im Gegenteil decken die vom Fiskus einbehaltenen Bearbeitungskosten den Mehraufwand ohne Schwierigkeit und lassen den staatlichen Kirchensteuereinzug zu einem einträglichen Geschäft für den Staat werden.

III. Rechtsstellung der Rundfunkmitarbeiter

Entsprechend der im Printmedienbereich diskutierten „inneren Pressefreiheit"[1355] werfen auch Rundfunkprogramme weltanschaulich gebundener Veranstalter das Problem auf, inwieweit den beschäftigten Mitarbeitern ein journalistischer Freiraum zuzugestehen ist.[1356] Dient die Betätigung eines Unternehmens geistig-ideellen Zwecken und steht sie unter einem besonderen grundrechtlichen Schutz, so wird sie in ihrer Tendenz geschützt; Beteiligungsrechte der Arbeitnehmer treten, mögen sie auch sozialstaatlich erwünscht sein, dahinter zurück.[1357] Auch für den Bereich des Rundfunks[1358] gilt, daß Weisungen gegenüber dem redaktionell tätigen Personal möglich sind.[1359] Zweck des Rundfunks ist es nicht, die persönliche Meinung seiner Mitarbeiter zu verbreiten, sondern die „kommunikative, integrierenden Zielen dienende

---

[1354] Vgl. hierzu *Selmer/Gersdorf*, Finanzierung des Rundfunks auf dem Prüfstand des EG-Beihilferegimes, S. 23.

[1355] Dazu BVerfGE 52, 283 [296 f.]; *Herzog* in: *Maunz-Dürig*, GG, Art. 5 Abs. 1 und 2 Rn. 158 ff.; *Link*, Anspruch, S. 264; *v. Mangoldt/Klein/v. Campenhausen*, GG, Art. 137 Abs. 3 GG, Rn. 100 f.

[1356] Zum Tendenzschutz bei Rundfunkunternehmen vgl. *Ory*, Tendenzunternehmen, in: AfP 1991, S. 692 f.

[1357] *Ory*, ebd., S. 693. Der Gesetzgeber bringt dies durch § 118 Betriebsverfassungsgesetz (BetrVG) zum Ausdruck.

[1358] *Ory*, ebd., S. 694; a.A. *Bethge*, Redaktionelle Mitbestimmung, in: AfP 1989, S. 526 für den binnenpluralen Rundfunk mit Hinweis auf die Bindung an Programmauftrag und Vielfaltsanforderungen. Sicherlich existiert im Binnenplualismus keine uneingeschränkte Tendenzfreiheit (BVerfGE 59, 231 [260]). Daraus folgt indes nicht, daß die bei dem Veranstalter Beschäftigten keinen Bindungen unterworfen wären. Der Schutz der Rundfunkfreiheit erstreckt sich, wie das Gericht selbst feststellt, auch auf die Auswahl, Einstellung und Beschäftigung der redaktionellen Mitarbeiter (BVerfGE 59, 231 [260]; *Ory*, aaO.).

[1359] *Link*, Anspruch, S. 264, BVerfGE 64, 257 f.

Vermittlung der Vielfalt in der Gesellschaft".[1360] Ebensowenig wie Art. 5 Abs. 1 S.1 GG verbürgt das Grundrecht der Religionsfreiheit dem Redakteur das Recht, seine persönlichen Glaubensvorstellungen gegen den Willen des Veranstalters über den Rundfunk an die Öffentlichkeit gelangen zu lassen.[1361]

Vorstehendes gilt erst recht für kirchliche Rundfunkveranstalter: Die Rechtsstellung der dort beschäftigten Mitarbeiter ist zwar nicht an den arbeitsrechtlichen Grundsätzen des Tendenzschutzes zu messen; die Gestaltung des Arbeitsverhältnisses ist jedoch eine Angelegenheit der verfassungsrechtlich garantierten Kirchenautonomie.[1362] Eine Geltendmachung grundrechtlicher Positionen der Kirchenmitglieder in und gegenüber der Kirche kommt daher insoweit nicht in Betracht.[1363]

[1360] *Forster*, Kirchliche Präsenz, in: Essener Gespräche, Bd. 13, S. 24.
[1361] BVerwG NVwZ 1986, 379 [380].
[1362] *v. Campenhausen*, Kirchliches Dienst- und Arbeitsrecht, S. 151, 153; *v. Campenhausen*, Staatskirchenrecht, S. 205.
[1363] So schon *Smend*, Glaubensfreiheit als innerkirchliches Grundrecht, S. 10.

IV. Zusammenfassung

1. Neben einer Veranstalterkooperation mit den öffentlich-rechtlichen Anstalten erscheint auch eine Übertragung von Grundversorgungsaufgaben auf kirchliche Veranstalter nicht ausgeschlossen. Auch in anderen Bereichen nehmen Kirchen Aufgaben der Daseinsvorsorge wahr.

2. Soweit für bayerische Programmanbieter Subventionen gewährt werden können (Teilnehmerentgelte, Programmförderung), sind kirchliche Angebote hieran zu beteiligen. Einzelne Länder sehen zugunsten gemeinnütziger Veranstalter besondere Finanzierungshilfen vor. Die Subventionierung kirchlicher Programme begegnet im Hinblick auf gemeinschaftsrechtliche Regelungen keinen Bedenken.

3. Weder die Rundfunkfreiheit noch die Religionsfreiheit vermitteln den Mitarbeitern kirchlicher Rundfunksender das Recht, ihre persönlichen Glaubensvorstellungen publik zu machen.

L. Ausblick

Den besonderen Anforderungen, die die Veranstaltung kirchlicher Rundfunkprogramme an die Rundfunkgesetzgebung stellt, wird die gegenwärtige Medienordnung in vielen Punkten nicht gerecht – obwohl die Möglichkeit kirchlicher Eigenveranstaltungen gesetzlich ausdrücklich vorgesehen ist. Der Einstieg in das Zeitalter des digitalen Rundfunks ist eine günstige Gelegenheit, die bisherigen Versäumnisse nachzuholen und den Kirchen einen angemessenen Platz darin zu sichern. Ebenso wie kirchliche Kindergärten, Schulen und Krankenhäuser werden in naher Zukunft eigene kirchliche Rundfunksender das Bild der Kirche in der Öffentlichkeit wesentlich mitbestimmen. Die Mediengesetzgebung ist daher gefordert, Rahmenbedingungen zu schaffen, die einerseits Rundfunkfreiheit sichern und andererseits Kirchenfreiheit schaffen. Das allgegenwärtige Spannungsverhältnis beider Freiheitsgewährleistungen darf dabei nicht den Blick darauf verstellen, daß es dem Staat und den Kirchen in der Sache um ein und dasselbe geht, nämlich um die Freiheit der öffentlichen Kommunikation und den Dienst am Menschen.

Literaturverzeichnis

Altmannsperger, Dieter — Rundfunk als Kanzel, Die evangelische Rundfunkarbeit im Westen Deutschlands 1945-1949, Diss. Heidelberg 1992.
Zit.: *Altmannsperger*, Rundfunk als Kanzel.

Arnold, Hans-Henning; Becker, Thomas — Die Konzessionsabgabe: Eine rechtswidrige Belastung der privaten Rundfunkveranstalter? in: ZUM 6/1998, S. 465 f.
Zit.: *Arnold/Becker*, Konzessionsabgabe, in: ZUM 6/1998.

Badura, Peter — Verfassungsrechtliche Bindungen der Rundfunkgesetzgebung, Frankfurt a.M. 1980.
Zit.: *Badura*, Rundfunkgesetzgebung.

Bayerische Landeszentrale f. neue Medien — Vermerk des Bereichs Programm vom 28.7.1994. Zit.: *BLM*, Vermerk des Bereichs Programm vom 28.7.1994.

Bayerische Landeszentrale f. neue Medien [Hrsg.] — Entwicklung, Förderung und Veranstaltung von privaten Rundfunkangeboten in Bayern; Informationsbroschüre der BLM, 1995.
Zit.: *BLM*, Rundfunkangebote in Bayern.

Bayerische Landeszentrale f. neue Medien — Satelliten-Hörfunkprogramm der IRC, Vermerk vom 24.5.1994 zur 21./ 43. Sitzung der AK Vielfaltssicherung/Recht der DLM.
Zit.: *BLM*, IRC, Vermerk vom 24.5.1994.

Bayerische Landeszentrale f. neue Medien — Satelliten-Hörfunkprogramm Radio Maria, 15. Sitzung des Grundsatzausschusses des Medienrats am 6.10.1994, Umdruck v. 26.9.1994.
Zit.: *BLM*, Radio Maria, Umdruck v. 26.9.1994.

Bayerische Landeszentrale f. neue Medien — Satelliten-Hörfunkprogramm der IRC, Vermerk vom 13.6.1994 zur Stellungsnahme des AK Recht.
Zit.: *BLM*, IRC, Vermerk vom 13.6.1994.

Bayerische Landeszentrale f. neue Medien — Satelliten-Hörfunkprogramm "Radio Maria", Sitzung des Grundsatzausschusses des Medienrats am 6.10.1994.
Zit.: *BLM*, "Radio Maria", Sitzung des Grundsatzausschusses vom 6.10.1994.

Benda, Ernst — Mehr Kanäle - weniger Sinn? - Medienethische Anfragen an die neue Programmvielfalt, Vortrag auf dem Medienempfang des Bistums Berlin am 4. 9.1997 in Berlin (abrufbar unter www.MABB/Statements).
Zit.: *Benda*, Mehr Kanäle - weniger Sinn?.

Bethge, Herbert

Die verfassungsrechtliche Problematik der Zulassung von Rundfunkveranstaltern des Privatrechts, Rechtsgutachten, München 1981.
Zit.: *Bethge*, Zulassung von Rundfunkveranstaltern.

Bethge, Herbert

Freiheit und Gebundenheit der Massenmedien, in: DVBl. 1983, S. 369 ff.
Zit.: *Bethge*, Massenmedien, in: DVBl. 1983.

Bethge, Herbert

Nochmals: Redaktionelle Mitbestimmung als Zulassungkriterium für Privatfunk, in: AfP 1989, S. 525 f.
Zit.: *Bethge*, Redaktionelle Mitbestimmung, in: AfP 1989.

Bethge, Herbert

Privater Rundfunk in der Bundesrepublik Deutschland,
in: Grawert, Rolf; Tomuschat, Christian, Der Journalist in der Verfassungsordnung, Berlin 1989 S. 109 ff.
Zit.: *Bethge*, Privater Rundfunk.

Bethge, Herbert

Verfassungsrechtsprobleme der Privatfunkgesetzgebung, in: JZ 1985 S. 308 ff.
Zit.: *Bethge*, Verfassungsrechtsprobleme, in: JZ 1985.

Betz, Jürgen

Kanalbelegung: Diktatur des Marktes? in: Media Perspektiven 8/1997 S. 431 ff.
Zit.: *Betz*, Kanalbelegung, in: MP 8/1997.

Beucher, Klaus; Rosenberg, Oliver v.

Kapazitätsknappheit und Programmvielfalt, in: ZUM 1996, S. 643 ff.
Zit.: *Beucher/v. Rosenberg*, Kapazitätsknappheit, in: ZUM 1996.

Biener, Hansjörg

Christliche Rundfunksender weltweit: Rundfunkarbeit im Klima der Konkurrenz, Stuttgart 1994.
Zit.: *Biener*, Christliche Rundfunksender weltweit.

Bilstein, Thomas

Rundfunksendezeiten für amtliche Verlautbarungen, Diss. Bochum, München 1992.
Zit.: *Bilstein*, Rundfunksendezeiten.

Block, Katja

„Hallo, Fulda, ruft eine Frau aus dem Kopfhörer“, in: Bistum 38/1998 v. 20.9.1998 S. 17.
Zit.: *Block*, "Hallo, Fulda", in: Bistum 38/1998 v. 20.9.1998 S. 17.

Bockhorst, Elke
„...als habe es in den vergangenen 40 Jahren keine Rundfunkarbeit der Kirchen gegeben“, in: Frankfurter Rundschau v. 16.10.1996, S. 11.
Zit.: *Bockhorst*, Rundfunkarbeit der Kirchen, in: Frankfurter Rundschau v.16.10.1996, S. 11.

Böckenförde, Ernst-Wolfgang
Die Entstehung des Staates als Vorgang der Säkularisation, in: Säkularisation und Utopie, Ebracher Studien, Stuttgart 1967.
Zit.: Entstehung des Staates.

Bornemann, Roland; Kraus,Volker; Lörz, Nikolaus [Hrsg.]
Bayerisches Mediengesetz, Kommentar und Textsammlung, München 1999.
Zit.: *Bornemann/Kraus/Lörz*, Bayerisches Mediengesetz.

Breunig, Christian
Offene Fernseh- und Hörfunkkanäle in Deutschland, in: Media-Perspektiven 5/1998 S. 236 ff.
Zit.: *Breunig*, Offene Fernseh- und Hörfunkkanäle, in: MP 1998.

Brugger, Winfried
Rundfunkfreiheit und Verfassungsinterpretation, Heidelberg 1991.
Zit.: *Brugger*, Rundfunkfreiheit und Verfassungsinterpretation.

Bullinger, Martin
Elektronische Medien als Marktplatz der Meinungen, in: AÖR 108, S. 161 ff.
Zit.: *Bullinger*, Elektronische Medien, in: AÖR 108.

Bullinger, Martin; Kübler, Friedrich
Rundfunkorganisation und Kommunikationsfreiheit, Materialien zur interdisziplinären Medienforschung Bd. 11, 1. Aufl., Baden-Baden 1979.
Zit.: *Bullinger*, Rundfunkorganisation u. Kommunikationsfreiheit.

Campenhausen, Axel Frhr. v.
Staatskirchenrecht, 3. Aufl., München 1996.
Zit.: *v. Campenhausen*, Staatskirchenrecht.

Campenhausen, Axel Frhr. v.
Kirchliches Dienst- und Arbeitsrecht, in: Gesammelte Schriften / Axel Frhr. v. Campenhausen S. 141 ff. Hrsg: Joachim E. Christoph, Christoph Link, Jörg Müller-Volbehr, Michael Stolleis, Tübingen 1995.
Zit. *v. Campenhausen*, Kirchliches Dienst- und Arbeitsrecht.

Campenhausen, Axel Frhr. v.
Zum Stand des Staatskirchenrechts in Deutschland, in: BayVBl.1999, S. 65 ff.
Zit.: *v. Campenhausen*, Stand des Staatskirchenrechts, in: BayVBl. 1999.

Clausen-Muradian, Elisabeth — Konzentrationskontrolle im privaten Rundfunk - Der neue Rundfunkstaatsvertrag (RfStV) 1997, in: ZUM 12/1996, S. 934. Zit.: *Clausen-Muradian*, Konzentrationskontrolle, in: ZUM 12/1996.

Creifelds, Carl [Begr.]; Meyer-Gossner, Lutz [Hrsg.] — Rechtswörterbuch, 10. Aufl. München 1990. Zit.: *Creifelds*, Rechtswörterbuch.

de Wall, Heinrich — Die Bindung der Kirchen an das Rechtsstaatsprinzip, Zur Bedeutung von Vorrang und Vorbehalt des Gesetzes für die kirchliche Verwaltung, in: ZevKR 43, 440 ff. Zit.: *de Wall*, Rechtsstaatsprinzip, in: ZevKR 43.

Dehnen, Dietrich — Zur Verfassungsmäßigkeit des sogenannten Drittsendungsrechts der Kirchen im öffentlich-rechtlichen und privatrechtlichen Rundfunk, in: DVBl. 1986, S.17 ff. Zit.: *Dehnen*, Drittsendungsrecht.

Di Fabio, Udo — Privatisierung und Staatsvorbehalt, in: JZ 1999 S. 585 ff. Zit.: *Di Fabio*, Privatisierung, in: JZ 1999.

Dittmann, Armin; Fechner, Frank; Sander, Gerald G. [Hrsg.] — Der Rundfunkbegriff im Wandel der Medien, Symposium zum 65. Geburtstag von Prof. Dr. iur. Dr. h.c. Oppermann, Berlin 1997. Zit.: *Dittmann/Fechner/Sander [Hrsg.]*, Rundfunkbegriff im Wandel der Medien.

Dolzer, Rudolf; Vogel, Klaus [Hrsg.] — Bonner Kommentar zum Grundgesetz, Heidelberg 1998. Zit.: BK.

Dörr, Dieter; Eckl, Judith — Die Entwicklung des Medienrechts, in: NJW 1999 S. 1925 f. Zit.: *Dörr/Eckl*, Entwicklung des Medienrechts, in: NJW 1999.

Ehr, Anne-Susann v. — "Gegrüßet seist Du Maria...", in: Die Rheinpfalz Nr. 285 v. 8.12.1998. Zit.: *v. Ehr*, "Gegrüßet seist Du Maria...", in: Die Rheinpfalz v. 8.12.1998.

EKD — Publizistisches Gesamtkonzept: „Markt und Mandat", Perspektiven evangelischer Publizistik, 23.9.1997. Zit.: *EKD*, Publizistisches Gesamtkonzept 1997.

Engelbrecht, Sebastian — „Die Seele streicheln", Zweites Privatfunkforum, in: überkreuz Info 4/1997 S. 6. Zit.: *Engelbrecht*, „Die Seele streicheln", in: überkreuz Info 4/1997, S. 6.

Engelbrecht, Sebastian — Kirchen-Monopol auf religiöse Sendungen ist antiquiert, in: Frankfurter Rundschau vom 26.2.1999 S. 13 f.
Zit.: *Engelbrecht*, Kirchenmonopol, in: Frankfurter Rundschau v. 26.2.1999.

Engelhardt, Dirk — Gottes Wort und Werbers Beitrag, in: W & V (Werben und Verkaufen) 5/1997 v. 31.1.1997, S. 88. Zit.: *Engelhardt*, Gottes Wort und Werbers, in: W & V, S. 88.

Facius, Gernot — Die Medien der Kirchen sind in der Krise, in: Die Welt v. 10.11.1998, S. 15.
Zit.: *Facius*, Die Medien der Kirchen, in: Die Welt v. 10.11.1998, S. 15.

Falterbaum, Johannes — Was kann der Staat für die Kirche tun?, Untersuchung zur Neutralität des Staates, in: Der Staat, 37. Band 1998 Heft 4, S. 624 ff. .
Zit.: *Falterbaum*, Was kann der Staat für die Kirche tun?

Faltin, Jürgen — Freigemeinnützige Krankenhausträger im System staatlicher Krankenhausfinanzierung, Köln, Berlin, Bonn, München 1986.
Zit.: *Faltin*, Freigemeinnützige Krankenhausträger.

Fasel, Christian; Zöller, Stephan — „Krieg mit strammen Sprüchen", in: Stern Nr. 21/93, S. 101 f.
Zit.: *Fasel*, „Krieg mit strammen Sprüchen", in: Stern Nr. 21/93.

Fischer, Peter — „Glauben entdecken - Leben gestalten": Programmphilosophie und Sendungen des Evangeliums-Rundfunks, Panel 6, BLM-Rundfunkkongress 15./16.10.1997 .
Zit.: *Fischer*, Glauben entdecken - Leben gestalten.

Forster, Karl — Kirchliche Präsenz in Hörfunk und Fernsehen, in: Essener Gespräche zum Thema Staat und Kirche, Band 13 (1978), S. 9 f.
Zit.: *Forster*, Kirchliche Präsenz, in: Essener Gespräche, Bd. 13.

Fuhr, Ernst; Rudolf, Walter; Wasserburg, Klaus [Hrsg.] — Recht der Neuen Medien, Heidelberg, 1989.
Zit.: *Fuhr* [Hrsg.], Recht der Neuen Medien, 1989.

Gampl, Inge; Link, Christoph — Deutsches und österreichisches Staatskirchenrecht in der Diskussion, Paderborn 1973.
Zit.: *Gampl/Link*, Deutsches und österreichisches Staatskirchenrecht.

Gegenfurtner, Willi; Jooß, Erich [Hrsg.]
Kirche im privaten Hörfunk. Das Engagement der katholischen Bistümer in Bayern, München 1991.
Zit.: *Gegenfurtner*, Kirche im privaten Hörfunk.

Gemeinsame Synode der Bistümer in der Bundesrepublik Deutschland
„Kirche und gesellschaftliche Kommunikation", Arbeitspapiere der Sachkommissionen, Bd. 2, Freiburg i. B., Basel, Wien, 1977, S. 218 ff., 223 [1.5.5.1.].
Zit.: *Gemeinsame Synode der Bistümer*, Arbeitspapiere der Sachkommissionen 1977, S. 218 ff., 223 [1.5.5.1.].

Gemeinschaftswerk für evangelische Publizistik, Hauptausschuß Hörfunk und Fernsehen
Zur Ordnung des Rundfunkwesens in der Bundesrepublik, in: epd-Dokumentation 51/1980, S. 7 f. .
Zit.: *GEP*, Zur Ordnung des Rundfunkwesens in der Bundesrepublik, in: epd-Dokumentation 51/1980, S. 7 f.

Gemmingen, Eberhard v.
Internet-Informationen zu Radio Vatikan, abrufbar unter www.kath.de/index.htm. (letzter Abruf: 8.3.99).
Zit.: *v. Gemmingen*, Internet-Informationen zu Radio Vatikan.

Gersdorf, Hubertus
Staatsfreiheit des Rundfunks in einer dualen Rundfunkordnung, Diss. Hamburg 1991.
Zit.: *Gersdorf*, Staatsfreiheit.

Goodall, Norman [Hrsg.]
„Die Kirchen und die Medien der Massenkommunikation", Bericht aus Uppsala 1968, Offizieller Bericht über die Vierte Vollversammlung des Ökumenischen Rates der Kirchen Uppsala 4.-20.7.1968, Genf 1968.
Zit.: *Goodall*, Bericht aus Uppsala 1968.

Groß, Rolf
Das dritte Rundfunkurteil des Bundesverfassungsgerichts, in: DVBl. 1982, 561 ff.
Zit.: *Groß*, Das dritte Rundfunkurteil.

Groß, Rolf
Landesmediengesetzentwürfe, in: Media Perspektiven 1983, S. 506 ff.
Zit.: *Groß*, Landesmediengesetzentwürfe, in: Media Perspektiven 1983.

Groß, Rolf
Zu den verfassungsrechtlichen Grenzen einer Privatisierung des Rundfunks, in: DVBl. 1980, S. 933 f.
Zit.: *Groß*, Privatisierung des Rundfunks, in: DVBl. 1980.

Haberer, Johanna; Jacobi, Reinhold — Anmerkungen der Rundfunkbeauftragten der evangelischen und katholischen Kirche zum Entwurf des Vierten Rundfunkänderungsstaatsvertrag, 15.6.1998, in: epd Ausg. 51, S. 28 ff.
Zit.: *Haberer/Jacobi*, Anmerkungen, in: epd Ausg. 51, S. 28 f. .

Hammann, Jörg — Christen-Hörfunk auch über Kabel, Donaukurier vom 21.10.1997, S. 14.
Zit.: *Hammann*, Christen-Hörfunk, Donaukurier vom 21.10.1997, S. 14.

Haprat, Ulrich — Zwischen Einschaltquoten und bischöflichem Auftrag, Katholische Kirche auf privaten Radiowellen, in: Lebendiges Zeugnis 52 (1997), abrufbar unter www.kath.de/lz/1997-3.htm.
Zit.: *Haprat*, Katholische Kirche auf privaten Radiowellen.

Hartstein, Reinhard — Fragen der aktuellen medienpolitischen und medienrechtlichen Situation, in: BayVBl. 1985, S. 106 ff.
Zit.: *Hartstein*, Medienrechtliche Situation, in: BayVBl. 1985.

Hartstein, Reinhard; Ring, Wolf-Dieter; Kreile, Johannes; Dörr, Dieter; Stettner, Rupert — Rundfunkstaatsvertrag, Kommentar, 2. Aufl. München 1995.
Zit.: *Hartstein*, Rundfunkstaatsvertrag .

Heckel, Martin — Die religionsrechtliche Parität, in: HdbStKirchR, 2. Aufl. Berlin 1994, Bd. 2, S. 589 ff.
Zit.: *Heckel*, Parität.

Heckel, Martin — Der Einfluß des christlichen Freiheitsverständnisses auf das staatliche Recht, in: Gesammelte Schriften Martin Heckel Bd. 3, Tübingen 1997, S. 490 ff.
Zit.: *Heckel*, Der Einfluß des christlichen Freiheitsverständnisses auf das staatliche Recht.

Heckel, Martin — Religionsfreiheit, in: Gesammelte Schriften Martin Heckel Bd. 4, Tübingen 1997, S. 647 ff.
Zit.: *Heckel*, Religionsfreiheit.

Heckel, Martin — Die Kirchen im Medienrecht, in: Gesammelte Schriften Martin Heckel Bd. 4, Tübingen 1997, S. 1017 ff.
Zit.: *Heckel*, Die Kirchen im Medienrecht.

Hendriks, Birger — Verfassungsrechtliche Probleme des Niedersächsischen Landesrundfunkgesetzes, in: Media Perspektiven 6/1984, S 433 ff. Zit.: *Hendriks*, Verfassungsrechtliche Probleme, in: MP 6/1984.

Herrmann, Günter — Anmerkungen zum Beschluß des Bundesverfassungsgerichts vom 20.2.1998, in: ZUM 1998, S. 306 f. Zit.: *Herrmann*, ZUM 1998, S. 306 f.

Herrmann, Günter — Fernsehen und Hörfunk in der Verfassung der Bundesrepublik Deutschland, Tübingen 1975. Zit.: *Herrmann*, Fernsehen und Hörfunk.

Herrmann, Günter — Rundfunkrecht: Fernsehen und Hörfunk mit Neuen Medien, München 1994. Zit.: *Herrmann*, Rundfunkrecht.

Hesse, Albrecht — Rundfunkrecht, Die Organisation des Rundfunks in der Bundesrepublik Deutschland, 2. Aufl. München 1999. Zit.: *Hesse*, Rundfunkrecht.

Hesse, Konrad — Das Selbstbestimmungsrecht der Kirchen, in: HdbStKirchR Bd. 2, 2. Aufl. Berlin 1994, S. 521 ff. Zit.: *Hesse*, Selbstbestimmungsrecht.

Hickethier, Knut — Rundfunkprogramme in Deutschland, in: Internationales Handbuch für Hörfunk und Fernsehen, S. 197 ff., 24. Aufl. 1998 Baden-Baden/Hamburg. Zit.: *Hickethier*, Rundfunkprogramme in Deutschland.

Hoffmann-Riem, Wolfgang — Medienfreiheit und außenpluraler Rundfunk, in: AÖR 109 (1984), S. 304 ff. Zit.: *Hoffmann-Riem*, Medienfreiheit, in: AÖR 109.

Hoffmann-Riem, Wolfgang — PayTV im öffentlich-rechtlichen Rundfunk, in: Media-Perspektiven 2/1996, S.73 ff. Zit.: *Hoffmann-Riem*, PayTV, in: MP 2/1996.

Hollerbach, Alexander — Freiheit kirchlichen Wirkens, in: Isensee, Josef; Kirchhof, Paul, Handbuch des Staatsrechts der Bundesrepublik Deutschland, Bd. 6, Heidelberg, 1989, § 140, S. 595 ff. Zit.: *Hollerbach*, Freiheit kirchlichen Wirkens.

Holzamer, Karl — Positionen, Erfahrungen und Erwartungen im Verhältnis der Kirchen zu den öffentlich-rechtlichen Rundfunkanstalten in der Nachkriegsentwicklung, in: Essener Gespräche Band 13 (1978), S. 55 f. Zit.: *Holzamer*, Nachkriegsentwicklung, in: Essener Gespräche Band 13 (1978).

Holznagel, Bernd; Vesting, Thomas — Sparten- und Zielgruppenprogramme im öffentlich-rechtlichen Rundfunk, insbesondere im Hörfunk, 1. Aufl. Baden-Baden 1999. Zit.: *Holznagel/Vesting*, Sparten- und Zielgruppenprogramme.

Huber, Wolfgang — Kirche und Öffentlichkeit, 2. Aufl. München 1991. Zit.: *Huber*, Kirche und Öffentlichkeit.

Isensee, Josef — Die karitative Betätigung der Kirchen und der Verfassungsstaat, in: HdbStKirchR Bd. 2, 2. Aufl. Berlin 1995, S. 665 ff. Zit.: *Isensee*, karitative Betätigung.

Isensee, Josef — Wer definiert die Freiheitsrechte?, Selbstverständnis der Grundrechtsträger und Grundrechtsauslegung des Staates, Karlsruhe 1980. Zit.: *Isensee*, Wer definiert die Freiheitsrechte?

Jacobi, Reinhold — Summary des Eingangsstatements, Panel 6: Christliche Radios - Möglichkeiten und Grenzen, BLM-Rundfunkkongress 15./16.10.1997. Zit.: *Jacobi*, BLM-Rundfunkkongress 15./16.10.1997, S. 1.

Jurina, Josef — Die Religionsgemeinschaft mit privatrechtlichem Rechtsstatus, in: HdbStKirchR, 2. Aufl. Berlin 1994, Bd. 1 S. 689 ff. Zit.: *Jurina*, Die Religionsgemeinschaft.

Kaiser, Moritz — Mehr als ein Wort zum Sonntag, in: Die Welt vom 1.3.1994. Zit.: *Kaiser*, Mehr als ein Wort zum Sonntag, in: Die Welt vom 1.3.1994.

Kästner, Karl-Herrmann — Hypertrophie des Grundrechts auf Religionsfreiheit? in: JZ 1998, S. 974 ff. Zit.: *Kästner*, Hypertrophie, in: JZ 1998.

Kauffmann, Ulrich — Der nationale Hörfunk im vereinten Deutschland. Rechtsgrundlagen, Organisation, Programmauftrag und Finanzierung, Diss. Köln, München 1997. Zit.: *Kauffmann*, Der nationale Hörfunk im vereinten Deutschland.

Kirchenkanzlei der EKD [Hrsg.] — Publizistischer Gesamtplan der Evangelischen Kirche in Deutschland, vorgelegt von der Kammer der EKD für publizistische Arbeit und im Auftrag des Rates der EKD, Gütersloh 1979. Zit.: *EKD*, Publizistischer Gesamtplan.

Kirchenkanzlei der EKD [Hrsg.] | Die Denkschriften der evangelischen Kirche in Deutschland, Bd. 4, Bildung, Information, Medien, 3. Aufl. Gütersloh 1991.
Zit.: *EKD*, Denkschriften.

Kirchhof, Paul | Die Kirchen als Körperschaften des öffentlichen Rechts, in: HdbStKirchR, Bd. 1, 2. Aufl. Berlin 1994, S. 651 ff.
Zit.: *Kirchhof*, Die Kirchen als Körperschaften des öff. Rechts.

Kirschnek, Oliver | Landesmediengesetz Baden-Württemberg. Verfassungsrechtliche Grundprinzipien und Probleme, Diss. Tübingen, Berlin1998.
Zit.: *Kirschnek*, Landesmediengesetz Baden-Württemberg.

Klein, Hans H. | Die Rundfunkfreiheit, Schriftenreihe des Instituts für Rundfunkrecht an der Universität zu Köln Bd. 24, München 1978.
Zit.: *Klein*, Rundfunkfreiheit.

Kocher, Richard | Informationen zu Radio Horeb und Radio Neues Europa, Panel 6: Christliche Radios - Möglichkeiten und Grenzen, BLM-Rundfunkkongress 15./16.10.1997, BLM-Pressearchiv v. 15.10.1997.
Zit.: *Kocher*, Radio Horeb und Radio Neues Europa, BLM-Pressearchiv v. 15.10.1997.

Kommission für privaten Rundfunk im GEP | Grundsatzpapier zu den Chancen und Risiken kirchlicher Rundfunkarbeit, Frankfurt/Main, 26./27.10.1998.
Zit.: *Kommission f. priv. Rundfunk im GEP*, Grundsatzpapier.

Kotteder, Franz | „Hier spricht der Fundamentalist", in: Süddeutsche Zeitung v. 22.03.1996, S. 25.
Zit.: *Kotteder*, „Hier spricht der Fundamentalist", in: SZ v. 22.03.1996, S. 25.

Kraus, Wolfgang | Die Erfindung der Humanität, in: Die politische Meinung, 10/1998, S. 31 ff.
Zit.: *Kraus*, Humanität.

Kunst, Hermann; Grundmann, Siegfried [Begr.] | Evangelisches Staatslexikon, Bd. 1 und 2; 3. Aufl. Stuttgart 1987.
Zit.: *EvStL*.

Lackner, Herbert | Gestaltungsformen und Inhalt von Wahlwerbesendungen unter verfassungsrechtlichen Aspekten, in: ZUM 1997, S. 732 f.
Zit.: *Lackner*, Wahlwerbesendungen, in: ZUM 1997.

Landesanstalt für Kommunikation Baden-Württemberg — Rundfunkrechtliche Zulässigkeit religiöser Satelliten-Hörfunkprogramme, Vorlage für die Sitzung des Arbeitskreises Recht am 5.9.1994. Zit.: *LfK Baden-W.*, Religiöse Satelliten-Hörfunkprogramme.

Leisner, Walter — Karitas - innere Angelegenheit der Kirchen, in: DÖV 1977, S. 475 ff. Zit.: *Leisner*, Karitas.

Lerche, Peter — Die Kirchen und die neuen Entwicklungen im Rundfunkbereich - verfassungsrechtlich gesehen, in: Essener Gespräche zum Thema Kirche und Staat, Band 13 (1978), S. 89 f. Zit.: *Lerche*, Kirchen und neue Entwicklungen im Rundfunk, in: Essener Gespräche Bd. 13.

Liegmann, Jörg — Der Zugang zum privaten Rundfunk, Europ. Hochschulschriften: Reihe 2, Rechtswissenschaft; Bd. 1974, Frankfurt a.M. 1996. Zit.: *Liegmann*, Zugang.

Liermann, Hans — Recht und Rechtsstellung des Diakonischen Werks, in: ZevKR 16 [1971], S. 130 ff. Zit.: *Liermann*, Diakonisches Werk, in: ZevKR 16.

Liesenfeld, Manuel — Gute Nachrichten, Evangeliumsrundfunk / Christliches via Äther und Satellit, in: Rheinischer Merkur, vom 20.3.1998, S. 31. Zit.: *Liesenfeld*, Gute Nachrichten, in: Rhein. Merkur v. 20.3.1998, S. 31.

Link, Christoph — Der Anspruch der Kirchen auf Präsenz in den öffentlich-rechtlichen und privatrechtlichen Massenmedien des Rundfunks und des Fernsehens, in: HdbStKirchR Bd.2, 2.Aufl. 1995 Berlin, S. 254 ff. Zit.: *Link*, Anspruch.

Link, Christoph — Die gesetzlichen Regelungen der Mitwirkung der Kirchen in den Einrichtungen des Rundfunks und des Fernsehens, in: HdbStKirchR Bd.2, 2.Aufl. 1995 Berlin S. 285 ff. Zit.: *Link*, Mitwirkung.

Link, Christoph — Die Schulgebetsentscheidung des Bundesverfassungsgerichts, in: JZ 1980 S. 564 f. Zit.: *Link*, Schulgebetsentscheidung, in: JZ 1980.

Link, Christoph — Kirchen und Neue Medien, in: ZevKR 34 (1989), S. 17 ff. Zit.: *Link*, Neue Medien, in: ZevKR 34.

Link, Christoph

Kirchliche Mitwirkungsrechte in Spartenprogrammen des Rundfunks, Rechtsgutachten v. 12.6.1998, zum Abdruck vorgesehen in ZevKR.
Zit.: *Link*, Spartenprogramme, Rechtsgutachten.

Link, Christoph

Zeugen Jehovas und Körperschaftsstatus, in: ZevKR 43 (1998), S. 1 f.
Zit.: *Link*, Zeugen Jehovas und Körperschaftsstatus, in: ZevKR 43.

Link, Christoph; Pahlke, Armin

Kirchen und privater Rundfunk, Rechtsfragen kirchlicher Medienbeteiligung in einer gemischten Rundfunkverfassung, Schriftenreihe des Instituts für Rundfunkrecht an der Universität zu Köln Band 40, München 1985.
Zit.: *Link/Pahlke*, Kirchen und privater Rundfunk.

Link, Christoph; Pahlke, Armin

Kirchliche Sendezeiten in Rundfunk und Fernsehen, AöR 108, S. 248 ff.
Zit.: *Link/Pahlke*, Kirchliche Sendezeiten, in: AöR 108.

Listl, Joseph [Hrsg.]

Die Konkordate und Kirchenverträge in der Bundesrepublik Deutschland, Bd. 1 und 2, Berlin 1987. Zit.: *Listl*, Konkordate.

Listl, Joseph

Das Grundrecht der Religionsfreiheit in der Rechtsprechung der Gerichte der Bundesrepublik Deutschland, Berlin 1971.
Zit.: *Listl*, Das Grundrecht der Religionsfreiheit.

Listl, Joseph

Glaubens-, Bekenntnis- und Kirchenfreiheit, in: HdbStKirchR Bd. 1, 2. Aufl. Berlin 1994, S. 439 f. Zit.: *Listl*, Glaubens-, Bekenntnis- und Kirchenfreiheit.

Loewenich, Hermann v.

Wachsen in allen Stücken auf Christus hin, Bericht von der Landessynode, in: Nachrichten der ELKiB 12/1998, S. 363 ff.
Zit.: *v. Loewenich*, Bericht v. d. Landessynode.

Löffler, Martin

Presserecht, Kommentar, Band 1: Die Landespressegesetze der Bundesrepublik, 3. Aufl. München 1983.
Zit.: *Löffler*, Presserecht.

Lohmeyer, Reinhard

Über die Zukunft der Kirche im Zeitalter der Globalisierung, in: Deutsches Pfarrerblatt 6/1999, S. 339 f.
Zit.: *Lohmeyer*, Zukunft der Kirche im Zeitalter der Globalisierung, in: DPfBl. 6/1999.

Lorenz, Dieter
Das Drittsendungsrecht der Kirchen insbesondere im privaten Rundfunk, Schriften zu Kommunikationsfragen Bd. 8, Berlin 1988.
Zit.: *Lorenz*, Drittsendungsrecht.

Löw, Elke
„Himmlische Reichweiten", in: Tendenz 7/1997.
Zit.: *Löw*, Himmlische Reichweiten; in: Tendenz 7/1997.

Lücke, Jörg
Die Rundfunkfreiheit als individuelles Zugangsrecht, JZ 1977, S. 41 ff.
Zit.: *Lücke*, Zugangsrecht, JZ 1977.

Lüdicke, Klaus [Hrsg.]
Münsterischer Kommentar zum Codex Iuris Canonici.
Zit.: *Lüdicke*, Münsterischer Kommentar zum Codex Iuris Canonici.

Mahrenholz, Ernst Gottfried
Die Kirchen in der Gesellschaft der Bundesrepublik, Hildesheim 1969.
Zit.: *Mahrenholz*, Die Kirchen in der Gesellschaft.

Mangoldt, Hermann v.; Klein, Friedrich; Campenhausen, Axel Frhr. v.
Das Bonner Grundgesetz, Bd. 14, Art. 136 bis 146, 3. Aufl. München 1991.
Zit.: *v. Mangoldt/Klein/v. Campenhausen*, GG.

Mangoldt, Herrmann v.; Klein, Friedrich; Starck, Christian
Das Bonner Grundgesetz, Kommentar, Bd. 1, 3. Aufl. München 1985.
Zit.: *v. Mangoldt/Klein/Starck*, GG.

Marnach, Barbara
Kirche und Neue Medien, München 1989.
Zit.: *Marnach*, Kirche und Neue Medien.

Maunz, Theodor; Dürig, Günter
Kommentar zum Grundgesetz, München.
Zit.: *Maunz-Dürig*, GG.

Meder, Theodor
Die Verfassung des Freistaates Bayern, Handkommentar, 4. Aufl. Stuttgart, München, Hannover, Berlin 1992.
Zit.: *Meder*, Bayerische Verfassung.

Meißner, Jochen
„Spirit als Sprit, Radio Paradiso - eine Tankstelle für die Transzendenz", in: Funk-Korrespondenz 12/1997 v. 21.3.1997, S. 30 f.
Zit.: *Meißner*, Spirit als Sprit, in: FK 12/1997 v. 21.3.1997.

Merz, Pia
Bürgerfunk zwischen Anspruch und Wirklichkeit, in: Media Perspektiven, 5/1998, S. 250 .
Zit.: *Merz*, Bürgerfunk, in: MP 5/1998.

Mikat, Paul

Rechtsprobleme des Rundfunks und Fernsehens im Blickfeld von Kirche und Staat, in: Religionsrechtliche Schriften, Staatskirchenrechtliche Abhandlungen, Bd. 5, erster Halbband, hrsgg. v. Joseph Listl, Berlin 1974.
Zit.: Mikat, Rechtsprobleme des Rundfunks.

Monopolkommission

Sondergutachten: Wettbewerbsprobleme bei der Einführung von privatem Hörfunk und Fernsehen, in: Media Perspektiven 12/1980, S. 860 ff.
Zit.: *Monopolkommission*, Sondergutachten Wettbewerbsprobleme, in: MP 12/1980.

Morlock, Martin; Heinig, Michael

Parität im Leistungsstaat - Körperschaftsstatus nur bei Staatsloyalität?, in: NVwZ 7/1999 S. 697 f.
Zit.: *Morlock/Heinig*, Parität, in: NVwZ 7/1999.

Muckel, Stefan

Kirchliche Vereine in der staatlichen Rechtsordnung, in HdbStKirchR Bd. I, 2. Aufl. Berlin 1994, S. 826 ff.
Zit.: *Muckel*, Kirchliche Vereine.

Müller-Römer, Frank

Rundfunkversorgung (Hörfunk und Fernsehen), in: Internationales Handbuch für Hörfunk und Fernsehen, 24. Aufl. 1998, Baden-Baden/Hamburg, S. 169 ff.
Zit.: *Müller-Römer*, Rundfunkversorgung.

Münch, Ingo v.; Kunig, Philip

Grundgesetz-Kommentar Bd. 1, 4. Aufl. München 1992.
Zit.: *v. Münch/Kunig*, GG.

Neidhart, Thilo

„Highway to hell?", in: Journalist 11/1996, S. 58 f. Zit.: *Neidhart*, Journalist 11/1996.

Neumann, Conny

„Lizenz zum Beten", in: Süddeutsche Zeitung v. 23.8.1995.
Zit.: *Neumann*, Lizenz zum Beten, in: SZ v. 23.8.1995.

Neumann, Dieter; Wesener, Wolfgang

Rundfunkfreiheit, Grundsatz der Chancengleichheit und Wahlwerbung der politischen Parteien, in: DVBl. 1984, S. 914 f.
Zit.: *Neumann/Wesener*, Wahlwerbung, in: DVBl. 1984.

Oppermann, Thomas

Auf dem Weg zur gemischten Rundfunkverfassung in der Bundesrepublik Deutschland, in: JZ 1981, S. 721 ff.
Zit.: *Oppermann*, gemischte Rundfunkverfassung, in: JZ 1981.

Ory, Stephan — Internet-Radio: Lizenz für Private, Gebühr für Anstalten? in: AfP 6/1997, S. 845 ff.
Zit.: *Ory*, Internet-Radio in: AfP 6/1997.

Ory, Stephan — Private Rundfunkveranstalter als Tendenzunternehmen, in: AfP 1991, S. 692 f.
Zit.: *Ory*, Tendenzunternehmen, in: AfP 1991.

Palandt, Otto [Begr.] — Bürgerliches Gesetzbuch, Kommentar, 55. Aufl. München 1996.
Zit.: *Palandt*, Bürgerliches Gesetzbuch.

Pawlowski, Hans-Martin — Recht und Glauben, Kirche & Recht (KuR) 4/1998 (110), S. 201 ff.
Zit.: *Pawlowski*, Recht und Glauben, KuR 110.

Pestalozza, Christian — Der Schutz der Rundfunkfreiheit in der Bundesrepublik Deutschland, in: NJW 1981, 2158 ff. Zit.: *Pestalozza*, Der Schutz der Rundfunkfreiheit, in: NJW 1981.

Peters, Martin — Radio Campanile darf weitersenden, in: Die Welt, 5.11.1997 (http://welt.de/archiv/1997/-11/05/1105tv02.htm. Letzter Abruf: 11/1998).
Zit.: *Peters*, Radio Campanile darf weitersenden, in: Die Welt, 5.11.1997.

Piette, Klaus-Walter — Meinungsvielfalt im privaten Rundfunk, Diss. Passau 1988, München 1988.
Zit.: *Piette*, Meinungsvielfalt im privaten Rundfunk.

Pohle, Gerd — Digitaler Satellitenempfang im Hörfunk, in: Media Perspektiven 8/1997, S. 427 ff.
Zit.: *Pohle*, Digitaler Satellitenempfang, in: MP 8/1997.

Pukall, Kirstin — Meinungsvielfalt im Rundfunk nach der audiovisuellen Revolution, Diss. Marburg 1993, Frankfurt/Main 1994.
Zit.: *Pukall*, Meinungsvielfalt im Rundfunk.

Quiring, Andreas W. — „Die Seele streicheln", in: Idea Spektrum 8/1997, S. 25. Zit.: *Quiring*, „Die Seele streicheln", in: Idea Spektrum 8/1997, S. 25.

Rahner, Karl; Vorgrimler, Herbert — Kleines Konzilskompendium, 6.Aufl., Freiburg i. B. 1974.
Zit.: *Rahner/Vorgrimler*, Kompendium.

Rat der Ev. Kirchen, Kath. Bischofskonferenz — Chancen und Risiken der Mediengesellschaft, Gemeinsame Erklärung vom 30.4.1997, in: epd Medien Nr. 33/1997.
Zit.: *Rat der Ev. Kirchen/ Bischofskonferenz*, Chancen und Risiken der Mediengesellschaft, in: epd Medien Nr. 33/1997.

Redelfs, Manfred
Evangelische Kirche und privater Rundfunk, Entscheidungen, Konzepte, Strukturen; Stuttgart / Frankfurt a.M. 1990.
Zit.: *Redelfs*, Evangelische Kirche.

Renck, Ludwig
Staatliche Grundrechtsvorsorge und Bekenntnisunterricht, in: ZRP 1999 Heft 4, S. 137 f.
Zit.: *Renck*, Staatliche Grundrechtsvorsorge, in: ZRP 1999.

Renck, Ludwig
Zum Stand des Bekenntnisverfassungsrechts in d. Bundesrepublik, in: BayVBl. 1999, S. 70 ff.
Zit.: *Renck*, Bekenntnisverfassungsrecht

Ricker, Reinhart; Schiwy, Peter
Rundfunkverfassungsrecht, München 1997.
Zit.: *Ricker/Schiwy*, Rundfunkverfassungsrecht.

Ridder, Helmut
Kirche - Staat - Rundfunk, 2. Beiheft zu dem Werkbuch Becker/Siegel, Rundfunk und Fernsehen im Blick der Kirche, hrsgg. v. Karl Becker und Karl-August Siegel, Frankfurt a.M. 1958.
Zit.: *Ridder*, Kirche - Staat - Rundfunk.

Ring, Wolf Dieter
Rundfunk und Internet, in: ZUM 5/1998 S. 358 ff.
Zit.: *Ring*, Rundfunk und Internet, in: ZUM 5/1998.

Ring, Wolf Dieter; Wittmann, Heinz; Zölch-Balmer, Franz A.
Medienrecht, Rundfunk, Neue Medien, Presse, Technische Grundlagen, Internationales Recht, Bundesrepublik Deutschland, Österreich, Schweiz, München / Berlin.
Zit.: *Ring*, Medienrecht.

Robbers, Gerhard
Kirchliche Einrichtungen zur Krankenversorgung und das Gesetz über die Erweiterung des Katastrophenschutzes i.d.F.v. 14.2.1990, in: ZevKR 38, S. 177 ff.
Zit.: *Robbers*, Kirchliche Einrichtungen.

Röper, Horst
Mehr Spielraum für Konzentration und Cross ownership im Mediensektor, in: Media-Perspektiven 12/1996 S. 610 ff.
Zit.: *Röper*, Konzentration und Cross ownership, in: MP 12/1996.

Röper, Horst
Formation deutscher Medienmultis 1998/99, in: Media-Perspektiven 7/1999 S. 345 f.
Zit.: *Röper*, Formation deutscher Medienmultis 1998/99, in: MP 7/1999.

Rundfunkreferenten der Länder — Bericht zur Frage der Veranstaltung privater Rundfunksendungen und des Rundfunkbegriffs, "Schliersee-Papier" vom 29.4.1975, abgedr. bei *Ring*, Medienrecht, D I
Zit.: *Rundfunkreferenten*, "Schliersee-Papier".

Rundfunkreferenten der Länder — Ergänzung zum Bericht der Rundfunkreferenten vom 29.4.1975, "Schliersee-Papier" hinsichtlich Sendungen in Einrichtungen vom 10.9.1981, abgedr. bei Ring, Medienrecht, D II.
Zit.: *Rundfunkreferenten*, Ergänzung zum "Schliersee-Papier" vom 10.9.1981.

Scheuner, Ulrich — Das Grundrecht der Rundfunkfreiheit, Berlin 1982.
Zit.: *Scheuner*, Rundfunkfreiheit.

Scheuner, Ulrich — Schriften zum Staatskirchenrecht, hrsgg. v. Joseph Listl, Staatskirchenrechtliche Abhandlungen Bd. 3, Berlin 1973.
Zit.: *Scheuner*, Schriften zum Staatskirchenrecht.

Schiwy, Peter — Duale Rundfunkordnung, Programmautonomie versus gesetzliches Ausgestaltungsgebot, in: Die politische Meinung Nr. 350/Januar 1999 S. 51 f. Zit.: *Schiwy*, Duale Rundfunkordnung.

Schiwy, Peter; Schütz, Walter J. [Hrsg.] — Medienrecht, Lexikon für Wissenschaft und Praxis, 3. Aufl. Neuwied, Kriftel, Berlin 1994.
Zit.: *Schiwy*, Medienrecht.

Schlaich, Klaus — Der Öffentlichkeitsauftrag der Kirchen, in: HdbStKirchR, Bd. 2, 2. Aufl. Berlin 1995, S. 131 ff.
Zit.: *Schlaich*, Öffentlichkeitsauftrag.

Schmid, Waldemar — Heil durch Kirchenmusik?, in: Funk-Korrespondenz 40/1997 v. 2.10.1997, S. 21 f.
Zit.: *Schmid*, Heil durch Kirchenmusik?, in: FK 40/1997.

Schmid, Waldemar — Reine Richtungs- oder bloß Machtkämpfe?; Funk-Korrespondenz 4/1998 vom 23.01.1998.
Zit.: *Schmid*, Reine Richtungs- oder bloß Machtkämpfe?; in: FK 4/1998.

Schmid, Waldemar — Synergieverbund Ludwigshafen-Rom, Radio Campanile - ein katholischer Sender auf Hörersuche, in: Funk-Korrespondenz 4/1997, S. 31 f.
Zit.: *Schmid*, Synergieverbund Ludwigshafen-Rom, in: FK 4/1997.

Schmidt-Bleibtreu, Bruno; Klein, Franz
Kommentar zum Grundgesetz, 9. Aufl. Neuwied; Kriftel 1999.
Zit.: *Schmidt-Bleibtreu*, Grundgesetz.

Schmied, Gerhard
Kanäle Gottes, Katholische Kirche in der Medienzange, Opladen 1991.
Zit.: *Schmied*, Kanäle Gottes.

Scholz, Rupert
Das dritte Fernsehurteil des Bundesverfassungsgerichts, in: JZ 1981, S. 561 ff.
Zit.: *Scholz*, Das dritte Fernsehurteil, in: JZ 1981.

Schuler-Harms, Margarete
Das Rundfunksystem in der Bundesrepublik Deutschland, in: Internationals Handbuch für Hörfunk und Fernsehen S. 133 ff.; hrsgg. v. Hans-Bredow-Institut / Universität Hamburg; 24. Aufl. Baden-Baden, Hamburg 1998.
Zit.: *Schuler-Harms*, Rundfunksystem.

Schumacher, Renate Carolin
Freiheitsgestaltende Programmauflagen für den privaten Rundfunk, Diss. Münster, Frankfurt 1996.
Zit.: *Schumacher*, Freiheitsgestaltende Programmauflagen.

Schuster, Detlev
Meinungsvielfalt in der dualen Rundfunkordnung, Diss. Kiel 1988, Berlin 1990. Zit.: *Schuster*, Meinungsvielfalt.

Schütz, Uwe
„Lichtblicke im trüben Privat-Radio-Einerlei"; Informationsblatt Radio AREF, 1999.
Zit.: *Schütz*, Lichtblicke, Informationsblatt Radio AREF.

Selmer, Peter; Gersdorf, Hubertus
Die Finanzierung des Rundfunks in der Bundesrepublik Deutschland auf dem Prüfstand des EG-Beihilferegimes, Berlin 1994.
Zit.: *Selmer/Gersdorf*, Finanzierung des Rundfunks auf dem Prüfstand des EG-Beihilferegimes.

Smend, Rudolf
Glaubensfreiheit als innerkirchliches Grundrecht, Beilage zu Hospitium Ecclesiae, Bremen 1954.
Zit.: *Smend*, Glaubensfreiheit als innerkirchliches Grundrecht.

Solte, Ernst-Lüder
Die Organisationsstruktur der übrigen als öffentliche Körperschaften verfaßten Religionsgemeinschaften und ihre Stellung im Staatskirchenrecht, in: HdbStKirchR Bd. 1, 2. Aufl. Berlin 1994, S. 417 f.
Zit.: *Solte*, Organisationsstruktur.

Spitz-Jöst, Belinda Verkündigung im Internet, in: Deutsches Pfarrerblatt 2/1999 S. 85 f.
Zit.: *Spitz-Jöst*, Verkündigung im Internet, in: DPfBl. 2/1999.

Spolar, Christine „Radio Maria macht der Kirche die Hölle heiß", in: Die Welt am Sonntag v. 26.7.1998, S. 4. Zit.: *Spolar*, Radio Maria, in: Die Welt am Sonntag v. 26.7.1998, S. 4.

Sporn, Stefan Vielfalt im digitalen Rundfunk, Rechtsgutachten, Schriftenreihe des Instituts für Europäisches Medienrecht, Saarbrücken Bd. 20, München, Berlin 1999.
Zit.: *Sporn*, Vielfalt im digitalen Rundfunk.

Starck, Christian "Grundversorgung" und Rundfunkfreiheit, in: NJW 1992, 3257 ff.
Zit.: *Starck*, Grundversorgung, in: NJW 1992.

Starck, Christian Die Konstruktionsprinzipien und verfassungsrechtlichen Grundlagen der gegenwärtigen mediengesetzlichen Aktivitäten in den deutschen Bundesländern, in: JZ 1983, S. 405 ff. Zit.: *Starck*, Konstruktionsprinzipien, in: JZ 1983.

Starck, Christian Zur notwendigen Neuordnung des Rundfunks, in: NJW 1980, S. 1359 ff.
Zit.: *Starck*, Neuordnung des Rundfunks, in: NJW 1980.

Starck, Christian Zur Notwendigkeit einer Wertbegründung des Rechts, in: Ralf Dreier, Rechtspositivismus und Wertbezug des Rechts, ARSP-Beiheft 37, Stuttgart 1990, S. 47 ff.
Zit.: *Starck*, Wertbegründung des Rechts.

Stettner, Rupert Anmerkungen zum Beschluß des ersten Senats des BVerfG vom 20.2.1998, in: ZUM 1998, S. 312 f.
Zit.: *Stettner*, in: ZUM 1998, S. 312 f.

Stettner, Rupert Ist es zulässig, TV-Spots der Bundeswehr in den Werbeblöcken öffentlich-rechtlicher oder privater Programme zu schalten?, in: ZUM 8/9/1995, S. 559 ff.
Zit.: *Stettner*, TV-Spots der Bundeswehr, in: ZUM 8/9/1995.

Stock, Martin Anmerkungen zu den Entwürfen eines Rundfunkgesetzes für das Land Schleswig-Holstein, in: RuF 1984, S. 299 f. .
Zit.: *Stock*, Rundfunkgesetz für das Land Schl.-H., in: RuF 1984.

Stock, Martin

Kirchenfreiheit und Medienfreiheit, in: ZevKR 20, S. 256 f.
Zit.: *Stock*, Kirchenfreiheit und Medienfreiheit, in: ZevKR 20.

Stock, Martin

Neues über Verbände und Rundfunkkontrolle in: AÖR 104 (1979), S. 1 ff.
Zit.: *Stock*, Rundfunkkontrolle, in: AÖR 104.

Stott, John

Zur Lausanner Verpflichtung, in: Lausanner Dokumente, Telos Dokumentation Bd.1.
Zit.: *Stott*, Zur Lausanner Verpflichtung.

Thomann, Jörg

„Im Paradies ist noch ein Sendeplatz frei", in: FAZ v. 30.10.1998, S. 47.
Zit.: *Thomann*, „Im Paradies ...", in: FAZ v. 30.10.1998, S. 47.

Thomann, Jörg

„Sündenfall vor Sendestart", in: Frankfurter Allgemeine v. 17.10.1996, S. 42.
Zit.: *Thomann*, Sündenfall vor Sendestart, in: FAZ v. 17.10.1996, S. 42.

Thomaschki, Kathrin; Krakies, Jens

Verfassungsrechtliche Anforderungen an die Kanalbelegung in Kabelnetzen, in: ZUM 1995, S. 368 ff. Zit.: *Thomaschki/Krakies*, Kanalbelegung in Kabelnetzen, in: ZUM 1995.

Thull, Martin

„Modernes Fossil, Das "Wort zum Sonntag" hat sich verändert", in: Herder Korrespondenz 53. Jgg. 3/1999, S. 135 ff.
Zit.: *Thull*, „Modernes Fossil", in: HK 3/1999.

Thull, Martin

„Nur gut gemeint, Keine große Überraschung: Radio Campanile im Aus", in: Funk-Korrespondenz 29/1998 vom 17.7.1998, S.3 ff.
Zit.: *Thull*, „Nur gut gemeint", in: FK 29/1998.

Thun, Rainer

Christlicher Hörfunk: medienpolitisch umstritten - innerkirchlich in der Diskussion - gesellschaftlich erwünscht?, Panel 6: Christliche Radios - Möglichkeiten und Grenzen, BLM-Rundfunkkongress 15./16.10.1997.
Zit.: *Thun*, Christlicher Hörfunk, BLM-Rundfunkkongress 1997.

Thun, Rainer

In Berlin reizen 23 Radioprogramme das Ohr. Das 24. streichelt die Seele: Radio Paradiso 98 Zwo "Radio zum Auftanken", Panel 6: Christliche Radios - Möglichkeiten und Grenzen, BLM-Rundfunkkongress 15./16.10.1997.
Zit.: *Thun*, „Radio zum Auftanken", BLM-Rundfunkkongress.

Tillmanns, Reiner — Zur Verleihung des Körperschaftsstatus an Religionsgemeinschaften, in: DÖV 1999, S. 441 ff.
Zit.: *Tillmanns*, Körperschaftsstatus, in: DÖV 1999.

Trost, Willy — Radio Campanile, BLM Rundfunkkongress 15./16.10.1997, Panel 6: Christliche Radios - Möglichkeiten und Grenzen.
Zit.: *Trost*, Radio Campanile, BLM Rundfunkkongress.

Utz, Arthur-Fridolin; Grone, Joseph-Fulko [Hrsg.] — Aufbau und Entfaltung des gesellschaftlichen Lebens, Soziale Summe Pius'XII. Bd. 3, Freiburg (CH), 1961. Zit.: *Utz/Groner*, Aufbau.

Vetter, Reinhold — Primas kritisiert Radio Maryja, in: Handelsblatt v. 3.12.1997, S. 56.
Zit.: *Vetter*, Radio Maryja, in: Handelsblatt v. 3.12.1997, S. 56.

Vietinghoff, Eckhart v. — Kirchliche Medienpolitik: Optionen für die Zukunft, in: epd Ausg. 79 v. 10.10.1998, S. 7 ff.
Zit.: *v. Vietinghoff*, Kirchliche Medienpolitik, in: epd Ausg. 79 v. 10.10.1998.

Vogt, Gerburg Elisabeth — Kirche und Fernsehanstalten, Entwicklungen, Konzepte, Programmrealisierungen, 1. Aufl. Osnabrück 1978.
Zit.: *Vogt*, Kirche.

Voll, Otto J.; Störle, Johann — Handbuch des Bayerischen Staatskirchenrechts, München 1985.
Zit.: *Voll/Störle*, Bay. Staatskirchenrecht.

Volpers, Helmut; Schnier, Detlef — Öffentlich-rechtliche Kulturradios, in: Media-Perspektiven 11/1998, S.534 ff.
Zit.: *Volpers/Schnier*, Öff.-rl. Kulturradios.

Wagner, Hans [Hrsg.] — Communio et progressio, lat. und deutsch, Pastoralinstruktion Communio et progressio über die Instrumente der sozialen Kommunikation, Veröffentlichung im Auftrag des 2. Vatikanischen Ökumenischen Konzils (Instructio pastoralis ad decretum Concilii Oecomenici Vatikani II de instrumentis communicationis socialis rite applicandum), Päpstl. Kommission für die Instrumente der sozialen Kommunikation, von den deutschen Bischöfen approbierte Übersetzung, kommentiert v. Hans Wagner (=Nachkonziliare Dokumentation, Bd. 11), Trier 1971.
Zit.: *Wagner*, Communio et Progressio.

Weber, Hermann — Die Religionsgemeinschaften als Körperschaften des öffentlichen Rechts, Diss. Tübingen, Berlin 1966.
Zit.: *Weber*, Religionsgemeinschaften als Körperschaften.

Weber, Hermann — Grundrechtsbindung der Kirchen und Religionsgemeinschaften, in: HdbStKirchR Bd. 1, 2. Aufl. Berlin 1994, S. 573 f.
Zit.: *Weber*, Grundrechtsbindung der Kirchen.

Weiske, Josef-Heinrich — Eiferer am Werk, in: Journalist 1/1998 S. 70.
Zit.: *Weiske*, Eiferer am Werk, in: Journalist 1/1998.

Weiß, Johannes — Kirche im Radio: Bilanz einer Zwangsgemeinschaft, in: epd Ausg. 95 v. 4.12.1996 S. 5 ff. (Titel: Entkrampfte Beziehung).
Zit.: *Weiß*, Kirche im Radio, in: epd Ausg. 95 v. 4.12.1996.

Wille, Karola — Outsourcing und Leistungserstellung beim MDR, in: Media Perspektiven 1/1999, S. 21 ff.
Zit.: *Wille*, Outsourcing, in: MP 1/1999.

Willers, Kerstin — „Vertreibung aus dem Paradies“, in: Die Tageszeitung v. 17.11.1998, S. 22.
Zit.: *Willers*, „Vertreibung aus dem Paradies“, in: tz v. 17.11.1998, S. 22.

Wunschel, Siegfried — Rundfunk und Fernsehen zwischen Staat und Kirche; Die Einräumung von Sendezeiten an Religionsgemeinschaften als staatsrechtliches und staatskirchenrechtliches Problem, Diss. Regensburg 1971.
Zit.: *Wunschel*, Sendezeiten.

Zimmer, Jochen — Fernsehempfang: In Zukunft Satellit vor Kabel?, in: MP 7/1998, S. 352 ff.
Zit.: *Zimmer*, Fernsehempfang.

Rechtsgrundlagen

Staatsverträge:

RfStV	Rundfunkstaatsvertrag vom 31.8.1991 (mangels anderer Angaben) i.d.F. des Dritten Rundfunkänderungsstaatsvertrags vom 11.9.1996)
Sat-StV Bayern-BW-Rh.-Pf.	Staatsvertrag der Länder Bayern, Baden-Württemberg und Rheinland-Pfalz über die gemeinsame Nutzung eines Fernseh- und eines Hörfunkkanals auf Rundfunksatelliten vom 12.5.1986
Sat.-StV Berlin-Hbg-Nieders.-Schl.-H.	Staatsvertrag der Länder Berlin, Hamburg, Niedersachsen, Schleswig-Holstein über die Veranstaltung von Fernsehen über Rundfunksatellit vom 20.3.1986
Sat.-StV Bremen-Hessen-NW-Saarl.	Staatsvertrag der Länder Bremen, Hessen, Nordrhein-Westfalen, Saarland über die Veranstaltung von Fernsehen über Satellit vom 29.6. / 20.7.1989
StV BB	Staatsvertrag über die Zusammenarbeit zwischen Berlin und Brandenburg im Bereich des Rundfunks vom 29.2.1992 (Berlin GVBl. 1992, S. 150; Brandenburg GVBl. 1992, S. 142) i.d.F. des ersten Änderungsstaatsvertrags vom 3.11.1998 (Berlin GVBl. 1998, S. 406; Brandenburg GVBl. 1998, S. 258)

Mediengesetze der Länder:

LmedienG BW	Landesmediengesetz Baden-Württemberg in der Fassung des Gesetzes zur Änderung des Landesmediengesetzes vom 19.7.1999 (GVBl. S. 273)
BayMG	Bayerisches Mediengesetz i.d.F. der Bekanntmachung vom 26.1.1999 (GVBl. S. 8, BayRS 2251-4-S)
BremLMG	Bremisches Landesmediengesetz vom 22.6.1993 i.d.F. des Gesetzes zur Änderung des BremLMG vom 1.6.1999 (Bremisches Gesetzblatt S. 143/144)
HmbMedienG	Hamburgisches Mediengesetz vom 20.4.1994, zuletzt geändert durch das Gesetz zur Änderung rundfunkrechtlicher Vorschriften v. 23.4.1996 (GVBl. S. 59)
HPRG	Hessisches Privatrundfunkgesetz vom 25.1.1995 i.d.F. des Gesetzes zu dem Staatsvertrag über Mediendienste vom 20.5.1997 (GVBl. I S. 134)
RGMV	Rundfunkgesetz für das Land Mecklenburg-Vorpommern i.d.F. vom 29.11.1994 (GVBl. S. 1058)
LRG Nieders.	Niedersächsisches Landesrundfunkgesetz vom 9.11.1993 (Nieders. GVBl. S. 523) i.d.F.v. 12.11.1998

LRG NW	Rundfunkgesetz für das Land Nordrhein-Westfalen i.d.F. der Bekanntmachung vom 25.4.1998 (GV. NW. 1998, S. 240)
LRG Rh.-Pf.	Landesrundfunkgesetz Rheinland-Pfalz vom 28.7.1992 (GVBl. S. 247) i.d.F. vom 17.12.1996 (GVBl. S. 431)
LRG Saarland	Rundfunkgesetz für das Saarland (Landesrundfunkgesetz) i.d.F. der Bekanntmachung vom 23.6.1999 (Amtsbl. v. 29.7.1999 S. 958)
SächsPRG	Gesetz über den privaten Rundfunk und neue Medien in Sachsen vom 18.1.1996 (SächsGVBl. S. 13) i.d.F. der Bekanntmachung vom 17.5.1999
PRG LSA	Gesetz über privaten Rundfunk in Sachsen-Anhalt vom 22.5.1991 (GVBl. LSA S. 87) i.d.F. der Bekanntmachung vom 3.11.1997
LRG Schl.-H.	Rundfunkgesetz für das Land Schleswig-Holstein vom 7.12.1995 = LRG Schl.-H. a.F. (GVBl. S. 422). Neufassung (= LRG Schl.-H. n. F.) durch Gesetz zur Änderung d. Landesrundfunkgesetzes v. 22.9.98 [ÄndG LRG Schl.-H.], LT-Drucks. 14/1679, ist vorgesehen.
ÄndG LRG Schl.-H.	Gesetzesentwurf der Landesregierung Schleswig-Holsteins zur Änderung des Landesrundfunkgesetzes
TRG	Thüringer Rundfunkgesetz vom 31.7.1991 (GVBl. S. 255) in der Fassung vom 4.12.1996

Satzungen für Offene Kanäle:

OK-Satzung Berlin	Satzung über den Zugang zum offenen Kanal Berlin vom 1.3.1995
OK-Satzung Bremen	Satzung der Bremischen Landesmedienanstalt für den Offenen Kanal Bremen/Bremerhaven vom 24.6.1996
OK-Satzung Hamburg	Satzung der Hamburgischen Anstalt für neue Medien für den Offenen Kanal Hamburg vom 28.9.1994
OK-Satzung NW	Satzung der Landesanstalt für Rundfunk Nordrhein-Westfalen über die Nutzung offener Kanäle im lokalen Rundfunk vom 7.7.1993 (GV.NW S. 486)
OK-Satzung Rh.-Pf.	Satzung der Landeszentrale Rh.-Pf. für privaten Rundfunk für offene Kanäle
OK-Satzung Saarland	Satzung der Landesanstalt für das Rundfunkwesen Saarland für den Offenen Kanal vom 29.11.1988 i.d.F.v. 28.11.1995
OK-Satzung Schl.-H.	Satzung d. Unabhängigen Landesanstalt für das Rundfunkwesen (ULR) zur Gestaltung, Durchführung und Finanzierung d. O.K. in Schleswig-Holstein v. 19.11.1992

Abkürzungsverzeichnis

a.A.	anderer Ansicht
a.a.O.	an angegebenem Ort
AAS	Acta Apostolicae Sedis
ABl.	Amtsblatt
abw.	abweichend
ÄndG LRG Schl.-H.	Gesetzesentwurf der Landesregierung Schleswig-Holsteins zur Änderung des Landesrundfunkgesetzes
a.F.	alter Fassung
AfP	Archiv für Presserecht
Anm.	Anmerkung
AöR	Archiv für öffentliches Recht
BayMG	Bayerisches Mediengesetz
BayRS	Bayerische Rechtssammlung
BayVBl	Bayerische Verwaltungsblätter
BayVwVfG	Bayerisches Verwaltungsverfahrensgesetz
BK	Bonner Kommentar
BLM	Bayerische Landesmedienanstalt
BremLMG	Bremisches Landesmediengesetz
BVerfG(E)	(Entscheidung des) Bundesverfassungsgericht (s)
BVerwG(E)	(Entscheidung des) Bundesverwaltungsgericht (s)
BW	Baden-Württemberg
Can.	Canon
CIC	Corpus Iuris Canonici
d.	der, des
DAB	Digital Audio Broadcasting
Ders.	Derselbe
Diss.	Dissertation
DLM	Direktorenkonferenz der Landesmedienanstalten
DÖV	Die Öffentliche Verwaltung
DPfBl.	Deutsches Pfarrerblatt
DVBl	Deutsches Verwaltungsblatt
ebd.	ebenda
EKD	Evangelische Kirche in Deutschland
EKU	Evangelische Kirche der Union
ELKiB	Evangelische Landeskirche in Bayern
EPD	Evangelischer Pressedienst
ERF	Evangeliumsrundfunk
ERÜ	Europäisches Übereinkommen über das grenzüberschreitende Fernsehen und Richtlinie des Rats zur Koordinierung bestimmter Rechts- und Verwaltungsvorschriften der Mitgliedstaaten über die Ausübung der Fernsehtätigkeit
EvStL	Evangelisches Staatslexikon
FK	Funk-Korrespondenz
GBl.	Gesetzesblatt
GEP	Gemeinschaftswerk für evangelische Publizistik
GG	Grundgesetz
GVBl.	Gesetzes- und Verordnungsblatt
HdbStKirchR	Handbuch des Staatskirchenrechts der Bundesrepublik Deutschland
HK	Herder Korrespondenz
HmbMedienG	Hamburgisches Mediengesetz
HPRG	Hessisches Privatrundfunkgesetz

i.d.F.	in der Fassung
IRC	Internationale christliche Rundfunkgemeinschaft
i.S.d.	im Sinne der / des
JZ	Juristenzeitung
K.	Kirche(n)
KNA	Katholische Nachrichtenagentur
KuR	Kirche und Rundfunk
KV	Kirchenvertrag
LAR	Landesanstalt für Rundfunk / für das Rundfunkwesen
LfK	Landesanstalt für Kommunikation
LfR	Landesanstalt für Rundfunk
LMA	Landesmedienanstalt
LmedienG BW	Landesmediengesetz Baden-Württemberg
LPR	Landesanstalt für privaten Rundfunk
LRG	Landesrundfunkgesetz
LRG Nieders.	Niedersächsisches Landesrundfunkgesetz
LRG NW	Rundfunkgesetz für das Land Nordrhein-Westfalen
LRG Rh.-Pf.	Landesrundfunkgesetz Rheinland-Pfalz
LRG Saarland	Rundfunkgesetz für das Saarland
LRG Schl.-H.	Rundfunkgesetz für das Land Schleswig-Holstein
LT	Landtag
MABB	Medienanstalt Berlin-Brandenburg
m.a.W.	mit anderen Worten
MP	Media-Perspektiven
m.w.N.	mit weiteren Nachweisen
n. F.	neue Fassung
NJW	Neue Juristische Wochenschrift
NVwZ	Neue Zeitschrift des Verwaltungsrechts
NW	Nordrhein-Westfalen
OK	Offener Kanal
OVG	Oberverwaltungsgericht
PRG LSA	Gesetz über privaten Rundfunk in Sachsen-Anhalt
R.	Rundfunk
RfÄndStV	Rundfunkänderungsstaatsvertrag
RfStV	Rundfunkstaatsvertrag
RGMV	Rundfunkgesetz Mecklenburg-Vorpommern
Rh.-Pf.	Rheinland-Pfalz
Rn.	Randnummer
RR	Rechtsprechungsreport
RuF	Rundfunk und Fernsehen
S.A.	Societé anonyme
SächsPRG	Gesetz über den privaten Rundfunk u. neue Medien in Sachsen
Sat.-StV	Satellitenstaatsvertrag
Schl.-H	Schleswig-Holstein
SFB	Sender Freies Berlin
StV	Staatsvertrag
StV BB	Staatsvertrag Berlin und Brandenburg
SWF	Südwestfunk
TRG	Thüringer Rundfunkgesetz
Urt.	Urteil
u.U.	unter Umständen
v.	von, vom
VELKD	Vereinigte Evangelisch-Lutherische Kirche
Verf.	Verfasser
VG	Verwaltungsgericht
VGH	Verwaltungsgerichtshof
vgl.	vergleiche

WRV	Weimarer Reichsverfassung
www	„world-wide web“
ZevKR	Zeitschrift für evangelisches Kirchenrecht
zit.	zitiert
z.T.	zum Teil
ZUM	Zeitschrift für Urheber- und Medienrecht

Sachverzeichnis

Schriften zum Staatskirchenrecht

Herausgegeben von Axel Frhr. von Campenhausen und Christoph Link

Band 1 Christoph Link: Staat und Kirche in der neueren deutschen Geschichte. Fünf Abhandlungen. 2000.

Band 2 Andreas Franitza: Der Allgemeine Hannoversche Klosterfonds und die Klosterkammer Hannover. Untersuchung zur rechtsgeschichtlichen Entwicklung. 2000.

Band 3 Reinald Willenberg: Rundfunk unter kirchlicher Trägerschaft. 2001.

Peter Lang · Europäischer Verlag der Wissenschaften

Dieter Dörr

Umfang und Grenzen der Rechtsaufsicht über die Deutsche Welle

Frankfurt/M., Berlin, Bern, Bruxelles, New York, Wien, 2000. 89 S.
Studien zum deutschen und europäischen Medienrecht.
Herausgegeben von Dieter Dörr. Bd. 2
ISBN 3-631-35669-2 · br. DM 32.–*

Die Untersuchung gibt eine Antwort auf die Frage nach Umfang und Grenzen der Rechtsaufsicht über die Bundesrundfunkanstalt Deutsche Welle. Dabei erläutert der Verfasser zunächst die Grundsätze der Staatsaufsicht und ihre verschiedenen Ausprägungen. Im Folgenden wird deren Anwendbarkeit auf Rundfunkanstalten im Allgemeinen überprüft. Weiterhin wird der Anwendungsbereich der Rundfunkfreiheit in Bezug auf die Deutsche Welle erörtert. Schließlich setzt sich der Verfasser mit den Grenzen der Rechtsaufsicht über die Deutsche Welle auseinander und geht insbesondere auf das Verhältnis der Rechtsaufsicht durch den Bund zu den anstaltsinternen Kontrollgremien ein. Abschließend wird festgestellt, welche Arten von Aufsichtsmitteln nach dem Deutsche Welle Gesetz überhaupt in Betracht kommen.
Der Verfasser kommt schließlich zu dem Ergebnis, daß bei verfassungsgemäßer Auslegung des DWG die Deutsche Welle nur einer beschränkten Rechtsaufsicht unterliegt.

Aus dem Inhalt: (Beschränkte) Rechtsaufsicht über Rundfunkanstalten · Rundfunkfreiheit · Deutsche Welle als Bundesrundfunkanstalt

Frankfurt/M · Berlin · Bern · Bruxelles · New York · Oxford · Wien
Auslieferung: Verlag Peter Lang AG
Jupiterstr. 15, CH-3000 Bern 15
Telefax (004131) 9402131
*inklusive Mehrwertsteuer
Preisänderungen vorbehalten

FSC
www.fsc.org
MIX
Papier | Fördert gute Waldnutzung
FSC® C083411

Kolibri 360 GmbH
Ferdinand-Jühlke-Straße 7
99095 Erfurt, Deutschland
produktsicherheit@kolibri360.de

Druck:
CPI Druckdienstleistungen GmbH
im Auftrag der
Kolibri 360 GmbH
Ferdinand-Jühlke-Str. 7
99095 Erfurt